MÉTHODE

POUR ÉTUDIER

LA LANGUE LATINE.

MÉTHODE

POUR

ÉTUDIER LA LANGUE LATINE,

Par J. L. BURNOUF,

MEMBRE DE L'INSTITUT;

PROFESSEUR D'ÉLOQUENCE LATINE AU COLLÉGE ROYAL DE FRANCE;

INSPECTEUR GÉNÉRAL HONORAIRE DES ÉTUDES.

SIXIÈME ÉDITION

REVUE ET CORRIGÉE.

OUVRAGE ADOPTÉ PAR L'UNIVERSITÉ.

Cart. 2 fr. 75 c.

PARIS.

IMPRIMERIE ET LIBRAIRIE CLASSIQUES

DE JULES DELALAIN,

FILS ET SUCCESSEUR D'AUGUSTE DELALAIN,

RUE DES MATHURINS ST-JACQUES, N° 5, PRÈS LA SORBONNE, A PARIS.

1843.

Tout Contrefacteur ou débitant de Contrefaçons de cet Ouvrage sera poursuivi conformément aux lois.

Tous les Exemplaires sont revêtus de ma griffe.

AVIS.

§ signifie Paragraphe. Tous les renvois d'une règle à une autre sont faits par paragraphes et non par pages.

Cf. est une abréviation de *Confer* (comparez).

= (signe d'égalité) annonce que ce qui suit est l'équivalent de ce qui précède.

S. veut dire Suppléez, ou Sous-entendez.

PRÉFACE.

L'auteur de tout livre doit compte au public de son dessein, surtout lorsque après tant d'autres il vient traiter une matière qu'on pourrait croire épuisée. On a beaucoup écrit sur la grammaire latine, et depuis que la savante école de Port-Royal a montré, par la publication de sa Nouvelle Méthode, comment et en quelle langue elle devait être enseignée à des Français, les méthodes et les rudiments se sont multipliés sous toutes les formes. Je ne chercherai pas ce qu'y a gagné la science grammaticale ; toutes les tentatives qui ont pour but de faciliter une étude sans laquelle il n'y a point d'éducation libérale, méritent des éloges ou au moins de l'indulgence ; et ce n'est pas au moment où j'apporte ma pierre à l'édifice commun, que je voudrais juger ce que d'autres ont fait avant moi. Près de trente ans se sont écoulés depuis que j'ai exposé les éléments de la grammaire grecque dans un ouvrage que les maîtres et les élèves ont accueilli avec une faveur dont je suis honoré et reconnaissant. Je ne reprendrais pas la plume à mon âge, et pour un travail du même genre, si je ne croyais avoir quelques vérités utiles à enseigner, quelques préjugés à détruire. Tout n'a pas été dit en France sur la langue latine. Nous sommes même, il faut en convenir, restés à cet égard fort en arrière de l'Allemagne[1]. Je n'ai rédigé cette Méthode qu'après une longue et sérieuse étude de toutes les grammaires publiées dans ce pays. L'exposition lumineuse et facile du Docteur Zumpt ; la riche collection d'exemples rassemblés par Brœder, G. F. Grotefend, Ramshorn ; la marche toute scientifique d'Aug. Grotefend, Billroth, Weissenborn ; les traités plus élémentaires de Blume et de Bischoff ; le cours si complet de Reisig, commenté par Fr. Haase ; les Opuscules de Gernhard et de Wagner ; les savantes recherches de Schneider et de Struve ; la Théorie du style latin de Grysar ; les Particules de Hand, et tant d'autres ouvrages que je pourrais ajouter à cette liste, m'ont été, je me plais à le reconnaître, d'une grande utilité. Je ne parle pas

---

[1] M. Leudière a publié à Paris, en 1829, la première livraison d'un Traité complet de la Langue latine. Malheureusement cet ouvrage n'a pas été continué.

ici des livres plus anciens de Sanctius, de Vossius, de Ruddimann, ni des Grammairiens latins. J'ai tout consulté, et, autant que le plan et le but de mon travail le permettaient, j'ai tout mis à profit.

Mais si j'ai fait usage des matériaux étrangers, c'est avec une critique indépendante et un choix parfaitement libre. Les observations que je n'ai pu manquer de recueillir dans un long exercice de l'enseignement, jointes à l'étude comparative des principaux idiomes de la famille dont le latin est une branche, m'ont permis de me former sur beaucoup de points une opinion personnelle. Toutes les idées dont la vérité m'a paru incontestable, qu'elles soient miennes ou qu'elles me viennent d'autrui, je les exprime sous ma responsabilité propre, selon que l'ordre des matières les amène, sans rien discuter, sans rien mettre en problème ; le scepticisme et la polémique doivent être sévèrement bannis d'un livre destiné à l'enseignement.

Celui-ci est tout pratique, et j'ai eu soin de n'y rien mettre qui ne fût à la portée des plus jeunes intelligences. Toutefois, si les règles que je donne sont simples, elles ne sont pas mécaniques. Le temps n'est plus où l'on n'accordait au jeune âge qu'une mémoire toute passive. Il n'est pas aujourd'hui un maître éclairé qui ne sache que l'enfant raisonne, et qu'il raisonne avec une justesse qui surprend quelquefois les hommes faits, tant qu'on n'a pas laissé pénétrer d'idées fausses dans son esprit. C'est à nous, qui enseignons, de cultiver une faculté si précieuse, et l'étude des langues nous en fournit le moyen le plus direct et le plus infaillible. La grammaire est la logique des enfants, et cette logique, ils l'apprennent, pour ainsi dire, sans s'en apercevoir, parce que l'application marche toujours à côté du précepte. L'art est de leur montrer les choses une à une, avec ordre, en passant toujours du connu à l'inconnu, du simple au composé, de ce qui est facile à ce qui l'est moins.

La logique grammaticale a son domaine propre dans la syntaxe ; mais il ne faut pas croire qu'elle soit étrangère à la théorie des formes. Les mots dont se compose une langue ne sont pas des signes purement conventionnels, inventés séparément, et indépendants l'un de l'autre. Ils forment un ensemble harmonique, dont chaque partie se développe suivant des lois fondées sur les habitudes de notre esprit et sur la nature de nos organes, lois en vertu desquelles une seule racine produit une foule de dérivés, qui s'y rattachent comme les rameaux à la branche, et comme la branche au tronc de l'arbre.

Le point de vue de cette Méthode est donc l'union de l'organisme et de la logique. En conséquence, dans la première partie, en traitant des différentes espèces de mots, j'en analyse les formes, mais seulement autant qu'il le faut pour en montrer les rapports mutuels et pour aider la mémoire. Les philologues versés dans la grammaire comparative trouveront que je n'ai pas poussé cette analyse assez loin. Si d'autres personnes croyaient, au contraire, que certains détails où je suis entré n'étaient pas absolument nécessaires, je les prierais de remarquer d'abord que la mémoire ne retient sûrement que ce dont l'esprit s'est rendu compte; ensuite, qu'un enfant auquel vous expliquez la raison des choses, vous en sait gré, et vous récompense de votre peine par une attention plus soutenue. Il est flatté de la confiance que vous avez dans son jugement; l'émulation le gagne, sa pénétration s'éveille, et vous le verrez quelquefois compléter une théorie dont vous ne lui aurez indiqué que les premiers éléments. Je ne veux pas que l'on étale devant des commençants les curiosités de la science; mais je veux qu'on leur en découvre les principes. Ainsi, par exemple, quand on dit que le verbe attributif renferme implicitement l'idée d'un attribut et celle du verbe *être*, théorie connue même dans les écoles primaires, il est certainement utile de faire voir que les parfaits en *ui*, comme *potui, monui*, ou en *vi*, comme *amavi, delevi, audivi*, contiennent réellement l'auxiliaire *fui*, dont l'*f* a disparu, parce que l'aspirée forte n'est admise dans aucune flexion grammaticale. J'aurais pu même ajouter que l'*a* d'*amāvi*, l'*e* de *delēvi*, l'*i* d'*audīvi*, ne sont longs que par une compensation euphonique de cette *f* supprimée, et que s'ils le sont encore dans les supins *amātum, delētum, audītum*, c'est par analogie et non par contraction, de même qu'ils le sont dans *errābundus, verēcundus*, où l'on ne peut pas supposer de voyelle retranchée. C'est un exemple de l'influence réciproque de la flexion sur la quantité et de la quantité sur la flexion, influence dont on voit une preuve non moins frappante à la page 65, et qui pourrait fournir à l'enseignement de la prosodie des principes tout à fait nouveaux. Sans entrer dans cette question, je marque la quantité sur les principales voyelles des déclinaisons et des conjugaisons; il en résultera aumoins que les élèves l'apprendront sans travail, et qu'ils se formeront, par le seul effet de l'habitude, une prononciation régulière. Le signe de la longue remplacera, sur l'ablatif féminin, cet accent circonflexe qui contredit toutes les règles de l'accentuation latine, et qui doit tôt ou tard disparaître de nos éditions classiques.

Le plan de cette méthode est le même que celui de ma Grammaire grecque. Les cent quatre premières pages ne contiennent que les règles les plus générales et les plus élémentaires. J'ai rejeté dans le Supplément tout ce qui aurait pu embarrasser les commençants, toutes les exceptions, toutes les formes empruntées au grec. Je n'ai rien innové dans l'ordre ni dans le nombre des déclinaisons et des conjugaisons. Sans doute, en latin comme en grec, les déclinaisons peuvent aisément se réduire à trois, et les conjugaisons à une seule. J'ai plus d'une fois démontré publiquement la parfaite similitude des deux langues sous ce rapport. Mais, tout en constatant ce fait si connu de linguistique, j'ai toujours pensé qu'il y aurait plus d'inconvénients que d'avantages à y conformer les paradigmes qu'on met sous les yeux des élèves. Je n'en explique pas moins les lois qui président à la flexion des noms et des verbes, et l'analyse que je donne des uns et des autres montrera suffisamment comment toutes les formes se développent sous l'influence d'un principe commun.

La troisième déclinaison occupe, dans cette Méthode, plus de place que les quatre autres ensemble; mais il fallait enseigner dans quels noms l'ablatif singulier est en *e*, dans quels noms il est en *i*; il fallait distinguer, au génitif pluriel, les désinences *um* et *ium*, à l'accusatif singulier, *em* et *im*, et je ne pouvais le faire sans multiplier les exemples. J'ai lieu de croire qu'il ne restera plus, sur ces divers points, aucune difficulté, si, aux règles de la partie élémentaire, on ajoute les remarques contenues dans le Supplément[1]. J'ai donné pour premier modèle de cette déclinaison le masculin *labor*, parce que tous les substantifs en *or* sont masculins, excepté trois qui sont féminins (*arbor, soror, uxor,*), et quatre qui sont neutres (*cor, ador, æquor, marmor*). Les autres noms à décliner sont rangés par classes, de la page 9 à la page 17, dans le seul ordre qui permît d'établir quelques règles générales. Le maître pourra, s'il le veut, les considérer simplement comme des sujets

---

1 §§ 110, 117, et 122, 124, 125, 126.

d'exercice, et ne pas faire apprendre aux commençants les règles et les observations qui accompagnent chaque liste; mais je ne crains pas d'affirmer que, dès qu'un enfant intelligent aura lu ces huit ou neuf pages, il voudra les relire, et ne tardera pas à les savoir.

La manière dont j'ai présenté les verbes facilitera beaucoup, je l'espère, l'étude et l'intelligence de la conjugaison. Les paradigmes sont suivis d'une analyse des formes qui contient, sur les parfaits et les supins, les seules règles qu'il soit possible d'établir dans une matière où les anomalies sont si nombreuses. Les listes de verbes d'où je déduis ces règles offriront des modèles à conjuguer d'autant plus utiles que toutes les formes de parfait et de supin s'y trouvent réunies [1].

Je n'ai point partagé les temps en principaux et secondaires. Cette division, si commode en grec, où chacune des deux classes a ses terminaisons distinctes, est stérile dans les verbes latins, dont toutes les troisièmes personnes se terminent par les mêmes lettres. J'y ai substitué la division en deux séries, dont la première présente l'action comme non accomplie (*amo*, *amabam*, *amabo*), et la seconde comme accomplie (*amavi*, *amaveram*, *amavero*). Cette division, déjà indiquée par Varron [2], a le double avantage d'affecter à la fois et la forme et le fond; la forme, puisque les temps de chaque série dérivent l'un de l'autre; le fond, puisque les actions exprimées par chaque groupe de temps sont entre elles comme ce qui est fini et ce qui dure encore, différence profonde qui a son application dans toutes les parties de la Syntaxe, et dont l'importance peut être appréciée par la seule comparaison de *liber lectus est* et *liber legitur* (§ 68). C'est aussi un merveilleux encouragement pour l'élève de savoir que tous les verbes de la langue, sans aucune exception, se conjuguent d'une seule et même manière aux temps de la seconde série, et que la conjugaison de ces temps est connue dès que l'on sait *fui*, *fueram*, *fuero*. Car le verbe *sum*, celui de tous qui ressemble le plus au français, est aussi, en quelque sorte, la clef de tous les autres. Le rôle qu'il joue comme auxiliaire dans la conjugaison du passif, rend l'étude de cette voix si facile, que plus d'un enfant récitera les trois derniers temps d'*amari* avant de les avoir lus.

---

1 On pourra, dans le premier enseignement, ne pas faire réciter le texte des §§ 57, 58 et 59. — 2 *De Ling. lat.*, l. IX, § 96, X, § 48.

Le Supplément ne devra être étudié d'une manière suivie que par des élèves un peu avancés ; mais, à tous les degrés de l'enseignement, le maître pourra en faire connaître les paragraphes qui se rapporteraient aux textes qu'il explique ; et, comme lui-même en possédera bien tout le contenu, il y trouvera des détails qui, placés à propos dans ses leçons, y jetteront de la variété. Les listes des verbes, rangés d'après la terminaison du parfait et du supin, seront d'un grand secours pour la composition et la correction des thèmes, puisqu'elles indiquent avec exactitude les formes dont on peut se servir et celles qu'il faut éviter.

Je n'ai pas craint d'admettre dans les différentes parties du Supplément un assez bon nombre d'archaïsmes, en avertissant toujours de n'en pas faire usage. Quelque élémentaire que soit une Grammaire, il faut pourtant qu'elle prépare à la lecture des auteurs, et l'on trouve à chaque page de Plaute, de Térence, de Lucrèce, des formes qui arrêteraient le lecteur, si elles n'étaient connues d'avance.

Dans la Syntaxe, je me suis borné plus strictement au latin de l'époque classique, laquelle finit à la mort d'Auguste. Il s'agit ici d'enseigner non-seulement à lire le latin, mais encore à l'écrire, et pour cela il ne faut offrir que des modèles d'une pureté irréprochable ; il faut surtout ne pas mêler ensemble des styles de siècles et de caractères différents. Si donc l'on rencontre dans Tacite, dans les deux Plines, dans Tite-Live même et dans Salluste, quelques tournures dont la Grammaire ne fasse pas mention, elles ne sont pas oubliées ; elles sont omises à dessein. Il n'en peut résulter aucun inconvénient ; un élève exercé devinera bien plus facilement une construction irrégulière qu'une forme insolite. Sans doute les exceptions syntactiques auraient pu faire aussi l'objet d'un supplément ou au moins de remarques séparées ; mais il faut se borner ; et mettre tout dans un livre n'est pas le moyen de faire tout apprendre. J'ai du reste signalé de place en place un assez grand nombre de ces locutions non cicéroniennes, pour qu'on puisse les reconnaître quand elles se rencontrent, et apprécier la différence des styles.

La Syntaxe est divisée en générale et particulière. La Syntaxe générale, quoique très-courte, contient en abrégé les règles qui régissent l'emploi de toutes les parties du discours. Elle peut suffire au premier enseignement, et celui qui la possédera bien analysera sans peine toute sorte de propositions. Les exemples y sont gradués, et nulle part je n'ai supposé connu ce qui ne l'était pas. C'est ainsi que le lecteur passe, de la proposition isolée et absolue, aux propositions coordonnées, et de celles-ci aux propositions subordonnées de diverses espèces. La Syntaxe particulière reprend un à un, et applique aux différentes constructions de la phrase latine, les principes établis dans la Syntaxe générale. Dans l'une et dans l'autre, toute la doctrine repose sur l'analyse de la proposition et sur les rapports des propositions entre elles. Je n'ai jamais compris les règles qui prescrivent de s'exprimer en latin de telle ou telle manière, suivant que tel mot français sera placé avant ou après tel autre. Ces procédés mécaniques faussent l'esprit au lieu de le guider. L'art d'écrire n'est pas si simple ni si absolu, qu'on puisse l'apprendre par des formules; il y faut de la réflexion et du raisonnement. Pour montrer au plus jeune enfant sa langue maternelle, il n'y a pas aujourd'hui un maître public ou privé qui n'ait recours à l'analyse logique. C'est cette méthode qu'il s'agit d'appliquer au latin; c'est la plus sûre et la plus prompte pour conduire à l'intelligence d'abord, puis à l'imitation des textes qu'on étudie.

L'intelligence et l'imitation, c'est-à-dire la version et le thème, tel est le double objet qu'on doit se proposer dès le début de l'enseignement, et je ne l'ai pas perdu de vue un seul instant dans la rédaction de cette Syntaxe. Les expressions latines et les locutions françaises sont continuellement mises en regard, et peuvent, chacune à leur tour, servir de sujet ou de modèle d'exercices. Tous les exemples sont tirés des auteurs : j'en ai recueilli une partie dans mes lectures; j'en ai emprunté un grand nombre aux grammairiens étrangers. Mais je n'ai jamais accepté une citation, pour ainsi dire, sur parole. Je les ai toutes vérifiées sur les meilleures éditions. Cependant je me contente le plus souvent de nommer l'auteur; une indication précise du livre et du chapitre eût considérablement grossi le volume et eût embarrassé le texte des règles; elle n'aurait d'ailleurs eu d'intérêt que pour le philologue, et celui-là pourra, s'il le veut, consulter les grands recueils où j'ai puisé moi-même [1]. Je n'offre aux maîtres et aux élèves qu'un ou-

---

[1] J'ai pourtant cité avec renvoi détaillé, toutes les fois que cela m'a paru nécessaire pour autoriser une règle moins généralement connue.

vrage pratique ; je cherche à répondre aux besoins de l'enseignement ; l'érudition saura toujours se satisfaire elle-même ; tout ce
qu'elle peut demander à un livre tel que celui-ci, c'est de ne pas
offrir de résultats qu'elle ne puisse avouer.

J'ai entendu souvent d'habiles professeurs se plaindre de trouver
à chaque instant les règles des grammaires en contradiction avec
l'usage des meilleurs écrivains. J'ai tâché que la mienne fût à l'abri
de ce reproche. Cependant les voies de l'esprit humain sont mul-
tiples, et, comme elles, les procédés du langage. Aussi est-il
arrivé plus d'une fois qu'après avoir constaté l'usage le plus général et cité, à l'appui, un exemple de Cicéron, j'aie dû signaler
chez Cicéron lui-même des exemples contraires. C'est principalement
sur l'emploi des modes après les conjonctions qu'il est difficile de donner des règles absolues. Il n'y a pas de partie de la Syntaxe qui soit
plus délicate. Comme le choix du mode dépend de la manière dont
celui qui parle conçoit sa pensée, et que la même pensée peut être
conçue de plusieurs manières, il s'ensuit qu'il régnera toujours dans
l'usage un arbitraire au moins apparent. Toutefois j'ai traité les conjonctions avec un soin particulier, et j'ai essayé d'établir quelques
règles d'une application sûre et facile.

L'ouvrage est terminé par un recueil de gallicismes, que je n'ai
pas eu la prétention de rendre complet, mais qui doit suffire pour
montrer comment une idée se transforme en passant d'un idiome
dans un autre. Qui dira combien il faudrait de volumes pour
donner une règle de traduction applicable à chaque tournure
française ? Il faut compter ici beaucoup sur le raisonnement et sur
l'usage, un peu sur le lexique.

Une Table analytique des matières présente, sous un seul coup
d'œil et dans leur ordre, tous les titres de l'ouvrage. Le volume est
terminé par deux Tables alphabétiques, l'une des formes et des
expressions latines, l'autre des principales expressions françaises
expliquées dans la Syntaxe. On reconnaîtra, je pense, l'utilité de
ces deux dernières dans le double exercice de la traduction du
français en latin et du latin en français.

TABLE ANALYTIQUE DES MATIÈRES[1].

---

1 Les Tables alphabétiques se trouveront à la fin du volume.

SYNTAXE GÉNÉRALE.
ANALYSE DE LA PROPOSITION.

UNION DES PROPOSITIONS.
PROPOSITIONS COORDONNÉES.

FIN DE LA TABLE ANALYTIQUE.

MÉTHODE

POUR

ÉTUDIER LA LANGUE LATINE.

PREMIÈRE PARTIE.

LIVRE PREMIER.

ALPHABET LATIN.

§ 1. La langue latine a , comme la langue française, vingt-cinq lettres, savoir :

A B C D E F G H I J K L M N O P Q R S T U V X Y Z
a b c d e f g h i j k l m n o p q r s t u v x y z.

I. VOYELLES ET DIPHTHONGUES.

De ces lettres, six sont voyelles, c'est-à-dire qu'elles forment un son par elles-mêmes; ce sont *a, e, i, o, u, y*. Cette dernière appartient à la langue grecque, et ne s'emploie que dans les mots qui en sont tirés, comme *zephyrus*, le zéphyre.

E se prononce toujours comme dans le français *bonté*.

Deux voyelles réunies en une seule syllabe forment une diphthongue. Les principales diphthongues sont *æ*, *œ*, *au*, *eu*, exemples : *Ætna*, le mont Etna ; *pœna*, la peine ; *aurum*; l'or ; *Europa*, l'Europe. *Eus* final ne se prononce en une seule syllabe que dans *heus* (holà !), et dans les noms grecs, comme *Orpheus* (Orphée). Partout ailleurs les deux voyelles se font entendre séparément : *De-us* (Dieu) ; *malle-us* (marteau); *alve-us* (canal, lit d'une rivière).

Les diphthongues *ei* et *ui* sont beaucoup moins usitées que les précédentes. *Ei* n'est diphthongue que dans *hei* (hélas !), *queis* pour *quibus* (auxquels), et dans certaines contractions poétiques. *Ui* est diphthongue, toujours dans *hui* (oh !), le plus souvent dans *huic* (à celui-ci), *cui* (auquel) et ses composés. Partout ailleurs on prononce séparément *e-i*, *u-i*, comme dans *De-i* (de Dieu), *fu-i* (je fus).

1. Burn. *Gr. Lat.*   A

II. CONSONNES.

Les dix-neuf autres lettres sont consonnes, c'est-à-dire que, pour former un son, elles doivent être précédées ou suivies d'une voyelle; ex. : *ab*, *ba*.

Parmi les différentes classifications qu'on peut faire des consonnes, nous adopterons la suivante, comme la plus commode.

	LABIALES.	GUTTURALES.	DENTALES.
7 fortes.	p f	c (k q)	t s
6 douces.	b v	g j	d z
4 liquides, l, m, n, r. — 1 aspirée, h. — 1 double, x.			

REM. 1. Les liquides M et N sont aussi appelées nasales. M se place devant les labiales P, B : *umbra* (ombre), *amplus* (ample); N devant les gutturales et les dentales : *angulus* (angle), *unda* (onde), *antrum* (antre).

2. Les dentales S et Z reçoivent aussi le nom de sifflantes. Z est une lettre grecque; on lui donne le son du Z français, quoique par son origine elle représente DS.

3. Le K ne s'emploie que très-rarement; il est remplacé par le C, que nous prononçons à la manière française [1].

4. Le Q est toujours suivi d'un U, qui semble faire corps avec cette consonne. Voilà pourquoi *quos* (lesquels) se prononce *cos*. Voilà pourquoi aussi *ui* et *ua* ne sont pas considérés comme diphthongues dans *qui* (lequel) *quam* (que ou laquelle), quoiqu'on prononce chacun de ces mots en une seule syllabe.

5. Le G n'est qu'un C adouci; nous le prononçons partout comme en français. Quand, après NGU, il se trouve une seconde voyelle, U se réunit toujours avec cette dernière; ainsi *languor* (langueur) se prononce *lan-gor*; *lingua* (langue) *lin-goua*; *sanguis* (sang) *san-guis*; *langueo* (je languis)

---

1. Chez les Romains, C et G étaient durs devant toutes les voyelles, et *ce*, *ci*, se prononçaient *ké*, *ki*. De même on donnait à *ge*, *gi* le son que nous donnons à *gué*, *gui* dans *guérir*, *guider*.

lan-gue-o (donnez à *ui* le son qu'il a dans *aiguille*, et à *ue* celui de *ué* en une seule syllabe).

Mais dans *arguo*, *arguere*, U se sépare de la voyelle suivante, comme dans le français *argu-er*.

6. Le T prend le son de S dans les mêmes cas qu'en français : *natio* (nation), *factio* (faction).

7. Les Latins n'avaient pas, pour la consonne J, d'autre signe que la voyelle I ; le mot *major* (plus grand) s'écrivait et se prononçait *maior*. C'est ainsi que nous écrivons encore *aio* (je dis), *maius* (mai), où l'*i* est également entre deux voyelles et fait l'office de consonne en se joignant à la seconde (*a-io*, *ma-ius*). Quand celle-ci disparaît, *i* redevient voyelle, *a-is*, *a-it* (tu dis, il dit).

8. La consonne V s'écrivait aussi par le même signe que la voyelle U ; ainsi *nauita* (nautonnier) est la même chose que *navita*. Supprimez l'*i*, le *v* redeviendra voyelle, et vous aurez *nauta*.

9. H est toujours muette ; la première syllabe d'*honor* se prononce comme celle du français *honneur*. PH, TH, CH se prononcent comme dans *philosophie*, *Théodore*, *chœur* ; RH, comme dans *rhéteur*. Ces lettres composées ne s'emploient que dans les mots empruntés du grec.

10. La double X représente CS, GS ; ainsi *vox* (voix) est pour *vocs* ; *rex* (roi) est pour *regs*. Du reste, elle est toujours dure, comme dans le français *fixe*.

11. F et V sont des aspirations de P et B. F est une aspirée forte, V une aspirée faible.

DE LA QUANTITÉ.

§ 2. On appelle quantité la longueur ou la brièveté des syllabes. Elle se marque sur les voyelles de la manière suivante :

Brèves : $\breve{a}$, $\breve{e}$, $\breve{\imath}$, $\breve{o}$, $\breve{u}$, $\breve{y}$.

Longues : $\bar{a}$, $\bar{e}$, $\bar{\imath}$, $\bar{o}$, $\bar{u}$, $\bar{y}$.

Les diphthongues, étant composées de deux voyelles, sont toujours longues.

Une voyelle brève, suivie de deux consonnes ou d'une lettre double, devient longue par position ; ex. : *făcere* (faire), *făctus* (fait) ; *rĕgere* (diriger), *rēxi* (j'ai dirigé).

Une voyelle, même longue, devient brève (sauf quelques exceptions) lorsqu'elle est suivie d'une autre voyelle : *docēre* (enseigner), *docĕo* (j'enseigne); *audīre* (entendre), *audĭo* (j'entends); ou d'un *t* final : *docēs* (tu enseignes), *docĕt* (il enseigne), *audīs* (tu entends), *audĭt* (il entend).

Nous n'entrerons pas ici dans le détail des règles de la quantité; mais nous la marquerons sur les voyelles toutes les fois que cela pourra contribuer à la clarté des règles grammaticales ou à la justesse de la prononciation.

DES MOTS.

§ 3. La langue latine se compose de neuf sortes de mots, qu'on appelle aussi les neuf parties du discours. Ce sont le Nom substantif, l'Adjectif, le Pronom, le Verbe, le Participe, la Préposition, l'Adverbe, la Conjonction et l'Interjection.

Le latin n'a point d'article : *populus* signifie également *peuple*, *le peuple* et *un peuple*.

DU NOM SUBSTANTIF.

§ 4. Le nom substantif est le mot qui désigne et qui nomme les personnes et les choses; ex. : *pater*, le père; *mater*, la mère; *templum*, le temple; *rosa*, la rose; *sapientia*, la sagesse; *virtus*, la vertu; *urbs*, la ville.

On en distingue deux sortes : 1° le nom appellatif ou commun, qui convient à tous les êtres d'une même espèce, comme *urbs*, qui peut désigner toutes les villes; 2° le nom propre, qui ne convient qu'à des êtres déterminés, comme *Rōma*, qui ne peut désigner que la ville de Rome.

Dans tout substantif il y a trois choses à considérer : le Nombre, le Genre, le Cas.

I. NOMBRES.

Le nombre est une inflexion particulière qui fait connaître si l'on parle d'un ou de plusieurs objets.

Le nombre est Singulier, s'il s'agit d'une seule personne ou d'une seule chose : *puer*, l'enfant (ou un enfant); *rosa*, la rose (ou une rose).

Le nombre est Pluriel, s'il s'agit de plusieurs personnes ou de plusieurs choses : *pueri*, les enfants (ou des enfants); *rosæ*, les roses (ou des roses).

II. GENRES.

1. **MASCULIN.** Tous les noms qui conviennent à l'homme seul ou aux animaux mâles sont du genre Masculin : *Petrus*, Pierre ; *filius*, fils ; *frater*, frère ; *leo*, lion ; *equus*, cheval.

2. **FÉMININ.** Tous les noms qui conviennent à la femme seule ou aux animaux femelles, sont du genre Féminin : *Maria*, Marie ; *filia*, fille ; *soror*, sœur ; *leæna*, lionne ; *equa*, cavale.

L'usage a étendu la distinction des genres même aux choses inanimées. Ainsi *liber* (le livre), *ventus* (le vent), *labor* (le travail), sont du masculin ; *mensa* (la table), *domus* (la maison), *prudentia* (la prudence), sont du féminin.

3. **NEUTRE.** La langue française ne reconnaît dans les noms que les deux genres dont nous venons de parler. La langue latine en admet un troisième, sous lequel on a rangé les noms qui ne sont ni masculins ni féminins. On l'appelle Neutre, du mot NEUTRUM, qui signifie *ni l'un ni l'autre* ; ex. : *cœlum*, le ciel ; *templum*, le temple ; *ornamentum*, l'ornement ; *ferrum*, le fer ; *lignum*, le bois.

4. Les genres ne se correspondent pas toujours dans les deux langues ; des noms masculins en latin peuvent être féminins en français, et réciproquement :

MASC. *Flos*, odor, color, ros, collis.
FÉMIN. La fleur, l'odeur, la couleur, la rosée, la colline.

FÉMIN. *Arbor*, laurus, navis, ara, porticus.
MASC. L'arbre, le laurier, le navire, l'autel, le portique.

Les noms qui sont neutres en latin, sont le plus souvent masculins en français. Plusieurs cependant sont féminins :

NEUTRES. *Caput*, os, mare, lumen, bellum.
FÉMIN. La tête, la bouche, la mer, la lumière, la guerre.

Le genre du nom se reconnaît, ou par sa signification, ou par sa terminaison, ou par l'usage. Nous donnerons à la fin du Supplément les règles les plus nécessaires pour déterminer les genres.

III. CAS.

Si je dis : *La rose* est une belle fleur,
   O rose ! ton éclat ne dure qu'un instant,
   L'odeur *de la rose* est douce,
   Dieu a donné *à la rose* une couleur agréable,
   L'enfant cueille *la rose* (ou *une rose*),
   On extrait *de la rose* une essence précieuse,

l'article, les prépositions, la place même du mot *rose*, indiquent les divers rapports de ce nom avec les mots auxquels il est joint.

Ces rapports sont marqués en latin par des cas, c'est-à-dire par des formes différentes que prend le nom même [1].

La langue latine a six cas, appelés Nominatif, Vocatif, Génitif, Datif, Accusatif, Ablatif.

Le nominatif et le vocatif se nomment cas directs, les autres, cas obliques ou indirects.

De ces six cas, plusieurs se ressemblent ; ainsi :

1. Toujours au pluriel, presque toujours au singulier, le vocatif est le même que le nominatif.

2. Tous les noms neutres ont trois cas semblables : le nominatif, le vocatif, l'accusatif ; au pluriel, ces trois cas sont en *a* bref.

3. Le datif et l'ablatif pluriels ont toujours une seule et même désinence.

DE LA DÉCLINAISON.

§ 5. Réciter de suite les six cas d'un nom, tant au singulier qu'au pluriel, s'appelle décliner. Le latin a cinq Déclinaisons, qui se distinguent par la désinence du génitif singulier.

Cette désinence étant retranchée, ce qui reste est le RADICAL du nom. Tout nom est composé d'un radical, qui demeure invariable, et d'une suite de désinences ou terminaisons, qui varient selon les nombres et les cas.

PREMIÈRE DÉCLINAISON.

§ 6. La première déclinaison comprend un grand nombre de noms féminins et quelques masculins. Le nominatif singulier est terminé en *a* bref, le génitif en *æ*, le génitif pluriel en *ārum*.

	SINGULIER.		PLURIEL.	
NOMINATIF.	ros ă,	*la rose.*	ros æ,	*les roses.*
VOCATIF.	ros ă,	*rose !*	ros æ,	*roses !*
GÉNITIF.	ros æ,	*de la rose.*	ros ārum,	*des roses.*
DATIF.	ros æ,	*à la rose.*	ros īs,	*aux roses.*
ACCUSATIF.	ros ăm,	*la rose.*	ros ās,	*les roses.*
ABLATIF.	ros ā,	*de la rose.*	ros īs,	*des roses.*

1. Ces changements portent sur la terminaison ; de là leur nom de cas, en latin *casus*, chute, désinence.

Rᴇᴍ. 1. Le vocatif singulier des noms en *a* est toujours semblable au nominatif.

2. L'ablatif est aussi en *a*, mais cet *a* est long.

3. Le génitif et le datif sont l'un et l'autre en *æ*.

4. Il faut encore remarquer l'accusatif singulier en *am*, et l'accusatif pluriel en *ās*. C'est donc la voyelle *a* qui caractérise cette déclinaison.

Déclinez sur Rosă.

Fᴇ́ᴍ.	Terr a,	*la terre.*	Mᴀsc.	Poet a,	*le poële.*
	Aqu a,	*l'eau.*		Naut a,	*le matelot.*
	Silv a,	*la forêt.*		Pirat a,	*le pirate.*
	Vi a,	*la route.*		Aurig a,	*le cocher.*
	Cas a,	*la cabane.*		Agricol a,	*le laboureur.*
	Port a,	*la porte.*		Scrib a,	*le greffier.*
	Mens a,	*la table.*		Colleg a,	*le collègue.*
	Hor a,	*l'heure.*		Assecl a,	*le valet.*

DEUXIÈME DÉCLINAISON.

§ 7. La deuxième déclinaison a le génitif singulier en *i*, et le génitif pluriel en *ōrum*. Elle comprend des noms masculins en *us* et des neutres en *um*. Quelques noms en *us* sont aussi féminins.

I.	NOM MASCULIN.		NOM NEUTRE.	
		SINGULIER.		
N.	domin ŭs,	*le seigneur.*	templ ŭm,	*le temple.*
V.	domin ĕ,	*seigneur!*	templ ŭm,	*temple!*
G.	domin ī,	*du seigneur.*	templ ī,	*du temple.*
D.	domin ō,	*au seigneur.*	templ ō,	*au temple.*
Acc.	domin ŭm,	*le seigneur.*	templ ŭm,	*le temple.*
Aʙʟ.	domin ō,	*du seigneur.*	templ ō,	*du temple.*
		PLURIEL.		
N.	domin ī,	*les seigneurs.*	templ ă,	*les temples.*
V.	domin ī,	*seigneurs!*	templ ă,	*temples!*
G.	domin ōrum,	*des seigneurs.*	templ ōrum,	*des temples.*
D.	domin īs,	*aux seigneurs.*	templ īs,	*aux temples.*
Acc.	domin ōs,	*les seigneurs.*	templ ă,	*les temples.*
Aʙʟ.	domin īs,	*des seigneurs.*	templ īs,	*des temples.*

Rᴇᴍ. 1. Le vocatif des noms terminés en *us* est en *e* bref. Dans les noms *filius* (fils), *genius* (un génie), et dans les noms propres en *ius*, comme *Virgilius, Pompeius, Caius,*

cet *e* se contracte avec l'*i* qui précède, et l'on dit : *filī*, *genī*, *Virgilī*, *Pompeī*, *Caī* ; cf. § 108.

2. Les noms *Deus* (Dieu), *agnus* (agneau), *chorus* (chœur), ont le vocatif semblable au nominatif. De plus, *Deus* fait au pluriel N. V. *dii*, *dī* et quelquefois *dei* ; G. *deorum* ; D. Abl. *diis*, *dīs* et quelquefois *deis* ; Acc. *deos*.

3. On remarquera dans le nom *dominus* les terminaisons *o*, *orum*, *os* [1]. C'est la voyelle *o* qui domine dans cette déclinaison, comme *a* dans la première.

4. Le plus grand nombre des féminins en *us* sont des noms d'arbres.

Déclinez sur Dominus ;   *sur* Templum.

Masc.		Fém.		Neut.	
Lūdus,	*le jeu.*	Ulmus,	*l'orme.*	Ovum,	*l'œuf.*
Pŏpŭlus,	*le peuple.*	Pōpŭlus,	*le peuplier.*	Vīnum,	*le vin.*
Ocŭlus,	*l'œil.*	Fraxĭnus,	*le frêne.*	Arātrum,	*la charrue.*
Servus,	*l'esclave.*	Fāgus,	*le hêtre.*	Exemplum,	*l'exemple.*
Nīdus,	*le nid.*	Pĭrus,	*le poirier.*	Officium,	*le devoir.*
Hortus,	*le jardin.*	Alvus,	*le ventre.*	Somnium,	*le songe.*

II. Plusieurs noms masculins de cette déclinaison sont privés de la désinence *us* au nominatif, et présentent à ce cas le radical simple. Ils sont tous terminés en *er*, excepté *vir* (l'homme) avec ses composés, et l'adjectif *satur* (rassasié). Le vocatif est semblable au nominatif.

	SINGULIER.	PLURIEL.		SINGULIER.	PLURIEL.
N. V.	puĕr, *l'enfant.*	puer i,	N. V.	lĭbĕr, *le livre.*	libr i,
G.	puĕr i,	puer orum.	G.	libr i,	libr orum,
D.	puer o,	puer is,	D.	libr o,	libr is,
Acc.	puer um,	puer os,	Acc.	libr um,	libr os,
Abl.	puer o.	puer is.	Abl.	libr o.	libr is.

Rem. On voit par ce tableau, 1°, que les désinences s'attachent immédiatement à la forme du nominatif, qui est ici le radical ; 2°, que ce radical même perd quelquefois la voyelle *e* bref au génitif et à tous les cas suivants.

Déclinez sur Puer ;   *sur* Liber.

Sŏcer, soceri,	*le beau-père.*	Fāber, fabri, *l'artisan.*
Gĕner, generi,	*le gendre.*	Agĕr, agri, *le champ.*
Vĭr, vĭri,	*l'homme.*	Apĕr, apri, *le sanglier.*

---

1. Les auteurs les plus anciens font même souvent le nominatif en *os* bref servŏs pour *servŭs*.

TROISIÈME DÉCLINAISON.

§ 8. La troisième déclinaison renferme des noms de tous les genres. Elle n'a pas, comme les deux premières, une terminaison fixe pour le nominatif; ce cas peut finir par les voyelles *o*, *e*, et par les consonnes *l*, *n*, *r*, *s* (ou *x* qui vaut *cs* et *gs*). Deux nominatifs seulement se terminent en *t* et *c* [1].

Le génitif singulier est en *is*, le génitif pluriel en *um* ou *ium*. Le vocatif est toujours semblable au nominatif.

§ 9.   TERMINAISONS, *L*, *N*, *R*.

Nominatif identique avec le radical.

		NOM MASCULIN.		NOM NEUTRE.	
SING.	N. V.	lăbŏr,	*le travail.*	mărmŏr,	*le marbre.*
	G.	labŏr ĭs,		marmŏr ĭs,	
	D.	labŏr ī,		marmŏr ī,	
	ACC.	labŏr em,		marmŏr,	
	ABL.	labŏr ĕ.		marmŏr ĕ.	
PLUR.	N. V.	lăbŏr ēs,	*les travaux.*	marmŏr ă,	*les marbres.*
	G.	labŏr um,		marmŏr um,	
	D.ABL.	labŏr ĭbŭs,		marmŏr ĭbŭs,	
	ACC.	labŏr es.		marmŏr ă.	

REM. 1. On voit que pour décliner ces noms il ne s'agit que d'ajouter au radical les désinences *is*, *i*, *em*, *e*, etc.

2. Le nominatif, le vocatif et l'accusatif du pluriel sont toujours semblables, *es* pour le masculin et le féminin, *a* pour le neutre.

3. On a vu que les deux premières déclinaisons faisaient le datif et l'ablatif pluriel en *is*; la troisième les fait en *ibus*, où *i* n'est qu'une voyelle de liaison qui joint *bus* à la consonne du radical.

Déclinez d'après les modèles ci-dessus :

MASC. Dŏlŏr, dolōr is, *la douleur.*	Sōl, sōl is, *lo soleil* (sans gén.
Fulgŏr, fulgōris, *l'éclat.*	pluriel).
Consŭl, consŭl is, *le consul.*	Rēn, rēn is, *les reins.*
Passĕr, passĕr is, *le moineau.*	Liēn, liēn is, *la rate.*
Vultŭr, vultŭr is, *le vautour.*	Lăr, lăr is, *foyer, dieu Lare,*
Fūr, fūr is, *le voleur.*	(Gén. plur. *Lărum* et *Larium*).

---

1. Ce sont *caput* (tête) avec ses composés, et *lac* (lait). On cite encore le mot rare *alec* ou *alex* (espèce de sauce ou de saumure). Nous parlerons dans le Supplément des terminaisons grecques en *ma* et de plusieurs autres.

Fém. Sŏrŏr, sorōr is , *la sœur.* Neut. Sulfŭr, sulfŭris , *le soufre.*
   Uxŏr, uxōr is , *l'épouse.*   Ubĕr, ūbĕr is , *la mamelle.*
   Mŭliĕr, muliĕr is, *une femme.* Vēr , vēris, *le printemps.*
   Arbŏr, arbŏr is , *un arbre.*   Fĕl, fell is, *le fiel.*
Neut. Æquŏr, æquŏr is, *la mer.*   Mĕl, mell is, *le miel.*
   Fulgŭr, fulgŭr is , *l'éclair.* Fār, farr is, *épeautre, blé.*

RÉM. *Ver* n'a pas de pluriel. *Fel, mel, far* n'ont au pluriel que les cas en *a.* Remarquez dans ces trois derniers le redoublement de la consonne radicale.

§ 10*. Dans les noms ci-dessus la dernière voyelle du nominatif se conserve à tous les cas ; il en est d'autres où elle disparaît ou se transforme.

1. Ceux en *tĕr,* excepté *lătĕr, latĕris* (brique), perdent *e* au génitif et aux cas suivants :

Pătĕr, patr is (p^r.pateris), *père.* Mātĕr, mātr is, *mère.*
Frātĕr, frātr is, ———*frère.* Accĭpĭter, accipitr is, m. *épervier.*

Les trois suivants ont de plus le gén. pluriel en *ium :* Venter, ventr-is, *le ventre :* Utĕr, utr-is, *une outre ;* Lintĕr, lintr-is, *une barque.*

2. Quatre neutres en *ur* ont *o* pour voyelle radicale, et font le génitif en *oris :*

 Ebŭr, ĕbŏr is, *ivoire.*   Rŏbŭr, rōbŏr is, *la force.*
 Fĕmŭr, fĕmŏr is, *la cuisse.* Jĕcŭr, jĕcŏr is, *le foie.*

3. Les noms en *en* bref ont *i* au radical, et font le génitif en *inis.* Cette classe comprend un grand nombre de neutres en *men, minis,* comme :

Nom ĕn, -ĭnis, *nom.* Flūm ĕn, -ĭnis, *fleuve.* Grām ĕn, -ĭnis, *gazon.*
Nūm ĕn, -ĭnis, *divinité.* Lūm ĕn, -ĭnis, *lumière.* Sēm ĕn, -ĭnis, *semence.*

Elle comprend aussi quelques noms masculins, comme :

Fĭdĭc ĕn, -ĭnis , *joueur de lyre.* Tĭbĭc ĕn, -ĭnis, *joueur de flûte.*
Osc ĕn, -ĭnis, *oiseau chanteur.* Pect ĕn, -ĭnis, *peigne.*

Ajoutez *sanguis,* primitivement *sanguen* (le sang), Gén. *sanguinis,* usité seulement au singulier.

---

* Nous avons exposé dans la Préface pourquoi il était indispensable de donner à la troisième déclinaison un certain développement. Dans les classes élémentaires, on pourra dispenser les élèves de réciter le texte des §§ 10, 11, 12, 13, 14, 15, 16. Mais il sera important de les exercer à décliner des noms pris dans toutes les listes, afin de les familiariser avec les formes variées du nominatif et du génitif.

TERMINAISON *T*.

§ 11. Le neutre *căpŭt* (la tête) fait au génitif *capĭtis*. Déclinez de même ses deux composés, *occiput* (le derrière de la tête), *occipĭtis ; sinciput* (la moitié de la tête), *sincipitis* [1].

TERMINAISON *O*.

§ 12. Tout nominatif en *o* vient d'un radical en *on* ou en *in*, et prend au génitif *onis* ou *inis*. Cette classe n'a que des masculins et des féminins.

1. M. Leō, leōnis, *lion.*
 Lĭgo, ligōnis, *hoyau.*
 Sermo, sermōnis, *discours.*

1. F. Lĕgio, legiōnis, *légion.*
 Nātio, natiōnis, *nation.*
 Rătio, ratiōnis, *raison.*

2. M. Hŏmo, homĭnis, *homme.*
 Turbo, turbĭnis, *tourbillon.*
 Ordo, ordĭnis, *ordre, rang.*
 Cardo, cardĭnis, *gond.*
 Nēmo, (nēmĭnis), *personne*
 (avec négation et sans pluriel).

2. F. Virgo, virgĭnis, *jeune fille.*
 Orīgo, origĭnis, *origine.*
 Grando, grandĭnis, *grêle.*
 Vălētūdo, valētūdĭnis, *santé.*
 Căro, carnis (p. *carĭnis*) *chair,*
 (gén. pluriel *carnium*).

Exceptez *Anio* (le fleuve Anio), G. *Aniēn is*, et *Nĕrio* (l'épouse du dieu Mars), G. *Neriēn is.*

Rem. Le génitif *neminis* est très-rare et on doit l'éviter.

TERMINAISON *S*.

§ 13. Il faut distinguer dans les noms en *s* ceux où cette consonne fait partie du radical même, et ceux où elle y est ajoutée comme signe du nominatif.

Noms où S fait partie du radical.

I. La langue latine aimant à changer *s* en *r* entre deux voyelles, toutes les fois que le génitif est en *ris*, l's du nominatif appartient au radical.

M. Flōs, flōr is, *fleur.*
 Mōs, mōr is, *coutume.*
 Rōs, rōr is, *rosée* (sans gén. pl.).
 Mūs, mŭr is, m. f. *rat* (-*ium*).
 Glīs, glīr is, *un loir* (-*ium*).
 Mās, măr is, *le mâle* (-*ium*).
 Lĕpōs, lepōr is, *agrément.*
F. Tellūs, tellūr is, *la terre* (sans pl.).

N. Æs, æris*, *airain.*
 Os, ōr is, *la bouche.*
 Crūs, crūr is, *la jambe.*
 Rūs, rūr is *, *la campagne.*
 Tūs (*ou* Thūs) tūr is*, *encens.*
 Jūs, jūr is*, *le droit, la justice.*
 Jūs, jūr is *, *jus, bouillon.*
 Pūs, pūr is *, *du pus.*

---

1. *Sinciput* vient de *semi-caput* (demi-tête).

Rᴇᴍ. 1. *Ros* et *os* n'ont pas de génitif pluriel. *Mus, glis, mas*, font au génitif pluriel *murium, glirium, marium*. Les neutres marqués d'un astérisque n'ont au pluriel, dans les auteurs classiques, que les cas en *a ;* cf. § 124.

2. Le neutre *vās, vas is* (un vase), garde *s* à tous les cas; il fait au pluriel *vās a, vas orum*, seconde déclinaison.

3. Le neutre *os, oss is* (un os), redouble *s ;* le gén. pl. est *oss ium.*

4. L'échange de *s* avec *r* avait lieu quelquefois même au nominatif. Ainsi par exemple *labor* et *arbor* ont une autre forme très-usitée en poésie, *labōs* et *arbōs.* En prose même on dit peut-être mieux *honōs* (l'honneur) que *honor.*

§ 14. II. Quatre masculins et beaucoup de neutres transforment la voyelle du radical en même temps que la consonne :

M. Cĭnĭs, cinĕr is, *cendre.*   M. Pulvĭs, pulvĕr is, *poussière.*
   Cŭcŭmis, -ĕris, *concombre.*   Vōmĭs (*ou* vōmĕr) -ĕris, *soc de*
N. Fœdŭs [1], fœdĕr is, *traité.*   N. Frĭgus, frigŏr is, *froid.* [*charrue.*
   Vulnus, vulnĕr is, *blessure.*   Corpŭs, corpŏr is, *corps.*
   Sĭdus, sĭdĕr is, *astre.*   Pectŭs, pectŏr is, *poitrine.*
   Tempus, tempŏr is, *temps.*   Pĕcŭs, pĕcŏr is, *troupeau.*
   Littŭs, littŏr is, *rivage.*   Nĕmus, nĕmŏr is, *bois.*

Rᴇᴍ. Tous les substantifs en *us*, G. *ĕris* ou *ŏris* sont neutres, excepté le masculin *lĕpŭs, lepŏr is* (lièvre), et le féminin *Vĕnŭs, Vĕnĕr is* (la déesse Vénus).

Noms où S n'appartient pas au radical.

§ 15. Tout nom masculin ou féminin, dont le radical finit par une des labiales P, B, des gutturales C, G, ou des dentales T, D, prend S pour signe du nominatif.

I. Cette *s* se joint immédiatement aux labiales :

F. (Daps) dăp is, *festin*, sans génitif pluriel.
   (Ops) ŏp is, *secours.* Pl. Opēs, opum, opibus, *richesses.*
   Trabs, trăb is, *une poutre.* G. pl. trabium.
   Plebs, plēb is, *le peuple, la multitude.*
   Hiems, hiĕm is, *l'hiver* (le seul radical latin en *m*).

Rᴇᴍ. *Daps* et *ops* sont inusités au nominatif singulier dans les auteurs classiques; cf. § 126. *Plebs* et *hiems* n'ont au pluriel que les cas semblables *plebes, hiemes*, et ces pluriels sont rares, surtout le premier.

---

1. Dans tous ces noms, c'est *s* qui est radicale, et non *r;* car on a dit *fœ des um* avant de dire *fœder um ;* voy. Schneider, Gramm., t. I, p. 342.

II. La lettre *s* jointe aux gutturales *c*, *g*, devient *x*.

M. Dux, dŭc is, *chef*.   F. Lex, lēg is, *loi*.
    Rex, rēg is, *roi*.   Lux, lūc is, *lumière*.
    Grex, grĕg is, *troupeau*.   Pax, pāc is, *paix*.
    Fornix, fornĭc is, *voûte*.   Pix, pĭc is, *de la poix*.
    Vervex, vervēc is, *mouton*.   Rādix, radĭc is, *racine*.
    Calix, calĭc is, *coupe*.   Vox, vōc is, *la voix*.

REM. *Lux* n'a pas de génitif pluriel. *Pax* et *pix* n'ont au pluriel que les trois cas semblables, *pāces*, *pĭces*; cf. § 124.

Très-souvent l'*i* bref du radical se change en *e* au nominatif :

Princeps, princĭp is, *prince*.   Rēmex, remĭg is, *rameur*.
Jūdex, jūdĭc is, *juge*.   Forceps, forcĭp is, *tenailles*.

III. Les dentales *t*, *d*, disparaissent par euphonie devant l'*s* du nominatif ; ainsi, étant donnés les génitifs *arietis*, *custodis*, les nominatifs seront *aries*, *custos*, pour *ariet-s*, *custod-s*.

M. Ariēs, ariĕtis, *bélier*.   F. Abiēs, abiĕt is, *sapin*.
    Pariēs, pariĕt is, *mur*.   Sĕgĕs, segĕt is, *moisson*.
    Hērēs, herēd is, *héritier*.   Mercēs, mercēd is, *salaire*.
    Pes, pĕd is, *pied*.   Salūs, salūt is, *salut* (sans pl.).
    Lăpis, lapĭd is, *pierre*.   Pălūs, palūd is, *marais*.
    Custōs, custōd is, *gardien*.   Fraus, fraud is, *fraude*.
    Sacerdōs, sacerdōt is, *prêtre*.   Laus, laud is, *louange*.
    Nepos, nepōt is, *petit-fils*.   Dōs, dōt is, *talent, dot*.

REM. *Dōs* fait au génitif pluriel *dotum* et *dotium*, l'un et l'autre dans le sens de *dot*, et fort peu usités.

Remarquez dans les suivants et autres semblables le changement de la voyelle radicale en *e*, comme dans *princeps, principis* :

M. Mīlĕs, milĭt is, *soldat*.   Equĕs, equĭt is, *cavalier*.
    Cŏmĕs, comĭt is, *compagnon*.   Cespĕs, cespĭt is, *gazon*.

IV. Les noms en *tās* (pour *tāt-s*), qui sont tous féminins et qui presque tous expriment des qualités, appartiennent à cette classe :

Piĕtās, piĕtāt is, *piété*.   Æstās, æstāt is, *été*.
Sanctĭtās, sanctitāt is, *sainteté*.   Ætās, ætāt is, *âge*.
Paupertās, paupertāt is, *pauvreté*.   Civitās, civĭtāt is, *cité*.

Quatre noms de cette espèce sont en *tūs* (pour *tūt-s*) :

Virtūs, virtūt is, *vertu*.   Juventūs, juventūt is, *jeunesse*.
Servĭtus, servĭtūt is, *servitude*.   Sĕnectūs, senectūt is, *vieillesse*.

§ 16. V. Tout nom dont le radical finit par deux consonnes, prend S pour signe du nominatif, et fait le gén. pl. en *ium* :

F. Stirps, stirp is, *racine*.   Urbs, urb is, *ville*.
    Arx, arc is, *citadelle*.   Merx, merc is, *marchandise*.
    Lanx, lanc is, *bassin*.   Falx, falc is, *une faux*.
    Calx, calc is, *le talon*.   Calx, calc is, *de la chaux*.

On décline de la même manière, en supprimant la dentale
t ou *d* devant l'*s* du nominatif :

M. Mons, mont is, *montagne*.   F. Glans, gland is, *gland*.
Fons, font is, *fontaine*.   Frons, frond is, *feuillage*.
Pons, pont is, *un pont*.   Frons, front is, *le front*.
Dens, dent is, *dent*.   Gens, gent is, *nation*.
Cliens, client is, *client*.   Mens, ment is, *esprit*.

Et les suivants, qui sont tous féminins :

Ars, art is, *art*.   Sors, sort is, *le sort*.
Pars, part is, *partie*.   Mors, mort is, *la mort*.
Cohors, cohort is, *cohorte*.   Chors, chort is, *basse-cour*.
Nox, noct is, *la nuit*.   Puls, pult is, *bouillie*.

EXCEPTION. A cette classe se rattachent deux noms dont
le radical finit par une dentale, mais qui, étant neutres, n'ont
pas d'*s* au nominatif :

Lac, lact is, *lait* (sans pluriel à aucun cas).
Cor, cord is, *cœur* (gén. pl. *cordium*, inusité dans les classiques).

OBSERVATION GÉNÉRALE.

Tous les substantifs que nous avons vus jusqu'ici sont imparisyllabiques, c'est-à-dire qu'ils ont une syllabe de plus au
génitif qu'au nominatif[1].

Le caractère des substantifs imparisyllabiques est d'avoir
l'ablatif singulier en *ĕ*, et le génitif pluriel en *um*. Pour l'ablatif
singulier il n'y a pas d'exception, sauf les archaïsmes qui se
rencontrent çà et là[2], et qu'on ne doit pas imiter. Pour le
génitif pluriel, l'exception la plus importante est comprise dans
le paragraphe 16. Nous en avons noté quelques autres, chacune en son lieu ; il faut y ajouter les féminins suivants :

Lis, *procès*, litis, litium. Nix, *neige* (p. niv-s) nĭvis, nivium.
Strix, *cannelure de colonne* et *oiseau de nuit*, strĭgis, strigium.
Fauces (f. plur.) *le gosier*, faucium. Compĕdes (f. plur.) *chaîne*,
compedium.

PARISYLLABIQUES DE LA TROISIÈME DÉCLINAISON.

S, signe du nominatif. Radical accru d'une voyelle.

§ 17. La troisième déclinaison comprend beaucoup de noms
qui ont au nominatif et au génitif un nombre égal de syllabes.
Cette égalité vient de ce que le radical est accru des voyelles *i*

---

1. Les noms en *tĕr* ne font pas exception, puisque *patris* est pour *patĕris*.
2. Par exemple, *Occipiti, parti, sorti, liti, luci, melli, lapidi*.

bref ou *e* long, auxquelles se joint l'*s* du nominatif [1]. Ces voyelles disparaissent au génitif et aux cas suivants pour faire place aux désinences ordinaires.

Le caractère des noms parisyllabiques est d'avoir le génitif pluriel en *ium*. Plusieurs accusatifs du singulier se terminent à la fois en *em* et en *im*, quelques-uns en *im* seul. L'ablatif prend la voyelle de l'accusatif; cependant il admet *e* ou *i* dans certains noms où l'accusatif a *em* seulement. Nous plaçons la désinence la plus usitée la première.

		NOM MASCULIN.	NOM FÉMININ.	
Sing.	N. V.	collĭ s, *colline.*	nūbĕ s, *nue.*	turrĭ s, *tour.*
	G.	coll ĭs,	nub ĭs,	turr ĭs,
	D.	coll ī,	nub ī,	turr ī,
	Acc.	coll em,	nub em,	turr im, -em,
	Abl.	coll ĕ.	nub ĕ.	turr ī, -ĕ,
Plur.	N. V. Acc.	coll ēs,	nūb ēs.	turr ēs,
	G.	coll ium,	nub ium,	turr ium,
	D. Abl.	coll ĭbus.	nūb ĭbus.	turr ĭbus.

NOMS A DÉCLINER.

I. *Accusatif en* em. *Ablatif en* ĕ *seulement.*

M. Axĭs, *axe, essieu.* M. Torquis, *collier.* F. Cædēs, *meurtre.*
Callĭs, *sentier.* Mensis, *mois.* Clādēs, *désastre.*
Hostis, *ennemi.* Piscis, *poisson.* Fămēs, *faim,* sans pl.
Testis, *témoin.* F. Messis, *moisson.* Rūpēs, *rocher.*
Ensis, *épée.* Ovis, *brebis.* Sēdēs, *siége.*
Orbis, *cercle, globe.* Vallis, *vallée.* Vulpēs, *renard.*

Rem[*]. Si l'on trouve quelques ablatifs en *i*, comme *colli, orbi, torqui, messi, ovi,* ce sont des archaïsmes qu'il ne faut pas imiter.

II. *Accusatif en* em. *Ablatif en* ĕ *ou en* ī.

M. Amnĭs, *fleuve,* e, i. M. Cīvĭs, *citoyen,* e, i. M. F. Fīnĭs, *fin,* e, i.
Anguĭs, *serpent,* e, i. Ignis, *feu,* e, i. F. Avis, *oiseau,* e, i.
Fustĭs, *bâton,* e, i. Unguis, *ongle,* e, i. Classis, *flotte,* e, i.
Vectĭs, *levier,* e, i. Postis, *porte,* e, i. Neptis, *pet.-fille,* i, e.

Rem. 1. La terminaison *e* est la plus usitée, surtout en prose.
2. *Avi,* dans le sens de *présage,* est beaucoup mieux employé qu'*avĕ.* On se sert de *justi* pour exprimer le *supplice du bâton,* et de *fuste* pour le *bâton* lui-même.

---

1. Il est facile de remarquer que ces voyelles ne s'ajoutent qu'aux radicaux à la consonne desquels l'euphonie ne permet pas de joindre immédiatement une *s*. On peut en faire l'essai sur tous les noms cités dans ce §.

* On peut, dans les classes élémentaires, négliger les Remarques des §§ 17, 18 et 19; mais il faut faire décliner des noms de toutes les listes.

3. Le mot *imber*, *imbris*, masc. (pluie d'orage), quoique terminé en *er*, doit être ajouté aux précédents ; il fait *imbre* et *imbri*,
G. plur. *imbrium*.

III. *Accusatif* em *ou* im. *Ablatif* ĕ *ou* ī.

F. Clāvis, *clef*, em, im, i, e.　　　Restis, *corde*, im, em, e *seul.*
Febris, *fièvre*, im, em, i, e.　　Sĕcūris, *hache*, im, em, i *seul.*
Nāvis, *navire*, em, im, i, e.　　Sēmentis, *semailles*, em, im, e, i.
Pelvis, *bassin*, im, em, i, e.　　Strĭgĭlis, *frottoir*, em, im, i, e,
Puppis, *poupe*, im, em, i, e.　　(gén, pluriel, *um* et *ium*).

IV. *Accusatif* im. *Ablatif* ī. *Pas de pluriel.*

F. Amussis, *règle, cordeau.*　　Sĭtis, *la soif.*
Būris, *manche de charrue.*　　Cannăbĭs, *chanvre.*
Rāvis, *enrouement.*　　　　　Sĭnāpis, *sénevé, moutarde* [1].
Tussis, *la toux.*　　　M. Cŭcŭmis, *concombre*; cf. §. 122.

EXCEPTION A LA RÈGLE DU GÉNITIF PLURIEL.

§ 18. Les noms suivants, quoique parisyllabiques, ont le
génitif pluriel en *um*. L'ablatif singulier est en *e :*

Sĕnex, sĕnïs, *vieillard.*　　Pānis, m. *pain.*
Jŭvĕnis, *jeune homme.*　　Vātēs, m. *poëte.*
Cănis, *chien* (m. et f.).　　Struēs, f. *amas.*
Apis, f. *abeille.*　　　　Prōlēs, f. *race* (pl. rare).

Rem. 1. *Sĕnex*, G. *senis*, D. *seni*, etc., n'est parisyllabique que
par syncope, *senis* étant pour *senicis*. Ce mot, ainsi que *juvenis*, est
aussi adjectif.

2. *Apis* fait ăpum et *apium*. Le gén. pl. de *panis* ne se rencontre
pas dans les auteurs. Les grammairiens anciens semblent préférer *panum*
à *panium*.

3. *Grūs*, *gruis*, m. f. (une grue), *sūs*, *suis*, m. f. (un porc), font
au génitif pl. *gruum* et *suum*. Au dat. pl. *sus* fait *sŭĭbus* et *sŭbus*.
Ces deux noms appartiennent aux parisyllabiques, à cause des anciens
nominatifs *gruis* et *suis*, dont *grūs* et *sūs* ne sont que la contraction.

NOMS NEUTRES PARISYLLABIQUES.

Terminaison E (L R).

§ 19. La finale *s* de tout nominatif parisyllabique annonçant
un masculin ou un féminin, les neutres en sont privés et se
terminent en *e* bref. L'usage a retranché cet *e* final des radicaux en *al* et en *ar*. L'ablatif singulier est toujours en *i*, le
génitif pluriel en *ium*.

---

1. On trouve *cannabĕ* dans Perse, et *sinapĕ* dans Varron.

SING. N. V. ACC.	cubĭlĕ, *lit.*	anĭmăl, *animal.*	calcăr, *éperon.*
G.	cubĭl is,	anĭmăl is,	calcăr is,
D. ABL.	cubĭlĭ,	animăl ī,	calcăr i,
PLUR. N. V. ACC.	cubĭl ĭa,	animăl ia,	calçăr ia,
G.	cubĭl ium,	animăl ium,	calcăr ium,
D. ABL.	cubĭl ĭbus.	animăl ibus.	calcăr ĭbus.

NOMS A DÉCLINER.

Altār ĕ, altăr is, *autel.*	Cervīcăl -ālis, *oreiller.*
Præsēp ĕ, præsēp is, *étable.*	Pulvīn ăr -āris, *coussin.*
Sĕdīl ĕ, sedīl is, *siége.*	Lăquĕ ăr -āris, *lambris.*
Mŏnīl ĕ, monīl is, *collier.*	Torcŭl ăr -āris, *pressoir.*
Mār ĕ, măr is, *la mer.*	Trĭbūnăl -ālis, *tribunal.*
Rēt ĕ, rēt is, *un filet.*	Vectīgăl -ālis, *impôt.*

REM. 1. *Rete* fait à l'ablatif *reti* et *retĕ*, à cause de la forme archaïque *retis*, m. f.

2. Les noms de cette classe en *al* et en *ar* suivent la loi des parisyllabiques, parce qu'ils ne sont autre chose que le neutre apocopé [1] et pris substantivement d'adjectifs en *ālis*, *āle*, *āris*, *āre*, dont plusieurs, comme *animalis*, *vectigalis*, sont encore usités.

3. Exceptez les quatre suivants, qui, étant réellement substantifs et imparisyllabiques, se déclinent comme *marmor* :

Far, farr is, *épeautre, blé, pure farine* (déjà cité § 9).
Baccăr, baccăr is, *la digitale pourprée.*
Jŭbăr, jubăr is, *l'éclat du soleil.*
Nectăr, nectăr is, *le nectar (boisson des dieux).* } sans luriel.

RÉSUMÉ DE LA TROISIÈME DÉCLINAISON.

§ 20 IMPARISYLLABIQUES : Radicaux finissant par une consonne ; Ablatif singulier *ĕ* ; Gén. pl. *um*, quelquefois *ium*. Radicaux finissant par deux consonnes, Gén. pl. *ium.*

PARISYLLABIQUES : Radicaux finissant par une voyelle ; Ablatif sing. *e*, quelquefois *i* ; Gén. pl. *ium*, rarement *um*.

REM. La désinence *ium* des parisyllabiques est due à la même raison d'euphonie qui, au nominatif, introduit une voyelle entre le radical et la terminaison *S* : *coll-i-s*, *coll-i-um* ; *nub-e-s*, *nub-i-um*. Ceux des imparisyllabiques qui prennent *ium*, le doivent à ce qu'ils ont été primitivement parisyllabiques ; *stirp-s* et *men-s*, par exemple, étant formés par syncope [2] des anciens nominatifs *stirpis* et *mentis*.

---

1. L'*apocope* est le retranchement d'une lettre ou d'une syllabe à la fin d'un mot. — 2. La *syncope* est le retranchement d'une lettre ou d'une syllabe au milieu d'un mot.

2. Burn. *Gr. Lat.* B

QUATRIÈME DÉCLINAISON.

§ 21. La quatrième déclinaison ne diffère de la troisième que parce qu'elle admet une contraction à certains cas. Elle comprend des noms masculins et féminins en *us* bref et des neutres en *u ;* ces derniers sont indéclinables au singulier.

SINGULIER.

N.V.	fruct ŭs, (*m.*) *fruit.*	cornu, (*n.*) *corne.*
G.	fruct ūs,	cornu,
D.	fruct ŭi,	cornŭ,
Acc.	fruct um,	cornu,
Abl.	fruct ū.	cornū.

PLURIEL.

N.V.Acc.	fruct ūs,	cornu ă,
G.	fruct ŭum,	cornu um,
D.Abl.	fruct ĭbus.	corn ĭbus.

Rem. 1. L'*u* du nominatif est, comme l'*i* dans *colli-s*, un accroissement du radical. Cet *u* se contracte avec la voyelle de la désinence au génitif, *ūs* pour *uis ;* à l'ablatif, *ū* pour *ue ;* aux trois cas semblables du pluriel, *ūs* pour *ues* [1]. Le datif singulier se contracte même souvent en *ū* pour *ui*, et alors il devient semblable à l'ablatif.

2. Plusieurs noms de cette déclinaison ont l'ablatif pluriel en *ŭbus,* comme *arcus* (arc), *arcŭbus.* On en trouvera la liste au § 119.

3. Le nom de N. S. Jésus-Christ fait au nominatif *Jesus,* à l'acc. *Jesum,* à tous les autres cas *Jesu.*

4. Le mot *domus* (maison) est irrégulier; cf. § 120.

Déclinez sur Fructus.

M. Fluctŭs, *flot.*	M. Mĕtŭs, *crainte* (cf. §124).	F. Mănŭs, *la main.*
Currus, *char.*	Questus, *plainte.*	Anus, *vieille femme.*
Cursus, *course.*	Vultus, *visage.*	Nŭrus, *belle-fille.*
Mōtus, *mouvement.*	Exercĭtus, *armée.*	Socrus, *belle-mère.*
Quæstus, *gain.*	Equĭtātus, *cavalerie.*	Portĭcus, *portique.*
Sumptus, *dépense.*	Sĕnātus, *sénat.*	N. Gĕnu, *le genou.*

---

1. Cf. Méth. gr., § 26, Rem.

CINQUIÈME DÉCLINAISON.

§ 22. La cinquième déclinaison ne comprend que des noms en *es*, qui sont tous féminins, excepté *dies* (jour) et *merīdies* (midi). *Dies* est masculin et féminin au singulier, masculin seulement au pluriel; *meridies* (sans pluriel) est toujours masculin. Le génitif singulier est en *ei*, le gén. pl. en *ērum*.

SINGULIER.

N.V.	di ēs, *le jour.*	rĕ s, *la chose.*	fĭdĕ s, *la foi.*
G.	di ēi,	rĕ i,	fidĕ i,
D.	di ēi,	rĕ i,	fidĕ i,
Acc.	di em,	re m,	fide m,
Abl.	di ē.	rĕ.	fid ĕ.

PLURIEL.

N.V.Acc.	di ēs,	rĕ s,	(Pas de pluriel.)
G.	di ērum,	rē rum,	
D.Abl.	di ēbus.	rē bus.	

Rem. 1. Cette déclinaison est caractérisée par *e* long, comme la quatrième l'est par *u* bref. Cet *e* fait partie du radical dans le mot *rē-s;* il en est un accroissement dans *di-ē-s*, *fid-ē-s*, etc.

2. Tous les noms en *es*, *ei*, excepté *dies* et *res*, manquent au pluriel des cas en *erum* et en *ebus*. Les neuf suivants sont les seuls dont le pluriel soit employé, et il l'est seulement aux cas en *es*.

Acies, -ēi, *tranchant, armée.*
Effĭgies, -ēi, *image.*
Elŭvĭes, -ēi, *débordement.*
Făcĭes, -ēi, *face.*
Glăcĭes, -ēi, *glace.*
Progĕnies, -ēi, *race.*
Seriēs, -ēi, *suite.*
Spĕcies, -ēi, *apparence.*
Spēs, spĕi, *espérance.*

3. Beaucoup de noms de cette déclinaison sont en même temps de la première; par ex. : *barbărĭēs* et *barbarĭă* (barbarie), *luxŭrĭēs* et *luxurĭă* (luxe), *mātĕrĭēs* et *matĕrĭă* (matière), *segnĭtĭēs* et *segnĭtĭă* (paresse). Mais la forme en *es* ne s'emploie qu'au nominatif, à l'accusatif et à l'ablatif: *segnities, segnitiem, segnitie*.

§ 23. TABLEAU SYNOPTIQUE DES CINQ DÉCLINAISONS.

	1re.	2me.		3me.		4me.		5me.
SINGULIER.								
N.	ă	ŭs,	ŭm	—	—	ŭs,	u	ēs
V.	ă	ĕ,	ŭm	—	—	ŭs,	u	ēs
G.	æ	ī,	ī	ĭs		ūs,	u	eī
D.	æ	ŏ,	ŏ	ī		ŭī(ū),ū		eī
Acc.	ăm	ŭm,	ŭm	ĕm (ĭm)	—	ŭm,	u	ĕm
Abl.	ā.	ŏ,	ŏ	ĕ (ī)		ū,	ū	ē
PLURIEL.								
N. V.	æ	ī,	ă	ēs,	ă (ĭă)	ūs,	ŭă	ēs
G.	ārum	ōrum,	ōrum	um		uum		ērum
D. Abl.	ĭs	ĭs,	ĭs	ĭbus		ĭbus	(ŭbus)	ēbus
Acc.	ās.	ōs,	ă	ēs,	ă (ĭă)	ūs,	ŭă	ēs

Rem. On voit par ce tableau, 1° que la deuxième déclinaison est la seule où le vocatif diffère du nominatif.

2° Que la deuxième, la troisième et la quatrième sont les seules qui aient des noms neutres.

3° Qu'il y a trois cas, savoir le génitif, le datif et l'ablatif, tant du singulier que du pluriel, où le neutre ne diffère en rien des deux autres genres dans aucune déclinaison.

DES ADJECTIFS.

ADJECTIFS QUALIFICATIFS.

§ 24. L'adjectif qualificatif est un mot qui ajoute au substantif l'idée d'une qualité ou d'une manière d'être. Si je dis :

Bonus pater,   bona mater,   bonum exemplum,
(le bon père);   *(la bonne mère)*;   *(le bon exemple)*;
boni patris,   bonæ matris,   boni exempli,
(du bon père);   *(de la bonne mère)*;   *(du bon exemple)*;

je remarque que les substantifs *pater, mater, exemplum,* sont accompagnés d'un mot qui les qualifie et qui change de terminaison suivant le genre et le cas de chaque substantif. Ce mot est un adjectif qualificatif.

Les adjectifs ont donc les trois genres comme les substantifs, et comme eux ils se déclinent. Sous ce rapport, on les divise en deux classes : 1° ceux qui suivent la première et la deuxième déclinaison ; 2° ceux qui suivent la troisième. Aucun adjectif n'appartient à la quatrième ni à la cinquième.

ADJECTIFS DE LA PREMIÈRE CLASSE.

Les adjectifs de la première classe ont trois terminaisons : le masculin et le neutre sont de la seconde déclinaison, le féminin est de la première.

M. *bon.*   **F.** *bonne.*   **N.** *bon.*   **M.** *libre.*   **F.**   **N.**

SINGULIER.

N.	bŏn ŭs,	bŏn ă,	bŏn ŭm ;	lībĕr,	lībĕr ă,	lībĕr um ;
V.	bon ĕ,	bon ă;	bon um;	liber,	liber ă,	liberum;
G.	bon ī,	bon æ,	bonī;	liber i,	liber æ,	liber i ;
D.	bon ŏ,	bon æ,	bon ŏ;	liber o,	liber æ,	liber o ;
Acc.	bon um,	bon am,	bon um;	liber um,	liber am,	liber um;
Abl.	bon ŏ.	bon ā,	bon ŏ.	liber ŏ,	liber ā,	liber ŏ.

PLURIEL.

N. V.	bon ī,	bon æ,	bon ă;	lībĕr ī,	liber æ,	lībĕr ă;
G.	bon ōrum,	bon ārum,	bon ōrum ;	liber orum,	liber arum,	liber orum;
D.Abl.	bon īs,	bon īs,	bon īs ;	liber is,	liber is,	liber is ;
Acc.	bon ōs,	bon ās,	bon ă.	liber ōs,	liber as,	liber a.

Déclinez sur Bonus :

Mal us, a, um, *mauvais.*	Sanct us, a, um, *saint.*
Magn us, a, um, *grand.*	Dīvīn us, a, um, *divin.*
Parv us, a, um, *petit.*	Hūmān us, a, um, *humain.*
Lāt us, a, um, *large.*	Nŏv us, a, um, *nouveau.*
Long us, a, um, *long.*	Antīqu us, a, um, *ancien.*

Déclinez sur Liber :

Prospĕr, ă, um, *heureux.*	Frūgĭfĕr, ă, um, *fécond.*
Mĭsĕr, a, um, *malheureux.*	Lānĭgĕr, a, um, *couvert de laine.*
Tĕnĕr, a, um, *tendre.*	Sătŭr, a, um, *rassasié* (le seul en *ur*).
Aspĕr, a, um, *âpre, rude.*	Dextĕr, a, um, *droit, placé à droite.*

Ce dernier éprouve souvent la même syncope de l'*e* bref qui a lieu dans *liber* (le livre), et au lieu de *dexter, dextera, dexterum,* on décline ainsi :

N. Dextĕr, dextră, dextrum.   **G.** Dextri, dextræ, dextri.

Déclinez de la même manière :

Sĭnistĕr, -tra, -trum, *gauche.*	Ater, ātra, atrum, *noir (mat).*
Ægĕr, ægra, ægrum, *malade.*	Nĭger, nigra, nigrum, *noir (luisant).*
Pĭgĕr, pigra, pigrum, *paresseux.*	Rŭber, rubra, rubrum, *rouge.*
Pulchĕr, -chra, -chrum, *beau.*	Tætĕr (*ou* tētĕr), -tra, -trum, *affreux.*
Săcĕr, săcră, sacrum, *sacré.*	Crēbĕr, crēbra, crebrum, *fréquent.*

ADJECTIFS DE LA DEUXIÈME CLASSE.

I. *Parisyllabiques.*

§ 25. Un grand nombre d'adjectifs suivent les noms parisyllabiques de la troisième déclinaison; ils ont deux terminaisons, *is* pour le masculin et le féminin, *e* pour le neutre. L'ablatif singulier est toujours en *i*, le génitif pluriel en *ium*; ex. : *fortis*, *forte* (courageux).

	SINGULIER.		PLURIEL.	
N. V.	fortĭ s (*m.f.*) fortĕ (*n.*)		fort ĕs (*m.f.*)	fort iă (*n.*)
G.	fortis ⎱ *pour les*		fort ium ⎱ *pour les*	
D. ABL.	forti ⎰ 3 *genres.*		fort ĭbus ⎰ 3 *genres.*	
ACC.	fòrt em ,	forţĕ.	fort ēs ,	fort iă.

Déclinez sur Fortis :

Utĭlis, ūtĭlĕ, *utile.*	Dulcis, dulce, *doux.*
Făcĭlis, facile, *facile.*	Fĭdĕlis, fidelĕ, *fidèle.*
Lĕvis, leve, *léger.*	Sĭmĭlis, simile, *semblable.*
Grăvis, grave, *pesant.*	Nŏbĭlis, nobile, *noble.*
Brĕvis, breve, *bref, court.*	Illustris, illustre, *illustre.*
Suăvis, suave, *agréable.*	Mĕdĭōcris, mediocre, *médiocre.*

REM. Douze adjectifs de cette classe ont une troisième terminaison en *er,* qui s'applique uniquement au nominatif et au vocatif du singulier; partout ailleurs ils se déclinent comme les précédents. On en trouvera la liste au § 130.

II. *Imparisyllabiques.*

§ 26. D'autres adjectifs de la deuxième classe n'ont au nominatif singulier qu'une seule désinence pour les trois genres; ils forment, comme les précédents, le pluriel neutre en *ia*, Gén. *ium*. L'ablatif singulier est en *i* ou *e*.

SINGULIER.

N. V.	fĕlix, *heureux.*		săpiens, *sage.*	
G.	fĕlĭc is ,		sapient is ,	
D.	felĭc ī ,		sapient ī ,	
ACC.	felĭc em,	fĕlix (*n.*)	sapient em,	sapiens (*n.*)
ABL.	felĭc i *ou* fĕlĭc ĕ.		sapient i *ou* sapient ĕ.	

PLURIEL.

N. V. ACC.	felĭc ēs,	felĭc iă (*n.*)	săpient ēs,	sapient iă, (*n.*)
G.	felĭc ium ,		sapient ium ,	
D. ABL.	felĭc ĭbus.		sapient ĭbŭs.	

Déclinez sur ces modèles :

Audax, audāc is, *hardi.*
Fallax, fallāc is, *trompeur.*
Fĕrox, ferōc is, *fier.*
Lŏcŭplēs, locuplēt is , *riche.*
Sōlers , sōlert is , *habile.*
Iners , inert is , *paresseux.*
Simplex, simplĭc is , *simple.*
Duplex, duplĭc is , *double.*

Præsens, præsent is, *présent.*
Prūdens , prūdent is, *prudent.*
Pŏtens , pŏtent is , *puissant.*
Ingens, ingent is, *grand.*
Rĕcens , rĕcent is , *récent.*
Elĕgans , elĕgant is, *élégant.*
Concors, concord is , *uni.*
Discors, discord is, *désuni.*

Rem. Dans les adjectifs imparisyllabiques, c'est l'usage et l'euphonie qui déterminent le choix entre *e* et *i* à l'ablatif. Cependant on peut établir les deux principes suivants : 1° Quand un de ces adjectifs est pris substantivement, l'ablatif se forme le plus souvent en *e* : *sapiens* (le sage), *a sapiente* (par le sage. 2° Dans tout autre cas il est plus sûr d'employer *i*, surtout quand le nominatif est en *ns, rs, x* : *ab homine sapienti, solerti, felici* (par un homme sage, habile, heureux). Du reste, les poëtes préfèrent souvent *e* à cause de la mesure.

Les deux adjectifs *concors, discors,* et les autres composés de *cor* font l'ablatif en *i* seulement.

DEGRÉS DE COMPARAISON.

§ 27. On peut être *heureux, plus heureux* qu'un autre, *le plus heureux* de tous, ou, généralement parlant, *très-heureux.* De là trois degrés dans les adjectifs de qualité.

Le premier degré s'appelle Positif : heureux, *felix ;* le second degré Comparatif : plus heureux, *felicior ;* le troisième degré Superlatif : le plus heureux, ou très-heureux, *felicissimus.* On voit que le latin exprime chaque degré par une terminaison différente, le comparatif par *ior,* le superlatif par *issimus.* Le positif n'est autre chose que l'adjectif même.

I. COMPARATIF.

Le comparatif se termine en *ior* pour le masculin et le féminin, en *ius* pour le neutre. Ces deux désinences se joignent au radical tel qu'il se trouve dans le génitif après qu'on en a retranché la terminaison [1].

---

1. On peut aussi, par un procédé mécanique, mais commode, ajouter *or* au cas en *i* du positif : *Sancti, sancti-or ; felici, felici-or.*

Sanctus,   GÉN. sanct-i,   COMP. sanct-ĭŏr, sanct-ĭŭs.
Pulchĕr,   pulchr-i,   pulchr-ior, pulchr-ius.
Fortis,   fort-is,   fort-ior, fort-ius.
Felix,   felic-is,   felic-ior, felic-ius.
Sapiens,   sapient-is,   sapient-ior, sapient-ius.

REM. 1. *Sinister* fait *sinistĕr-ior*, quoique le génitif soit *sinistri* (§ 24). *Dexter*, Gén. *dexteri* ou *dextri*, fait *dextĕr-ior*.

2. Déclinez le masculin et le féminin comme *labor*, le neutre comme *tempus*, en observant de faire *o* long au génitif et aux cas suivants :

N. Sanct ior, sanct ius. G. sanct iŏris, D. sanct iŏri, ACC. sanct iŏrem, sanct ius, ABL. sanct iŏrĕ (ī). PL. sanct iŏrēs, sanct iŏra, G. sanct iŏrum, etc.

3. L'ablatif singulier est généralement en *e*, quelquefois en *i*. Le nominatif pluriel neutre est toujours en *a*, le gén. en *um*.

II. SUPERLATIF.

Tous les superlatifs se déclinent sur *bonus, a, um*. Les désinences sont *issimus, issima, issimum*, et elles se joignent au radical de la même manière que celle du comparatif [1] :

sanct-issĭmŭs,   fort-issĭmŭs,   felic-issĭmŭs.

EXCEPTIONS. 1. Si le positif est en *er*, comme *miser, pulcher*, on forme le superlatif en ajoutant *rimus* à la terminaison du nominatif :

mĭsĕr, miser-rĭmŭs,   pulchĕr, pulcher-rĭmŭs.

Mātūrus (mûr) fait *matur-rimus* et *matur-issimus*.

2. Six adjectifs de la seconde classe, terminés en *ilis*, font leur superlatif en ajoutant *limus* au radical :

facĭl is, *facile ;*   difficĭl is, *difficile ;*   gracĭl is, *mince ;*
facil lĭmus.   difficil lĭmus.   gracil lĭmus.
sĭmĭl is, *semblable ;*   dissĭmĭl is, *différent ;*   hŭmĭl is, *bas ;*
simil limus.   dissimil limus.   humil limus.

Un septième, *imbecillis, e*, ou mieux *imbecillus, a, um* (faible), a deux formes, l'une et l'autre peu usitées : *imbecil limus* et *imbecill issimus*.

Ceux des autres adjectifs en *ilis* qui ont un superlatif, le forment régulièrement : *utilis, utilissimus ; fertilis, fertilissimus*.

---

1. On peut également former le superlatif en ajoutant *simus* au cas en *is* du positif : *sanctis, sanctis-simus ; fortis, fortis-simus ; felicis ; felicis-simus.*

3. Les adjectifs en *dĭcus, fĭcus, vŏlus* (des verbes *dicere,* dire, *facere,* faire, *velle,* vouloir) forment leur comparatif en *entior* et le superlatif en *entissimus,* comme si le positif était en *ens, entis :*

Mălĕdĭcus, *médisant;* maledicent ior, -issimus.
Mŭnĭfĭcus, *généreux;* munificent ior, -issimus.
Bĕnĕvŏlus, *bienveillant;* benevŏlent ior, -issimus.

Voyez, pour les autres détails, § 135 et suiv.

ADJECTIFS NUMÉRAUX, OU NOMS DE NOMBRE.

§ 28. Les adjectifs que nous avons examinés jusqu'à présent expriment la qualité des objets. D'autres en indiquent la quantité ou l'ordre numérique. On les appelle Adjectifs numéraux ou Noms de nombre.

Ceux qui expriment la quantité sont appelés Nombres cardinaux, du latin *cardo* (le gond d'une porte), parce qu'ils sont la base et comme le pivot des autres; ce sont *un, deux, trois,* etc.

Ceux qui marquent le rang ou l'ordre numérique se nomment Nombres ordinaux; ce sont *premier, second, troisième,* etc.

I. NOMBRES CARDINAUX.

Les trois premiers se déclinent.

Un, une.

SING.			PLUR.	
N.	ūnus, ūnă, ūnum,		uni, unæ, ună,	
V.	unĕ, una, unum,		uni, unæ, una,	
G.	unius) *pour les trois*		un orum, -arum, -orum.	
D.	uni) *genres.*		unis, unis, unis,	
Acc.	unum, unam, unum,		unōs, unās, ună,	
Abl.	unō, unā, unō.		unis, unis, unis.	

Rem. 1. Cet adjectif se décline sur ceux de la première classe, excepté au génitif et au datif du singulier, dont il faut remarquer les formes *unius* et *uni.*

2. Le pluriel se joint à certains substantifs qui ne sont employés qu'à ce nombre; ainsi le mot *camp* se rendant par *castra, castrorum,* pour exprimer *un camp* (par opposition à plusieurs) il faut absolument dire *una castra.*

3. Le mot *unus* signifie souvent *seul, unique;* en ce sens, il s'emploie aux deux nombres, comme tout autre adjectif.

Deux.

N.   dŭŏ,   duæ,   dŭŏ.   G.   duorum, -arum, -orum.
Acc. duos, duo; duas, duo.   D. Abl. duŏbus,   -ābus, -ŏbus.

Sur *duo* déclinez *ambo* (les deux, tous les deux), en parlant d'objets qui vont ensemble ou dont on a déjà parlé : *ambœ manus* (les deux mains, *ambo juvenes* (les deux jeunes gens).

Rem. *Duo* a de remarquable : 1° sa terminaison *o* pour le nominatif, tant masculin que neutre, et sa double forme *duos* et *duo* à l'accusatif masculin; 2° les désinences *obus, abus, obus* au datif et à l'ablatif du pluriel. Par ses autres caractères, cet adjectif appartient, comme *unus*, à la première classe.

Trois.

Tres (trois) appartient à la seconde classe et se décline comme le pluriel de *fortis* :

N. Acc. *m. f.* Trēs, *n.* triă, G. trium, D. Abl. trĭbus.

Rem. Les autres nombres cardinaux sont indéclinables jusqu'à cent. Depuis cent jusqu'à mille, ils se déclinent comme les adjectifs de la première classe. A mille commence une nouvelle série. Nous donnerons, § 140, la liste des nombres les plus nécessaires à connaître, et les règles pour en former tous les autres.

II. NOMBRES ORDINAUX.

Les nombres ordinaux, à l'exception des deux premiers, dérivent des nombres cardinaux. Tous se déclinent comme les adjectifs de la première classe :

Prīmus, a, um, *premier.*   Sĕcundus, a, um, *second.*
Tertius, a, um, *troisième.*   Quartus, a, um, *quatrième.*

Nous en donnerons également, au § 142, une liste suffisante.

ADJECTIFS DÉMONSTRATIFS.

§ 29. Outre les adjectifs qui marquent la qualité des objets (*bonus lĭber*), ou la quantité (*duo libri*), ou l'ordre numérique (*lĭber secundus*), il en est qui servent à les montrer quand ils sont présents, ou à les rappeler à l'esprit quand on en a déjà parlé. On les nomme Adjectifs démonstratifs.

Ils peuvent accompagner un substantif, comme *ce livre, cette fleur*, et alors ils sont véritablement adjectifs. Ils peuvent tenir lieu d'un substantif déjà connu, comme *celui-ci*, *celle-ci*, *ceci*, et en ce sens on les appelle aussi Pronoms démonstratifs. Dans l'un et dans l'autre cas, ils se déclinent et ont les trois genres.

I.   *Ce, cet ; cette ; ce, cet :*   *Ces ;   ces ;   ces.*
      Celui-ci ; celle-ci ; ceci :   *Ceux-ci ; celles-ci ; ces choses-ci.*

	SINGULIER.			PLURIEL.	
N.	hic,	hæc,	hŏc,	hī,	hæ,	hæc,
G.	hŭjŭs, ⎱ *pour les*			hōrum,	hārum,	hōrum,
D.	huīc, ⎰ *trois genres.*			hīs,	hīs,	hīs,
Acc.	hunc,	hanc,	hŏc,	hōs,	hās,	hæc,
Abl.	hŏc,	hāc,	hŏc.	hīs,	hīs,	hīs.

Rem. 1. Cet adjectif désigne les objets présents ou voisins, comme les mots français *celui-ci, celle-ci, ceci.*

2. Il faut remarquer particulièrement le génitif *hujus.* On a déjà vu une terminaison pareille dans *unius.* La lettre *i* devient consonne dans *hujus*, parce qu'elle est entre deux voyelles.

3. A *hic, hæc, hoc* on ajoute souvent la particule déterminative *ce*, qui répond au français *ci*, et l'on a *hicce, hæcce, hocce*, usité surtout aux cas en *s* : *hujusce, hisce, hosce, hasce* [1].

II.   *Ce, cet ; cette ; ce, cet :*   *Ces ;   ces ;   ces.*
      Celui-là ; celle-là ; cela :   *Ceux-là ; celles-là ; ces choses-là.*
      Il, lui,   elle ;   Ils, eux,   elles.

	SINGULIER.			PLURIEL.	
N.	illĕ,	illă,	illŭd,	illī,	illæ,	illă,
G.	illius, ⎱ *pour les*			illōrum,	illārum,	illōrum,
D.	illī, ⎰ *trois genres.*			illīs,	illīs,	illīs,
Acc.	illum,	illam,	illŭd,	illōs,	illās,	illă,
Abl.	illō,	illā,	illō.	illīs,	illīs,	illīs.

Rem. 1. *Ille* désigne les objets absents ou éloignés, comme le français *celui-là.*

2. On remarquera le neutre *illud*, le génitif *illius*, le datif *illi.* A cela près, *ille* se décline comme les adjectifs de la première classe.

III. Istĕ, istă, istŭd, *ce, cette, celui-là, celle-là, cela.*

---

1. Le *c* de *hic, hæc, hoc*, n'est lui-même qu'un reste de cette particule *ce* ; on disait primitivement *hi-ce.*

Même déclinaison et même signification que celles de *ille*, *illa*, *illud*. La Syntaxe enseignera quand il faut préférer *iste* (cf. § 276).

IV. Ipsĕ, ipsă, ipsum, *même*, *lui-même*, *elle-même*.

Cet adjectif se décline comme les deux précédents, excepté que le neutre est en *um*, au lieu d'être en *ud*.

§ 30. V. *Celui; celle; ce: Ceux; celles.*

Il; elle; cela: Ils, eux; elles; ces choses.

SINGULIER.			PLURIEL.		
N.	ĭs,	eă,	ĭd,	ii,	eæ,	eă,

	SINGULIER.			PLURIEL.		
N.	ĭs,	eă,	ĭd,	ii,	eæ,	eă,
G.	ējŭs, ⎫p. *les trois*		eōrum,	eārum,	eōrum,
D.	ei, ⎭*genres.*		iis (eis) p. *les trois g.*		
Acc.	eum,	eam,	ĭd,	eŏs,	eās,	eă,
Abl.	eō,	eā,	eō.	iis (eis) p. *les trois g.*		

VI. *Le même; la même; le même.*   *Les mêmes.*

	SINGULIER.			PLURIEL.		
N.	ĭdem,	eădem,	ĭdem,	iidem,	eædem,	eădem,
G.	ejusdem, ⎫p. *les trois*		eorumdem,	earumdem,	eorumdem,
D.	eīdem, ⎭*genres.*		iisdem (eisdem) p. *les trois genr.*		
Acc.	eumdem,	eamdem,	ĭdem,	eosdem,	easdem,	eădem,
Abl.	eōdem,	eādem,	eōdem.	iisdem (eisdem) p. *les trois genr.*		

Rem. 1. Cet adjectif est composé de *is, ea, id,* qui se décline en entier, et de la syllabe *dem*, qui reste invariable. Au nominatif, le masculin *ĭdem* est pour *isdem*, le neutre *ĭdem* est pour *iddem*.

2. On ne doit pas confondre *idem* avec *ipse ;* si l'on veut exprimer, par exemple, LA VERTU MÊME, il faut dire *ipsa virtus ;* LA MÊME VERTU, *eadem virtus.*

ADJECTIFS DÉTERMINATIFS.

§ 31. Aux adjectifs démonstratifs se rattachent les suivants, qui servent comme eux à déterminer les objets sans exprimer aucune qualité. Ils ont le génitif en *ius* et le datif en *i*, pour les trois genres; dans tout le reste, ils suivent la première classe, absolument comme *unus, a, um.*

1. Alĭus, alĭa, alĭŭd, G. alĭus, D. alĭi, *un autre* (par opposition à tous ou à plusieurs).

2. Altĕr, altĕră, altĕrum, G. altĕrĭus, D. alteri, *l'autre* (en parlant seulement de deux).

3. Ullus, ulla, ullum , G. ullius, D. ulli, *quelque*, *aucun* (sans négation).

4. Nullus, nulla, nullum, G. nullius, D. nulli, *nul*, *aucun* (avec négation).

5. Uter, utra, utrum, G. utrius, D. utri, *lequel des deux , celui des deux qui...*

6. Neuter, neutra, neutrum, G. neutrius, D. neutri, *ni l'un ni l'autre, aucun des deux* (avec négation).

7. Sŏlus, sŏla, sŏlum, G. sŏlius, D. sŏli, *seul.*

8. Tŏtus, tŏta, tŏtum, G. tŏtius, D. tŏti, *tout, entier.*

Rem. *Nullus* est composé de la particule négative *ne*, et de *ullus*, qui lui-même est un diminutif d'*unus* (ne-ullus, *pas même un*). *Neuter* est également composé de *ne-uter*. Voici les autres composés d'*uter.*

1. Alteruter, alterutra, alterutrum , G. alterutrius, D. alterutri, *l'un ou l'autre.* On dit aussi quelquefois *alter uter, altera utra , alterum utrum*, G. *alterius utrius*, en déclinant simultanément les deux adjectifs.

2. Uterquĕ, utraquĕ, utrumquĕ, *l'un et l'autre; tous deux.*

3. Utervis, utravis, utrumvis, *lequel des deux vous voudrez, l'un des deux indistinctement.*

4. Uterlibet, utralibet, utrumlibet, *qui des deux il vous plaira.*

5. Utercunque, utracunque, utrumcunque, *quel que soit celui des deux qui...* G. utriusque, utriusvis, utriuslibet, utriuscunque. *Uter* se décline et les syllabes ajoutées restent invariables.

Rem. 1. *Vis* est la seconde personne du verbe *volo* (je veux, § 74). *Libet* (dans *uterlibet*) est un autre verbe dont il sera parlé § 84.

2. *Uter* et *utercunque* appartiennent par leur signification aux adjectifs conjonctifs. Nous les avons joints aux précédents, afin de réunir tous les mots qui, avec le génitif en *ius*, ont le datif pluriel en *is*, et dont la série commence à *hic , hæc , hoc.*

ADJECTIF CONJONCTIF OU RELATIF.

§ 32. Cette phrase, « Dieu, qui a créé le monde , est tout-puissant, » exprime deux pensées : 1° Dieu est tout-puissant; 2° et ce Dieu a créé le monde. Le mot QUI, servant à les réunir, se nomme Adjectif conjonctif, et comme il se rapporte au substantif DIEU et le représente, on l'appelle aussi Pronom relatif.

Qui, lequel ; laquelle ; que.   *Qui, lesquels ; lesquelles ; que.*

| SINGULIER. | PLURIEL. |

N.	quī,	quæ,	quŏd,	quī,	quæ,	quæ,
G.	cūjus	*pour les trois*		quōrum,	quārum,	quōrum,
D.	cuī	*genres.*		quĭbus, *p. les trois genres.*		
Acc.	quem,	quam,	quod,	quōs,	quās,	quæ,
Abl.	quŏ,	quā,	quŏ,	quĭbus, *p. les trois genres.*		

Rem. 1. Cet adjectif a une irrégularité de plus que les précédents, c'est qu'il appartient, par son datif *quibus*, à la troisième déclinaison. Du reste, on trouve aussi, principalement chez les poëtes, *queīs* et *quīs*, au lieu de *quibus*.

2. Il faut remarquer encore la diphthongue *œ* au lieu d'*a* au pluriel neutre et au nominatif singulier féminin.

ADJECTIF INTERROGATIF.

§ 33. Il ne diffère du précédent que par le nominatif masculin *quis*, et par la double forme du neutre *quid* et *quod*.

Qui ?   *quelle?*   *quoi?*   *quel* (avec un nom)?

N.	quis?	quæ?	quĭd?	quŏd?
G.	cujus, D. cui (*p. les trois genres*).			
Acc.	quem?	quam?	quĭd?	quŏd?
Abl.	quŏ?	quā?	quŏ?	

Rem. 1. Tous les cas du pluriel sont les mêmes que ceux de *qui, quæ, quod,* excepté que pour *quibus* on ne dit pas *queis*.

2. *Quis* est très-souvent employé substantivement, comme le français QUI dans *qui a fait cela?* Quant à *quid*, il est toujours substantif comme le français QUOI, et il ne peut s'employer que seul ou avec un adjectif; par ex. : *quid pulchrius* (quoi de plus beau)?

3. Le neutre *quod* est toujours adjectif et se joint à un nom : *Quod templum* (quel temple)? *Quod carmen* (quelle poésie)?

4. On emploie quelquefois *qui* au nominatif masculin au lieu de *quis;* la Syntaxe dira dans quelles circonstances il faut le préférer (cf. § 284).

5. Quand l'interrogation ne porte que sur deux personnes ou sur deux choses, on remplace *quis* (lequel d'entre tous), par *uter* (lequel d'entre deux); voyez ce mot, § 31, n° 5.

COMPOSÉS DE *QUIS* ET DE *QUI*.

§ 34. Les adjectifs *quis* et *qui* forment des composés qui se rattachent par le sens aux déterminatifs, aux conjonctifs et aux interrogatifs.

I. *Interrogatifs composés.*

1. Quisnam, quænam, quidnam *et* quodnam, G. cujusnam, D. cuïnam, etc., *Qui, quelle, quoi, quelle chose?* interroge avec plus de force et de vivacité que *quis*. Au lieu de *quisnam*, on dit quelquefois *quïnam*.

2. Ecquis, ecquă, ecquĭd *et* ecquŏd, G. eccujus, D. eccuï; Pl. n. ecquă! *Y a-t-il quelqu'un qui?* Outre les nominatifs *ecquis, ecqua,* on trouve aussi des exemples de *ecqui, ecquæ* (cf. § 284).

II. *Déterminatifs composés.*

Les adjectifs suivants, joints à un nom, le déterminent à peu près comme les démonstratifs et comme ceux du § 34. Comme ils tiennent souvent lieu de substantifs, et que d'ailleurs ils ne déterminent que d'une manière générale, on les appelle aussi Pronoms indéfinis.

1. Alĭquĭs, ălĭquă, ălĭquĭd *et* ălĭquŏd. G. alĭcujus, D. alĭcui, Pl. aliqui, aliquæ, aliquă, *quelque.* Cet adjectif est composé de *alius* et de *quis.* Le masc. *aliquis* est souvent substantif et signifie *quelqu'un;* le neutre *aliquid* l'est toujours, et signifie *quelque chose.* Il en est de même de tous les neutres dont *quid* fait partie.

2. Après la conjonction *si* et quelques autres mots (§ 291), on se sert du simple et l'on dit :
Si quĭs, si quă, si quid *et* si quod, Pl. n. si quă, *si quelqu'un, si quelque chose.* Au lieu de *si qua* au féminin singulier, on trouve des exemples de *si quæ;* mais la première forme est plus usitée.

3. Quispiam, quæpiam, quidpiam *et* quodpiam, G. cujuspiam, D. cuïpiam, Pl. n. quæpiam, *quelque.* Cet adjectif, plus rare que *quis,* s'emploie de la même manière. Au neutre on dit quelquefois *quippiam,* en changeant le *d* en *p* à cause du *p* suivant; c'est ce qu'on appelle l'Assimilation des consonnes.

4. Quisquam, quæquam, quidquam *et* quodquam, G. cujusquam, D. cuïquam, *quelqu'un, personne,* s'emploie dans les phrases qui expriment la négation ou le doute. Il se prend substantive-

ment et répond à *ullus*, qui est toujours adjectif. Au neutre on dit *quidquam* et *quicquam*.

5. Quisquĕ, quæquĕ, quidquĕ *et* quodquĕ, G. cujusque, D. cuïque, Pl. n. quæquĕ, *chaque*, *chacun* (entre plusieurs), répond à *uterque* (chacun des deux). *Quis* se décline en entier, et *que* reste invariable.

6. Unusquisque, unăquæque, unumquidque *et* unumquodque, *cha-cun*, *chaque chose*. *Unus* et *quisque* se déclinent simultané-ment dans tous leurs cas, comme si les deux mots étaient séparés.

7. Quĭvīs, quævīs, quidvis *et* quodvis, G. cujusvis, D. cuïvis, Pl. n. quævis, *qui vous voudrez*, *tout homme*, *toute chose*.

8. Quilĭbet, quælibet, quidlibet *et* quodlibet, Pl. n. quælibet (*même signification*).

9. Quĭdam, quædam, quiddam *et* quoddam, G. cujusdam, D. cuïdam, Pl. n. quædam, *certain*, *un certain*, *certaine chose*.

III. *Conjonctifs ou relatifs composés.*

1. Quĭcunque, quæcunque, quodcunque, G. cujuscunque, D. cuï-cunque; *quiconque*, *qui que ce soit qui...* On décline en entier *qui*, *quæ*, *quod*, en ajoutant *cunque* ou *cumque* à tous les cas.

2. Quisquis, n. quidquid (et non *quodquod*); *tout homme qui... qui que ce soit qui...* C'est l'interrogatif *quis*, *quæ*, *quid*, dé-cliné deux fois; mais, à l'exception de *quisquis* et de *quidquid*, qui sont fort usités, de l'ablatif *quoquo* et *quāquā*, et du nominatif pluriel *quiqui*, il vaut mieux se servir de *quicun-que*. On trouve cependant *cujuscujus*, *quemquem* et *quibus-quibus*. Cicéron dit en un seul mot *cuicuimodi* (de quelque manière que), où *cuicui* est un ancien génitif.

DES PRONOMS PERSONNELS.

§ 35. Dans tout discours, il y a nécessairement trois per-sonnes; 1° celle qui parle et que l'on appelle Première personne, parce qu'en effet elle joue le premier rôle; elle se désigne elle-même en français par le mot Je : *Je lis*.

2° Celle à qui l'on parle, et qui est appelée Seconde per-sonne, parce qu'elle joue le second rôle; on la désigne par le mot Tu : *Tu lis*.

3° Celle dont on parle, et qui, jouant le troisième rôle, est appelée Troisième personne. Quand on l'a déjà nommée, on la représente par les mots Il, Elle : *il*, *elle lit*.

Les mots qui désignent les êtres (soit animés, soit inanimés) comme jouant dans le discours un des trois rôles ci-dessus, ou, en d'autres termes, comme étant une des trois personnes du discours, sont appelés Pronoms personnels.

I. PREMIÈRE PERSONNE.

Sing. N.   ĕgŏ, *je* ou *moi*,   Plur. nōs, *nous*,
   G.   meī, *de moi*,   nostrum, nostri, *de nous*,
   D.   mĭhi, *me, à moi*,   nōbīs, *à nous*,
  Acc.   mĕ, *me, moi*,   nōs, *nous*,
  Abl.   mĕ, *de moi*.   nōbīs, *de nous*.

II. SECONDE PERSONNE.

Sing. N. V. tū, *tu* ou *toi*,   Plur. vōs, *vous*,
   G.   tuī, *de toi*,   vestrum, vestri, *de vous*.
   D.   tĭbi, *te, à toi*,   vōbīs, *à vous*,
  Acc.   tĕ, *te, toi*,   vōs, *vous*,
  Abl.   tĕ, *de toi*.   vōbīs, *de vous*.

Rem. Il faut faire attention à la double forme du génitif pluriel de ces deux pronoms. Nostri, vestri, signifient *de nous, de vous*, pris d'une manière générale, comme dans cette phrase française : « Seigneur, ayez pitié de nous. » Nostrum, vestrum, signifient *de nous, d'entre nous, de vous, d'entre vous*, comme dans ces locutions : *chacun de nous, plusieurs d'entre nous ; qui de vous ? lequel d'entre vous ?* En d'autres termes, *nostri* s'emploie dans le sens collectif, *nostrum* dans le sens distributif ou partitif.

III. TROISIÈME PERSONNE.

I. L'emploi du pronom français *il, lui, elle*, est rempli en latin par un des adjectifs démonstratifs indiqués ci-dessus §§ 29, 30. Celui qui y correspond le plus exactement est *is, ea, id* (il, elle, cela), G. *ejus* (de lui, d'elle), D. *ei* (à lui, à elle, lui), Acc. *eum* (le, lui), *eam* (la, elle), et ainsi de suite.

II.   *Pronom réfléchi de la troisième personne.*

Lorsqu'en parlant du geai de la fable, on dit : « Il se para des plumes du paon, » les mots IL et SE représentent également le geai, IL comme faisant l'action, SE comme étant l'objet de cette action. SE est donc un pronom, et on l'appelle réfléchi à cause de ce retour de l'action vers celui qui la fait. Il n'a pas de nominatif.

   G. sŭī, *de soi*,   Acc. sĕ, *se, soi*,
   D. sĭbi, *se, à soi*,   Abl. sĕ, *de soi*.

Rem. 1. *Sui, sibi, se*, servent également pour le singulier
3. Burn. *Gr. Lat.*   C

et pour le pluriel, comme se dans ces phrases françaises : « Le méchant *se* rend odieux; Les méchants *se* nuisent à eux-mêmes.»

2. Les pronoms *ego*, *tu* et *sui* sont de tout genre. En effet, que la personne qui parle soit un homme ou une femme, elle dira toujours *ego* (je). De même *tu* et *vos* peuvent s'adresser aux deux sexes, et même aux choses inanimées : *Vos*, *sidera* (ô vous, astres)! Enfin l'on conçoit facilement que *sui*, *sibi*, *se*, représenteront aussi bien les choses que les personnes.

ADJECTIFS PRONOMINAUX POSSESSIFS.

§ 36. Des génitifs *mei*, *tui*, *sui* (ou plutôt de leur radical), et des pluriels *nos*, *vos*, on forme des adjectifs qui marquent la possession, comme les adjectifs français *mon*, *ton*, *son*, *notre*, *votre*, *leur*.

Ire PERSONNE.	IIe PERSONNE.	IIIe PERSONNE.
Mon, ma, mien.	*Ton, ta, tien.*	*Son, sa, sien, leur.*
Meus, mea, meum.	Tuus, tua, tuum.	Suus, sua, suum.
Notre, le ou *la nôtre.*	*Votre, le* ou *la vôtre.*	
Noster, nostra, nostrum.	Vester, vestra, vestrum.	

REM. 1. Ces adjectifs se déclinent en entier sur *bonus*, *a*, *um*, excepté que *meus* fait au vocatif singulier masculin *mi;* par exemple, *o mi pater* (ô mon père)! Quant à *suus*, sa nature même ne permet pas qu'il ait de vocatif.

2. Il va de soi-même qu'on se sert de *meus*, *tuus*, quand il n'y a qu'un seul possesseur; de *noster*, *vester*, quand il y en a plusieurs. Cette distinction n'existe pas pour la troisième personne, et *suus* signifie également SON et LEUR; *sui*, SES et LEURS. Cela vient de ce que le pronom réfléchi dont il est formé s'applique, comme nous l'avons dit, à l'un et à l'autre nombre.

3. L'interrogatif *quis*, G. *cujus*, forme un possessif qui signifie *à qui appartenant?* et dont on ne trouve que les cas suivants :

N. Cūjŭs, cūja, cujum; ACC. cujum, cujam, cujum; ABL. *fém.* cujā; PL. N. *fém.* cujæ; ACC. cujās.

4. De *noster*, *vester*, *cujus*, viennent trois adjectifs de tout genre, d'ailleurs peu usités; le second ne se trouve même que dans les Grammairiens.

Nostrās, nostrātis, *qui est de notre pays ou de notre famille;* PLUR. nostrates, nostrātia; G. nostratium.

Vestrās, vestrātis, *de votre pays, de votre famille.*

Cūjās, cujātis, *de quel pays, de quelle famille?*

RÉSUMÉ DU PREMIER LIVRE.

§ 37. Nous avons traité jusqu'ici des trois premières parties du discours, savoir : 1º des noms substantifs ; 2º des adjectifs ; 3º des pronoms.

Les substantifs et les pronoms désignent également les êtres ; mais les substantifs les désignent par leurs noms, et les pronoms par le rôle qu'ils jouent dans le discours. Les premiers expriment donc des *idées*, les seconds n'expriment que des *rapports*.

La même distinction a lieu pour les adjectifs. Les uns qualifient les êtres (cheval *noir*, *haute* montagne, soldat *courageux*) ; et ceux-là, comme les substantifs, expriment des *idées*. Les autres déterminent les êtres (*vingt* chevaux, *d'autres* chevaux, *cette* montagne, *quelques* soldats) ; et ceux-là, comme les pronoms, expriment des *rapports*.

Les premiers ne conviennent qu'aux êtres doués de telle ou telle qualité, l'adjectif *blanc* ne pouvant convenir à un objet *noir ;* on les appelle Qualificatifs.

Les seconds conviennent à tous les êtres, sans distinction de qualité (*vingt* chevaux *noirs ; cette haute* montagne ; *cette humble* chaumière ; *mes faibles* talents ; *vos grandes* vertus). On pourrait les appeler Déterminatifs universels, dénomination qui comprend les numéraux, les démonstratifs, les conjonctifs, les interrogatifs, les possessifs.

Cette distinction, fondée sur la logique, se retrouve dans la déclinaison des principaux déterminatifs, puisqu'on dit *unus*, G. *unius ; hic*, G. *hujus ; qui*, G. *cujus*. Mais d'autres adjectifs, d'ailleurs réguliers, se rattachent à cette classe, en ce qu'ils déterminent les objets sans en exprimer la qualité ; les plus importants sont :

Omnis, omnĕ, *tout, toute.*	Multi, æ, a, *beaucoup* (cf. § 136).
Cuncti, æ, ă, *tous ensemble.*	Pauci, æ, a, *peu.*
Universi, æ, ă, *tous en général.*	Singuli, æ, a, *chaque* (cf. § 143).
Plērīque, pleræque, plērăquĕ, *la plupart.*	Ceteri, æ, a, *les autres.*

Ainsi d'une part, Expression d'idées : Substantifs et adjectifs qualificatifs ;

D'autre part, Expression de rapports : Pronoms et Déterminatifs universels.

Cette division, simple mais fondamentale, se retrouvera dans toutes les parties de la grammaire.

* C

LIVRE SECOND.

DU VERBE.

§ 38. Si l'on dit, *Dieu juste*, je ne vois dans ces deux mots qu'un substantif et un adjectif, et je sens que la pensée n'est pas complète. Mais si l'on dit, *Dieu est juste*, celui qui parle ainsi affirme évidemment que la qualité de *juste* appartient à Dieu.

Le mot *est*, qui exprime cette affirmation, se nomme VERBE. *Dieu* est le SUJET, c'est-à-dire ce dont on parle; *juste* est l'ATTRIBUT, c'est-à-dire la qualité que l'on attribue au sujet. L'ensemble de ces trois termes forme une PROPOSITION.

Dans la proposition, *Dieu est juste*, les trois termes sont exprimés séparément, et le verbe *est* unit l'attribut au sujet. On le nomme verbe Substantif ou Abstrait.

Dans cette autre proposition, *le soleil brille*, l'idée du verbe *être* et celle de l'attribut sont exprimées par le seul mot *brille*, qui équivaut à *est brillant*. Le mot *brille* est encore un verbe, puisqu'il contient l'affirmation; et, comme il contient en même temps l'attribut, on le nomme verbe Attributif ou Concret.

Tout verbe attributif exprime l'état ou l'action du sujet, et tous les verbes, excepté *être*, sont attributifs. En effet, JE LIS signifie *je suis lisant;* J'ÉCOUTE, *je suis écoutant;* J'AIME, *je suis aimant*.

VOIX DES VERBES.

§ 39. En examinant ces deux propositions, 1° *l'homme juste aime la vertu;* 2° *l'homme juste est aimé de ses semblables*, nous trouvons que le sujet de l'une et de l'autre est *l'homme juste*. Dans la première, le sujet fait une action, et cette action passe sur un objet étranger, qui est ici *la vertu;* le verbe est Actif ou Transitif. Dans la seconde, le sujet n'agit pas, il reçoit l'action d'autrui, il l'éprouve, il la souffre; le verbe est Passif [1].

Pour exprimer ces deux situations du sujet, le verbe transitif

---

1. *Actif* vient d'*agere* (agir), *Transitif* de *transire* (passer), *Passif* de *pati* (souffrir).

a deux formes que l'on appelle, l'une Voix active (il aime, *amat*), l'autre Voix passive (il est aimé, *amatur*).

Les verbes qui expriment un simple état, comme *călĕrĕ* (être chaud), *frīgĕrĕ* (être froid), *flōrērĕ* (être en fleur), ou une action qui reste tout entière dans le sujet, comme *mănērĕ* (demeurer), *ambŭlārĕ* (marcher), *currĕrĕ* (courir), sont appelés verbes *neutres* ou *intransitifs*, et n'ont pas la voix passive.

Il y a quatre choses à considérer dans chaque voix : les Nombres, les Personnes, les Temps et les Modes.

NOMBRES.

§ 40. La langue latine a deux nombres pour les verbes comme pour les noms : le Singulier, quand il s'agit d'un seul (il aime, *amat*), le Pluriel, quand il s'agit de plusieurs (ils aiment, *amant*).

PERSONNES.

§ 41. Nous avons vu, en parlant des pronoms, ce qu'on entend par les trois personnes du discours. La première est marquée en français par *Je* et *Nous;* la seconde par *Tu* et *Vous;* la troisième par *Il, elle, Ils, elles*. En latin ces pronoms sont remplacés par des terminaisons qui font partie du verbe, et qui indiquent à elles seules de quelle personne est le sujet. Ainsi, dans *amo* (j'aime) le sujet est de la première personne; dans *amas* (tu aimes), il est de la seconde; dans *amat* (il *ou* elle aime), il est de la troisième; et l'on dit par extension que le verbe est à la première, à la seconde, ou à la troisième personne.

TEMPS.

I. *Idée générale des temps*.

§ 42. Les verbes ont différentes formes pour indiquer si la chose qu'ils expriment *est, sera*, ou *a été*. Ces formes s'appellent Temps.

Celle qui annonce que la chose *est* actuellement, s'appelle Présent (*je lis*).

Celle qui l'annonce comme *devant être*, s'appelle Futur, c'est-à-dire temps à venir (*je lirai*).

Celle qui annonce qu'*elle a été*, s'appelle Parfait, c.-à-d. temps accompli ou passé (*j'ai lu*).

La durée tout entière est donc divisée en trois parties dans lesquelles se placent les actions, le Présent, le Futur, le Passé.

Mais le temps passé offre plusieurs nuances qui ne sont pas exprimées par le parfait. Si l'on dit, par exemple, *je lisais quand vous êtes entré*, ces mots *je lisais* expriment une action actuellement passée, mais qui ne l'était pas encore quand une autre s'est faite. Ce temps s'appelle IMPARFAIT, c.-à-d. non entièrement passé.

Si l'on dit, *j'avais lu quand vous êtes entré*, ces mots *j'avais lu* désignent une action comme déjà passée, quand une autre, passée elle-même, a eu lieu. On appelle ce temps PLUS-QUE-PARFAIT, parce qu'il exprime doublement le passé.

De même il peut y avoir plusieurs degrés dans le futur. Si l'on dit, *j'aurai lu ce livre quand vous arriverez*, les mots *j'aurai lu* indiquent un temps *futur* relativement à l'instant de la parole, mais qui sera *passé avant* qu'un autre fait soit accompli. On nomme ce temps FUTUR ANTÉRIEUR, parce qu'il réunit ensemble l'idée du futur et celle du passé.

II. *Classification des temps.*

Il résulte de ce qui vient d'être dit qu'une action, à quelque partie de la durée qu'elle se rapporte, peut être envisagée, ou comme étant accomplie, ou comme ne l'étant pas encore.

Les trois formes temporelles *je lis, je lisais, je lirai*, présentent l'action de *lire* comme non accomplie. Les trois autres, *j'ai lu, j'avais lu, j'aurai lu*, la présentent comme accomplie. Les six temps se divisent donc en deux séries égales, dont l'une part du présent, l'autre du parfait; et, par un accord remarquable du sens et de la forme, les temps de chaque série dérivent l'un de l'autre.

PREMIÈRE SÉRIE.		SECONDE SÉRIE.	
Action non accomplie.		*Action accomplie.*	
PRÉSENT, *j'aime*,	am o.	PARFAIT, *j'ai aimé*,	am āvī.
IMPARF. *j'aimais*,	am ābam.	PL. PARF. *j'avais aimé*,	am āvĕram.
FUTUR, *j'aimerai*,	am ābo.	FUT. ANT. *j'aurai aimé*,	am āvĕro.

REM. La langue française possède un temps qui n'est pas compris dans cette liste, et que nous appelons Parfait défini, *j'aimai, je lus*[1]. Il est représenté en latin par le Parfait, et AMAVI signifie tout à la fois *j'ai aimé* et *j'aimai*; LEGI, *j'ai lu* et *je lus*.

---

1. C'est l'aoriste des Grecs.

MODES.

Les modes (de *modus*, manière) sont personnels ou impersonnels.

Modes personnels.

§ 43. Les modes personnels sont des formes que prend le verbe, selon que la personne qui parle veut exprimer ou une affirmation ou un doute, un désir, une prière, un commandement.

I. Cette proposition, *Dieu est grand*, affirme une vérité sur laquelle celui qui parle ne conserve aucun doute ; le verbe est au mode INDICATIF, et la proposition forme à elle seule une Phrase, c.-à-d. un sens complet.

II. Mais toute proposition n'est pas affirmative, et une phrase est souvent composée de plusieurs propositions. Dans celle-ci, *je désire que Dieu nous soit propice,* je reconnais deux propositions, une principale, *je désire ;* une subordonnée, *que Dieu nous soit propice.* Le verbe de la première est encore à l'indicatif, parce qu'elle exprime un fait que j'affirme comme réel ; le verbe de la seconde est au mode SUBJONCTIF, parce qu'elle exprime un fait qui n'existe encore que dans mon désir.

L'indicatif est donc le mode des faits réels ou supposés tels, et des propositions principales. Le subjonctif est le mode des faits incertains et des propositions subordonnées.

III. Enfin si je dis, SOYEZ *attentifs*, ce n'est pas un fait que j'énonce, c'est une volonté que je signifie. Le verbe est au mode IMPÉRATIF. Ce mode est celui du commandement ; il s'emploie quelquefois pour la prière, comme dans cette phrase : *grand Dieu*, SOIS-*nous propice.*

Ces trois modes, l'Indicatif, le Subjonctif, l'Impératif, sont appelés personnels, parce que dans chacun d'eux la forme du verbe varie selon les personnes : *je suis, tu es, il est ; que je sois, que tu sois, qu'il soit, soyons, soyez,* etc.

Modes impersonnels.

§ 44. I. INFINITIF. Si j'analyse le mot *lire*, j'y reconnais l'idée du verbe *être* et celle d'un *attribut* (être lisant) ; mais celle du sujet n'y est pas exprimée, et l'action de lire n'est pas attribuée à une personne plutôt qu'à une autre. C'est ce qu'on appelle le mode INFINITIF, c.-à-d. indéfini, indéterminé.

Ce mode peut servir de sujet à une proposition. En effet,

quand on dit, *lire est le moyen d'apprendre*, c'est comme si l'on disait, *la lecture est le moyen d'apprendre*.

Il peut se joindre à un verbe actif comme objet de l'action. Dans *je veux lire*, et *je veux un livre*, l'infinitif *lire* et le nom *livre* expriment également ce que je veux, ils sont également ment l'objet du verbe *vouloir*.

L'infinitif a donc beaucoup de rapport avec le nom substantif. Il en diffère, 1° en ce qu'il est toujours indéclinable et du genre neutre ; 2° en ce qu'il varie selon le temps qu'on veut exprimer : *legere*, lire ; *legisse*, avoir lu.

II. GÉRONDIF. A l'infinitif se rattache un autre mode qu'on emploie dans les phrases latines qui correspondent à celles-ci : *il est temps* DE *lire ; je consacre beaucoup de temps* A *lire ; j'ai besoin d'un livre* POUR *lire ; je m'instruis* EN *lisant.* Ce mode s'appelle GÉRONDIF. Pour exprimer les rapports marqués en français par les prépositions *de, à, pour, en,* il a le génitif, le datif, l'accusatif et l'ablatif. Il se décline donc, et il est du genre neutre. Il suit la seconde déclinaison et n'a que le singulier. Il supplée aux cas qui manquent à l'infinitif.

III. SUPIN. L'on range encore à la suite de l'infinitif une forme appelée SUPIN, dont la Syntaxe fera connaître l'usage. Le supin est un nom verbal de la quatrième déclinaison, qui n'a que l'accusatif et l'ablatif, et qui d'ailleurs est peu usité. L'accusatif s'emploie activement ; l'ablatif a généralement le sens passif.

PARTICIPES.

§ 45. Nous avons dit, § 38, que *je lis* équivaut à *je suis lisant.* Le mot *lisant,* qui forme l'attribut de cette proposition, est ce qu'on nomme PARTICIPE. On l'appelle ainsi parce qu'il tient tout à la fois de l'adjectif et du verbe. Il tient de l'adjectif en ce qu'il sert à qualifier un substantif ou un pronom avec lequel il s'accorde dans la langue latine, en genre, en nombre et en cas. Il tient du verbe en ce qu'il marque un temps (*lisant, ayant lu, devant lire*). Ajoutez que sa forme elle-même est celle du verbe, modifiée d'une certaine manière : *lego*, je lis ; *legens,* lisant.

Cette double nature explique pourquoi l'on a fait du participe une des neuf parties du discours. Considéré dans le verbe, le participe est, comme l'infinitif, un mode impersonnel.

RADICAL ET TERMINAISON.

§ 46. Tout verbe latin est composé de deux éléments, savoir :
1° le RADICAL, qui représente l'attribut, c.-à-d. l'idée du participe, l'idée elle-même de l'action ou de l'état marqué par le verbe ;

2° La TERMINAISON, qui exprime l'idée du verbe *être*, avec toutes les modifications de personnes, de nombres, de temps, de modes et de voix.

Par exemple, dans le verbe *lego* (je lis), *leg* exprime l'idée du participe *lisant; o* exprime l'affirmation (*je suis*), et indique la première personne, le nombre singulier, le temps présent, le mode indicatif et la voix active.

Dans *legerentur* (qu'ils fussent lus), *leg* exprime l'idée du participe *lu; erentur* indique la troisième personne, le nombre pluriel, l'imparfait, le mode subjonctif et la voix passive.

Dans le premier exemple, la terminaison n'a qu'une lettre ; dans le second, elle a plusieurs syllabes. La terminaison *se compose donc des lettres ou des syllabes* qui suivent le radical. On voit de plus qu'en passant de l'actif au passif le radical reste le même, et que la terminaison seule varie.

Enoncer de suite les différentes formes du verbe, en ajoutant au radical les terminaisons propres à chaque temps, à chaque mode, à chaque personne, à chaque nombre, est ce qu'on appelle *conjuguer*.

VERBE SUBSTANTIF.

§ 47. Avant de passer à la conjugaison des verbes attributifs, il est à propos de bien connaître celle du verbe substantif. En latin comme en français elle est très-irrégulière ; mais elle fournit aux autres verbes des terminaisons, qui, une fois connues, en abrégeront l'étude. De plus, comme le verbe français *je suis* est en partie calqué sur le verbe latin *sum*, celui-ci est très-facile à retenir, malgré ses anomalies.

Nota. On récitera le verbe dans l'ordre où il est présenté sur le tableau suivant, c'est-à-dire les deux modes du présent (indicatif et subjonctif), puis les deux modes de l'imparfait, puis le futur, et ainsi du reste.

VERBE SUBSTANTIF *ESSE* (*Étre*).

INDICATIF.		SUBJONCTIF.	
PRÉSENT. S. sum,	*je suis,*	sim,	*que je sois,*
ĕs,	*tu es,*	sīs,	*que tu sois,*
est,	*il est,*	sĭt,	*qu'il soit,*
P. sŭ mŭs,	*nous sommes,*	sī mŭs,	*que nous soyons,*
es tĭs,	*vous étes,*	sī tĭs,	*que vous soyez,*
sunt,	*ils sont.*	sint,	*qu'ils soient.*
IMPARFAIT. S. ĕr am,	*j'étais,*	es sem,	*que je fusse,*
ĕr ās,	*tu étais,*	es sēs,	*que tu fusses,*
ĕr ăt,	*il était,*	es sĕt,	*qu'il fût,*
P. ĕr āmŭs,	*nous étions,*	es sēmŭs,	*que nous fussions,*
ĕr ātĭs,	*vous étiez,*	es sētĭs,	*que vous fussiez,*
ĕr ant,	*ils étaient.*	es sent,	*qu'ils fussent *.*
FUTUR. S. ĕr o,	*je serai,*		
ĕr ĭs,	*tu seras.*		
ĕr ĭt,	*il sera,*		
P. ĕr ĭmŭs,	*nous serons,*		
ĕr ĭtĭs,	*vous serez,*		
ĕr unt,	*ils seront.*		

* Ce temps s'emploie aussi dans le sens du conditionnel présent : *je serais, tu serais, il serait, nous serions, vous seriez, ils seraient.*

PARFAIT.			
PARFAIT. S. fŭ ī,	*j'ai été* ou *je fus,*	fu ĕrim,	*que j'aie été,*
fu istī,	*tu as été* ou *tu fus,*	fu ĕrĭs,	*que tu aies été,*
fu ĭt,	*il a été* ou *il fut,*	fu ĕrĭt,	*qu'il ait été,*
P. fu ĭmŭs,	*n. avons été* ou *n. fûmes,*	fu ĕrimŭs,	*que n. ayons été,*
fu istĭs,	*v. avez été* ou *v. fûtes.*	fu ĕritĭs,	*que vous ayez été,*
fu ĕrunt *ou*	} *ils ont été* ou *ils fu-*	fu ĕrint,	*qu'ils aient été.*
fu ĕrĕ,	} *rent.*		
PLUS-QUE-PARF. S. fu ĕram,	*j'avais été,*	fu issem,	*que j'eusse été,*
fu ĕras,	*tu avais été,*	fu issēs,	*que tu eusses été,*
fu ĕrăt,	*il avait été,*	fu issĕt,	*qu'il eût été,*
P. fu ĕrāmŭs,	*nous avions été,*	fu issēmŭs,	*que n. eussions été,*
fu ĕrātĭs,	*vous aviez été,*	fu issētĭs,	*que v. eussiez été,*
fu ĕrant,	*ils avaient été.*	fu issent,	*qu'ils eussent été*.*
FUTUR ANTÉR. S. fu ĕro,	*j'aurai été,*		
fu ĕris,	*tu auras été,*		
fu ĕrĭt,	*il aura été,*		
P. fu ĕrimŭs,	*nous aurons été,*		
fu ĕritĭs,	*vous aurez été,*		
fu ĕrint,	*ils auront été.*		

* Ce temps s'emploie aussi dans le sens du conditionnel passé : *j'aurais été, tu aurais été, il aurait été, nous aurions été, vous auriez été, ils auraient été.*

SUITE DU VERBE *ESSE* (*Être*).

IMPÉRATIF.				
	S.	2ᵉ *p.*	ĕs *ou* estŏ,	*sois,*
		3ᵉ *p.*	estŏ,	*qu'il soit.*
	P.	2ᵉ *p.*	estĕ *ou* estōtĕ,	*soyez,*
		3ᵉ *p.*	sunto,	*qu'ils soient.*

INFINITIF.			
	PRÉSENT,	essĕ,	*être.*
	FUTUR,	fŏrĕ *ou* fŭtūrum (am, um) esse, *devoir être.*
	PARFAIT,	fuissĕ, *avoir été.*
	FUT. ANT.	fŭtūrum (am, um) fuissĕ, *avoir dû être.*
PARTICIPE.	FUTUR,	fŭtūrŭs, fŭtūră, fŭtūrum, *devant être.*

Rᴇᴍ. 1. L'imparfait du subjonctif. outre la forme ordinaire *essem*, a encore au singulier *forem*, *fores*, *foret*, et au pluriel la troisième personne *forent*. Le sens propre de *forem* est le conditionnel, *je serais;* cependant il se confond souvent dans l'usage avec *essem*, surtout en poésie.

2. L'impératif n'a pas de première personne. On y supplée par celle du subjonctif, *simus* (soyons)[1].

3. L'infinitif du futur a deux formes, l'une simple et invariable, *fore*, l'autre composée et variable, *futurum esse*. Cette dernière se compose de l'infinitif présent et de l'accusatif du participe futur. Cet accusatif se met au genre et au nombre du nom auquel il se rapporte.

4. Le verbe *esse* n'a pas de participe présent qui réponde au français *étant*. La Syntaxe enseignera comment on y supplée.

5. Ni *esse* ni aucun autre verbe n'ont de subjonctif au futur. Si l'on a besoin de ce mode, on le forme par circonlocution, en réunissant le participe futur et le subjonctif présent :

Sɪɴɢ. Futurus (a, um) sim,   sis,   sit.
Pʟᴜʀ. Futuri (æ, a) simus, sitis, sint.

Le futur antérieur est également privé de subjonctif.

6. Enfin, le verbe *esse* n'a ni gérondif ni supin. Quant à la voix passive, il ne peut l'avoir, puisqu'il n'exprime pas une action.

ANALYSE DES FORMES DU VERBE *ESSE*.

§ 48. 1. Il est facile de voir que les formes de ce verbe appartiennent à deux racines différentes. Les temps de la première série ont pour radical ᴇs. L'*e* initial a disparu dans

---

1. Sur la valeur et l'emploi des formes *esto*, *estote*, et en général des impératifs en *to*, comme *amato*, *legito*, etc., voyez la Syntaxe, § 400.

sum (anciennement *esum*), ainsi que dans toutes les personnes qui commencent par *s*. A l'imparfait et au futur, *eram*, *ero* sont pour *esam*, *eso*, d'après la remarque déjà faite (§ 13, I) que la consonne *s* entre deux voyelles aime à se changer en *r*.

2. Les temps de la seconde série ont pour radical FU. A cette syllabe ajoutez les différentes personnes de l'imparfait *eram*, vous aurez celles du plus-que-parfait *fueram*. Ajoutez-y le subjonctif du même temps, *essem*, en changeant le premier *e* en *i*, vous aurez le plus-que-parfait *fuissem*. Enfin joignez-y le futur *ero*, vous obtenez le futur antérieur *fuero*, dont cependant la troisième personne plurielle est en *int*, tandis que celle du futur simple est en *unt*.

On remarquera de plus que le futur antérieur ne diffère que par la première personne (*fuero*) du subjonctif parfait (*fuerim*).

C'est aussi au radical FU qu'appartiennent *forem*, *fore* et *futurus*.

3. Les terminaisons des temps de la seconde série, à l'un et à l'autre mode, se retrouvent dans tous les verbes, et s'y retrouvent en entier. Maintenant si l'on fait attention aux lettres finales de ces terminaisons, l'on verra que, sauf le parfait, elles sont les mêmes dans les deux séries, et qu'elles s'appliquent également à l'indicatif et au subjonctif de tous les temps. Elles y servent à distinguer les personnes, et sont nommées pour cette raison Désinences personnelles. En voici le tableau.

	SINGULIER.	PLURIEL.
1.	o , m (*parf.* i).	mus.
PERSONNES. 2.	s (*parf.* sti).	tis (*parf.* stis).
3.	t	nt (*parf.* runt *ou* re).

Ainsi le verbe *esse* contient la partie la plus notable des terminaisons et toutes les désinences personnelles d'un verbe quelconque; et une fois que la conjugaison en est bien connue, les autres n'offrent plus aucune difficulté.

COMPOSÉS DU VERBE *ESSE*.

§ 49. Conjuguez sur *esse* les verbes suivants, qui en sont composés :

1. Ab-sum, ăb-ĕs, ab-fui, ă-besse, *être absent.*
2. Ad-sum, ăd-ĕs, ad-fui, ăd-essĕ, *être présent.*
3. Dĕ-sum, dĕ-ĕs, dĕ-fui, dĕ-esse, *manquer à...*
4. In-sum, ĭn-ĕs, ——, ĭn-esse, *être dans...*

5. Inter-sum, intĕr-ĕs, inter-fui, intĕr-esse, *assister à...*
6. Ob-sum, ŏb-ĕs, ob-fui, ŏb-esse, *être nuisible.*
7. Præ-sum, præ-ĕs, præ-fui, præ-esse, *être à la tête de...*
8. Sub-sum, sŭb-ĕs, ————, sŭb-esse, *être dessous.*
9. Sŭper-sum, sŭpĕr-ĕs, sŭper-fui, sŭpĕr-esse, *rester, survivre.*
10. Prŏ-sum, prŏd-ĕs, prŏ-fui, prŏd-esse, *être utile.*

Rem. 1. De ces dix composés, les neuf premiers n'offrent rien à remarquer, si ce n'est que le subjonctif imparf. *forem* et l'infinitif *fore* y sont beaucoup moins usités que dans le simple. Le dixième insère un *d* euphonique devant toutes les formes du verbe *esse* qui commencent par une voyelle ; ainsi, à côté de *prŏ-sum, prŏ-sim,* on dit *prŏd-ĕram, prŏd-essem, prŏd-ĕro ;* à côté de *prŏ-sŭmus* on dit *prŏd-estis,* etc.

2. Tous ces verbes sont attributifs, et l'attribut y est représenté par la préposition composante. Dans *posse* (pouvoir), il l'est par le radical de l'adjectif archaïque et poétique *pŏt-is, pŏt-ĕ* (capable). Ce verbe a ceci de remarquable, 1° que le *t* final de *pot* s'assimile avec l's qui le suit : *pos-sum* pour *pot-sum ;* 2° que les formes *es-sem* et *es-se* du verbe substantif perdent leur première syllabe : *Pos-sem* pour *pot-es-sem* [1] ; 3° que l'aspirée forte *f* disparaît aux temps de la seconde série : *pŏt-ŭi* pour *pot-fui.*

	INDICATIF.	SUBJONCTIF.
Présent.	Pos-sum, pŏt-es, pŏt-est,	Pos-sim, -sis, -sit,
	pos-sumus, pot-estis, pos-sunt.	pos-sīmus, -sītĭs, -sint.
Imparf.	Pŏt-ĕram, -ĕrās, -ĕrăt, *etc.*	Pos-sem, -sēs, -sĕt, *etc.*
Futur.	Pŏt-ĕro, -ĕrĭs, -ĕrĭt, *etc.*	
Parf.	Pŏtŭ-i, -isti, -ĭt, *etc.*	Pŏtŭ-ĕrim, -ĕris, -ĕrĭt, *etc.*
Pl. Parf.	Potu-ĕram, -ĕrās-ĕrăt, *etc.*	Potu-issem, -issēs, -issĕt, *etc.*
Fut. Ant.	Potu-ĕro, -ĕrĭs, -ĕrĭt, *etc.*	

Infin. prés. Pos-sĕ, *pouvoir ;* Parf. Pŏtu-issĕ, *avoir pu.*

Pas d'impératif, d'infinitif futur ni de participes [2].

---

1. Voyez les anciennes formes de ce verbe dans le *Thesaurus poeticus* de M. Quicherat.

2. *Pot-ens* (puissant) *præ-sens* (présent), *ab-sens* (absent) sont, quant à la forme, de véritables participes de *possum, præsum, absum ;* mais l'usage en a fait de simples adjectifs. Dans les deux derniers, l's n'est pas euphonique, elle appartient au radical ; dans *potens,* elle est retranchée, comme dans le mot philosophique *ens* (un être), mot qui au reste n'est pas d'une bonne latinité, et qui était condamné du temps de Quintilien (*Inst. Or.* VIII, 3, 33).

VERBES ATTRIBUTIFS.

§ 50. 1. Le verbe *posse* nous a fait voir comment un radical significatif se combine avec le verbe abstrait *sum* pour exprimer une action ou un état du sujet. Le procédé logique est le même pour tous les verbes attributifs. Seulement le radical y a sa valeur propre sans dériver d'un adjectif, et le verbe *sum* y est remplacé par une suite de terminaisons qui s'écartent de ce verbe en quelques points, principalement dans les temps de la première série.

2. Tout infinitif régulier, à la forme active, se termine en *re* précédé d'une des voyelles *ā*, *ē*, *ĕ* bref, *ī;* ce qui a donné lieu de distinguer quatre conjugaisons, que l'on range dans l'ordre suivant :

1ʳᵉ āre.	2ᵉ ēre.	3ᵉ ĕre.	4ᵉ īre.
ăm-āre	mŏn-ēre	lĕg-ĕre	aud-īre
(*aimer*).	(*avertir*).	(*lire*).	(*entendre*).

3. La première et la seconde personne de l'indicatif présent sont pour chaque conjugaison :

1ʳᵉ o, ās,	2ᵉ eo, ēs,	3ᵉ o, ĭs,	4ᵉ io, īs,
am-o, am-ās.	mon-eo, mon-ēs.	leg-o, leg-ĭs.	aud-io, aud-īs.

4. Le parfait, dans toutes les conjugaisons, a pour désinences :

SING. i, isti, ĭt. PLUR. ĭmŭs, istĭs, ērunt *ou* ēre.

On a déjà vu ces désinences dans *fŭ-i,* et par conséquent elles n'offrent plus aucune difficulté. Nous expliquerons, § 56, comment elles se joignent au radical. Il suffit de dire ici que les quatre conjugaisons régulières font leurs parfaits de la manière suivante :

1ʳᵉ āvi,	2ᵉ ui,	3ᵉ i,	4ᵉ īvi,
am-āvi.	mon-ŭi.	lĕg-i.	aud-īvi.

Ce qui reste après le retranchement de *i,* c.-à-d. *amav-, monŭ-, lēg-, audīv-,* est le radical du parfait.

5. Les temps de la première série dérivent de l'indicatif présent et de l'infinitif. Ceux de la seconde série se tirent du parfait. Le supin sert à former le participe futur actif et le participe parfait passif. Tout verbe qui n'a pas de supin manque

aussi de ces deux formes [1]. Les supins réguliers sont, dans l'ordre des conjugaisons :

1re ātum,	2e ĭtum,	3e tum,	4e ītum,
am-ātum.	mon-ĭtum.	lec-tum.	aud-ītum.

La forme primitive est *tum*. Elle se change quelquefois en *sum*, ainsi qu'il sera dit § 59.

6. Pour conjuguer un verbe il faut en connaître le parfait et le supin ; mais, une fois ces formes connues (et le dictionnaire les indique), il n'y a qu'une seule conjugaison pour les temps qui en dépendent.

7. Dans les temps mêmes de la première série, la différence principale des conjugaisons se remarque au futur, qui est pour les deux premières en *bo*, pour les deux dernières en *am* :

amā-bo, monē-bo ; lĕg-am, audi-am.

8. Lorsqu'on veut indiquer les parties essentielles d'un verbe, il faut les énoncer ainsi :

1re Am-o, am-ās, amāv-i, amā-tum, am-āre.
2e Mon-ĕo, mon-ēs, monu-i, mon-ĭtum, mon-ēre.
3e Lĕg-o, lĕg-ĭs, lēg-i, lec-tum, lĕg-ĕre.
4e Aud-ĭo, aud-īs, audīv-i, aud-ītum, aud-īre.

9. La troisième conjugaison comprend plusieurs verbes en *ĭo*, qui, malgré leur ressemblance partielle avec *audio*, n'en ont pas moins l'infinitif en *ĕre* et la seconde personne du présent en *is* bref, deux caractères qui suffisent pour les distinguer de la quatrième conjugaison. Le modèle de ces verbes est *cap-ĕre* (prendre).

3e *bis.* Căp-ĭo, cap-ĭs, cēp-i, cap-tum, cap-ĕre.

Nota. Dans les tableaux suivants nous mettrons en regard d'abord la première et la seconde conjugaison, puis la troisième et la quatrième, afin qu'on en remarque plus facilement les ressemblances et les différences. On récitera dans l'ordre que nous avons indiqué pour le verbe *sum.* La troisième colonne, qui commence à l'impératif, sera récitée séparément et après les deux autres. Nous ne donnons en français que la première personne de chaque temps, parce que nous supposons que les élèves savent conjuguer les verbes de la langue maternelle.

---

1. Il faut excepter *sum, fui*, qui a *futurus*, et deux ou trois autres qui seront indiqués en leur lieu.

§ 51.   # PREMIÈRE CONJUGAISON.

VERBE *AMARE* (*Aimer*). — VOIX ACTIVE.

INDICATIF.	SUBJONCTIF.	IMPÉRATIF.
PRÉSENT. — *j'aime.* S. ăm { o / ās / ăt P. ăm { āmŭs / ātis / ant.	*que j'aime.* ăm { em / ēs / ĕt ăm { ēmŭs / ētĭs / ent.	*aime.* 2ᵉ *p.* ăm-ā *ou* ăm-āto 3ᵉ *p.* ăm-āto 2ᵉ *p.* ăm-ātĕ *ou* ămātōte 3ᵉ *p.* ăm-anto.
IMPARFAIT. — *j'aimais.* S. ăm { ābam / ābās / ābăt P. ăm { ābāmŭs / ābātĭs / ābant.	*que j'aimasse ou j'aimerais.* ăm { ārem / ārēs / ārĕt ăm { ārēmŭs / ārētĭs / ārent.	**INFINITIF.** *Temps simples.* PRÉSENT. ăm-ārĕ, *aimer.* PARFAIT. ămāv-issĕ, *avoir aimé.* *Temps composés.* FUTUR. ăm-ātūrum (am , um) esse, *devoir aimer.* FUTUR ANTÉRIEUR. ăm-āturum (am , um) fuisse, *avoir dû aimer.*
FUTUR. — *j'aimerai.* S ăm { ābo / ābĭs / ābĭt P. ăm { ābĭmŭs / ābĭtĭs / ābunt.		**GÉRONDIF.** *Gén.* ăm·andī, *d'aimer,* *Dat.* ăm-ando, *à aimer,* *Acc.* (ad) ăm-andum, *à* ou *pour aimer.* *Abl.* ăm-ando, *en aimant.*
PARFAIT. — *j'ai aimé ou j'aimai.* S. ămāv { ī / isti[1] / ĭt P. ămāv { ĭmŭs / istĭs / ērunt *ou* ērĕ.	*que j'aie aimé.* ămāv { ĕrim / ĕrĭs / ĕrĭt ămāv { ĕrĭmŭs / ĕritĭs / ĕrint.	**PARTICIPES.** PRÉS. ăm-ans, ăm-antis } *aimant.* FUT. ăm-ātūrŭs (ă , um), *devant aimer, qui aimera.*
PLUS-QUE-PARF. — *j'avais aimé.* S. ămāv { ĕram / ĕrās / ĕrăt P. ămāv { ĕrāmŭs / ĕrātĭs / ĕrant.	*que j'eusse ou j'aurais aimé.* ămāv { issem / issēs / issĕt ămāv { issēmŭs / issētis / issent	**SUPIN.** ăm-ātum, *aimer.*
FUTUR ANTÉR. — *j'aurai aimé.* S. ămāv { ĕro / ĕrĭs / ĕrĭt P. ămāv { ĕrĭmŭs / ĕritĭs / rint.		1. Sur *amasti* p. *amavisti,* *amaram* p. *amaveram, amassem* p. *amavissem,* etc. cf. § 148.

§ 52.
# DEUXIÈME CONJUGAISON.
VERBE *MONERE* (*Avertir*). — VOIX ACTIVE.

INDICATIF.	SUBJONCTIF.	IMPÉRATIF.
PRÉSENT. *j'avertis.* S. mŏn { ĕo / ēs / ĕt P. mŏn { ēmŭs / ētĭs / ent.	*que j'avertisse.* mŏn { ĕam / ĕās / ĕăt mŏn { ĕāmŭs / ĕālĭs / ĕant.	*avertis.* 2ᵉ *p.* mŏn-ē *ou* mŏn-ēto 3ᵉ *p.* mŏn-ēto 2ᵉ *p.* mŏn-ētĕ *ou* mŏn-[ētōtĕ 3ᵉ *p.* mŏn-ento.
IMPARFAIT. *j'avertissais.* S. mŏn { ēbam / ēbās / ēbăt P. mŏn { ēbāmus / ēbātĭs / ēbant.	*que j'avertisse ou j'avertirais.* mŏn { ērem / ērēs / ērĕt mŏn { ērēmŭs / ērētis / ērent.	**INFINITIF.** *Temps simples.* PRÉSENT. mŏn-ērĕ, *avertir.* PARFAIT. mŏnŭ-issĕ, *avoir averti.* *Temps composés.* FUTUR. mŏn-ĭtūrum (am, ŭm) esse, *devoir avertir.* FUTUR ANTÉRIEUR. mŏn-ĭtūrum (am, ŭm) fuisse, *avoir dû avertir.*
FUTUR. *j'avertirai.* S. mŏn { ēbo / ēbĭs / ēbĭt P. mŏn { ēbĭmŭs / ēbĭtĭs / ēbunt.		
PARFAIT. *j'ai averti ou j'avertis.* S. mŏnŭ { ī / isti / ĭt P. mŏnŭ { ĭmŭs / istĭs / ērunt / *ou* ērĕ.	*que j'aie averti.* mŏnŭ { ĕrim / ĕrĭs / ĕrĭt mŏnŭ { ĕrĭmŭs / ĕritĭs / ĕrint.	**GÉRONDIF.** *Gén.* mŏn-endi, *d'avertir.* *Dat.* mŏn-endo, *à avertir.* *Acc.* (ad) mŏn-endum, *à* ou *pour avertir.* *Abl.* mŏn-endo, *en avertissant.*
PLUS-QUE-PARF. *j'avais averti.* S. mŏnŭ { ĕram / ĕrās / ĕrăt P. mŏnŭ { ĕrāmŭs / ĕrātĭs / ĕrant.	*que j'eusse ou j'aurais averti.* mŏnŭ { issem / issēs / issĕt mŏnŭ { issēmŭs / issĕtĭs / issent.	**PARTICIPES.** PRÉS. mŏn-ens, mŏn-entis { *avertissant.* FUT. mŏn-ĭtūrŭs (a, um) *devant avertir, qui avertira.*
FUTUR ANTÉR. *j'aurai averti.* S. mŏnŭ { ĕro / ĕrĭs / ĕrit P. mŏnŭ { ĕrĭmŭs / ĕrĭtĭs / ĕrint.		**SUPIN.** mŏn-ĭtum, *avertir.*

§ 53.   TROISIÈME CONJUGAISON.

VERBE *LEGERE* (*Lire*). — VOIX ACTIVE.

INDICATIF.	SUBJONCTIF.	IMPÉRATIF.
PRÉSENT. *je lis.* S. lĕg { o / ĭs / ĭt P. lĕg { ĭmŭs / ĭtĭs / unt.	*que je lise.* lĕg { am / ās / ăt lĕg { ămŭs / ātĭs / ant.	*lis.* 2ᵉ *p.* lĕg-ĕ *ou* lĕg-ĭto 3ᵉ *p.* lĕg-ĭto 2ᵉ *p.* lĕg-ĭtĕ *ou* lĕg-ĭtōtĕ 3ᵉ *p.* lĕg-unto.

INDICATIF.	SUBJONCTIF.	INFINITIF.
IMPARFAIT. *je lisais.* S. lĕg { ēbam / ēbās / ēbăt P. lĕg { ēbāmŭs / ēbātĭs / ēbant.	*que je lusse ou je lirais.* lĕg { ĕrem / ĕrēs / ĕrĕt lĕg { ĕrēmŭs / ĕrētĭs / ĕrent.	**Temps simples.** PRÉSENT. lĕg-ĕrĕ, *lire.* PARFAIT. lĕg-issĕ, *avoir lu.* **Temps composés.** FUTUR. lec-tūrum (am, um) esse, *devoir lire.* FUTUR ANTÉRIEUR. lec-tūrum (am, um) fuisse, *avoir dû lire.*

INDICATIF.	SUBJONCTIF.	GÉRONDIF.
FUTUR. *je lirai.* S. lĕg { am / ēs / ĕt P. lĕg { ēmŭs / ētĭs / ent.		
PARFAIT. *j'ai lu ou je lus.* S. lĕg { ī / isti / ĭt P. lĕg { ĭmŭs / istĭs / ērunt *ou* ērĕ.	*que j'aie lu.* lĕg { ĕrim / ĕrĭs / ĕrĭt lĕg { ĕrĭmus / ĕritis / ĕrint.	*Gén.* lĕg-endi, *de lire.* *Dat.* lĕg-endo, *à lire.* *Acc.* (ad) lĕg-endum, *à ou pour lire.* *Abl.* lĕg-endo, *en lisant.*
PLUS-QUE-PARF. *j'avais lu.* S. lĕg { ĕram / ĕrās / ĕrăt P. lĕg { ĕrāmŭs / ĕrātĭs / ĕrant.	*que j'eusse ou j'aurais lu.* lĕg { issem / issēs / issĕt lĕg { issēmus / issētis / issent.	**PARTICIPES.** PRÉS. lĕg-ens / lĕg-entis } *lisant.* FUT. lec-tūrus (ă, um), *devant lire, qui lira.*
FUTUR ANTÉR. *j'aurai lu.* S. lĕg { ĕro / ĕrĭs / ĕrĭt P. lĕg { ĕrĭmŭs / ĕrĭtĭs / ĕrint.		**SUPIN.** lec-tum, *lire.*

§ 54.   **QUATRIÈME CONJUGAISON.**

VERBE *AUDIRE* (*Entendre*). — VOIX ACTIVE.

INDICATIF.	SUBJONCTIF.	IMPÉRATIF.
PRÉSENT. *j'entends.* S. aud { io / īs / ĭt — P. aud { īmŭs / ītĭs / iunt.	*que j'entende.* aud { iam / iās / iăt — aud { iāmŭs / iātĭs / iant.	*entends.* 2ᵉ *p.* aud-ī *ou* aud-īto 3ᵉ *p.* aud-īto 2ᵉ *p.* aud-ītĕ *ou* aud-ītōtĕ 3ᵉ *p.* aud-iunto.
IMPARFAIT. *j'entendais.* S. aud { iēbam / iēbās / iēbăt — P. aud { iēbāmŭs / iēbātĭs / iēbant.	*que j'entendisse, ou j'entendrais.* aud { īrem / īrēs / īrĕt — aud { īremus / īrētĭs / īrent.	**INFINITIF.** *Temps simples.* PRÉSENT. aud-īrĕ , *entendre.* PARFAIT. audīv-isse , *avoir en- tendu.* *Temps composés.* FUTUR. aud-ītūrum (am , um) esse, *devoir entendre.* FUTUR ANTÉRIEUR. aud-ītūrum (am , um) fuisse , *avoir dû entendre.*
FUTUR. *j'entendrai.* S. aud { iam / iēs / iĕt — P. aud { iēmŭs / iētis / ient.		
PARFAIT. *j'ai entendu ou j'entendis.* S. audīv { ī / isti / ĭt — P. audīv { īmŭs / istis / ērunt / ou ērĕ.	*que j'aie entendu.* audīv { ĕrim / ĕrĭs / ĕrĭt — audīv { ĕrĭmus / ĕritĭs / ĕrint.	**GÉRONDIF.** *Gén.* aud-iendi , *d'en- tendre.* *Dat.* aud-iendo , *à en- tendre.* *Acc.* (ad) aud-iendum, *à ou pour entendre.* *Abl.* aud-iendo , *en en- tendant.*
PLUS-QUE-PARF. *j'avais entendu* S. audīv { ĕram / ĕrās / ĕrăt — P. audīv { ĕrāmŭs / ĕrātĭs / ĕrant.	*que j'eusse ou j'aurais entendu.* audīv { issem / issēs / issĕt — audīv { issēmŭs / issētĭs / issent.	**PARTICIPES.** PRÉS. aud-iens { enten- aud-ient is { dant. FUT. aud-ītūrŭs (ă , um), *devant entendre, qui entendra.*
FUTUR ANTÉR. *j'aurai entendu.* S. audīv { ĕro / ĕrĭs / ĕrĭt — P. audīv { ĕrĭmŭs / ĕritĭs / ĕrint.		**SUPIN.** aud-ītum , *entendre.*

TROISIÈME CONJUGAISON (*BIS*) EN *ERE*, IO.

Căp-io, cap-ĭs, cēp-i, cap-tum, căp-ĕre, *prendre.* — Voix Active.

§ 55. Les verbes qui suivent ce modèle ne diffèrent de *lego* que dans les temps de la première série, dont plusieurs intercalent *i* entre le radical et la terminaison. Ce sont l'indicatif présent à la première et à la dernière de ses formes, *cap-io, cap-iunt;* tout l'imparfait, *cap-iēbam;* tout le futur, *cap-iam, cap-iēs;* tout le subjonctif présent, *cap-iam, cap-iās;* le participe, *cap-iens;* le gérondif, *cap-iendi.*

La voyelle *i* disparaît à l'infinitif et aux temps qui s'y rattachent, savoir : l'imparfait du subjonctif, *cap-ĕrem,* et l'impératif, *cap-ĕ,* à l'exception de la troisième personne du pluriel, *cap-iunto* [1].

INDICATIF.	SUBJONCTIF.	IMPÉRATIF.
		prends.
PRÉSENT. *je prends.*	*que je prenne.*	2ᵉ *p.* căp-ĕ *ou* căp-ĭto
S. căp { io / ĭs / ĭt	căp { iam / iās / iăt	3ᵉ *p.* căp-ĭto
P. căp { ĭmŭs / ĭtĭs / iunt.	căp { iāmus / iātĭs / iant.	2ᵉ *p.* căp-ĭtĕ *ou* căp-ĭtōtĕ
		3ᵉ *p.* căp-iunto.
		INFINITIF.
IMPARFAIT. *je prenais.*	*que je prisse* ou *je prendrais.*	PRÉS. căp-ĕrĕ, *prendre.*
S. căp { iēbam / iēbās / iēbat	căp { ĕrem / ĕrēs / ĕret	**GÉRONDIF.**
P. căp { iēbāmus / iēbātĭs / iēbant.	căp { ĕrēmus / ĕrētĭs / ĕrent.	*Gén.* cap-iendi, *de prendre.* *Dat.* cap-iendo, *etc.*
FUTUR. *je prendrai.* S. căp-iam, iēs, iĕt P. cap-iēmus, *etc.*		**PARTICIPE.** PRÉS. căp-iens, cap-ientis } *prenant* [2].

1. Voici la loi de cette conjugaison : Partout où la voyelle initiale de la terminaison primitive est longue, l'*i* ajouté subsiste (*leg-ēbam, cap-iēbam*); partout où elle est brève, l'*i* disparaît (*leg-ĕrem, cap-ĕrem*).

2. Quoique nous ne donnions pas les temps qui dérivent du parfait *cēpi* et du supin *captum,* il sera bon cependant de les faire conjuguer.

Rᴇᴍ. Il est facile de voir que cette conjugaison est un mélange de la troisième et de la quatrième. Toutes les formes où, à cause de l'*i* intercalé, la terminaison commence par deux voyelles, appartiennent à la quatrième et se règlent sur *audio*; toutes les autres sont de la troisième et suivent *lego*.

Ainsi au présent de l'indicatif, *cap-ĭs*, *cap-ĭt*, *cap-ĭmus*, *cap-ĭtis*, sont formés à l'imitation de *leg-ĭs*, *leg-ĭt*, *leg-ĭmus*, *leg-ĭtis*, et ont l'*ĭ* bref, à la différence d'*aud-īs*, *aud-īmus*, *aud-ītis*, où cette voyelle est longue par contraction, ainsi que nous allons le montrer, et d'*aud-ĭt*, où elle n'est brève qu'à cause du *t* final. Cette remarque est importante pour la formation du passif.

ANALYSE DES FORMES DE L'ACTIF.

TEMPS DE LA PREMIÈRE SÉRIE.

§ 56. IɴᴅɪᴄᴀᴛɪF. 1. La conjugaison primitive est la troisième. Elle a pour terminaisons au présent de l'indicatif, *o*, *ĭs*, *ĭt*, *ĭmus*, *ĭtis*, *unt*, et ces terminaisons se joignent immédiatement au radical, lequel ne peut finir que par une consonne, comme *lĕg-ĕre* (lire), ou par la voyelle *u*, comme *minŭ-ĕre* (diminuer) :

Leg-o, ĭs, ĭt; ĭmus, ĭtis, unt.
Minu-o, ĭs, ĭt; ĭmus, ĭtis, unt.

2. Les conjugaisons en *āre*, *ēre*, *īre*, ont pour terminaisons au même temps :

La 1ʳᵉ o, ās, ăt; āmus, ātis, ant.
La 2ᵉ ĕo, ēs, ĕt; ēmus, ētis, ent.
La 4ᵉ ĭo, īs, ĭt; īmus, ītis, iunt.

Ces terminaisons se composent des voyelles *a*, *e*, *i*, placées à côté de la désinence primitive (*mon-eo*, *aud-io*), ou confondues avec elle (*am-o* pour *amă-o*, *am-ās*, *mon-ēs*, *aud-īs* pour *amă-ĭs*, *monĕ-ĭs*, *audĭ-īs*).

Ces voyelles ne font donc partie de la terminaison qu'accidentellement; elles doivent donc être considérées comme un accroissement du radical, qui reçoit ainsi une nouvelle forme : *ama*, *mone*, *audi* [1]. La voyelle dont le radical est accru, et

____

1. C'est exactement le cas des verbes grecs en άω, έω, όω (τιμά-ω, φιλέ-ω, δηλό-ω), où les voyelles ajoutées au radical se contractent avec la désinence. En latin elles se contractent aussi, et sont longues partout où elles ne sont pas suivies d'un *i* final. Elles restent longues par analogie dans les dérivés des verbes, comme *verēcundus* (respectueux), où le second *e* est long, parce qu'il l'est dans *verēri* (respecter)

qui détermine la conjugaison à laquelle il appartient, se nomme Formative.

3. La terminaison primitive de l'imparfait est *ēbam*. Elle paraît isolément dans la troisième conjugaison (*leg-ēbam*). Elle est précédée de la formative *i* dans la quatrième (*aud-iē-bam*). Elle contracte sa voyelle initiale *e* avec les formatives de la première et de la seconde (*am-ābam, mon-ēbam,* pour *amă-ēbam, monĕ-ēbam*).

4. Au futur, la désinence *bo* des deux premières est précédée des mêmes voyelles qu'à l'imparfait (*am-ābo, mon-ēbo*). Dans la troisième *am* reste isolé (*leg-am*) ; dans la quatrième on y joint la formative *i* (*aud-iam*) ; dans l'une et dans l'autre, la voyelle *a* de la première personne se change en *e* aux personnes suivantes (*leg-am, leg-ēs ; aud-iam, aud-iēs*).

5. Subjonctif présent. La première conjugaison le fait en *em, ēs, ĕt ;* les trois autres en *am, ās, ăt ;* l'*a* subsiste à toutes les personnes.

6. Subjonctif imparfait. Ajoutez *m* à l'infinitif présent, vous aurez l'imparfait du subjonctif (*amāre-m, monēre-m, legĕre-m, audīre-m*).

7. Impératif. Otez *re* de l'infinitif présent, vous aurez l'impératif (*amā, monē, legĕ, audī*). — Quatre impératifs, *dic, dūc, făc, fĕr,* de *dīcĕre* (dire), *dūcĕre* (conduire), *făcĕre* (faire), *ferre* (porter), sont privés de voyelle finale.

8. Participe présent et Gérondif. Le participe présent se décline sur *sapiens, sapient-is.* Il a pour terminaisons :

.1re ans. 2e ens. 3e ens. 4e iens [1].

On en peut former directement le gérondif en changeant *s* en *di :*

1re andi. 2e endi. 3e endi. 4e iendi.

9. Participe futur. Il se forme du supin en changeant *um* en *ūrŭs* (*amāt-um, amāt-ūrus ; monĭt-um, monĭt-ūrus*), et il se décline sur *bonus, a, um.*

Nous avons déjà remarqué, § 47, 5, que ce participe, joint au subjonctif *sim, sīs, sit,* supplée au besoin le subjonctif futur, qui manque dans tous les verbes : *amātūrus sim* (que

---

1. *Amans* et *monens* représentent *ama-ens, mone-ens.* L'*e* de *monēns,* résultant d'une contraction, est donc long par nature. Celui de *legēns* n'est long que par position. Cette remarque trouvera son application, § 147, 8.

je doive aimer), *amāturi sīmus* (que nous devions aimer), et ainsi du reste. On voit aussi qu'il sert à former les deux futurs de l'infinitif. Le verbe actif n'a pas de participe passé.

TEMPS DE LA SECONDE SÉRIE.

§ 57*. Parfait. La seconde série prend, comme on l'a déjà vu, les désinences de *fŭ-i* et des temps qui en dérivent. Ces désinences se joignent au radical de quatre manières différentes, qui toutes ont leur modèle dans la troisième conjugaison. Le tableau suivant suffira pour en donner une idée.

Troisième Conjugaison.

INFINITIF.   PARFAIT.

	INFINITIF	PARFAIT	
I.	minu-ĕre,	minŭ-i.	Le radical, finissant par *u* ou étant long, reste invariable, et la désinence se place à côté.
	solv-ĕre [1],	solv-i.	
	vert-ĕre [2],	vert-i.	
	lĕg-ĕre,	lēg-i.	La voyelle du radical est allongée.
	căp-ĕre,	cēp-i.	Elle est allongée et transformée.
	vinc-ĕre [3],	vīc-i.	Le parfait perd la nasale du présent dans les verbes où elle n'est qu'un simple renforcement du radical.
	rump-ĕre [4],	rūp-i.	
II.	curr-ĕre [5],	cŭcurr-i.	Le radical est redoublé comme en grec, avec ou sans transformation de la voyelle.
	căd-ĕre [6],	cĕcĭd-i.	
	tang-ĕre [7],	tĕtĭg-i.	
III.	scrīb-ĕre [8],	scrip-si.	La désinence *i* est précédée d'une *s*, qui change le *b* du radical en *p*, se combine avec *c* et *g*, et fait disparaître *t* et *d*. La nasale du présent se conserve toujours devant *si* (*xi*).
	dūc-ĕre [9],	duxi (duc-si).	
	fing-ĕre [10],	finxi (finc-si).	
	mitt-ĕre [11],	mī-si.	
	claud-ĕre [12],	clausi.	
IV.	consŭl-ĕre [13],	consul-ŭi.	La désinence *i* est précédée d'un *u*, et la terminaison entière est *ŭi*, comme dans *pot-ŭi* **.
	cŏl-ĕre [14],	cŏl-ŭi.	
	răp-ĕre (io)[15],	răp-ŭi.	

Résumé. I. Terminaison *i ;* radical quelquefois invariable, quelquefois allongé. II. Terminaison *i ;* radical redoublé. III. Terminaison *si*. IV. Terminaison *ui*.

---

* Dans les classes élémentaires, on ne fera pas réciter les §§ 57, 58 et 59 ; on y prendra seulement des verbes à conjuguer.

1. Délier. — 2 Tourner. — 3 Vaincre. — 4 Rompre. — 5 Courir. — 6 Tomber. — 7 Toucher. — 8 Ecrire. — 9 Conduire. — 10 Façonner. — 11 Envoyer. — 12 Fermer. — 13 Consulter. — 14 Cultiver. — 15 Ravir.

** La terminaison *si* est empruntée au premier radical du verbe substantif (*sum*); *ŭi* représente, comme dans *pot-ui*, le second radical du même verbe (*fui*). Les parfaits en *si* sont formés à la manière des aoristes grecs, dont la désinence σα est aussi tirée du verbe *Etre*.

Telles sont les quatre formations du parfait dans les verbes en *ĕre* (bref). Les conjugaisons en *ēre* (long), *āre*, *īre*, ont adopté la dernière, qu'elles appliquent de la manière suivante.

Deuxième Conjugaison.

La conjugaison en *ēre* (long) perd la formative *e*, et joint *ui* au radical primitif : *mon-ēre*, *mon-ŭi* ; *dŏc-ēre* (enseigner), *dŏc-ŭi*.

Si l'*e*, au lieu d'être une simple formative, fait partie du radical même, comme dans *flĕ-o*, *flē-re* (pleurer), il se conserve, et l'*u* de *ui* se trouvant entre deux voyelles, se change en *v* ; *flē-re*, *flē-vi* (§ 1).

Première et Quatrième Conjugaison.

Les conjugaisons en *āre* et en *īre* gardent leurs voyelles *ā* et *ī*, et l'*u* de *ui* se change en *v* comme dans le cas précédent : *am-āre*, *am-āvi* ; *aud-īre*, *aud-īvi*. Telle est la formation régulière des parfaits de la première et de la quatrième conjugaison.

Mélange des Conjugaisons.

Cependant quelques verbes de la première perdent la formative *a*, et font le parfait comme ceux de la seconde : *dŏm-āre* (dompter), *dom-ŭi*.

Un assez grand nombre de verbes de la seconde le font comme ceux de la troisième : *vĭd-ēre* (voir), *vīd-i* ; *mord-ēre* (mordre), *mŏmord-i* ; *ard-ēre* (être enflammé), *ar-si* ; *aug-ēre* (augmenter), *auxi* (= *auc-si*).

Quelques verbes de la troisième le font comme ceux de la quatrième : *pĕt-ĕre* (demander), *pĕt-īvi*.

Réciproquement plusieurs verbes de la quatrième le font comme ceux de la troisième : *vĕn-īre* (venir), *vēn-i* ; *sent-īre* (sentir, comprendre), *sen-si* ; *apĕr-īre* (ouvrir), *apĕr-ŭi*.

SUPIN.

§ 58. Supin en *tum*. Tout supin régulier se termine en *tum*, et cette syllabe se joint au radical de trois manières différentes ;

1° Immédiatement, avec les changements de consonne indiqués par les règles orthographiques, et quelquefois avec suppression de la nasale du présent :

INFINITIF. PARFAIT. SUPIN.

<table>
<tr><td rowspan="5">PARF.
i.</td><td>lĕg-ĕre,</td><td>lĕg-i,</td><td>lec-tum.</td><td rowspan="11">Le t du supin change les douces b, g, en p, c, qui sont les fortes correspondantes : lĕg-ĕre, lec-tum; scrib-ĕre, scrip-tum.</td></tr>
<tr><td>cap-ĕre (io),</td><td>cēp-i,</td><td>cap-tum.</td></tr>
<tr><td>rump-ĕre,</td><td>rūp-i,</td><td>rup-tum.</td></tr>
<tr><td>vinc-ĕre,</td><td>vīc-i,</td><td>vic-tum.</td></tr>
<tr><td>tang-ĕre,</td><td>tĕtĭg-i,</td><td>tac-tum.</td></tr>
<tr><td rowspan="3">PARF.
si.</td><td>scrīb-ĕre,</td><td>scrip-si,</td><td>scrip-tum.</td></tr>
<tr><td>dūc-ĕre,</td><td>duxi (-csi),</td><td>duc-tum.</td></tr>
<tr><td>fing-ĕre,</td><td>finxi,</td><td>fic-tum.</td></tr>
<tr><td rowspan="5">PARF.
ŭi.</td><td>consul-ĕre,</td><td>consul-ŭi,</td><td>consul-tum.</td></tr>
<tr><td>col-ĕre,</td><td>col-ŭi,</td><td>cul-tum.</td></tr>
<tr><td>rap-ĕre (io),</td><td>rap-ŭi,</td><td>rap-tum.</td></tr>
<tr><td>dŏc-ĕre,</td><td>doc-ŭi,</td><td>doc-tum.</td></tr>
<tr><td>aper-īre,</td><td>apĕr-ŭi,</td><td>aper-tum.</td></tr>
</table>

2° Par le moyen de la voyelle de liaison ĭ bref :

ŭi. dŏm-āre, dŏm-ŭi, dom-ĭtum. 1re conjugaison.
mon-ēre, mon-ŭi, mon-ĭtum. 2e ————

3° Par le moyen des formatives *a* et *i*, qui sont toujours longues au supin comme au parfait :

am-āre, am-āvi, am-ātum. 1re conjugaison.
aud-īre, aud-īvi, aud-ītum. 4e ————

Cette formation est celle de tous les verbes réguliers de la première et de la quatrième conjugaison. Elle s'applique également à ceux de la seconde où l'*e* fait partie du radical, et à ceux de la troisième dont le parfait est en *īvi* :

flĕ-re, flĕ-o, flĕ-vi, flĕ-tum.
pet-ĕre, pĕt-o, pĕt-īvi, pĕt-ītum.

Ceux de la troisième dont le radical finit par *u,* comme *minuere,* font le supin en *ūtum* (*ū* long) :

minŭ-ĕre, minŭ-i, min-ūtum.

Il en est de même de ceux dont le radical finit par *v* précédé de *l* :

solv-ĕre (*délier*), solv-i, sŏl-utum.
volv-ĕre (*rouler*), volv-i, vŏl-ūtum.
} *v* devant *t* redevient voyelle.

Résumé. 1° La plupart des parfaits en *i* précédé de *p, c, g,* en *psi,* en *xi,* et un certain nombre de ceux en *ŭi,* forment le supin en *tum,* sans voyelle de liaison.

2° D'autres, également en *ŭi*, le forment avec la voyelle de liaison *ĭ* bref. Si l'*u* appartient au radical comme dans *minŭ-i*, ou si le parfait est en *vi* précédé d'une consonne, le supin prend *ū* long *.

3° Ceux en *āvi*, *ēvi*, *īvi*, le font en *ātum*, *ētum*, *ītum*. On doit rapporter à la même analogie *nō-vi* (je connais), parfait de *noscĕre* (apprendre à connaître), qui fait *nō-tum*.

Les cinq voyelles longues peuvent donc entrer dans la formation des supins :

am-ātum, flē-tum, aud-ītum, nŏ-tum, min-ūtum.

§ 59. SUPIN EN *sum*. 1. Les verbes de la deuxième et de la troisième conjugaison qui ont le parfait en *i* seul, précédé de *d*, *t*, *l*, *r*, et ceux qui l'ont en *si* précédé d'une voyelle ou de *l*, *n*, *r*, *s*, font le supin en *sum*, désinence qui n'est qu'une transformation euphonique de *tum*.

	INFINITIF.	PARFAIT.	SUPIN.
PARF. i.	vĭd-ēre,	vīd-i,	vī-sum.
	mord-ēre,	mŏmord-i,	mor-sum.
	accend-ĕre[1],	accend-i,	accen-sum.
	cad-ĕre,	cĕcĭ-di,	cā-sum.
	vert-ĕre,	vert-i,	ver-sum.
	pell-ĕre[2],	pĕpŭl-i,	pul-sum.
	curr-ĕre,	cŭcurr-i,	cur-sum.
PARF. si.	mulc-ēre[3],	mul-si,	mul-sum.
	măn-ēre[4],	man-si,	man-sum.
	ard-ĕre,	ar-si,	ar-sum.
	jŭb-ēre[5],	jus-si,	jus-sum.
	claud-ĕre,	clau-si,	clau-sum.
	mitt-ĕre[6],	mī-si,	mis-sum.

Nous avons déjà remarqué que les dentales *t*, *d*, disparaissent devant *s*. Les gutturales tombent également lorsqu'elles sont entre *l* ou *r* et *s* : *mul-c-ēre*, *mul-sĭ*, *mul-sum*. Le *b* du radical s'assimile avec *s* dans *jub-ēre*, *jus-si*, *jus-sum*. Même assimilation, dans *mis-sum*, de la dentale qui avait disparu dans *mī-si*.

AJOUTEZ : flect-ĕre[7], flexi (-csi), flexum (-csum),
     et de plus *fixum*, *fluxum*, *pexum*, *plexum*, § 171.

EXCEPTEZ : indulg-ēre[8], indul-si, indul-tum.
     torqu-ēre[9], tor-si, tor-tum.
     par-ĕre (io)[10], pepĕr-i, par-tum.
     ger-ĕre[11], ges-si, ges-tum.
     ur-ĕre[12], us-si, us-tum.

Les gutturales tombent devant *t* comme devant *s*, après *l* ou *r* : *tor-qu-ēre*, *tor-si*, *tor-tum*; *indul-g-ēre*, *indul-si*, *indul-tum*.

---

*. Cela vient de ce que *minŭ-i* est pour *minŭv-i*, comme *audĭ-i* est pour *audĭv-i*, par une syncope du *v* dont il sera question, § 148, 4.

1. Allumer. — 2 Pousser. — 3 Caresser. — 4 Rester. — 5 Ordonner. — 6 Envoyer. — 7 Fléchir. — 8 Être indulgent. — 9 Tordre, tourner. — 10 Enfanter. — 11 Porter, faire. — 12 Brûler.

2. Parmi les verbes de la quatrième conjugaison qui ont le parfait en *si*, le suivant prend également *sum* :

sent-īre, sen-si, sen-sum.

A cette exception près, tous les verbes en *īre* qui n'ont pas le parfait en *īvi*, font le supin en *tum*, sans voyelle de liaison.

3. Telles sont les règles les plus générales des parfaits et des supins. Celles qui concernent le passage du parfait au supin n'auraient besoin, pour être complètes, que d'un petit nombre d'additions. Quant à la manière dont le parfait se tire du présent, elle offre une foule d'anomalies dont chacune peut s'expliquer séparément, mais qui ne peuvent être ramenées sous une loi commune. L'usage fera connaître ces formations diverses ; nous donnerons d'ailleurs, § 151 et suiv., le tableau de toutes celles qui pourraient offrir quelque difficulté, en nous bornant aux verbes employés par les auteurs classiques. Nous y comprendrons la plupart de ceux qui manquent de parfait ou de supin, ou de ces deux formes à la fois.

CONJUGAISON PASSIVE.

§ 60. Les verbes passifs n'ont de formes simples que dans les temps de la première série. Ceux de la seconde se composent du participe parfait, joint au verbe substantif, qui alors devient auxiliaire comme en français. Ce participe se forme du supin en changeant *tum* en *tŭs*, *tă*, *tum* (ou *sum* en *sŭs*, *să*, *sum*). Il se décline sur *bonus*.

La seconde moitié de la conjugaison passive est donc connue d'avance, et la première se déduit de l'actif avec la plus grande facilité. Les parties essentielles du verbe passif s'énoncent ainsi :

1re	am-ŏr,	am-ārĭs,	am-ātus	sum, am-āri,	*être aimé.*
2e	mon-eŏr,	mon-ērĭs,	mon-ĭtus	sum, mon-ēri,	*être averti.*
3e	leg-ŏr,	leg-ĕrĭs,	lec-tus	sum, lĕg-i,	*être lu.*
4e	aud-iŏr,	aud-īrĭs,	aud-ītus	sum, aud-īri,	*être entendu.*
3e*bis*	cap-iŏr,	cap-ĕrĭs,	cap-tus	sum, căp-i,	*être pris.*

§ 61. PREMIÈRE CONJUGAISON.
VERBE *AMARE* (*Aimer*). — VOIX PASSIVE.

INDICATIF.

PRÉSENT.

je suis aimé.

S. ăm ŏr / ārĭs (rĕ) [1] / ātŭr

P. ăm āmŭr / āmĭnī / antŭr.

IMPARFAIT.

j'étais aimé.

S. ăm ābăr / ābārĭs (rĕ) / ābātŭr

P. ăm ābāmŭr / ābāmĭnī / ābantŭr.

FUTUR.

je serai aimé.

S. ăm ābŏr / ābĕrĭs (rĕ) / ābĭtŭr

P. ăm ābĭmŭr / ābĭmĭnī / ābuntŭr.

PARFAIT.

j'ai été
ou je fus aimé.

S. ăm-ātus (ă , um)
sum, ĕs, est.

P. ăm-ātī (æ, ă)
sŭmus, estis, sunt.

PLUS-Q.-PARF.

j'avais été aimé.

S. ăm-ātus (ă, um)
ĕram, ĕrās, ĕrăt.

P. ăm-ātī (æ, ă)
ĕrāmŭs, ĕrātĭs, ĕrant.

FUT. ANTÉR.

j'aurai été aimé.

S. ăm-ātus (ă, um)
ĕro, ĕrĭs, ĕrĭt.

P. ăm-ātī (æ, ă)
ĕrĭmŭs, ĕrĭtĭs, ĕrunt.

SUBJONCTIF.

que je sois aimé.

ăm ĕr / ērĭs (rĕ) / ētŭr

ăm ēmŭr / ēmĭnī / entŭr.

que je fusse
ou je serais aimé.

ăm ārĕr / ārērĭs (rĕ) / ārētŭr

ăm ārēmŭr / ārēmĭnī / ārentŭr.

que j'aie été aimé.

amatus (ă, um)
sim, sīs, sĭt.

amati (æ, ă)
sīmŭs, sītĭs, sint.

que j'eusse été
ou j'aurais été aimé.

amatus (ă, um)
essem, essēs, essĕt.

amati (æ, ă)
essēmus, essētis, essent.

IMPÉRATIF.

sois aimé.

2ᵉ *p.* ăm-ārĕ *ou* ăm-ātŏr
3ᵉ *p.* ăm-ātŏr

2ᵉ *p.* ăm-āmĭnī
3ᵉ *p.* ăm-antŏr.

INFINITIF.

Temps simple.

PRÉSENT.

ăm-ārī, *être aimé.*

Temps composés.

PARFAIT.

ăm-atum (am, um)
esse, *avoir été aimé.*

FUTUR.

ăm-atum īri, *devoir*
être aimé.

PARTICIPES.

PARFAIT.

ăm-ātŭs (ă, um), *aimé,*
ayant été aimé.

FUTUR.

ăm-andŭs (ă, um), *de-*
vant être aimé, qu'il
faut aimer.

SUPIN.

ăm-ātū , *à être aimé.*

1. La syllabe (*rĕ*) placée
après une seconde personne
du singulier indique qu'elle
a deux formes, et qu'il faut
dire *amāris* ou *amāre* ;
amabāris ou *amabārĕ*, etc.

§ 62.

DEUXIÈME CONJUGAISON.

VERBE *MONERE* (*Avertir*). — VOIX PASSIVE.

INDICATIF.	SUBJONCTIF.	IMPÉRATIF.
PRÉSENT. *je suis averti.* S. mŏn { eŏr / ēris (rĕ) / ētŭr P. mŏn { ēmŭr / ēmĭnī / entur.	*que je sois averti.* mŏn { ĕăr / eārĭs (rĕ) / eātŭr mŏn { eāmŭr / eāmĭnī / eantŭr.	*sois averti.* 2ᵉ p. mŏn-ērĕ ou mŏn-ētŏr 3ᵉ p. mon-ētor 2ᵉ p. mon-ēmĭni 3ᵉ p. mon-entŏr.
IMPARFAIT. *j'étais averti.* S. mön { ēbăr / ēbāris (rĕ) / ēbātŭr P. mön { ēbāmŭr / ēbāmĭnī / ēbantur.	*que je fusse* ou *je serais averti.* mŏn { ērer / ērērĭs (re) / ērētŭr mŏn { ērēmŭr / ērēmĭnī / ērèntur.	**INFINITIF.** *Temps simple.* PRÉSENT. mon-ērī, *être averti.* *Temps composés.* PARFAIT. mon-itum (am, um) esse. *avoir été averti.* FUTUR. mŏn-ĭtum īri, *devoir être averti.*
FUTUR. *je serai averti.* S. mön { ēbŏr / ēbërĭs (rĕ) / ēbĭtur P. mön { ēbĭmŭr / ēbĭmĭnī / ēbuntur.		**PARTICIPES.** PARFAIT. mŏn-ĭtus (a, um), *averti, ayant été averti.* FUTUR. mŏn-endŭs (ă, um), *devant être averti, qu'il faut avertir.*
PARFAIT. *j'ai été* ou *je fus averti.* S. mŏn-ĭtus (ă, um) sum, ĕs, est. P. mon-ĭtī (æ, ă) sŭmus, estis, sunt.	*que j'aie été averti.* mŏn-ĭtus (ă, um) sĭm, sīs, sĭt. mŏn-ĭtī (æ, ă) sīmŭs, sītĭs, sint.	**SUPIN.** mŏn-ĭtū, *à être averti.*
PLUS-Q.-PARF. *j'avais été averti.* S. mŏn-ĭtus (ă, um) ĕram, ĕrās, ĕrăt. P. mŏn-ĭtī (æ, ă) ĕrāmŭs, ĕrātĭs, ĕrant.	*que j'eusse été* ou *j'aurais été averti.* mŏn-ĭtus (ă, um) essem, essès, essĕt. mŏn-ĭtī (æ, ă) essēmus, essētis, essent.	
FUT. ANTER. *j'aurai été averti.* S. mŏn-ĭtŭs (ă, um) ĕro, ĕrĭs, ĕrĭt. P. mŏn-ĭtī (æ, ă) ĕrĭmŭs, ĕrĭtĭs, ĕrunt.		

§ 63.   # TROISIÈME CONJUGAISON.

VERBE *LEGERE* (*Lire*). — VOIX PASSIVE.

INDICATIF.	SUBJONCTIF.	IMPÉRATIF,
PRÉSENT. *je suis lu.* S. lĕg { ŏr / ĕrĭs (rĕ) / ĭtŭr P. lĕg { ĭmŭr / ĭmĭnī / untŭr.	*que je sois lu.* lĕg { ar / ārĭs (rĕ) / ātŭr lĕg { āmŭr / āmĭnī / antŭr.	*sois lu.* 2ᵉ *p.* lĕg-ĕrĕ, lĕg-ĭtŏr 3ᵉ *p.* lĕg-ĭtŏr 2ᵉ *p.* lĕg-ĭmĭnī 3ᵉ *p.* lĕg-untŏr.
IMPARFAIT. *j'étais lu.* S. lĕg { ēbar / ēbārĭs (rĕ) / ēbātŭr P. lĕg { ēbāmŭr / ēbāmĭnī / ēbantur.	*que je fusse ou je serais lu.* lĕg { ĕrer / ĕrĕrĭs (rĕ) / ĕrētur lĕg { ĕrēmur / ĕrēmĭnī / ĕrentur.	**INFINITIF.** *Temps simple.* PRÉSENT. lĕg-ī, *être lu.* *Temps composés.* PARFAIT. lec-tum (am, um) esse, *avoir été lu.* FUTUR. lec-tum īrī, *devoir être lu.*
FUTUR. *je serai lu.* S. lĕg { ar / ēris (rĕ) / ētŭr P. lĕg { ēmŭr / ēmĭni / entŭr.		**PARTICIPES.** PARFAIT. lec-tŭs (ă, um), *lu, ayant été lu.* FUTUR. lĕg-endŭs (ă, um), *devant être lu, qu'il faut lire.*
PARFAIT. *j'ai été ou je fus lu.* S. lec-tŭs (ă, um) sum, ĕs, est. P. lec-ti (æ, ă) sumus, estis, sunt.	*que j'aie été lu.* lec-tus (ă, um) sim, sis, sĭt. lec-ti (æ, ă) sīmus, sītĭs, sint.	**SUPIN.** lec-tu, *à être lu.*
PL.-Q.-PARFAIT. *j'avais été lu.* S. lec-tŭs (ă, um) ĕram, ĕrās, ĕrăt. P. lec-ti (æ, ă) ĕrāmŭs, ĕrātĭs, ĕrant.	*que j'eusse été ou j'aurais été lu.* lec-tus (ă, um) essem, essēs, essĕt. lec-ti (æ, ă) essēmus, essētĭs, essent.	
FUT. ANTÉR. *j'aurai été lu.* S. lec-tŭs (ă, um) ĕro, ĕrĭs, ĕrĭt. P. lec-ti (æ, ă) ĕrĭmus, ĕrĭtĭs, ĕrunt.		

§ 64. QUATRIÈME CONJUGAISON.

VERBE *AUDIRE* (*Entendre*). — VOIX PASSIVE.

INDICATIF.	SUBJONCTIF.	IMPÉRATIF.
PRÉSENT. *je suis entendu.* S. aud { iŏr / īrĭs (rĕ) / ītŭr P. aud { īmŭr / īmĭnī / iuntŭr.	*que je sois entendu.* aud { iăr / iārĭs (rĕ) / iātŭr aud { iāmŭr / iămĭnī / iantŭr.	*sois entendu.* 2ᵉ *p.* aud-īre, *ou* aud-ītŏr 3ᵉ *p.* aud-ītŏr 2ᵉ *p.* aud-īmĭni 3ᵉ *p.* aud-iuntŏr.
IMPARFAIT. *j'étais entendu.* S. aud { iēbar / iēbārĭs (rĕ) / iēbātŭr P. aud { iēbāmŭr / iēbāmĭni / iēbantŭr.	*que je fusse* *ou je serais entendu.* aud { īrer / īrērĭs (rĕ) / īrētŭr aud { īrēmŭr / īrēmĭnī / īrentur.	**INFINITIF.** *Temps simple.* PRÉSENT. aud-īri, *être entendu.* *Temps composés.* PARFAIT. aud-ītum (am, um) esse, *avoir été entendu.* FUTUR. aud-ītum īri, *devoir être entendu.*
FUTUR. *je serai entendu.* S. aud { iar / iērĭs (rĕ) / iētur P. aud { iēmŭr / iēmĭni / ientur.		**PARTICIPES.** PARFAIT. aud-ītŭs (ă, um), *entendu, ayant été entendu.* FUTUR. aud-iendus (ă, um), *devant être entendu, qu'il faut entendre.*
PARFAIT. *j'ai été ou je fus entendu.* S. aud-ītus (ă, um) sum, ĕs, est. P. aud-ītī (æ, ă) sumus, estis, sunt.	*que j'aie été entendu.* aud-ītŭs (ă, um) sim, sīs, sĭt. aud-ītĭ (æ, ă) sīmus, sītis, sint.	
PL.-Q.-PARFAIT. *j'avais été entendu.* S. aud-ītus (ă, um) eram, erās, erăt. P. aud-īti (æ, ă) ērāmus, ērātĭs, ērant.	*que j'eusse été ou j'aurais été entendu.* aud-ītus (ă, um) essem, essēs, essĕt. aud-īti (æ, ă) essēmus, essētĭs, essent.	**SUPIN.** aud-ītŭ, *à être entendu.*
FUT.-ANTÉR. *j'aurai été entendu.* S. aud-ītŭs (ă, um) ĕro, ĕrĭs, ĕrĭt. P. aud-ītī (æ, ă) ĕrĭmŭs, ĕrĭtĭs, ĕrunt.		

§ 65. TROISIÈME CONJUGAISON (*BIS*).
VERBE *CAPERE* (*Prendre*). — VOIX PASSIVE.

INDICATIF.	SUBJONCTIF.	IMPÉRATIF.
		sois pris.
PRÉSENT. *je suis pris.* S. căp { iŏr / ĕrĭs (rĕ) / ĭtŭr P. căp { ĭmŭr / ĭmĭni / iuntŭr.	*que je sois pris.* căp { iar / iărĭs (rĕ) / iătŭr căp { iămŭr / iămĭni / iantur.	2ᵉ p. căp-ĕrĕ, ou căp-ĭtŏr 3ᵉ p. căp-ĭtŏr 2ᵉ p. căp-ĭmĭnĭ. 3ᵉ p. cap-iuntŏr.<hr>**INFINITIF.** PRÉSENT. căp-ī, *être pris.* PARFAIT. cap-tum (am, um) esse, *avoir été pris.* FUTUR. cap-tum īri, *devoir être pris.*
IMPARFAIT. *j'étais pris.* S. căp { iēbar / iēbāris (rĕ) / iēbātŭr P. căp { iēbāmŭr / iēbāmĭni / iēbantŭr.	*que je fusse ou je serais pris.* căp { ērer / ērērĭs (rĕ) / ērētŭr căp { ērēmŭr / ē ēmĭni / ērentŭr.	
FUTUR. *je serai pris.* S. căp { iar / iĕrĭs (rĕ) / iētŭr P. căp { iēmur / iēmĭni / ientur.	*Nota.* Les temps de la seconde série se forment de *cap-tus sum* (j'ai été *ou* je fus pris).	**PARTICIPES.** PARF. cap-tŭs (ă, um). FUT. cap-iendŭs (ă, um).<hr>**SUPIN.** cap-tū, *à être pris.*

ANALYSE DES FORMES DU PASSIF.
TEMPS DE LA PREMIÈRE SÉRIE.

§ 66. 1. Le passif se forme immédiatement de l'actif, dont il modifie seulement les désinences personnelles.

2. Toute première personne, dans les deux nombres, est terminée par la lettre *r*, ajoutée à la voyelle finale, ou mise à la place de la consonne :

ACTIF.	PASSIF.	ACTIF.	PASSIF.
S. amo,	amŏ-r,	lego,	legŏ-r,
amāba-m,	amābă-r,	legēba-m,	legēbă-r,
amābo,	amābŏ-r.	lega-m,	legă-r.
P. amāmŭ-s,	amāmŭ-r,	legĭmŭ-s,	legĭmŭ-r,
amābāmŭ-s,	amābāmŭ-r,	legēbāmŭ-s,	legēbāmŭ-r,
amābĭmŭ-s,	amābĭmŭ-r.	legēmŭ-s.	legēmŭ-r.

3. Toute troisième personne, dans les deux nombres, est terminée par *ŭr*, que l'on ajoute au *t* final de l'actif :

SING. amăt, amāt-ŭr, | legĭt, legĭt-ŭr, | audĭt, audīt-ŭr,
PL.   amant, amant-ŭr. | legunt, legunt-ur. | audiunt, audiunt-ur.

On remarquera que, dans *legĭtur*, *i* reste bref, parce que dans *legĭt* il est bref par nature. Dans les trois autres conjugaisons, *a*, *e*, *i*, qui ne sont brefs à l'actif qu'à cause du *t* final, redeviennent longs dès que le *t* se trouve entre deux voyelles : *amātur*, *monētur*, *audītur*.

4. La seconde personne du singulier se forme en changeant *s* de l'actif en *rĭs*. Si la voyelle qui précède est longue, elle se conserve ; si c'est un *ĭ* bref (ce qui a lieu à l'indicatif présent de la troisième conjugaison et au futur des deux premières) cet *ĭ* devient *ĕ* :

ACT. PRÉS. amă-s , | monĕ-s , | legĭ-s [1], | audĭ-s ,
PASS.   — amă-ris. | monĕ-ris. | legĕ-ris. | audī-ris.
ACT. FUT. amābĭ-s , | monēbĭ-s , | legĕ-s , | audiē-s ,
PASS.   — amābĕ-ris. | monēbĕ-ris. | legĕ-ris. | audiē-ris.

Cette seconde personne a une autre forme en *rĕ*, dont on trouve peu d'exemples à l'indicatif présent, mais qui est fort usitée aux autres temps :

amabā-re, amabĕ-re, amĕ-re, amarĕ-re.

La forme en *re* du présent, *amā-re*, sert pour l'impératif.

5. La seconde personne du pluriel se forme en changeant *tĭs* de l'actif en *mĭnī* :

ACT. amă-tis, | monĕ-tis, | legĭ-tis, | audĭ-tis ,
PASS. amă-mini, | monĕ-mini. | legĭ-mini. | audĭ-mini [2].

6. Les désinences personnelles du passif, comparées à celles de l'actif, sont donc les suivantes :

	SINGULIER.			PLURIEL.		
	1ʳᵉ *p.*	2ᵉ *p.*	3ᵉ *p.*	1ʳᵉ *p.*	2ᵉ *p.*	3ᵉ *p.*
ACTIF.	o, m.	s.	t.	mŭs.	tĭs.	nt.
PASSIF.	r.	rĭs.	tŭr.	mŭr.	mĭnī.	ntŭr.

---

1. *Leg-ĭs* est à *leg-ĕris* exactement comme *cin-ĭs* est à *cin-ĕris* (§ 14) ; il y a transformation de l'*ĭ* bref en *ĕ* bref, et de l'*s* entre deux voyelles en *r*. C'est donc à cause de sa position que l'*s* de l'actif devient *r* au passif : *ama-s, amā-r-is ; audĭ-s , audĭ-r-is.*

2. *Amāmini*, qui ressemble si fort au grec τιμώμενοι, paraît être le nominatif pluriel d'un participe tombé en désuétude, avec lequel on sous-entendait *estis. Amabamini* et les autres sont formés sur l'analogie d'*amamini.*

5. Burn. *Gr. Lat.*   E

7. IMPÉRATIF. L'impératif emprunte ses deux secondes personnes à l'indicatif présent : S. *amă-re*, P. *amā-mini*. On remarquera que celle du singulier est toujours semblable à l'infinitif actif :

> amāre, monēre, legĕre, audīre.

Celle du pluriel a une seconde forme en *mĭnŏr*, que nous n'avons pas mise dans les paradigmes, parce qu'elle est fort peu usitée :

> amā-minor, monē-minor, legĭ-minor, audī-minor.

Quant aux formes en *to* de l'actif, le passif ne fait qu'y ajouter un *r* :

SING. ACT. (2ᵉ *et* 3ᵉ *p.*), amāto. PASS. amatŏ-r.
PLUR. — (3ᵉ *p.*), amanto. — amantŏ-r.

8. INFINITIF PRÉSENT. Il se forme de l'actif en substituant *i* à *e* final dans la première, la seconde et la quatrième conjugaison, à *ĕrĕ* dans la troisième :

ACT. amār-ĕ, monĕr-ĕ, lĕg-ĕrĕ, audīr-ĕ.
PASS. amār-ī, monĕr-ī, lĕg-ī, audīr-ī.

9. PARTICIPES. Le passif n'a pas de participe présent. Le participe futur se tire du gérondif, auquel on donne les trois genres et les deux nombres, et que l'on décline sur *bonus* (*a, um*) :

> amandus, monendus, legendus, audiendus.

Au nominatif, ainsi qu'à l'accusatif construit avec *esse* ou *fuisse*, ce participe n'exprime pas, comme celui de l'actif en *urus*, un simple futur; il joint à l'idée de futur celle de nécessité. Ainsi, *liber legendus* signifie, non pas *un livre qui sera lu*, mais bien, *un livre qu'il faut lire* [1].

Il s'ensuit que *legendum esse* (devoir être lu) et *legendum fuisse* (avoir dû être lu) ne sont pas de véritables futurs de l'infinitif passif. Ce mode n'a pas d'autre futur que *lectum iri*, *monitum iri*, *amatum iri*, etc., où *lectum, amatum, monitum* sont des supins, et *iri* est l'infinitif passif du verbe *ire* (aller).

Il s'ensuit encore qu'*amandus sim* ne peut jamais servir de subjonctif au futur *amabor*, comme *amaturus sim* en sert au futur *amabo*.

---

1. La Syntaxe indiquera le sens des autres cas.

TEMPS DE LA SECONDE SÉRIE.

§ 67. 1. Nous avons conjugué les participes passifs *amatus*, *monitus*, etc., avec les temps de la première série du verbe substantif, *sum, eram, ero*. On les conjugue aussi avec ceux de la seconde série, *fui, fueram, fuero*. et l'on dit également :

	INDICATIF.		SUBJONCTIF.
PARFAIT.	sum *ou* fui.	amatus	sim *ou* fuérim.
PL. PARF. amatus	eram *ou* fueram.		essem *ou* fuissem.
FUT. ANT.	ero *ou* fuero.		

Et ainsi de tous les verbes passifs, sans exception [1].

2. Ces deux manières de conjuguer s'emploient l'une pour l'autre sans différence de sens, si ce n'est dans certains cas dont la Syntaxe donnera une idée. Des deux auxiliaires du futur antérieur, *ero* et *fuero,* qui tous deux sont bons, *fuero* paraît être le plus usité. Il en est de même de *fuissem* à l'égard d'*essem*. Au contraire, *fuerim* se rencontre moins souvent que *sim* pour former le subjonctif parfait.

REMARQUES SUR LA SIGNIFICATION DU PASSIF.

§ 68. 1. Nous avons traduit *amor, moneor, legor, audior,* par « je suis aimé, je suis averti, je suis lu, je suis entendu. » On peut traduire encore par l'actif, avec le sujet indéfini, *On :* « On m'aime, on m'avertit, on me lit, on m'entend; » et ainsi de suite pour toutes les personnes et pour tous les temps.

2. Avec certains verbes et dans certaines circonstances, ces deux traductions expriment la même idée et sont également bonnes. Ainsi que, pour rendre *virtus amatur,* je dise : *on aime la vertu,* ou : *la vertu est aimée,* le sens sera exactement le même. Que, pour traduire *fabulæ cum voluptate leguntur,* je dise : *on lit les fables avec plaisir,* ou : *les fables sont [toujours] lues avec plaisir,* ou même : *les fables se lisent avec plaisir,* la pensée ne sera aucunement changée.

Mais si, en vous rendant un livre que vous m'aviez prêté, je veux exprimer en latin, *votre livre est lu,* je dirai : *liber tuus lectus est,* et non pas *legitur.* La raison en est que les

---

1. Il sera bon de faire conjuguer des verbes de l'une et de l'autre manière. — Au lieu d'*essem*, on trouve quelquefois *forem*, avec une légère différence de sens, que la lecture seule des auteurs peut apprendre à reconnaître.

* E

temps de la première série représentent une action comme non accomplie (§ 42), et que c'est bien d'une action accomplie que je parle en disant : *votre livre est lu.* Si j'employais *legitur,* cela signifierait que l'action de *lire* dure encore.

De même, si j'ai reçu ordre d'écrire une lettre, et que je vienne annoncer *qu'elle est écrite,* il faudra dire : *epistola scripta est,* et non pas *scribitur;* car je ne suis plus occupé à l'écrire.

Cette observation est fort importante pour la traduction du français en latin.

VERBES DÉPONENTS.

§ 69. La langue latine a un assez grand nombre de verbes qui, avec la terminaison passive en *or,* ont la signification active ou neutre. On les appelle Déponents, parce qu'ils ont déposé le sens passif, dont ils ont retenu la forme, ou la forme active, dont ils ont adopté le sens. Ces verbes se conjuguent exactement comme les verbes passifs; seulement ils ont conservé de la voix active les participes en *ns* et en *urus,* ainsi que le gérondif et le supin; de plus, leur participe en *dus* s'emploie passivement comme celui de tout autre verbe. Il n'y a donc ici aucune forme nouvelle à apprendre; et, si nous donnons un verbe déponent de chacune des quatre conjugaisons, c'est uniquement comme sujet d'exercice; aussi nous bornerons-nous à la première personne de chaque temps. D'après ces principes, l'on conjuguera :

Sur *ăm-or,*

1.   Imĭt-or, imit āris, imit atus sum, imit āri, *imiter;*

Sur *mŏn-eor,*

2.   Pollĭc-eor, pollĭc eris, pollĭc ĭtus sum, pollĭc ēri, *promettre;*

Sur *lĕg-or,*

3.   Sĕqu-ŏr, sĕquĕris, sec ūtus sum, sĕquī, *suivre;*

Sur *aud-ior,*

4.   Larg-ior, larg īris, larg ītus sum, larg īri, *donner libéralement, faire des largesses.*

Sur *cap-ior,*

3 *bis.* Păt-ior, păt ĕris, pas sus sum, păt i, *souffrir.*

PREMIÈRE CONJUGAISON.		DEUXIÈME CONJUGAIS.	
INDICATIF.	**SUBJONCTIF.**	**INDICATIF.**	**SUBJONCTIF.**
PRÉSENT. j'imite, imĭt-or.	que j'imite, ĭmĭt-er.	je promets, pollĭc-eor.	que je promette, pollĭc-ear.
IMPARFAIT. j'imitais, imit-ābăr.	que j'imitasse ou j'imiterais, imit-ārer.	je promettais, pollic-ēbar.	que je promisse ou je promettrais, pollic-ērer.
FUTUR. j'imiterai, imit-ābŏr.		je promettrai, pollic-ēbor.	
PARFAIT. j'ai imité, imit-ātus (a, um) sum ou fui.	que j'aie imité, imit-atus (a, um) sim ou fuerim.	j'ai promis, pollĭc-ĭtus (a, um) sum ou fui.	que j'aie promis, pollic-itus (a, um) sim ou fuerim.
PLUS-QUE-PARFAIT. j'avais imité, imit-atus (a, um) eram ou fueram.	que j'eusse ou j'aurais imité, imit-ātus (a, um) essem ou fuissem.	j'avais promis, pollic-itus (a, um) eram ou fueram.	que j'eusse ou j'aurais promis, pollic-itus (a, um) essem ou fuissem.
FUTUR ANTÉR. j'aurai imité, imit-atus (a, um) ero ou fuero.		j'aurai promis, pollic-itus (a, um) ero ou fuero.	

IMPÉRATIF.	**IMPÉRATIF.**
imit-ārĕ ou imit-ātŏr, imite.	pollic-ēre ou pollic-ētŏr, promets.

INFINITIF.	**INFINITIF.**
PRÉS. imit-āri, imiter.	pollic-ēri, promettre.
PARF. { imit-ātum (am, um) esse ou fuisse, avoir imité.	pollic-ĭtum (am, um) esse ou fuisse, avoir promis.
FUT. { imit-āturum (am, um) esse, devoir imiter.	pollic-ĭturum (am, um) esse, devoir promettre.
FUT. ANT. { imit-āturum (am, um) fuisse, avoir dû imiter.	pollic-ĭturum (am, um) fuisse, avoir dû promettre.

GÉRONDIF.	**GÉRONDIF.**
Gén. imĭt-andi, d'imiter,	pollic-endi, de promettre,
Dat. imitando, à imiter,	pollic-endo, à promettre,
Acc. (ad) imi-tandum, à ou pour imiter.	(ad) pollic-endum, à ou p. promettre,
Abl. imitando, en imitant.	pollic-endo, en promettant.

PARTICIPES.	**PARTICIPES.**
PRÉS. imit-ans (-antis), imitant.	pollic-ens (-entis), promettant.
PARF. imit-atus (a, um) ayant imité.	pollic-ĭtus (a, um), ayant promis.
FUT. { imit-aturus (a, um), devant imiter, qui imitera.	pollic-ĭturus (am, um) devant promettre, qui promettra.
FUT. PASSIF { imitandus (a, um), devant être imité, qu'il faut imiter.	pollic-endus (a, um), devant être promis, qu'il faut promettre.

SUPIN.	**SUPIN.**
imit-ātum, imit-ātū.	pollic-ĭtum, pollic-ĭtū.

TROISIÈME CONJUGAISON.		QUATRIÈME CONJUG.	
INDICATIF.	**SUBJONCTIF.**	**INDICATIF.**	**SUBJONCTIF.**
PRÉSENT. *je suis,* sĕqu-or (ĕris).	*que je suive,* sequ-ar (āris).	*je donne,* larg-ior (īris).	*que je donne* larg-iar (iāris).
IMPARFAIT. *je suivais,* sĕqu-ēbăr.	*que je suivisse* ou *je suivrais,* sequ-ĕrer.	*je donnais,* larg-iēbar.	*que je donnasse* ou *je donnerais,* larg-īrer.
FUTUR. *je suivrai,* sĕqu-ăr (ēris).		*je donnerai,* larg-iar (iēris).	
PARFAIT. *j'ai suivi,* sĕc-ūtus (a, um) sum *ou* fui.	*que j'aie suivi,* sec-ūtus (a, um) sim *ou* fuerim.	*j'ai donné,* larg-ītus (a, um) sum *ou* fui.	*que j'aie donné,* larg-ītus (a, um) sim *ou* fuerim.
PLUS-QUE-PARFAIT. *j'avais suivi,* sec-ūtus (a, um) eram *ou* fueram.	*que j'eusse* ou *j'aurais suivi,* sec-ūtus (a, um) essem *ou* fuissem.	*j'avais donné,* larg-ītus (a, um) eram *ou* fueram.	*que j'eusse* ou *j'aurais donné,* larg-ītus (a, um) essem *ou* fuissem.
FUTUR ANTÉR. *j'aurai suivi,* sec-ūtus (a, um) ero *ou* fuero.		*j'aurai donné,* larg-ītus (a, um) ero *ou* fuero.	

IMPÉRATIF.	**IMPÉRATIF.**
sequ-ĕrĕ *ou* sequ-ĭtor, *suis.*	larg-īrĕ *ou* larg-ītor, *donne.*

INFINITIF.	**INFINITIF.**
PRÉS. sĕqu-i, *suivre.*	larg-īrī, *donner.*
PARF. { sĕc-ūtum (am, um) esse *ou* fuisse, *avoir suivi.*	larg-ītum (am, um) esse *ou* fuisse, *avoir donné.*
FUT. { sĕc-ūturum (am, um) esse, *devoir suivre.*	larg-īturum (am, um) esse, *devoir donner.*
FUT. ANT. { sĕc-ūturum (am, um) fuisse, *avoir dû suivre.*	larg-īturum (am, um) fuisse, *avoir dû donner.*

GÉRONDIF.	**GÉRONDIF.**
Gén. sequ-endi, *de suivre.*	larg-iendi, *de donner.*
Dat. sequ-endo, *à suivre.*	larg-iendo, *à donner.*
Acc. (ad)sequ-endum, *à* ou *pour suivre.*	(ad)largiendum, *à* ou *pour donner.*
Abl. sequ-endo, *en suivant.*	larg-iendo, *en donnant.*

PARTICIPES.	**PARTICIPES.**
PRÉS. sequ-ens (-entis), *suivant.*	largiens (-ientis), *donnant.*
PARF. sec-ūtus (a, um) *ayant suivi.*	larg-ītus (a, um), *ayant donné.*
FUT. { sec-ūturus (a, um) *devant suivre, qui suivra.*	larg-īturus (a, um) *devant donner, qui donnera.*
FUT. PASSIF { sequ-endus (a, um), *devant être suivi, qu'il faut suivre.*	larg-iendus (a, um) *devant être donné, qu'il faut donner.*

SUPIN.	**SUPIN.**
sĕc-utum (sec-utu *inusité*).	larg-ītum, larg-ītū.

Rem. 1. Nous n'avons donné pour modèles que des verbes à signification active, parce que ceux-là seuls ont régulièrement le participe passif en *dus* (*a, um*). On pourra conjuguer sur *sequor* le verbe neutre *ūtŏr, ūtĕris, ūsus sum, ūti* (se servir); mais on fera attention que le participe *utendus* n'est employé que très-rarement et par exception. On conjuguera également *blandior, blandīris, blandītus sum, blandīri* (flatter) sur *largior*, mais en observant que *blandior*, en qualité de neutre, n'a pas le participe *blandiendus*.

2. Remarquez dans *secūtus*, comparé à *sequŏr*, le changement de la consonne radicale en *c*, lettre équivalente. Quant à l'*u*, il est long par la même analogie que dans *solūtum*, supin de *solvo* (§ 58). La même chose a lieu dans *lŏquŏr, loquĕris, locūtus sum, lŏquī* (parler).

3. On voit enfin par les tableaux ci-dessus que la série des participes est plus complète dans les verbes déponents que dans les verbes en *o*. En effet, *amo* n'a pas de forme qui réponde au français *ayant aimé*, tandis que *imitatus, pollicitus* rendent directement et par un seul mot, *ayant imité, ayant promis*.

VERBES SEMI-DÉPONENTS.

§ 70. Les quatre verbes suivants ont la forme active aux temps de la première série, et la forme passive à ceux de la seconde, et par conséquent ils sont à moitié déponents :

aud eo,   aud ēs,   ausus   sum, aud ēre,   *oser.*
gaud eo, gaud ēs, gavīsus sum, gaud ēre, *se réjouir.*
sol eo,   sol ēs,   sol ĭtus sum, sol ēre,   *avoir coutume.*
fĭd o,   fĭd ĭs,   fisus   sum, fid ĕre,   *se fier.*

Rem. 1. C'est sans fondement qu'on donne à ces verbes le nom de neutres-passifs. Les trois derniers sont neutres en effet, mais par là même ils n'ont pas la voix passive ; ils n'en ont que la forme, et seulement dans leur seconde moitié. Quant au premier, *audeo*, il a la signification active ; aussi les temps de la première série sont-ils quelquefois employés au passif; par ex. : *multa audebantur* (beaucoup de choses *étaient osées*, on *osait* beaucoup de choses). Sur la forme *ausim*, pour *ausus sim*, voyez le § 149.

2. Sur *fĭd ĕre, fĭd o*, conjuguez les deux composés :

confĭd o, confĭd ĭs, confisus sum, confĭd ĕre, *se confier.*
diffĭd o, diffĭd ĭs, diffĭsus sum, diffĭd ĕre, *se défier.*

VERBES IRRÉGULIERS.

§ 71. On appelle verbes irréguliers ceux qui s'éloignent, dans quelques-unes de leurs terminaisons, des modèles que nous avons donnés ci-dessus. Comme les terminaisons du parfait sont les mêmes dans tous les verbes sans exception, les irrégularités ne peuvent tomber que sur les temps de la première série. Ainsi, quoique plusieurs verbes, comme *esse* (être), *ferre* (porter), empruntent leur parfait à une racine autre que celle du présent, une fois ce parfait connu, la conjugaison en est entièrement régulière. Les verbes irréguliers sont les suivants.

I. *Sum, fui, esse* (être) avec ses composés, *prosum, possum,* etc.

Le tableau en a été donné, § 47.

§ 72. II. *Fĕr-o, fĕr-s, tul-i, lā-tum, fer-re,* porter.

VOIX ACTIVE.

TEMPS DE LA PREMIÈRE SÉRIE.		TEMPS DE LA 2e SÉRIE.	
INDICATIF.	SUBJONCTIF.	INDICATIF.	SUBJ.
PRÉS. fĕr-o, *fer-s, fer-t,* fer-ĭmus, *fer-tis,* fer-unt.	fer-am, fer-ās, *etc.*	PARF. tŭl-i.	tul-erim.
IMPA. fer-ēbam, fer-ēbas, *etc.*	*fer-rem, fer-res, etc.*	PL. PF. tul-ĕram.	tul-issem.
FUT. fer-am, fer-ēs, *etc.*		F. ANT. tul-ero.	
IMPÉR. *fer,* ou *fer-to, fer-to, fer-te* ou *fer-tōte,* fer-unto.	INFIN. PRÉS. *fer-re,* PARF. tŭlisse, FUT. lāturum esse (fuisse).	GÉROND. fĕrendi, o, um, o. PART. PR. fĕrens, — entis, FUT. lāturus, a, um. SUPIN. lātum.	

VOIX PASSIVE.

TEMPS DE LA PREMIÈRE SÉRIE.		TEMPS DE LA 2e SÉRIE.	
INDICATIF.	SUBJONCTIF.	INDICATIF.	SUBJ.
PRÉS. fer-ŏr, *fer-ris, fer-tur,* fer-ĭmur, fer-ĭmini, —untŭr.	fer-ar, fer-aris (e).	PARF. lātus sum.	—sim
IMPA. fer-ēbar, -ēbāris (e)….	*fer-rer, fer-rēris (e).*	PL. PA. latus eram.	—essem.
FUT. fer-ar, fer-ēris (e)…		F. ANT. latus ero.	
IMPÉR. *fer-re,* ou *r, fer-tor,* fer-ĭmini, —untor.	INF. PRÉS. *fer-ri.* PARF. lātum esse. FUT. lātum iri.	PART. PARF. latus, a, um. FUT. fĕrendus, a, um. SUPIN. lātu.	

Rᴇᴍ. 1. L'irrégularité de ce verbe consiste uniquement à retrancher de la terminaison *ĭ* bref et *ĕ* bref, devant *r*, *s*, *t*. Ainsi, *fer-re* correspond à *leg-ĕre*; *fer-s*, *fer-t*, *fer-tis*, à *leg-ĭs*, *leg-it*, *leg-ĭtis*. L'*ĕ* se retranche aussi à l'impératif, *fer* pour *fer-ĕ* (§ 56, 7).

2. *Tuli* est pour *tĕtŭli*, ancien parfait de *tollo* (élever), qui lui-même se conjugue comme il suit :

toll-o, toll-ĭs, sustŭl-i, sublātum, toll-ĕre.

3. *Lātum* est pour *tlātum*, de l'inusité *tlao* [1].

4 Entre autres composés de *fero*, conjuguez pour exercice :

aufer-o, aufer-s, abstul-i, ablatum, aufer-re, *enlever.*
offer-o, offer-s, obtul-i, oblātum, offer-re, *offrir.*
præfer-o, præfer-s, prætul-i, prælātum, præfer-re, *préférer.*
differ-o, differ-s, distul-i, dilatum, differ-re, *différer.*

Nᴏᴛᴀ. *Differre*, comme le français *différer*, signifie à la fois *remettre* et *être différent;* mais on n'emploie jamais dans ce dernier sens les formes tirées du parfait et du supin.

§ 73. III. *Ed-o*, *ĕd-ĭs* ou *ēs*, *ēd-i*, *ē-sum*, *ĕd-ĕre* ou *es-se*, manger.

Ce verbe souffre, aux mêmes endroits que *fero*, la suppression de l'*ĭ* et de l'*ĕ* brefs, et il en résulte des formes abrégées, beaucoup plus usitées que les formes régulières.

VOIX ACTIVE.

INDICATIF.			SUBJONCTIF.		
Pʀᴇ́s. ĕd-o,	ĕd-ĭs,	ĕd-ĭt,	Pʀᴇ́s. ed-am,	ĕd-ās,	ĕd-ăt...
	ēs,	es-t.	Iᴍᴘᴀ. ed-ĕrem,	ed-ĕres,	ĕd-ĕret,
ĕd-ĭmus,	ed-itis,	ed-unt.	es-sem,	es-ses,	es-set.
	es-tis.		ed-ĕremus,	ed-ĕretis,	ed-ĕrent,
Iᴍᴘᴀʀ. ed-ēbam,	—ēbas, *etc.*		es-semus,	es-setis,	es-sent.
Fᴜᴛ. ed-am,	ĕd-ēs, *etc.*				

IMPÉR. S. ed-ĕ *ou* ed-ĭto. Pʟ. ed-ĭte *ou* ed-ĭtote,	INFIN. ed-ĕre, *es-se.*
es, es-to. este, estote.	PART. PR. ĕdens, ĕdentis.
ed-ĭto, } es-to. } ed-unto.	Les temps dérivés du parfait et du supin sont réguliers.

Vᴏɪx Pᴀssɪᴠᴇ. La conjugaison du passif est entièrement régulière; on trouve seulement *estur* pour *edĭtur*.

---

1. Gʀᴇᴄ, ΤΛ'Α Ω, *supporter*, d'où τλητός, dorien τλατός.

Rem. *Esse* (manger) n'a qu'une ressemblance fortuite avec *esse* (être). En effet, *ĕs* (tu manges) est pour *ed-s*, et voilà pourquoi cette syllabe est longue. *Est* (il mange) est pour *ed-t*, par le changement nécessaire de *d* en *s* devant *t*. Enfin, *esse* est pour *ed-se*, comme *posse* pour *pot-se*, et ainsi du reste [1].

Conjuguez sur *edo* son composé, *cŏmĕd-o*, *cŏmĕd-is* ou *comēs*, *cŏmēd-i*, *comē-sum*, *cŏmĕd-ĕre* (manger). On trouve quelques exemples de *comestus* pour *comēsus*, lesquels ne sont pas à imiter.

§ 74. IV. *Vŏl-o*, *vīs*, *vŏl-ui*, *vel-le*, vouloir.

INDICATIF.		SUBJONCTIF.	
PRÉS. vŏl-o, vīs, vul-t, vol-ŭmus, vul-tis, vol-unt.		vĕl-im, vel-īs, vĕl-it, vel-īmus vel-ītis, vel-int.	
IMPA. vŏl-ēbam, —ēbās, —ēbat, vol-ēbamus, *etc.*		vel-lem, vel-lēs, vel-let, vel-lēmus, vel-lētis, vel-lent.	
FUT. vŏl-am, vol-ēs, vol-ĕt, *etc.*			
Pas d'mpératif.	INFIN. PRÉS. vel-le. PART. PRÉS. vol-ens, -entis. PARF. voluisse.		

Les temps de la seconde série, *volui*, *voluerim*, *volueram*, *voluissem*, *voluero*, sont parfaitement réguliers.

Rem. 1. Ce verbe perd la voyelle de la terminaison aux mêmes endroits que *fero*; ainsi *vul-t* répond à *fer-t*, *vul-tis* à *fer-tis*, *vel-le* à *fer-re*. Dans *vel-le* la consonne *r* de la désinence est assimilée à celle du radical. Dans *vīs* la consonne *l* du radical a tout à fait disparu, et les voyelles se sont contractées [2].

2. Le subjonctif présent est en *im* comme celui du verbe *esse* (être): *vel-im*, *vel-īs*, *vel-it*, comme *sim*, *sīs*, *sit*.

3. Enfin, la voyelle radicale *ŏ* se change en *u* devant *ll*, et en *ĕ* dans tout le subjonctif. Ce verbe n'a ni le supin ni les formes qui en dépendent.

Volo a deux composés qui se conjuguent d'après les mêmes principes :

nŏl-o,   non vis,   nōl-ui,   nol-le,   *ne vouloir pas*;
māl-o,   māvīs,   māl-ui,   mal-le,   *aimer mieux*.

---

1. *Edĕre* est lui-même pour *edĕse*, comme *legĕre* pour *legĕse*; cf. § 147, 6.
2. *Vīs* est pour *vo-is*, comme *domin-is* est pour *domin-ois*; cf. λόγοις.

INDICATIF.	SUBJONCTIF.	INDICATIF.	SUBJONCTIF.
PRÉS. nōl-o, non vis, non vul-t; nōl-ŭmus, non vul-tis, nōl-unt. IMPA. nōl-ēbam, *etc.* FUT. (nōl-am),—es.	nol-im, nōl-īs, nōl-it; nōl-īmus, nōl-ītis, nol-int. nol-lem, *etc.*	māl-o, māvīs, māvul-t; māl-ŭmus, māvul-tis, māl-unt. māl-ēbam, *etc.* (māl-am) —es.	māl-im, māl-īs, māl-it; māl-īmus, māl-ītis, māl-int. mal-lem, *etc.*
IMPÉR. nōl-ī *ou* nōl-īto. nol-īto. nol-īte *ou* nolī-tōte, nol-unto.		Pas d'Impératif.	
INFIN. PRÉS. nol-le. PARF. nōluisse. PART. PRÉS. nōl-ens, -entis.		INFIN. PR. mal-le. PF. māluisse. Pas de Participes. *Nōlui, mălui,* et les temps qui en dérivent, sont réguliers.	

REM. 1. *Nōlo* est contracté de *non-volo,* ou plutôt *de nĕ-volo. Mālo* vient de *magis* ou *magĕ-vŏlo.*

2. Les premières personnes du futur, *nolam* et *malam,* paraissent inusitées.

§ 75. V. *Eo, īs, īvi, ĭ-tum, īre,* aller.

INDICATIF.	SUBJONCTIF.
PRÉS. eo, īs, it, īmus, ītis, eunt. IMPA. ībam, ības, ībat, *etc.* FUT. ībo, ībis, ībit, ībimus... PARF. īvi, īvisti, īvit, īvimus... PL. PA. īveram, īveras, īverat... FUT. AN. īvero, īveris, īverit...	eam, eas, eat, eamus, eatis, eant. īrem, īres, īret, īremus, *etc.* īverim, īveris, īverit, *etc.* īvissem, īvisses, īvisset, *etc.*

IMPÉRATIF.		INFINITIF.	GÉRONDIF.	PARTICIPES.
2ᵉ *p.*	3ᵉ *p.*	PRÉS. īre,	*Gén.* eundi,	PR. iens, euntis.
S. ī *ou* īto,	īto.	PARF. īvisse.	*D. Abl.* eundo.	FUT. ĭturus, a, um.
P. īte *ou* ītote,	eunto.	FUT. ĭturum esse.	*Acc.* (ad)eundum.	SUPIN. ĭtum.

REM. 1. Le radical de ce verbe est *ĭ* bref, comme le prouve le supin *ĭ tum.* Cet *ĭ* se change en *e* devant les voyelles : *eo, eunt, eam, euntis;* la seule exception est le nominatif *iens.*

2. L'infinitif *īre* et le parfait *īvi* se règlent sur *aud-īre, aud-īvi,* et rattachent ce verbe à la quatrième conjugaison; seulement l'imparfait *ībam* se distingue d'*aud-iēbam* par la

contraction de *ie* en *ī* long, et le futur est en *bo* au lieu d'être en *am*.

3. Les composés d'*eo* font plus ordinairement le parfait en *ii* (§ 148) qu'en *īvi* ; on peut s'exercer à conjuguer les suivants :

ăb-eo,	ab-ĭs,	ab-īvi *ou* ab-ii,	ab-ĭtum,	ăb-īre,	*s'en aller.*
ex-eo,	ex-īs,	ex-īvi *ou* ex-ii,	ex-ĭtum,	ex-īre,	*sortir.*
ĭĕd-eo,	red-īs,	— red-ii,	red-ĭtum,	red-īre,	*revenir.*
prōd-eo,	prod-īs,	prōd-īvi *ou* ii,	prod-ĭtum,	prōd-īre,	*s'avancer.*
pĕr-eo,	per-īs,	— per-ii,	per-ĭtum,	per-īre,	*périr.*
ăd-eo,	ad-is,	ad-īvi *ou* ad-ii,	ad-ĭtum,	ad-īre,	*aborder.*
trans-eo,	— is,	— īvi *ou* — ii,	— ĭtum,	— īre,	*passer.*
prætĕr-eo,	— is,	— īvi *ou* — ii,	— ĭtum,	— īre,	*passer, omettre.*
ĭn-eo,	in-īs,	in-īvi *ou* in-ii,	in-ĭtum,	in-īre,	*entrer dans.*

NOTA. Ces quatre derniers sont transitifs, et, comme tels, ils peuvent être employés à la voix passive. Le suivant, également transitif, est régulier et se conjugue entièrement sur *audio :*

amb-io, amb-īs, amb-īvi *ou* ii, amb-ītum, amb-īre, *aller autour, ambitionner.*

§ 76. VI. *Queo, quīvi, (quĭtum,) quīre,* pouvoir. *Nĕqueo, nequivi, (nequĭtum,) nĕquīre,* ne pouvoir pas.

Ces deux verbes se conjuguent comme *eo ;* aussi ne donnerons-nous que les premières personnes de la plupart des temps.

	INDICATIF.	SUBJONCT.	INDICATIF.	SUBJONCT.
PRÉS.	queo, quīs, quĭt. quīmus, quītis, queunt.	que-am, –ās.. queāmus...	nĕqueo, nequīs... nĕquīmus, –ītis...	nĕque-am... nĕqueāmus...
IMPA.	quībam, quības...	quīrem...	nĕquībam, –ības...	nĕquīrem...
FUT.	quībo, quībis...		nĕquībo, –ībis...	
PARF.	quīvi, quīvisti...	quīverim.	nĕquīvi, –īvisti...	nequīverim.
PL. PF.	quīveram, quīveras...	quīvissem.	nĕquīveram...	nĕquivissem.
FUT. A.	quīvero, quīveris...		nĕquīvero...	
INFIN. PRÉS. quīre. PARF. quīvisse.			INF. PR. nĕquīre. PARF. nĕquīvisse.	
Pas d'Impératif ni de Gérondif.			Pas d'Impératif ni de Gérondif.	

REM. 1. Nous n'avons pas donné les participes *quiens, queuntis,* et *nequiens, nequeuntis,* parce que les exemples qu'on en cite ne sont pas classiques.

2. On trouve quelques formes du passif, surtout à la troisième personne : *quītur, queātur, quītus est, nequītur.* Ces formes, qui n'ont pas d'autre sens que celles de l'actif, sont archaïques et ne doivent pas être imitées.

3. Le plus grand emploi de *quire* est dans les phrases négatives, et la partie la plus usitée de ce verbe est le présent, *queo, queam,* etc. Quant à *nequeo,* l'usage en est beaucoup plus fréquent à toutes les formes.

§ 77. VII. *Fīo, fīs, factus sum, fīĕri,* devenir, être fait.

Ce verbe se conjugue activement aux temps de la première série, passivement à ceux de la seconde; mais dans les uns et dans les autres il a le même sens, et il sert de passif au verbe *facĕre, făcio, fēci, factum* (faire), qui n'a pas d'autre forme pour la voix passive.

TEMPS DE LA PREMIÈRE SÉRIE.		TEMPS DE LA 2ᵉ SÉRIE.	
INDICATIF.	SUBJONCTIF.	INDICATIF.	SUBJ.
PRÉS. fīo, fīs, fīt, fīmus, fītis, fīunt. IMPA. fīĕbam, fīĕbas... FUT. fīam, fīēs, fīet.	fīam, fīas, fīat... fīamus... fīĕrem, fīĕres...	PARF. factus sum. PL. PA. factus eram. FUT. A. factus ero.	-sim. -essem.
IMPÉR. fī *ou* fīto, fīto. fīte *ou* fītōte, fīunto.	INF. PRÉS. fīĕri, PARF. factum esse. FUT. factum iri. SUPIN. factu.	PART. PARF. factus, a, um. FUT. faciendus, a, um, *devant être fait,* *qu'il faut faire.*	

REM. 1. *Fĭ-ĕri* est la seule forme de la première série qui ait la terminaison passive. *Fĭ-ĕrem* se conjugue sur *căp-ĕrem,* en gardant son radical bref; partout ailleurs *i* est long, même devant une voyelle, parce qu'il résulte d'une contraction : *fīo* pour *fĭ-ĭo* comme *căp-ĭo; fīebam* pour *fĭ-ĭebam* comme *căp-ĭebam.*

2. *Fīmus, fītis* et tout l'impératif sont fort peu usités.

3. *Fīo,* appartenant à la même racine que *fui,* signifie nonseulement *devenir* et *être fait,* mais encore *arriver, avoir lieu.* En ce dernier sens, l'on emploie à l'infinitif et au participe du futur, *fore, futurum esse, futurus*[1]. Quant à *faciendus,* il marque toujours une obligation et non un simple futur.

---

1. Cic. *de Invent.* II, 22 : ... ne quid aliter, quam confirmaverimus, auȝ fiat, aut *factum,* aut *futurum* sit.

VERBES DÉFECTIFS.

§ 78. Les verbes suivants sont appelés défectifs, parce qu'ils manquent d'une partie de leurs formes.

I. *Aio*, je dis :

INDICATIF.			SUBJONCTIF.		
PRÉS. S. āio,	aÿs,	aÿt,	S. —	āias,	āiat,
P. —	—	āiunt.	P. —	—	āiant.
IMPARF. āi-ĕbam,	-ēbas,	-ĕbat,			
āi-ēbamus,	-ēbatis,	-ĕbant.			
IMPÉR. āĭ (*très-rare*).			PARTIC. PRÉS. āiens,—entis.		

REM. 1. On cite encore un parfait, *aisti, aistis*, mais il ne s'en trouve pas d'exemples.

2. Le verbe *aio* signifie souvent *dire oui, affirmer;* il est opposé à *nĕgāre, nĕgo* (dire non, nier). Le participe se rencontre une seule fois dans Cicéron (*aientibus*), et il signifie *affirmatif.*

II. *Inquam*, dis-je.

INDICATIF.					
PRÉS. inquam, inquÿs, inquÿt.			inquÿmus (inquÿtis), inquiunt.		
IMPAR. —	—	inquiebat.	—	—	inquiebant.
FUT. —	inquies, inquiet.				
PARF. inquii, inquisti, inquÿt.					
IMPÉR. — (inquĕ, inquÿto).					

REM. 1. Les grammairiens ajoutent d'autres formes qui ne se trouvent pas dans les auteurs. Le subjonctif *inquiat* même est douteux. *Inquÿtis, inquĕ, inquÿto* sont fort peu usités. *Inquii* est une fois dans Catulle.

2. Ce verbe n'est jamais le premier mot d'une phrase; il s'emploie toujours comme le français, *dis-je, dis-tu, dit-il,* c'est-à-dire intercalé dans une autre proposition.

III. *Fāri, fātus sum* (déponent), dire, parler.

Ce verbe, presque uniquement poétique, n'est usité qu'aux formes suivantes :

INDIC. PRÉS. — — fătur.	PARFAIT. fātus sum, *etc.*
FUT. făbor, — făbitur.	PL.Q.PAR. fātus eram, *etc.*

IMPÉR. — fāre. INFIN. fāri. GÉROND. *Gén.* fandi; *Abl.* fando.
PART. PRÉS. (fans), fantis, *etc.* PART. PARF. fātus, fāta. SUPIN. fātu.

REM. Le participe futur *fandus, a, um*, s'emploie adjecti-vement, et signifie : *ce qu'il est permis de dire ou de faire*.

VERBES USITÉS SEULEMENT AUX TEMPS DE LA SECONDE SÉRIE.

§ 79. I. L'ancien verbe *cœpĕre, cœpio, cœptum* (commen-cer), n'est usité, dans les auteurs classiques, qu'au parfait et aux temps qui en dérivent : *cœpi, cœperim; cœperam, cœ-pissem, cœpero*. Infin. *cœpisse; cœpturum esse;* Partic. fut. *cœpturus, a, um*.

REM. 1. Le parfait *cœpi* signifiant *j'ai commencé*, si l'on a besoin des temps de la première série, *je commence, je com-mençais*, etc., on emprunte ceux du verbe complet *incĭpio, incipĭs, incēpi, inceptum, incipĕre*.

2. A la forme active *cœpi*, répond la forme passive *cœptus sum, cœptus eram*, qui ne se construit qu'avec un infinitif passif, comme dans cette phrase : *De republica* consuli *cœpti sumus,* Cic. (on a commencé à nous consulter sur les affaires publiques).

II. Les deux verbes *mĕmĭni* (je me souviens), *odi* (je hais), n'ont, comme le précédent, que les temps de la seconde série; mais on les traduit en français par ceux de la première. Du reste, ils sont parfaitement réguliers.

INDICATIF.	SUBJONCTIF.	INDICATIF.	SUBJONCTIF.
PARF. mĕmĭni, *je me souviens.*	meminerim.	ōdi, *je hais.*	ōderim.
PL. PA. mĕmĭnĕram, *je me souvenais.*	meminissem.	ōdĕram, *je haïssais.*	ōdissem.
FUT. A. meminero, *je me souviendrai.*		ōdero, *je haïrai.*	
IMPÉR. S. mĕmĕnto, *souviens-toi.* PL. mementote.		Pas d'Impératif.	
INFIN. mĕmĭnisse, *se souvenir.*		INFIN. ōdisse, *haïr.*	FUT. ōsurum esse, *devoir haïr.*

REM. 1. *Memento* est le seul impératif qui soit formé d'un

temps de la seconde série. Il signifie « Souviens-toi [toujours], garde dans ta mémoire; » cf. § 400. Pour dire « Souviens-toi [maintenant], rappelle à ta mémoire, » on emploie *reminiscere, recordare,* impératifs de *reminisci, recordari.*

2. *Odi* a un parfait déponent, du reste assez rare, *osus sum* ou *fui* (j'ai haï). Composés : *exosus, pĕrosus* (haïssant).

3. Rien n'est plus facile que d'expliquer dans ces deux verbes le passage du parfait au présent : *memini,* j'ai gardé dans ma mémoire, donc, *je me souviens; odi,* j'ai pris en haine, donc, *je hais*[1].

4. La même analyse s'applique aux deux parfaits *novi,* du verbe *nosco, nōvi, nōtum, noscĕre* (apprendre à connaître), et *consuevi,* de *consuesco, consuēvi, consuētum, consuescĕre* (s'accoutumer), qui ont aussi la signification du présent : *nōvi* (je connais, je sais), *noveram* (je savais); *consuēvi* (j'ai coutume), *consueveram* j'avais coutume). Le sens primitif est : *j'ai appris à connaître, je me suis accoutumé.*

VERBES IMPERSONNELS.

§ 80. Quand on dit : *il parle, il écoute,* le verbe a un sujet déterminé, et le pronom *il* peut toujours être remplacé par un nom (*le maître parle; le disciple écoute*). Mais lorsque nous disons *il pleut, il grêle,* nous ne pensons à aucun sujet déterminé, et il n'y a pas de nom qui puisse remplacer *il.* Ces verbes sont appelés Impersonnels, parce que l'action qu'ils expriment n'est point attribuée à une certaine personne ou à une certaine chose, ou Unipersonnels, parce qu'ils n'ont que la troisième personne du singulier.

I. Les verbes qui expriment les phénomènes de la nature sont impersonnels; nous ne citerons que les plus usités :

Pluit, *il pleut;* pluēbat,   pluet; PARF.pluit, *etc.* INF. pluĕre,   pluisse.
Ningit, *il neige;* ning-ēbat, ning-et; ninxit,   ningĕre,   ninxisse.
Grandĭn-at, *il grêle;* -ābat, -ābit; grandin-āvit, grandin-āre, -āvisse.
Tŏn-at, *il tonne;*   -ābat, -ābit; ton-uit,   tŏn-āre,   ton-uisse.
Fulgŭr-at, *il éclaire;* -ābat, -ābit; fulgur-āvit,   fulgur-āre, -āvisse.

REM. Chacun de ces verbes forme à lui seul une proposition complète; le sujet n'est point sous-entendu; il est renfermé dans le verbe; et, comme l'esprit ne le distingue pas de l'attribut, le radical suffit pour les représenter l'un et l'autre[2].

---

1. Cf. Méth. grecq. § 254. — 2. On verra plus tard dans quels cas ces verbes peuvent recevoir un sujet pris hors d'eux-mêmes, et s'employer à d'autres personnes qu'à la troisième du singulier.

II. Lorsqu'une action intransitive est attribuée à une ou à plusieurs personnes que l'on ne désigne que d'une manière générale, par exemple, *on va*, *on court*, le verbe latin, quoique neutre, prend la forme passive et se met à la troisième personne du singulier ; c'est ce qu'on nomme Impersonnel passif :

Itur, *on va ;* ībatur, *on allait;* ībĭtur, *on ira;* ītum est, *on est allé.*
Currĭtur, *on court;* currēbatur, *on courait;* currātur, *que l'on courre.*
Vĕnītur, *on vient;* veniētur, *on viendra;* ventum est, *on est venu.*
Pugnātur, *on combat;* pugnabatur, pugnabitur, pugnatum est.

Rem. Ces verbes, comme les précédents, contiennent en eux-mêmes leur sujet : le radical indique l'action dont il s'agit ; la terminaison passive annonce que cette action est, sera, ou a été faite.

III. Cinq verbes, qui ont en français un sujet déterminé, paraissent en latin sous la forme impersonnelle, de la manière suivante : *me pœnitet*, je me repens ; *puerum pœnitet*, l'enfant se repent. Le verbe est actif, et l'accusatif qui l'accompagne en est le complément direct. Quant au sujet, c'est ici l'idée *de regret, de peine*, et cette idée se trouve dans le radical même du verbe, de sorte que *me pœnitet* signifie proprement : « le regret me peine, m'afflige ; » *me pudet:* « la honte me touche, » et ainsi des autres.

INDICATIF.	SUBJONCTIF.
PRÉS. me —, te —, illum } nos —, vos —, illos } pœnĭtet.	me —, te —, illum } nos —, vos —, illos } pœniteat.
je me repens, tu te repens, il se repent, nous nous repentons, etc.	*que je me repente, que tu te repentes, qu'il se repente*, etc.
IMPAR. me pœnitebat, *je me repentais.*	me pœniteret, *que je me repentisse* ou *je me repentirais.*
FUT. me pœnitebit, *je me repentirai.*	
PARF. me pœnituit, *je me suis repenti.*	me pœnituerit, *que je me sois repenti.*
PL. PF. me pœnituerat, *je m'étais repenti.*	me pœnituisset, *que je me fusse* ou *je me serais repenti.*
FUT. A. me pœnituerit, *je me serai repenti.*	

INFINIT.	pœnitēre, *se repentir.* Pœnituisse, *s'être repenti.*
GÉROND.	pœnitendi, pœnitendum, pœnitendo.
PART. PR.	pœnitens, *qui se repent.* FUT. PASSIF : Pœnitendus, a, um, *dont il faut se repentir.*

Conjuguez d'après les mêmes principes :

1° Pŭdet, puduit (*quelquefois* pŭdĭtum est), pudēre, *avoir honte.* Les participes sont pris adjectivement : Pudens, — entis,

6. Burn. *Gr. Lat.*   F

honnête, réservé, qui a de la pudeur; pŭdendus, a, um, *honteux, dont on doit rougir.*

2° Pĭget, piguit (*quelquefois* pĭgĭtum est), pigēre, *avoir de la répugnance.* Pas de participe présent. Le futur passif, *pigendus, a, um*, est poétique et peu usité.

3° Tædet, per-tæsum est, tædēre, *s'ennuyer.* Pas de gérondif ni de participes, excepté *pertæsus* (ennuyé de).

4° Mĭsĕret, miserĭtum *et* misertum est, misertum erat, *etc., avoir pitié.* Les autres temps usités sont : *miserēbat, miserebit, misereat, miserēret.*

Rem. Le parfait impersonnel, *misertum (miserĭtum) est*, est emprunté au déponent *misereor, miserēris, misertus sum, miserēri*, verbe personnel et complet, mais qui lui-même a été employé impersonnellement à tous ses temps; on lit une fois, dans Cicéron, *te misereatur* (que vous ayez pitié).

§ 81. On nomme encore impersonnels les verbes suivants, qui ont, à la vérité, un sujet pris hors d'eux-mêmes (§ 220), mais un sujet qui ne peut jamais être un nom de personne.

1° Rēfert, *il importe*, rēferebat, rētulit, rēferre. — Il ne faut pas confondre ce verbe avec *rĕfero, rĕtuli, rĕlatum, rĕferre* (rapporter).

2° Oportet, *il faut,* ŏportebat, ŏportuit, oportēre.

3° Lĭbet, *il plaît*, libebat, lĭbuit *ou* libĭtum est, libēre.

4° Lĭcet, *il est permis*, licebat, licuit *ou* licĭtum est, licēre.

5° Dĕcet, *il sied, il convient*, decebat, dĕcuit, decēre.

6° Dēdĕcet, *il sied mal*, dēdĕcebat, dēdĕcuit, dēdecēre.

Rem. 1. *Decet* et *dedecet* s'emploient très-bien à la troisième personne du pluriel; *libet* et *licet* s'y rencontrent quelquefois.

2. *Rēfert, oportet, dedecet*, n'ont de participe à aucun temps. Les participes présents des trois autres, *libens, licens, decens*, se prennent adjectivement.

3. Les parfaits déponents *libitum* et *licitum est* se trouvent aussi dans le sens du présent (il plaît, il est permis). *Licet* a un infinitif futur *liciturum esse* (devoir être permis).

§ 82. Beaucoup de verbes, tant à la forme active qu'à la forme passive, sont pris impersonnellement, quand leur sujet n'est point le nom d'une personne ou d'une chose déterminée, quoique d'ailleurs ces verbes aient toutes les personnes et tous les nombres :

Intĕrest, *il importe, il n'est pas indifférent;* plăcet, *il plaît, on trouve bon* (parf. *plăcuit* et *placĭtum est*); pătet, *il est évident*, lĭquet, *il est clair* (parf. subj. *liquerit*); fit, evěnit, accĭdit, contingit, *il arrive;* convěnit, *il convient*, expědit, *il est avantageux;* præstat, *il vaut mieux;* jŭvat, *il fait plaisir;* constat, *il est constant;* vĭdētur, *il paraît;* crēdĭtur, *on croit;* dĭcĭtur, *on dit;* narrātur, *on raconte;* trādĭtur, *on rapporte, on sait par tradition*, et beaucoup d'autres.

REM. Les verbes passifs dont il est ici question viennent de verbes actifs, et dans le sens impersonnel ils ont toujours pour sujet un infinitif ou une proposition entière (§ 220). Ils ne doivent donc pas être confondus avec ceux du § 80, *itur*, *curritur*, lesquels viennent de verbes intransitifs, et n'ont pas d'autre sujet que leur radical même.

RÉSUMÉ DES TROIS PARAGRAPHES PRÉCÉDENTS.

Verbes impersonnels qui contiennent leur sujet en eux-mêmes : I. *Pluit.* II. *Itur.* III. *Pœnitet*, et tous ceux de ces trois classes.

Verbes impersonnels qui ont un sujet pris hors d'eux-mêmes : rēfert, oportet, libet, etc.

Verbes personnels employés impersonnellement : *interest*, *placet, creditur*, etc.

RESUMÉ GÉNÉRAL DU SECOND LIVRE.

§ 83. Nous avons traité dans ce second livre du Verbe et du Participe. Nous avons conjugué d'abord le verbe *esse* (être), puis des verbes actifs et passifs des quatre conjugaisons, et des verbes déponents. Nous avons parlé ensuite des verbes irréguliers, défectifs et impersonnels.

Nous avons vu comment le verbe *être* met l'attribut en rapport avec le sujet dans les propositions comme : *Dieu est juste.* Nous avons observé en outre que ce verbe est renfermé implicitement dans tous les verbes attributifs, et qu'il sert à en former les terminaisons, c'est-à-dire à marquer les rapports de temps, de modes, de nombres, de personnes, l'idée d'action ou d'état étant exclusivement attachée au radical. Nous sommes en droit d'en conclure que le verbe *être* (quand il ne signifie pas *exister*) n'exprime que des rapports ; et la distinction établie, § 37, entre les noms et les adjectifs qualificatifs d'une part, les pronoms et les adjectifs déterminatifs de l'autre, se retrouve dans les verbes : *Expression d'idées*, verbes attributifs ou concrets : *Expression de rapports*, verbe substantif ou abstrait.

* F

LIVRE TROISIÈME.

DES MOTS INVARIABLES.

Après avoir examiné les mots qui se déclinent ou se conjuguent, et reçoivent par conséquent des terminaisons variées, il nous reste à considérer ceux dont la désinence est invariable. Ce sont les PRÉPOSITIONS, les ADVERBES, les CONJONCTIONS, les INTERJECTIONS.

DES PRÉPOSITIONS.

§ 84. La Préposition est un mot invariable qui unit deux idées et en marque le rapport. Lorsqu'on dit, *je suis* DANS *la ville, je vais* A *la ville, je viens* DE *la ville*, les mots *dans, à, de*, expriment le rapport des verbes *être, aller, venir*, avec le substantif *ville*. Ces mots sont des Prépositions; le mot *ville* qui les suit, et sans lequel ils ne formeraient pas un sens complet, en est le complément.

La préposition s'appelle ainsi du mot *præponere*, parce qu'elle se place en général avant son complément.

Les rapports exprimés par les prépositions sont d'abord ceux de lieu, puis ceux de temps, enfin, par analogie, ceux de cause et de manière. Ainsi lorsqu'on dit, *vous travaillez avec courage, avec* est une préposition dont le complément est *courage*, et ces deux mots expriment la manière dont vous travaillez. On pourrait les remplacer par le seul mot *courageusement*, qui a la même valeur. Ce mot est un Adverbe.

On compte en latin quarante-deux prépositions; mais beaucoup sont des adverbes, qui à la vérité se trouvent souvent unis avec un complément, et prennent alors le caractère de prépositions. La Syntaxe enseignera les divers emplois des prépositions, et à quels cas se mettent leurs compléments. Nous n'en donnerons, dans la liste suivante, que les significations les plus générales.

§ 85. I. PRÉPOSITIONS PROPREMENT DITES.

14 MONOSYLLABIQUES.

ĭn,	*à, en, dans* (lieu où l'on est, lieu *dans* lequel on va).
ăd,	*à, vers, pour* (lieu *vers* lequel on se dirige).
ē, ex,	*de* (lieu *d'où* l'on sort; opposé de *in*).
ā,ăb,ăbs,	*de* (lieu *d'auprès* duquel on part; opposé de *ad*).
dĕ,	*de* (lieu *d'où* quelque chose est tiré); *sur, touchant.*
pĕr,	*par, à travers* (lieu *par* où l'on passe); *pendant.*
præ,	*devant, en avant de... en comparaison de...*
prō,	*devant, pour, au lieu de..., selon.*
ŏb,	*devant, vis-à-vis de..., pour, à cause de...*
sŭb,	*sous, auprès de...* (avec ou sans mouvement).
post,	*derrière, après, depuis* (se dit du lieu et du temps).
cum,	*avec* (simultanéité de lieu, de temps ou d'action).
cis,	*en deçà, de ce côté-ci de...*
trans,	*au delà de..., de l'autre côté de...*

14 DISSYLLABIQUES.

antĕ,	*devant, avant* (opposé de *post*).
ăpŭd,	*auprès de..., chez* (se dit des choses et des personnes).
absquĕ,	*sans, indépendamment de..., excepté* (mot archaïque).
sĭnĕ,	*sans* (opposé de *cum*).
intĕr,	*entre, parmi, au milieu de...*
sŭpĕr,	*sur, au-dessus de...* (opposé de *sub* et de *subter*).
subtĕr,	*sous, au-dessous de...* (opposé de *super*).
prætĕr,	*devant, près de..., au delà de..., excepté, hormis, outre.*
proptĕr,	*auprès de... le long de..., pour, à cause de...* (comme *ob*).
ergā,	*envers, à l'égard de...* (se dit surtout des personnes).
circum,	*autour de...* (accusatif de *circus*, cercle).
pĕnĕs,	*au pouvoir de..., en la possession de...*
tĕnŭs,	*jusqu'à....* } se mettent toujours après leur
versŭs,	(de *vertĕre*), *vers,* } complément.

2 TRISSYLL.

adversŭs *et* adversum,	*contre, en face de...* (*ad* et *versŭs*).
sĕcundum,	*le long de..., selon, suivant, après* (de *sequi*, suivre).

Rém. 1. *E* est une abréviation de *ex*; il ne se met que devant les consonnes; *ex* se met devant plusieurs consonnes et devant toutes les voyelles.

2. *A* et *abs* sont des formes secondaires de *ab*; *a* ne peut aller que devant les consonnes; *ab* se place plus particulièrement devant les voyelles et devant les consonnes douces; *abs* est très-rare, excepté devant le pronom *te* (*abs te*), et dans la composition des verbes, comme *abs-tineo* (je m'abstiens).

3. *Cum* se place après l'ablatif des pronoms : *mēcum,*

tēcum, sēcum, nobiscum, vobiscum. On dit aussi *quīcum*
et *quibuscum*, pour *cum quo* et *cum quibus* [1].

4. Des trente mots ci-dessus, les uns sont simples et primitifs, les autres composés et dérivés; mais ils ont tous pour
caractère principal de se joindre à des compléments, et à ce
titre ce sont des prépositions. Plusieurs de ces prépositions
sont quelquefois employées sans complément, et alors elles
deviennent adverbes; ce sont *post, ante, super, subter,
propter, circum, adversum.*

Les douze mots suivants, au contraire, sont de véritables
adverbes, qui deviennent prépositions lorsqu'on y joint un
complément.

II. PRÉPOSITIONS-ADVERBES.

pŏnĕ,	*derrière.*	extrā,	*au dehors de...*
prŏpĕ,	*auprès de...*	intrā,	*au dedans de...*
juxtā,	*à côté de...*	infrā,	*au-dessous de...*
contrā,	*contre, vis-à-vis de...*	suprā,	*au-dessus de...*
citrā,	*en deçà de...*	circā,	*autour de...*
ultrā,	*au delà de...*	cōram,	*en présence de...*

REM. 1. Quelques-uns ajoutent ici *clam* (en secret), *pălam*
(en public), *circĭtĕr* (environ); mais *clam* et *palam* sont
trop rarement employés avec des compléments pour être
classés parmi les prépositions; et les cas dont *circiter* se trouve
assez souvent accompagné s'expliquent presque toujours par
les règles des noms de Temps et de Distance.

2. *Citrā* vient de *cis*, et est beaucoup plus usité. *Extrā*
est pour *exterā*, ablatif féminin pris adverbialement de *extĕr* [2],
ă, um (extérieur), où il est facile de reconnaître la préposition
ex et la même syllabe de dérivation *tĕr* qui se voit dans *in-ter,
præ-ter, sub-ter* et *prop-ter* (de *propĕ*). *Intrā* et tous les
autres en *ā* sont formés d'après la même analogie; ce sont
primitivement des ablatifs de la première déclinaison, et voilà
pourquoi l'*ā* final est long.

3. *Juxtā* vient de *jungĕre*; il signifie proprement *joignant,
attenant. Circā* et *circĭter* appartiennent à la même racine que
circum.

---

1. *Quicum* pour *quācum*, dans Virgile, et pour *quibuscum*, dans Plaute,
sont des archaïsmes.

2 Le nominatif masculin *exter* ou *exterus* est archaïque et inusité.

DES ADVERBES.

§ 86. Nous venons de voir, § 84, que l'adverbe équivaut à une préposition suivie de son complément. L'adverbe modifie l'action exprimée par le verbe, et c'est de là qu'il tire son nom : « Ce prince récompense *généreusement*. » Il modifie aussi les qualités exprimées par des adjectifs ou par des substantifs : « Ce prince est *vraiment* généreux, *vraiment* roi. » Enfin il détermine les circonstances des actions et des qualités : « Mon ami viendra *demain*. Ce fruit est rouge *en dedans*. »

Les circonstances et les modifications exprimées par l'adverbe peuvent se réduire à huit.

1. le lieu.
2. le temps.
3. la manière.
4. la quantité.

5. l'interrogation.
6. l'affirmation.
7. la négation.
8. le doute.

I. LIEU.

§ 87. 1. Nous rangerons d'abord parmi les adverbes de lieu ceux des mots énumérés dans le § 85, II, qui sont à la fois adverbes et prépositions. Aux formes d'ablatif en *ā* répondent quelques formes de datif neutre en *o*, savoir :

intrō, *dedans, en dedans* (avec mouvement).
porro, *en avant* (dérivé de *pro*). — retrō, *en arrière*.
ultrō citrōquĕ, *çà et là, de côté et d'autre, réciproquement.*

Employé seul, *ultro* signifie *de son propre mouvement, de soi-même*, ce qui comprend la notion d'aller *en avant*, de passer *outre*.

2. Les prépositions forment encore d'autres dérivés ou composés qui expriment divers rapports de situation ou de direction ; par exemple :

intŭs, *dedans* (sans mouvement); quelquefois, *de dedans*.
insŭpĕr, *par-dessus*. — dēsŭper, *d'en haut*.
deorsum, (de-versum), *en bas*.
sursum, (sus-versum), *en haut*.
introrsum, et introversum, *vers le dedans, en dedans*.
extrinsĕcŭs, *de dehors, extérieurement*.

intrinsĕcŭs,   *en dedans , intérieurement.*
prŏcŭl,   *loin , au loin* (opposé de *prŏpĕ*).
cōmĭnŭs,   *et* comminus, *de près* (cum *et* manus *ou* măneo).
ēmĭnŭs,   *de loin* (e *et* manus *ou* măneo).
obviam,   *au-devant, à la rencontre de...* (ob-viam).
ŏbĭter,   *en chemin , en passant* (ob-ĭter).

§ 88.. Lorsqu'on veut déterminer le lieu par rapport à l'une
des trois personnes du discours, on se sert des adverbes suivants, tirés des adjectifs démonstratifs et de l'interrogatif :

Lieu où l'on est.	*Lieu d'où l'on vient.*
ŭbi? *où ?* ĭbi , *là, en ce lieu.* hīc , *ici* (où je suis). istīc , *là* (où vous êtes). illīc , *là* (où il est).	undĕ? *d'où ?* indĕ, *de là.* hinc, *d'ici* (où je suis). istinc, *de là* (où vous êtes). illinc, *de là* (où il est).
Lieu où l'on va.	*Lieu par où l'on passe.*
quō? *où ?* eō, *là, vers ce lieu.* hūc, *ici* (où je suis). istūc, *là* (où vous êtes). illūc, *là* (où il est).	quā? *par où ?* eā, *par là.* hāc, *par ici* (où je suis). istāc, *par là* (où vous êtes). illāc, *par là* (où il est).

REM. 1. *Ibi* est un ancien datif de *is*, formé sur le modèle
de *tibi, sibi*. *Quo, eo* sont aussi des datifs tombés en désuétude dans la déclinaison de *quis* et *is*, mais conservés comme
adverbes. *Qua, ea, hac* sont des ablatifs féminins avec lesquels
on sous-entend *viā*.

2. On nomme, pour abréger, question *Ubi* le lieu où l'on
est, question *Unde* le lieu d'où l'on vient, question *Quo* le
lieu où l'on va, question *Qua* le lieu par où l'on passe. A ces
quatre questions se rattachent tous les adverbes de lieu sans
exception, et particulièrement les suivants, qui ont un rapport de dérivation ou de composition avec ceux du tableau
ci-dessus.

QUESTION *ubi ?*		QUESTION *undĕ ?*	
ubīque,	*partout.*	undīquĕ,	*de toutes parts.*
ĭbīdem,	*au même lieu.*	indĭdem;	*du même lieu.*
alĭbi,	*autre part, ailleurs.*	aliundĕ,	*d'autre part.*
alicŭbi, usquam, uspiam . . . . . . }	*quelque part.*	alĭcunde,	*de quelque part.*
nusquam, *nulle part.*			
ŭtrŏbīquĕ, *des deux côtés.*		ŭtrĭnquĕ,	*des deux côtés.*

QUESTION *quo ?*		QUESTION *qua ?*	
quōvīs, quōlĭbĕt, *partout.*		quäĭlbĕt,	*par tous les chemins.*
eōdem,	*vers le même lieu.*	eādem,	*par le même chemin.*
aliō,	*autre part.*		
aliquō, quōquam, quōpiam . . . . . . }	*quelque part.*	aliquā,	*par quelque chemin.*
utrōquĕ,	*des deux côtés.*	usquĕquāque, *partout.*	
usquĕ,	*jusqu'à.*		

Nota. *Usque* est souvent joint à l'accusatif avec ou sans *ad ;* il se joint aussi à l'ablatif avec *ab* ou *ex,* et alors il se rapporte à la question *Unde* (cf. § 451).

§ 89. D'autres adverbes de lieu, tirés des noms et des adjectifs, indiquent par leur désinence à quelle question ils se rapportent.

Question *ubi :* fŏrīs, *dehors,* } abl. et acc. plur. d'un nom inusité
Question *quo :* fŏrās, *dehors,* } de la première déclinaison.

Question *qua :* { rectā, *tout droit,* } abl. fém. de *rectus* et de *dexter,*
{ dextrā, *à droite,* } avec ellipse de *viā.*

Question *unde :* cœlĭtŭs, *du ciel* (même sens que de *cœlo*).

Rem. *Cœlitus* est formé de *cœlum* par l'addition de *tŭs* au radical, avec la voyelle de liaison *i* bref : *cœl-ĭ-tus.* Les adverbes ainsi formés indiquent en général origine et point de départ : *fundĭtus* (à partir du fond, de fond en comble) ; *radicĭtus, stirpĭtus* (depuis la racine) ; *antiquĭtus* (dès les temps anciens) ; *divīnĭtus* (d'une source divine). Il faut rapporter à cette analogie *subtŭs* (dessous) et *intŭs* (dedans), formés des prépositions *sub* et *in.*

II. TEMPS.

§ 90. Les circonstances de temps les plus ordinaires sont exprimées par les adverbes suivants :

quando ?	*quand ?*	tandem,	*enfin.*
hŏdĭē,	*aujourd'hui.*	aliquando,	
herī (hĕrĕ),	*hier.*	nonnunquam,	} *quelquefois.*
nūdĭŭs tertius,	*avant-hier.*	interdum,	
crās,	*demain.*	ădhūc,	*encore, jusqu'ici.*
pĕrendĭē,	*après-demain.*	etiamnunc,	*encore aujourd'hui.*
prīdĭē,	*la veille.*	etiamtum,	*encore alors.*
postrĭdĭē,	*le lendemain.*	simul,	*en même temps.*
mānĕ,	*le matin.*	quŏtīdĭē,	*tous les jours.*
vespĕrĕ, vespĕrī,	*le soir.*	quŏtannis,	*tous les ans.*
interdiū,	*de jour.*	deindĕ, dein,	*ensuite.*
noctū,	*de nuit.*	antĕā,	*auparavant.*
noctu diūquĕ,	*jour et nuit.*	postĕā,	*dans la suite.*
nunc,	*maintenant.*	antehāc,	*ci-devant.*
tunc, tum,	*alors.*	posthāc,	*désormais.*
jam,	*déjà.*	intĕrĕā,	*pendant ce temps.*
mox,	*bientôt.*	intĕrim,	*en attendant.*
nondum,	*pas encore.*	prōtĭnŭs,	*aussitôt.*
nupĕr,	*dernièrement.*	quandiū ?	*combien de temps.*
prīdem, jamprīdem,	} *depuis*	ălĭquandiū,	*quelque temps.*
dūdum, jamdudum,	*longtemps.*	dĭū,	*longtemps.*
ōlim,	) *autrefois, ja-*	tandiū, tam diū,	*si longtemps.*
quondam,	) *dis, un jour.*	sempĕr,	*toujours.*
sæpĕ,	*souvent.*	paulispĕr,	*pendant peu de temps.*
nunquam,	*jamais.*	părumpĕr,	*pour peu de temps.*

REM. 1. *Heri* et *here* sont des formes d'ablatif; *heri* est le plus usité. — *Nudius tertius* équivaut à *nunc dies tertius.* — *Diū* et *noctū* sont d'anciens ablatifs de la quatrième déclinaison. — Les premières syllabes de *prīdĭē, prīdem, postrĭdĭē* sont évidemment dérivés de *præ* ou *pro* et de *post.*

2. A *nunquam* (jamais, avec négation) répond *unquam* (jamais, sans négation), comme à *nusquam* (nulle part) répond *usquam* (quelque part).

3. *Dūdum* vient de *diū dum* (il y a longtemps que…); l'usage apprendra que ce mot se dit quelquefois d'un passé fort récent. On verra également qu'*olim* et *quondam*, qui signifient *autrefois*, peuvent aussi, comme le français *un jour*, s'appliquer à l'avenir.

4. Dans *anteā, posteā, intereā, ea* n'est point un accusatif pluriel neutre; c'est un ablatif féminin, comme *hāc* dans *antehāc, posthāc.* Il en faut conclure que les prépositions *ante, post* et *inter*, qui, étant séparées, veulent l'accusatif, se joignent à l'ablatif lorsqu'elles entrent en composition.

III. MANIÈRE.

§ 91. Les adverbes de manière répondent à la question COMMENT? Le plus grand nombre se forment des adjectifs et des participes au moyen des terminaisons *ē* ou *tĕr*.

I. TERMINAISON *ē*. Les adjectifs et les participes de la première classe ajoutent *ē* long au radical, comme si c'était une désinence de cas :

Doct us,	*savant,*	doct ē,	*savamment.*
Lĭbĕr,	*libre,*	lĭbĕr ē,	*librement.*
Pĭgĕr,	*paresseux,*	pigr ē,	*lentement.*
Ornāt us,	*orné,*	ornāt ē,	*d'une manière ornée.*

EXCEPTION : *Bŏnus* (bon) fait *bĕnĕ* (bien) ; *mălus* (mauvais), *mălĕ* (mal), tous deux avec *ĕ* bref.

II. TERMINAISON *tĕr*. Les adjectifs et les participes de la seconde classe forment leur adverbe en *ter*.

Fort is,	*courageux,*	fort ĭter,	*courageusement.*
Alăcĕr, alăcr is,	*gai,*	alacr ĭter,	*gaiement.*
Felix, felĭc is,	*heureux,*	felĭc ĭter,	*heureusement.*
Audax, audāc is,	*hardi,*	audac ter,	*hardiment.*
Prūdens, prudent is,	*prudent,*	prūdent er,	*prudemment.*
Amans, amant is,	*aimant,*	amant er,	*avec amitié.*

REM. 1. L'*i* qui précède *ter* est une voyelle de liaison, voilà pourquoi il est toujours bref ; l'usage l'a rejeté dans *audacter.* Quant à *prudens,* le radical ayant déjà un *t,* la désinence adverbiale perd le sien : *prudent-er.*

2. Quelques adjectifs de la première classe font leur adverbe en *ter,* comme ceux de la seconde : *violentus* (violent), *violenter.* D'autres prennent à la fois *e* et *ter* : *hūmanŭs* (humain), *humane* et *humaniter.*

§ 92. 1. Beaucoup d'adverbes ne sont autre chose que les cas mêmes des adjectifs employés adverbialement.

Première classe, ABLATIF : *falso* (faussement), *certō* (avec certitude), *merĭtō* (à bon droit), *consultō* (à dessein), *tutō* (avec sûreté).

Seconde classe, ACCUSATIF : *facĭlĕ* (facilement, de *facilis* (facile) ; *impūnĕ* (impunément), de l'inusité *impunis.*

2. Les substantifs à l'ablatif forment aussi quelques adverbes : *vulgō* (vulgairement, ordinairement), de *vulgus, i ; fortĕ* (par hasard), de *fors,* usité aussi au nominatif ; *spontĕ* (de soi-même), *rītĕ* (selon l'usage), de nominatifs inusités.

3. Un assez grand nombre d'adverbes se terminent en *tim* et *sim*, désinences d'accusatifs : *raptim* (rapidement), *cursim* (en courant); *punctim et cœsim* (de la pointe et du tranchant). Ces formes, tirées des supins en *tum* et en *sum*, ont été étendues à des mots qui ne viennent pas des verbes : *grĕgātim* (en troupe), *furtim* (furtivement), *vĭcissim* (tour à tour), *pĕdĕtentim* (pas à pas).

§ 93. Aux adverbes de manière se rattachent,

1° Ceux de ressemblance et de différence : *sīc, ĭtă, ĭtem, pĕrindĕ* (ainsi, de même), *părĭter* (pareillement), *ălĭter* (autrement), *aliōquī* et *aliōquin* (d'ailleurs); *quŏquĕ* (aussi), etc.

2° Ceux qui expriment le motif : *cūr, quārē* (pourquoi)? *ĭdĕō, idcircō* (pour cela), *proptĕrĕā* (à cause de cela), *grātīs, grātuĭtō* (gratuitement); ou le résultat : *frustrā, nēquicquam, incassum* (en vain, inutilement).

3° Ceux qui expriment la mesure des actions et des qualités, et répondent à la question JUSQU'A QUEL POINT? on les nomme adverbes d'intensité :

quantopĕrĕ (quanto opere)? *jusqu'à quel point ? combien ?*	pænĕ, prŏpĕmŏdum, *presque.*
magnŏpĕrĕ, valdē, *beaucoup.*	fĕrē, fermĕ, *presque, d'ordinaire.*
ădĕō, *tant, jusqu'à ce point.*	vix, *à peine.*
tam, *tant, si, tellement.*	quātĕnus, *jusqu'à quel point ?*
omnīnō, prorsŭs, *tout à fait.*	hactenus, *jusqu'ici.*
partim (acc. de *pars*), *en partie.*	eātenus, *jusque-là.*
mŏdŏ, duntaxat, *seulement.*	măgĭs, *plus, davantage.*
saltem, certē, *du moins.*	sātĭs, săt, *assez.*
	nĭmĭs, nĭmium, *trop.*

IV. QUANTITÉ.

§ 94. I. Les adverbes de quantité répondent à la question COMBIEN?

quantum ?	*combien? [quantité.*	părum,	*peu, trop peu.*
ălĭquantum,	*un peu, une certaine*	paulum,	*peu, un peu.*
tantum,	*tant, autant.*	plūs,	*plus.*
multum,	*beaucoup.*	mĭnŭs,	*moins.*

REM. *Parum* est le seul de ces mots qui soit invariable. Les sept autres sont des adjectifs neutres pris adverbialement. Tous les huit, ainsi que *satis* et *nimis*, jouent au besoin le rôle de substantifs, et peuvent être ou au nominatif ou à l'accusatif.

II. D'autres adverbes de quantité répondent à la question COMBIEN DE FOIS? Cette classe comprend tous les adverbes

de nombre, lesquels, à partir de cinq, se terminent en *ēs*
(cf. § 144).

quŏtĭĕs ?	*combien de fois ?*	bĭs,	*deux fois.*
àlĭquŏties,	*quelquefois.*	tĕr,	*trois fois.*
tŏtĭes,	*tant, autant de fois.*	quătĕr,	*quatre fois.*
sĕmĕl,	*une fois.*	quinquies,	*cinq fois.*

III. L'accusatif neutre et l'ablatif des nombres ordinaux se
prennent aussi adverbialement pour désigner l'ordre et la succession des actions et des choses : *prīmum* (pour la première
fois, d'abord), *prīmō* (premièrement, en premier lieu);
sĕcundō (secondement, en second lieu); *tertium* (pour la
troisième fois), *tertiō* (en troisième lieu). — Au lieu de
secundum (pour la seconde fois), on emploie mieux *ĭterum*,
qui a le même sens.

IV. Enfin d'autres adverbes, qui ont la forme d'accusatifs
féminins, répondent à la question DE COMBIEN DE MANIÈRES ou
EN COMBIEN DE PARTIES? *Bĭfāriam* (en deux parties, de deux
manières), *trĭfāriam* (de trois manières), *multĭfāriam* (de
plusieurs manières, en plusieurs endroits), *omnĭfāriam* (de
toutes les manières, partout).

V. INTERROGATION.

§ 95. Les adverbes interrogatifs proprement dits sont les
suivants :

an, annĕ (la Syntaxe en indiquera l'usage).
nĕ,　　(toujours après un mot) : putasnĕ? *pensez-vous ?*
nonnĕ, *ne... pas ?* nonne putas? *ne pensez-vous pas ?*
num, *est-ce que ?* num putas ? *est-ce que vous pensez ?*

REM. Beaucoup d'autres mots servent à interroger, mais
avec quelque idée accessoire : *quĭd* (quoi, quelle chose) ? *utrum*
(laquelle des deux choses)? *quōmŏdŏ* et *qui* (comment) ? *ubi*
(où)? *cur* (pourquoi)? etc.

VI. AFFIRMATION.

§ 96. Ĭtă (§ 93) *ainsi,* ⎱ ces deux mots se prennent quelquefois, dans
　　　ĕtiam, *même,* ⎰ le style familier, pour le français *oui.*

næ, sānĕ, prŏfecto (pro facto), *certes, assurément.*
quĭdem, ĕquĭdem, *à la vérité, sans doute.*
ŭtĭquĕ, *certainement, dans tous les cas.*
præsertim, præcĭpuĕ, *principalement, surtout.*

nīmīrum (nil mirum),　　⎫
scīlĭcĕt (scīre licet),　　⎬ *sans doute, c'est-à-dire.*
vĭdēlĭcĕt (vidēre licet),　⎭

Aux adverbes d'affirmation se rattachent,

1° *En, ecce* (voici, voilà), dont on se sert pour montrer les objets ou pour appeler l'attention de celui auquel on parle.

2° Plusieurs formules par lesquelles on prend en quelque sorte les dieux à témoin : *herclĕ, hercŭlĕ, meherclĕ, mēhercŭlĕ, hercŭlēs, mēhercŭlēs, medius fidius* (par Hercule); *ēcastor* et *mēcastor* (par Castor); *pŏl, ĕdĕpol* (par Pollux).

Rem. 1. Le serment par Hercule était particulier aux hommes; les femmes juraient par Castor, les deux sexes par Pollux ; cependant on trouve plusieurs passages des auteurs où cette distinction n'est pas observée.

2. Des six formes où entre le nom d'Hercule, *hercule* et *mehercule* sont celles que Cicéron préfère. La plus complète paraît être *mehercules*, que l'on explique ordinairement par *ita me Hercules adjuvet* (qu'ainsi Hercule me soit en aide)[1]. *Dius* (ou *deus*) *Fidius* est un des noms du même dieu, dont l'étymologie la plus probable, ou au moins la plus simple, est *deus fĭdei*. Les Sabins l'appelaient *Sancus*, mot analogue à *sancīre* (confirmer, sanctionner). Quant à *me*, de *medius*, l'usage l'a fait bref, ce qui en rend l'origine incertaine.

VII. NÉGATION.

§ 97. nŏn, *non, ne... pas.*
haud, *ne... point.*
nē (pour défendre), *ne...pas.*
nē... quĭdem, *pas même.*

nēquāquam, haudquāquam, *pas du tout.*
neutĭquam, *en aucune façon.*
mĭnĭmē, *nullement.*

Rem. 1. *Mĭnĭmē*, qui est un superlatif, signifie proprement *le moins, moins que toute chose.* En partant de cette idée, l'usage a facilement amené ce mot à nier tout à fait l'action ou la qualité qu'il modifie. C'est ainsi qu'en français, « l'homme *le moins* méchant *du monde*, » et, « un homme qui *n'est nullement* méchant, » sont deux expressions équivalentes, qui se rendent bien en latin par *homo minime malus.*

2. Nous ajouterons ici un adverbe qui tient à la fois de la négation et de l'affirmation, en ce qu'il sert à nier une chose en affirmant la chose opposée ; c'est *īmo* ou *immo* (bien plus, bien plutôt, tout au contraire).

---

1. Voyez Festus. Cicéron, *Orat.* 47, l'entend certainement ainsi, puisqu'il regarde *mehercule* comme une faute, autorisée du reste par l'euphonie et par l'usage.

VIII. DOUTE.

§ 98. Les adverbes de doute sont les suivants :

Fortassĕ, *peut-être, probablement.*

Forsĭtăn (fors sĭt àn),
Forsăn (fors an), } *peut-être, il se pourrait que...*

REM. *Forsan* est presque exclusivement poétique. Les poëtes disent aussi *fors, fortassĭs,* et même *forsĭt.* Aucun de ces mots ne doit être confondu avec *fortĕ* (par hasard) [1].

DEGRÉS DE COMPARAISON DANS LES ADVERBES.

§ 99. Les adverbes en *ē,* en *ō* et en *tĕr* peuvent recevoir les degrés de comparaison comme les adjectifs dont ils viennent :

Doctus,	*savant,*	doctē,	dòctiŭs,	doctissimē.
Pulcher,	*beau,*	pulchrē,	pulchriŭs,	pulcherrĭmē.
Ornātus,	*orné,*	ornatē,	ornatiŭs,	ornatissĭmē.
Tūtus,	*sûr,*	tutō,	tutiŭs,	tutissĭmē.
Fortis,	*courageux,*	fortiter,	fortiŭs,	fortissĭmē.
Audax,	*hardi,*	audacter,	audāciŭs,	audācissĭmē.
Prūdens,	*prudent,*	prudentĕr,	prudentiŭs,	prudentissĭmē.

REM. 1. On voit que c'est le comparatif neutre de l'adjectif qui sert d'adverbe : *doctior, doctius.* Quant au superlatif, il forme son adverbe en *ē,* comme tout autre adjectif en *us : doctissimus, doctissimē.*

2. Quelques adverbes manquent de positif : ainsi l'adjectif *uber* (fécond), forme seulement *uberius* et *uberrimē;* ou de comparatif : *nŏvus* (nouveau), *nŏvē, novissimē; meritō, meritissimō* (ablatif pris adverbialement).

3. Un petit nombre d'adverbes, qui ne viennent pas des adjectifs, ont aussi les deux degrés de comparaison : *sæpĕ, sæpius, sæpissimē; diū, diūtiŭs, diūtissimē;* ou un seul : *sĕcŭs* (autrement), *sēcĭŭs* (moins); *satis* (assez), *satius* (mieux), sans superl.; *nūpĕr* (dernièrement), *nuperrĭmē* (très-récemment), sans comparatif.

---

1. L'interrogation, l'affirmation, la négation, le doute, tombent en général sur le verbe *être* ,ou exprimé (Cela *est-il* juste? Cela *n'est pas* juste), ou renfermé dans le verbe attributif (Je n'ai pas vu Rome = Je *ne suis pas* ayant vu Rome). Les quatre autres espèces d'adverbes modifient exclusivement l'attribut.

DES CONJONCTIONS.

§ 100. Les conjonctions unissent ensemble les propositions et en marquent le rapport, ainsi qu'il sera expliqué dans la Syntaxe. Elles unissent aussi les différentes parties d'une même proposition.

Les principales conjonctions sont les suivantes :

Français.	Latin.
et	*et, quĕ* (enclitique[1]), *ac, atquĕ.* (On évite, par euphonie, de mettre *ac* devant une voyelle).
ou	*vĕl, aut, vĕ* (enclitique).
ni	*nĕque, nec,* = *et non ; nĕve, neu,* = *vel non.*
mais	*sĕd, ăt, ast, verum, vērŏ* et *autem* (après un mot).
or	*atquī, porro,* et encore *vero, autem.*
donc	*ergo, ĭgĭtur, ĭtăquĕ* (*ita-que,* et ainsi).
car	*nam, ĕnim, ĕtĕnim, namquĕ, nempĕ, quippĕ.*
cependant	*tămĕn, attamen, verumtamen.*
et cependant	*atqui.*
c'est pourquoi	*quārē, quamobrem, quāpropter, quōcircā, proindĕ.*
si	*si,* et entre deux verbes, *an, num, utrum.*
soit que	*sīvĕ,* et par contraction, *seu.*
à moins que	*nĭsĭ,* et par contraction, *nī.*
sinon	*si non, sī mĭnŭs, sīn minus, sīn ălĭter.*
mais si	*sīn, sīn autem, sin verō.*
pourvu que	*si mŏdŏ, dummŏdŏ,* ou *dum* et *modo* seuls.
quoique	*etsi, etiamsi, tametsi, quanquam, quamvīs, lĭcĕt.*
afin que	*ut, quō* (avec un comparatif).
de peur que	*nē* = *ut non.*
que... ne	*quīn, quōmĭnŭs* (quo et *minus,* moins).
parce que	*quĭă, quŏnĭam, quŏd.*
puisque	*quum* ou *cum, quandŏquĭdem.*
lorsque	*quum* ou *cum, quando.*
tandis que	*dum* (s'emploie aussi pour dire *jusqu'à ce que*).
jusqu'à ce que	*dōnĕc* (signifie aussi *tandis que, tout le temps que*).
avant que	*antĕquam, priusquam,* ou *ante..., prius... quam.*
après que	*postquam, posteāquam* (signif. aussi *depuis que*).
dès que	*ut prīmum, ubi primum, simul, simul ac* ou *atque.*

---

1 On appelle enclitique une syllabe qui se joint au mot précédent, de manière à faire corps avec ce mot : *paterque materque* (et le père, et la mère). Cf. Méth. grecq. §§ 270 et 405.

Français.   Latin.

comme . . . *ŭt, sīcŭt, vĕlut, utī, sicutī, vĕlutī, tanquam, ceu.*
comme si . . *quăsĭ, perindĕ ac si, perindĕ quasi.*
de quelque manière que... *ut ut, utcunquĕ, quomodocunquĕ.*
en tant que . *ut, utpŏtĕ.*
que. . . . . . *ut,* et dans les comparaisons, *quam.*

Rem. 1. En latin comme en français[1], une partie des conjonctions sont des mots simples : *et, vĕl, nam, si,* etc. Les
autres sont ou des mots composés : *et-enim, quam-ob-rem,
si-ve, ne-que, ne-ve, at-tamen, sic-ut, vel-ut, tam-quam,*
ou un assemblage de mots qui restent séparés : *si modo, ut
primum, simul atque.* Ces dernières sont proprement des
locutions conjonctives.

2. La plupart sont empruntées à d'autres parties du discours;
ainsi dans *quamobrem, quapropter, quocirca,* on reconnaît
des prépositions avec leurs compléments ; *verum* et *vero* sont
des cas de l'adjectif *verus* (vrai); *quamvis* est formé de l'accusatif *quam* et de l'indicatif *vis,* et signifie proprement, « autant que vous voulez; » *licet* n'est autre chose que le verbe
licet (il est permis); *quum* est un ancien accusatif neutre de
qui, quæ, quod. Presque toutes pourraient s'analyser ainsi.

3. On ne doit donc pas être surpris de voir sur le tableau
des conjonctions des mots déjà cités parmi les adverbes. En
effet, dès qu'un adverbe rappelle à la pensée ce qui vient
d'être dit, il établit une liaison entre deux propositions, et, à
ce titre, des adverbes comme *ideō, idcircō, proptereā* (pour
cela), *prætereā* (outre cela), *intereā* (pendant ce temps, cependant), *scilicet* (c'est-à-dire), prennent en quelque sorte le
caractère de la conjonction[2]. Réciproquement on peut considérer comme adverbe la conjonction *et,* qui signifie *de plus,* et
qui s'emploie souvent pour *etiam* (même).

4. Tous les adverbes qui servent à interroger, comme *an,
num, utrum, cur, ubi, unde, quando, quomodo, quanto-
pere,* deviennent conjonctions lorsqu'ils sont entre deux
verbes, et que par conséquent l'interrogation est indirecte,
comme dans cette phrase : « Dites-moi pourquoi vous avez
fait une telle action : *dic mihi cur hoc feceris.* »

---

1. Et comme en grec. Cf. Méth. grecq. § 164. — 2. Même Méth. § 273,
not. 2.

Gr. Lat.   G

DES INTERJECTIONS.

§ 101. L'interjection est un mot indéclinable qui exprime, par lui seul et sans le secours d'aucun autre, les différents mouvements de l'âme. Voici les principales interjections :

joie.	ĭŏ! ĕvŏĕ! ĕvax!	bien ! bravo ! vivat !
douleur.	ĭŏ! ăh ! hei ! ēheu !	hélas ! ah !
indignation.	prōh ! prŏ !	ó ! ah !
surprise.	o ! păpæ ! hem ! ehem ! hui ! oh ! ho ! ó !
menace.	væ !	malheur à ...!
action d'appeler.	eho ! ehodum ! ohe ! heus! holà! oh !
encouragement.	eĭă ! eugĕ ! ăgĕ ! mactĕ,	bien ! or ça ! courage !
aversion.	ăpăgĕ ! phui !	ôtez cela; loin! loin! fi !

Rem. *Age* et son contraire *apage*, sont deux impératifs, dont le dernier est entièrement grec; *age* vient du verbe *agĕre*, et il a un pluriel, *agite !* et *agite dum !* De plus, *macte* est le vocatif d'un adjectif inusité, et il fait au pluriel *macti.* Les autres interjections, dont plusieurs viennent du grec, sont des mots primitifs et ne forment pas de dérivés.

DES PRÉPOSITIONS DANS LES VERBES COMPOSÉS.

§ 102. Les prépositions se réunissent souvent à d'autres mots pour former des composés. Nous ne considérerons ici que les verbes, et nous donnerons assez d'exemples pour montrer comment se fait cette composition.

in
- incĭdĕre (cădere in), *tomber dans ou sur, rencontrer.*
- impellĕre (pellere in), *pousser dans, déterminer.*
- illīdĕre (lædĕre in), *heurter contre, briser.*
- irrumpĕre (rumpĕre in), *se précipiter dans, pénétrer.*

ad
- accĭpĕre (căpere ad), *prendre, recevoir.*
- adducĕre (dŭcĕre ad), *conduire vers, amener.*
- adĭmĕre (ĕmĕre ad), *ôter, m. à m. prendre pour soi.*
- afférre, attuli, allatum (ferre ad), *apporter.*
- aggrĕdi, aggrĕdior (grădior ad), *marcher vers, attaquer.*
- allīdĕre (lædere ad), *heurter contre, briser.*
- annectĕre (nectere ad), *attacher à, ajouter, annexer.*
- appellĕre (pellere ad), *pousser vers, approcher, aborder.*
- arrĭpere (răpere ad), *prendre, saisir vivement.*
- attrahĕre (trăhere ad), *tirer à soi, attirer, entraîner.*
- aspĭrāre (spirare ad), *souffler vers, aspirer.*

ĕbĭbĕre (bibere e), *boire entièrement, épuiser.*
excĭpere (căpere ex), *recevoir, accueillir, succéder à.*
ēdūcere (ducĕre e), *tirer de, faire sortir.*
efferre, extuli, elatum (ferre ex), *porter dehors, emporter.*
expellere (pellere ex), *pousser dehors, chasser.*
exsĕquī (sequi ex), *suivre jusqu'au bout, exécuter.*
āmovēre (movere ā), *éloigner, écarter.*
abrĭpĕre (rapere ab), *arracher, enlever rapidement.*
abscondĕre (condĕre abs), *cacher.*
asportāre (portare abs), *porter au loin.*
auferre, abstuli, ablatum (ferre ab), *emporter.*
dēducĕre (ducere de), *tirer de, conduire, faire descendre.*
dējĭcĕre (jacere de), *renverser, jeter de haut en bas.*
percurrĕre (currere per), *parcourir.*
perfĭcĕre (facĕre per), *achever.*
pellucēre (lucēre per), *briller à travers.*
perrumpĕre, *briser, rompre entièrement.*

> *per marque l'action de traverser et celle d'aller jusqu'au bout.*

præsĭdēre (sĕdēre præ), *présider, protéger.*
prōjĭcĕre (jacĕre pro), *jeter en avant, abandonner.*
obsĭdére (sĕdĕre ob), *se tenir devant, assiéger.*
occĭdĕre (cădĕre ob), *tomber, périr.*
offundĕre (fundĕre ob), *répandre devant, autour.*
oppōnĕre (pōnere ob), *placer devant, opposer.*
sŭbīre (īre sub), *aller dans, auprès, subir.*
succēdĕre (cēdere sub), *aller sous, entrer, succéder.*
suffĭcĕre (facĕre sub), *substituer, fournir, suffire.*
suggĕrĕre (gĕrĕre sub), *porter sous, fournir, suggérer.*
summovēre *et* submovēre, *éloigner.*
cōgĕre, co-ēgi, co-actum (agĕre cum), *réunir, forcer.*
collĭgĕre (lĕgere cum), *rassembler, cueillir, recueillir.*
conjĭcĕre (jăcĕre cum), *jeter, lancer, conjecturer.*
corrumpĕre (rumpĕre cum), *détruire, corrompre.*
transcurrĕre, *courir au delà, traverser en courant.*
trādūcere (ducere trans), *conduire au delà, transporter.*
intercĭpĕre (căpere inter), *prendre au passage, intercepter.*
intellĭgĕre (legĕre inter), *comprendre.*
supergrĕdi (grădior super), *aller au-dessus, surpasser.*
prætergrĕdi (grădior super), *aller au delà, dépasser.*
circumgrĕdi (grădior circum), *aller autour, entourer.*

BSERVATIONS SUR LA COMPOSITION DES VERBES.

103. Il y a deux choses à considérer dans les verbes com-
, d'abord la consonne finale de la préposition, ensuite la
le radicale du verbe.

* G

I. La consonne qui termine la préposition s'altère ou demeure invariable, selon la lettre qui commence le verbe [1].

Prép. *In.* — *N* se change en *M* devant *p*, *b*, *m* ; elle s'assimile avec *l* et *r* ; elle reste invariable devant les autres consonnes, ainsi que devant les voyelles et l'aspiration *h*, qui est toujours traitée comme une voyelle.

Prép. *Ad.* — *D* s'assimile avec toutes les consonnes, excepté *j*, *m*, *b*, *v*. Il se retranche par euphonie devant *sc*, *sp*, *st* : *a-spirare* pour *ad-spirare*. — Il est permis cependant de le conserver intact devant la plupart des consonnes, et c'est ce qui a lieu ordinairement dans *adsum* et *adfui*.

Prép. *Ex.* — *X* s'assimile avec *f* : *efferre* (emporter), *effugĕre* (s'échapper). *Ex* se place devant les voyelles et les consonnes fortes *p*, *c*, *q*, *t*, *s* ; *E* devant les autres consonnes.

Prép. *Ab.* — Le *B* de *ab* se change en *u* devant les deux verbes *ferre* (porter), *fŭgĕre* (fuir) : *aufero*, *aufugio*. *A* se met devant *m* et *v* seulement, *Abs* devant les consonnes fortes *c*, *q*, *t*, et aussi devant *p*, mais avec syncope du *b* : *as-portare* pour *abs-portare*. *Ab* se place devant les autres consonnes et toutes les voyelles.

Prép. *Per.* — *R* est invariable, excepté dans *pellucēre* et dans *pellĭcĕre*, *pellĭcio* (séduire), où il s'assimile avec *l*.

Prép. *Ob.* — *B* s'assimile avec *c*, *g*, *p*, *f* ; il reste invariable devant les autres consonnes, et souvent même devant *f* dans *obfui* et dans *obfirmare* (affermir). Il se retranche dans *ŏmittĕre* (laisser de côté, omettre). — La prép. *ob* avec le verbe *tendĕre* forme deux composés : *obtendĕre* (tendre devant, prétexter), et *ostendĕre* (montrer). Ce dernier s'explique par *obstendere*, comme *as-portare* par *abs-portare*.

Prép. *Sub.* — *B* s'assimile avec *c*, *g*, *p*, *f*, quelquefois avec *m*, très-rarement avec *r* ; il tombe devant *sp* : *su-spirāre* (soupirer), *su-spĭcĕre* (regarder en haut, admirer ; regarder en dessous, soupçonner). Dans ce dernier, la particule composante peut être ou la prépos. *sub* ou l'adv. *sus* [2]. Il en est de même dans *sus-cĭpĕre* (prendre sur soi, entreprendre), *sus-cĭtare* (susciter), *sus-pendĕre* (suspendre), *sus-tollĕre* (élever). Si c'est

---

1. Cf. Méth. grecq. § 107. — 2. Cf. § 104, 5°, ci-après.

la préposition *sub*, il faut supposer qu'elle se change en *subs*, puis en *sus*. Cf. *as-portare* et *os-tendĕre*.

PRÉP. *Cum*. — La forme primitive est *com*, avec *o*. La consonne *M* se retranche devant les voyelles : *cŏ-ēgi*, *cŏ-actum*, et quelquefois *o* souffre contraction : *cōgo* pour *cŏăgo*. *M* subsiste dans *cŏmĕdĕre* (manger), ainsi que devant *p, b, m*; elle s'assimile avec *l* et *r*; elle se change en *n* devant les autres consonnes.

PRÉP. *Trans*. — Cette préposition perd *s* finale quand le verbe commence par une *s* : *tran-scendĕre = scandĕre trans* (monter par-dessus, franchir). Elle paraît sous la forme *trā* dans quelques composés : *trāducĕre* (conduire au delà), *trājĭcĕre* (jeter au delà, traverser).

PRÉP. *Inter*. — *R* demeure invariable, excepté dans le mot *intellĭgĕre = lĕgere inter* (comprendre).

PRÉP. *Circum*. — *M* se conserve partout, excepté dans quelques formes du verbe *circumīre* (aller autour); savoir, la troisième pers. du prés., *circŭĭt*, le supin *circŭĭtum*, et quelquefois, mais rarement, *circŭīret* et *circŭīre*.

PRÉP. *Post, Prœter, Super, Subter*. — Ces quatre prépositions n'altèrent pas leur finale dans la composition des verbes.

PRÉP. *De, Prœ, Pro, Ante*. — Celles-ci donnent lieu aux quatre observations suivantes : 1° *De* se contracte avec la voyelle initiale du verbe dans *dēgĕre = de-agĕre* (passer sa vie), *dēmĕre = de-ĕmĕre* (ôter), *dēbēre = de-hăbēre* (devoir). 2° *Prœ* souffre une contraction analogue dans *prœbēre* (fournir), de *prœ-hĭbēre = prœ-hăbere*. 3° *Pro* admet un *d* euphonique devant la voyelle initiale du verbe dans *prōd-esse* (être utile), *prōd-īre* (s'avancer), *prod-ĭgĕre = agere pro* (pousser en avant, prodiguer); il transpose *r* dans *por-rĭgĕre = rĕgĕre pro* (tendre en avant, présenter). 4° *Ante* change *e* en *i* dans *antĭcĭpāre*, dérivé de *ante-căpĕre* (prévenir), et dans *anti-stāre*, usité concurremment avec *ante-stare* (être devant, l'emporter sur....)

REM. Nous venons d'examiner dix-neuf prépositions; les vingt-trois autres ne forment pas de verbes composés ; car des réunions de mots, comme *contrā-dicĕre* (contredire), sont plutôt des juxtapositions que des compositions véritables ; et, dans *introspĭcĕre* (regarder dans l'intérieur), et *retrospĭcĕre* (regarder en arrière), *intro* et *retro* sont des adverbes.

11. Dix-sept des prépositions ci-dessus, c'est-à-dire toutes, excepté *post* et *subter*, occasionnent souvent dans les verbes la transformation de la voyelle radicale. Les lois de cette transformation, qui n'affecte que les brèves ă, ĕ, et la diphthongue œ, peuvent facilement se déduire du tableau, § 102. On y remarquera qu'en général ă et ĕ se changent en ĭ bref, et œ en ī long. Cette règle souffre quelques exceptions que l'usage apprendra ; nous ne noterons ici que les suivantes :

1° ă bref se change quelquefois en ĕ : *păti*, *patior* (souffrir), *perpĕti* (souffrir jusqu'au bout).

2° Ce changement est de règle lorsque l'*a* est suivi de deux consonnes : *spargĕre* (répandre), *conspergĕre* (arroser); *damnāre*, *condemnare* (condamner). Cependant si ces deux consonnes sont *ng*, *a* devient *i* : *tangĕre* (toucher), *contingĕre* (atteindre); si la première est une *l*, *a* devient *u* : *calcāre*, *conculcāre* (fouler aux pieds).

3° *A* tombe et *u* reste seul dans les composés de *quătĕre*, *quatio* (secouer), *claudĕre* (fermer), *causāri* (alléguer une cause) : *percŭtio* (je frappe), *inclūdo* (j'enferme), *accūso* (j'accuse).

4° *Ante* ne transforme la voyelle radicale que dans *anticĭpare* et *antegrĕdi*; *præter* ne la transforme que dans *prætergrĕdi*.

DES PARTICULES INSÉPARABLES.

§ 104. Outre les prépositions détaillées dans les deux §§ précédents, il y a certaines syllabes qui, placées au commencement des mots, en modifient la signification. On les nomme particules inséparables, parce qu'elles font toujours partie d'un autre mot, et n'en forment pas un à elles seules. Ce sont [1] :

1° *Amb* devant les voyelles, *Am* devant *p*, *An* devant les gutturales : *amb-ĭgĕre* (douter), *am-plecti* (embrasser), *anquīrĕre* (rechercher). La forme primitive est *ambi*, analogue à *ambo*, et la signification *autour, des deux côtés* [2].

2° *Dĭs* marque, comme en français, séparation, distinction :

---

1. Cf. Méth. grecq. § 168. — 2. Grec, ἀμφί.

dis-jungĕre (disjoindre), *dis-pōnĕre* (disposer). *S* s'assimile avec *f* : *differre* (différer); elle tombe devant les consonnes douces, et *i* devient long : *dī-mĭttĕre* (congédier), *dī-rĭgĕre* (diriger); elle se change en *r* devant *ĕmo* et *habeo* : *dĭr-ĭmĕre* (séparer), *dĭr-ĭbĕre*, = *dis-habere* (distribuer). La racine est *duo* (deux) : *dĭs* pour *dŭĭs*.

3° *Rĕ* marque, comme en français, retour, mouvement en arrière : *rĕ-pellĕre* (repousser), *rĕ-ducĕre* (ramener). Cette particule prend un *d* euphonique devant les voyelles : *rĕd-īre* (revenir); elle a en général la même valeur que *retro*.

4° *Sē* signifie de côté, à l'écart : *sē-ponĕre* (mettre en réserve), *sē-ducĕre* (tirer à part). C'est la même particule que dans *séparer, séduire*.

5° *Sus* exprime direction de bas en haut : *sus-pendĕre* (suspendre), *sus-tĭnĕre* (soutenir). *Sus* est employé comme mot complet dans la locution *susque dēque* (de haut en bas). Cette particule vient probablement de *subs* pour *sub*; cf. § 103, I.

6° *Vē* marque privation : *vē-sanus* (privé de son bon sens), *vē-cors* (fou, en délire).

Rem. *Amb, dis, re* et *se* entrent en composition avec des verbes et avec des adjectifs, *sus* avec des verbes et *vē* avec des adjectifs seulement.

A ces six particules il faut ajouter les deux suivantes, qui donnent au mot composé une signification contraire à celle du simple.

1° *In*, négatif en latin comme en français : *justus* (juste), *in-justus* (injuste); *prŏbus* (probe), *imprŏbus* (méchant); *gnārus* (qui sait), *i-gnārus* pour *in-gnarus* (qui ne sait pas). Cette particule n'entre en composition qu'avec des adjectifs ou des participes pris adjectivement. Il n'y a exception que pour quelques verbes tirés d'adjectifs où elle figure déjà, comme *improbāre*, d'*improbus* (désapprouver); *ignōrāre*, d'*ignarus* (ignorer).

2° *Nĕ* bref, également négatif: *ne-scio* (je ne sais), *nĕ-queo* (je ne peux), *nĕ-fas* (crime), *nĕ-fastus* (criminel). L'*e* disparaît devant les voyelles : *nullus* pour *ne-ullus, nunquam* pour *ne-unquam*, excepté dans *neuter* pour *ne-uter, neutiquam* pour *ne-utiquam*. Quelquefois il se contracte : *nōlo* pour *nĕ-vŏlo, nēmo* pour *ne homo*.. *Nĕ* est quelquefois remplacé par *nĕc* ou *nĕg* : *nĕc-ŏpīnans* (qui ne s'attend pas), *neg-lĭgĕre* (négliger),

nĕg-ōtium (affaire) ; ou par *nē* long : *nĕ-quāquam* (nullement).
L'usage enseignera le reste.

RÉSUMÉ DU TROISIÈME LIVRE.

§ 105. Nous avons traité dans ce livre des quatre dernières espèces de mots, savoir : la Préposition, l'Adverbe, la Conjonction, l'Interjection.

La préposition exprime le rapport des mots entre eux.

La conjonction exprime le rapport des propositions entre elles.

La plupart des adverbes marquent aussi des rapports ; les seuls qui expriment des idées sont ceux qui viennent des substantifs et des adjectifs qualificatifs, et principalement ceux de manière.

Comme nous avons également trouvé dans les deux premiers livres des mots pour les idées, d'autres pour les rapports, nous en devons conclure que toute la matière du langage se compose de deux parties bien distinctes : 1o Expression des idées ; 2o Expression des rapports.

Les interjections n'entrent pas dans ce partage. Ce sont moins des mots proprement dits que des exclamations, qui ne font point partie de la proposition, et qui n'influent en rien sur la syntaxe,

LIVRE QUATRIÈME.

SUPPLÉMENT

A LA PARTIE ÉLÉMENTAIRE,

OU ADDITIONS AUX MATIÈRES TRAITÉES

DANS LES TROIS LIVRES PRÉCÉDENTS.

SUPPLÉMENT AUX DÉCLINAISONS.

PREMIÈRE DÉCLINAISON.

§ 106. GÉNITIF SINGULIER. 1. La terminaison *æ* du gén. sing. est une contraction de *āi*, forme ancienne que Virgile a encore employée dans les trois mots *aulāi*, *aurāi*, *pictāi*.

2. Ce même génitif a aussi une forme primitive en *ās*, qui ne s'est conservée que dans le mot *familia* en composition avec *pater*, *mater* et *filius* : *paterfamiliās* (le père de famille), *matresfamilias* (les mères de famille).

GÉNITIF PLURIEL. Les poëtes terminent souvent en *um* au lieu d'*ārum* le gén. plur. des noms patronymiques et des composés de *colĕre* et *gignĕre* : *Dardănĭdæ* (les descendants de Dardanus), *Dardanid-um* p. -*arum* ; *Cœlicolæ* (les habitants du ciel), *Terrĭgĕnæ* (les fils de la Terre), *Cœlicol-um*, *Terrĭgĕn-um*. On trouve aussi, même en prose, *drachmum* et *amphorum* pour *drachmarum* et *amphorarum*; cf. § 108, à la fin.

DATIF et ABLATIF PLUR. Nous avons déjà remarqué, § 28, les datifs féminins *duābŭs* et *ambābŭs*. On donne cette désinence *ābŭs* aux mots *deă* (déesse) et *fĭlĭă* (fille), quand il est nécessaire de distinguer le féminin du masculin, et que la terminaison *is* ferait équivoque. Les grammairiens modernes attribuent également le datif en *ābŭs* aux cinq mots *anima*, *domina*, *famula*, *serva* et *socia*, mais il ne s'en trouve aucun exemple. Il y a autorité pour les suivants, qui du reste ne sont pas à imiter : *asĭnābus*, *equābus*, *mulābus*, *conservābus*, *libertābus*, *nătābus* et quelques autres, que l'on trouve dans les inscriptions.

Noms tirés du grec.

§ 107. Parmi les noms empruntés au grec, les uns ont reçu à tous les cas la forme latine, comme *poētă*, *poētæ* (le poëte); les autres ont conservé la forme grecque, comme *ĕpitŏmē*, *ĕpitŏmēs* (l'abrégé) ; enfin plusieurs suivent à la fois la déclinaison latine et la déclinaison grecque, comme *mŭsĭcă, æ,* et *musicē, es.* Dans ces derniers, la forme latine était généralement préférée du temps de Cicéron et avant lui.

Les noms en *e* sont féminins, ceux en *ēs* et en *ās* sont masculins[1].

S. N.	epitŏm ē, *abrégé.*	cŏmēt ēs, *comète.*	Ænĕ ās, *Énée.*
V.	epitom ē,	comēt ē,	Ænē ā,
G.	epitom ēs,	comēt æ,	Ænē æ,
D.	epitom æ,	comēt æ,	Ænē æ,
Acc.	epitom ēn,	comēt ēn, -ăm,	Ænĕ ān, -ăm,
Abl.	epitom ē.	comēt ē, -ā,	Ænē ā.

Rem. 1. Le pluriel, quand il existe, se décline comme *rosæ, -ārum.*

2. Le datif singulier a toujours la forme latine *æ.* Le génitif a cette forme dans les masculins seulement.

3. L'accusatif en *am* des noms en *ās* est plus usité dans la prose, celui en *ān* dans la poésie.

4. Le vocatif des masculins se forme en retranchant *s* du nominatif ; cependant ceux en *ēs* le font quelquefois en *ă* bref : *Orestēs, Orestă ; Atrīdēs, Atrīdē* et *Atrīdă.*

DEUXIÈME DÉCLINAISON.

§ 108. **Vocatif.** La contraction d'*ie* en *i*, prescrite au § 7 pour les noms propres en *ius*, ne s'étend pas à ceux de ces noms qui sont proprement adjectifs ; ainsi *Dēlius* (le dieu de Délos, Apollon) fait *Deliĕ ; Pius, Piĕ.* Elle ne s'applique pas non plus aux noms appellatifs autres que *genius* et *filius* ; ainsi *gladius* (épée) *gladiĕ ; nuntius* (messager) *nuntiĕ.*

Génitif singulier. Le génitif en *ii* des substantifs en *ius* et *ium* se contractait primitivement en *i* : *Virgilius, Virgili : ingenium, ingeni.* La forme *ii* n'a prévalu que depuis les derniers temps d'Auguste. Quant aux adjectifs, ils n'en ont jamais eu d'autre : *egrĕgĭus* (distingué), *egregii.*

Génitif pluriel. Les poëtes font souvent le génitif pluriel en *um* au lieu d'*ōrum* dans les noms de peuple : *Danăum, Argīvum,* pour *Danăōrum, Argīvōrum ;* quelquefois même dans les adjectifs : *magnănĭmum* pour *magnanimorum.*

La prose étend cette licence, 1º aux noms de monnaies, de mesures et de nombres, comme *nummum, sestertium, dēnarium, mŏdium, stădium, duum,* pour *nummorum,* etc. ; 2º aux mots *deum* p. *deorum, liberum* (des enfants) p. *liberorum, socium* (des alliés) pour *sociorum,* et à quelques autres indiquant des professions ou des emplois publics, comme *fabrum* p. *fabrorum, duumvirum, triumvirum, decemvirum,* p. *duumvirorum,* etc.

---

1. Cf. Méth. grecq. §§ 15 et 16.

Noms tirés du grec.

§ 109. 1. Beaucoup de noms tirés du grec ont reçu à tous les cas la forme latine : *Homērus*, *Alexandĕr*, *theātrum*. Plusieurs, à côté des terminaisons latines, ont conservé les désinences grecques du nominatif et de l'accusatif *ŏs* et *ŏn* : *barbĭtŏs* et *barbitus* (un luth), Voc. *barbitĕ*, G. *barbiti*, D. Abl. *barbĭtō*, Acc. *barbitŏn* et *barbitum* ; *Dēlŏs* et *Dēlus*, Acc. *Dēlŏn* et *Dēlum* (l'île de Délos) ; *Iliŏn* et *Ilium* (Troie ou Ilion), et autres semblables.

2. Quelques noms propres suivent en latin comme en grec la déclinaison attique [1] ; par ex. : *Androgeos* (Androgée, n. d'hom.) et *Athos* (le mont Athos).

N. V. Andrŏgĕŏs, G. Androgĕō, D. Abl. Androgĕō, Acc. Androgĕŏn, Androgĕō.
Athōs,   Athō,   Athō,   Athōn,   Athō.

On dit aussi { G. Andrŏgĕī, *Acc.* 3ᵉ *décl.* Androgĕŏnă.
           { . . . . Athonem, *Abl.* Athōnĕ.

3. Les noms propres en *eūs*, comme *Orpheūs*, *Thēseūs*, *Promētheūs*, *Perseūs*, *Idomeneūs* [2], qui sont en grec de la troisième déclinaison, passent dans la seconde en latin. Cependant au vocatif ils ont la forme grecque, et peuvent, surtout en poésie, la conserver aux autres cas.

N. Orpheūs, V. Orpheū, G. Orphĕi, D. Orphĕō, Acc. Orphĕum, Abl. -ĕō.
       Orphĕŏs,   Orphĕī,   Orphĕă.

REM. Quand le nom *Perseūs* désigne Persée, roi de Macédoine, Tite-Live le décline comme *Orpheūs*, Cicéron comme *Comētēs* :

N. Persēs, V. Persē, G. et D. Persæ, Acc. Persēn, Persam, Abl. Persē, -sā.

TROISIÈME DÉCLINAISON.

§ 110. ACCUSATIF SINGULIER. Aux noms qui ont l'accusatif singulier en *im* (§ 17, 1V), il faut ajouter certains noms de fleuves, comme *Tibĕris* (le Tibre), *Lĭgĕr* (la Loire), *Athĕsis* (l'Adige), *Arar* et *Arăris* (la Saône), *Albis* (l'Elbe), etc. *Scaldis* (l'Escaut) fait *Scaldim* et *Scaldem* ; *Liris* fait *Lirim*, *Lirin* et *Lirem*.

ABLATIF SINGULIER. 1. Ces mêmes noms de fleuves ont l'ablatif en *i*. Cependant on dit aussi avec *e*, *Arare* et *Scalde*, à cause de *Arar* et *Scaldem*.

2. Les noms de ville en *ĕ*, comme *Bibractĕ* (l'ancien nom d'Autun), *Arelātĕ* (Arles), *Prænestĕ* (Préneste), font l'ablatif en *ĕ* : *Bibractĕ*, etc. Il est vrai que les deux derniers font aussi au nominatif *Arĕlās* et *Prænestĭs*.

3. Nous avons vu, § 25, que tout adjectif parisyllabique fait l'ablatif en *i* et non autrement. Il en est de même des noms de

---

1. C. Méth. gr. §§ 18 et 179. — 2. *Eūs* en une seule syllabe, et non *ĕŭs*. Cf. Méth. gr. § 24.

mois, véritables adjectifs avec lesquels on sous-entend *mensis ;* ainsi l'on dit *aprilis* (avril), *aprīli ; octōber* (octobre), *octōbri.*

Il en est de même aussi des noms qui, primitivement adjectifs, sont devenus substantifs sans perdre entièrement leur premier caractère, comme *annālis* (un livre d'annales), *ăquālis* (une aiguière), *affinis* (un parent par alliance), *œquālis* (un contemporain), *familiaris* (un ami), *sodālis* (un camarade), *bĭpennis* (une hache à deux tranchants), *canālis* (un canal), *trĭrēmis* (une galère à trois rangs de rames). Si quelquefois on trouve l'ablatif en *e* dans ces noms et autres semblables, la terminaison *i* n'en est pas moins la plus régulière. Exceptez *œdīlis* (édile), qui est devenu tout à fait substantif et fait mieux *œdīle*, et *patruēlis* (cousin germain), qui fait également bien *patrueli* et *patruele.*

4. Tout adjectif élevé à la qualité de nom propre, qu'il soit parisyllabique ou non, a l'ablatif en *ĕ ;* ainsi *Juvenālis*, *Martiālis*, *Felix*, *Clēmens*, *Cĕlĕr*, *Simplex*, font exclusivement *Juvenalĕ*, *Martiale*, *Felice*, etc. Les exceptions à cette règle sont très-rares.

5. Les noms de peuple suivent la règle des adjectifs. Les parisyllabiques, comme *Tarquiniensis* (habitant de Tarquinies), ont ordinairement l'ablatif en *i*. On trouve pourtant des exemples où ce cas est en *e* : *Tarquiniense*, *Atheniense*, *Veliense.*

Les imparisyllabiques, comme *Arpīnās*, *ātis* (habitant d'Arpinum), *Quĭris*, *ītis* (Romain), *Samnīs*, *ītis* (Samnite), *Tĭburs*, *Tĭburtis* (habitant de Tibur), *Veiens*, *entis* (de Veies), le font régulièrement en *e* ou en *i*. On préfère *e* quand ils sont employés substantivement.

§ 111. GÉNITIF PLURIEL. 1. Ces mêmes noms de peuple ont le génitif pluriel en *ium* : *Tarquiniensium*, *Arpinatium*, *Quiritium*, *Samnītium*, *Tiburtium*, *Veientium.*

2. Il faut y joindre *nostrās* (qui est de notre pays), *nostrātium*, (§ 36-4), et les deux pluriels *optĭmātes* (les grands), *Pĕnātes* (les dieux domestiques), *optimatium*, *Penatium.*

3. Cependant les poëtes élident souvent la voyelle *i* de ces génitifs, et disent *Quiritum*, *Tiburtum*, *Penatum*. On trouve même en prose, *optimātum*, *Arpinātum*, selon la règle des substantifs.

4. *Părens* (le père ou la mère), primitivement adjectif, fait beaucoup plus souvent *părentum* que *părentium*. On dit aussi *săpientum*, *rĕcentum* pour *săpientium*, *rĕcentium*, et les poëtes étendent cette syncope à la plupart des participes en *ans* et en *ens.*

5. *Ambāges*, f. (les détours), qui n'a au sing. que l'abl. *ambāgĕ*, fait au gén. pluriel *ambagum*. Nous citerons encore, pour qu'on les connaisse et non pour qu'on les emploie, *cædum*, *clādum*, *mensum*, *sēdum*, de *cædēs* (meurtre), *clādēs* (désastre), *mensis* (mois), *sēdēs* (siége).

6. Le mot *ălĕs* (oiseau) reçoit dans les poëtes un accroissement au génitif pluriel : *alĭtŭum* pour *alĭtum.*

7. Les noms en *tas*, *tātis*, comme *civitas*, font régulièrement ce génitif en *um*. Cependant on trouve beaucoup d'exemples de *civitatium*, et quelques-uns de *œtatium*, *voluptatium*, *necessitatium*, et autres semblables.

Fraus et *palūs* font quelquefois *fraudium* et *paludium*, mais *-um* est plus usité.

8. Quelques noms de fêtes, comme *Bacchanālia*, *Saturnālia*, et plusieurs autres noms, particulièrement *ancīlia* (les boucliers sacrés), *vectīgālia* (les impôts), outre le génitif régulier *Bacchanāl-ium*, etc. en admettent un en *ōrum*, *Bacchanal-iōrum*, *vectigal-iōrum*, *ancil-iōrum*. Mais la forme *ium* est la plus usitée.

ACCUSATIF PLURIEL. Primitivement l'acc. pl. se terminait en *eis* et par contraction *is*, et cette forme était usitée même au siècle d'Auguste dans les substantifs et les adjectifs dont le génitif pluriel est en *ium ;* ainsi, *urbīs*, *gentīs*, *omnīs*, pour *urbes*, *gentes*, *omnes*. Peu à peu la forme en *es* l'a totalement remplacée.

Noms irréguliers.

§ 112. 1. *N. V.* Jūpĭter, *le dieu Jupiter.* *G.* Jŏv is, *D.* Jŏv i, *Acc.* Jŏv em, *Abl.* Jŏv e.

REM. Le nominatif est composé de *pater*, et du radical *Jov* contracté. On dit aussi *Diespiter* (le père du jour).

2. S. *N. V. Acc.* itĕr, *chemin.* *G.* ĭtĭnĕr is, *D.* itiner i, *Abl.* itiner e.
    PL.   ĭtĭnĕr a,   itiner um,   itiner ibus.

3. Jĕcur, jecoris, *le foie*, fait aussi *jecinor is*, *jocinor is*, *jocineris.*

'Cicéron employait de préférence la forme *jecoris.*

4. Sŭpellex, f. *mobilier,* supellectil is, -i, -em, -ĕ ou ī.

On indique pour pluriel *supellectilia*, *-ium*, *-ibus*, mais sans en donner d'exemples. On trouve au contraire *supellectiles* dans Ammien. Du reste, *supellex*, étant un nom collectif, ne s'emploie bien qu'au singulier.

5. S. vīs, f. *la force. Acc.* vim, *Abl.* vi. Pas de génitif ni de datif.
    PL. vīr es, vīr ium, vīr ĭbus. Cf. § 126, *fin.*

6. S. *N. V.* bōs, *bœuf* ou *vache*, *G.* bŏv is, *D.* bŏv i, *Acc.* bŏv em, *Abl.* bŏv e.
    PL. *N. V. Acc.* bŏv ēs, *G.* bŏ um, *D. Abl.* bŏ bus (*qqfois* bū bus).

REM. Il est facile de reconnaître dans *bos*, *bobus* et *bubus*, la contraction de *bou*, qui se trouve dans le génitif *bovis*. Au génitif pluriel, la lettre *v* est retranchée à cause de l'*u* de la terminaison.

Noms tirés du grec.

§ 113. 1. Les noms grecs, reçus en latin, y prennent généralement la déclinaison latine, et sont ou imparisyllabiques, comme :

attagēn, -ēnis, m. *un francolin ;*	tyrannĭs, -ĭdis, f. *la tyrannie ;*
splēn, splēn is, m. *la rate ;*	Ajax, Ajāc is, *Ajax ;*
hēpăr, hēpăt is, n. *le foie ;*	Atlās, Atlant is, *Atlas ;*
drăco, dracōn is, m. *un dragon ;*	Xënŏphon, -ontis, *Xénophon ;*

ou parisyllabiques [1] avec l'accusatif en *im*, comme :

pŏēs ĭs, f. *la poésie,*	G. poes is,	*D. Abl.* poes i,	*Acc.* poes im.
băs ĭs, f. *la base,*	bas is,	bas i,	bas im.
Nëāpŏlĭs, f. *Naples,*	Neapol is,	Neapol i,	Neapol im.

2. Beaucoup cependant, à côté des formes latines, admettent une ou plusieurs des formes grecques suivantes, surtout en poésie :

Imparisyllabiques :   G. ŏs,   *Acc. sing.* ă,   *Acc. pl.* ăs.
Parisyllabiques :   ĕos,   ĭn.

Ænēĭs, f. *l'Énéide,*	Ænēĭd ŏs,	Ænēĭd ă.		
āĕr, m. *l'air,*	āĕr ĭs,	āĕr ă.		
æthēr, m. *l'éther,*	æthĕr is,	æthĕr ă.		
Hectŏr (*n. d'homme*),	Hectŏr is,	Hectŏr ă.		
Pān, *le dieu Pan,*	Pān ŏs,	Pān ă.		
hērōs, *un héros,*	hērō is,	hērō ă.	*Pl. N.* hērōĕs, *Acc.* hērōăs.
Arcăs, *Arcadien,*	Arcăd ŏs,	Arcăd ă.	Arcădĕs,	Arcădăs [2].
poēsis, f. *la poésie,*	poēs ĕŏs (*rare*),	poēs in.		
măthesis, f. *la science,*	mathes ĕŏs (*id.*),	mathes in.		

Rem. Quelques imparisyllabiques ont l'accusatif en *ă* et en *n* :
Thĕtĭs (*fille de Nérée*),   Thĕtĭdos, Thĕtĭdă et Thĕtĭn.
Tēthȳs (*femme de l'Océan*), Tēthȳŏs, Tēthȳă et Tēthyn.

D'autres sont à la fois parisyllabiques et imparisyllabiques :

Adōn ĭs, -is, -im *ou* -in,	=	Adōn ĭs, -ĭdĭs, -ĭdem *ou* -ĭdă.
Osīr ĭs, -is, -im *ou* -in,	=	Osīr ĭs, -ĭdĭs, -ĭdem.
Sĕrāp ĭs, -is, -im *ou* -in,	=	Sĕrāp ĭs, -ĭdĭs, -ĭdem.

§ 114. Les noms propres en *ēs* sont parisyllabiques, et se déclinent à la manière latine.

Sōcrătēs, *Socrate,* Socratis, Socrati, Socratem, Sōcrătĕ.
Hercŭlēs, *Hercule,* Hercŭlĭs, Herculī, Herculem, Hercŭlĕ.

Déclinez de même : *Archimedes, Aristotĕles, Demosthenes, Euripides, Neocles, Pericles, Sophocles, Themistocles, Mithridates, Tiridates, Phraates, Vologeses,* et beaucoup d'autres.

---

1. En grec, la troisième déclinaison n'a que des imparisyllabiques ; cf. Méth. gr. § 19 et suiv. *Poesis* a son modèle au § 23. — 2. Même Méth. § 27, à la fin.

Rem. 1. Outre le génitif en *is*, forme régulière et généralement usitée, ces noms reçoivent, particulièrement dans Cicéron, un génitif en *i* : *Archimedi*, *Aristoteli*, *Demostheni*, etc.

Quelques-uns ont un accusatif en *en*, comme s'ils étaient de la première déclinaison, sans cesser pour cela d'avoir l'accus. en *em*, selon la troisième : *Mithridatēn*, *Tiridatēn*, *Vologesēn*, *Phraatēn*.

2. *Achilles* et *Ulysses*, qui d'ailleurs se déclinent régulièrement, ont de plus un génitif en *ei*, *eos*, et un accusatif en *ea*, comme si le nominatif était en *eūs* :

Achill ĕi (eī, ī), -ĕŏs, -ĕă. Ulyss ĕī (eī, ī) -ĕŏs, -ĕă.

3. Certains noms propres en *ēs*, comme *Chremēs*, *Thalēs*, *Philolaches*, sont parisyllabiques et imparisyllabiques à tous les cas :

Chrĕm ēs { Chrĕm is, Chrĕm i, Chrem em,   -ĕn.
         { Chrĕm ētis,   ēti,   ētem,   -ētă.

4. Les noms patronymiques masculins en *adēs*, *idēs*, *iadēs*, sont de la première déclinaison et ont le génitif en *æ* : *Priamid es*, *æ* (fils de Priam) ; *Thestiad es*, *æ* (fils de Thestius). Les féminins en *ĭs*, *ĕĭs*, *ĭăs* sont de la troisième et font au génitif *idis*, *eidis* *iadis* : *Nereis*, *Nereidis* (fille de Nérée) ; *Thespias*, *Thespiadis* (fille de Thespius) [1].

§ 115. Les noms propres féminins en o long, comme *Dido*[2], *Calypso*, *Echo*, *Io*, *Ino*, *Manto*, *Sappho*, font le génitif en *ūs* pour *ŏŏs*, et l'accusatif en *ō* pour *ŏă* :

N. V. Dīdō,   *G.* Dīdūs,   *D. Abl.* Dīdō,   *Acc.* Dīdō.

On voit que tous les cas sont en o, excepté le génitif. Il existait aussi une forme latine, *Dido*, *Didonis*, *i*, *em*, *e*, dont Tacite s'est servi. Quintilien blâme *Calypsonem*.

§ 116. Quelques neutres en *os* bref, pluriel *e* long pour *ea*, ne sont usités qu'aux trois cas semblables :

cētŏs, *un cétacé*, Pl. cētē. | mĕlŏs, *chant lyrique*, mĕlē.
epŏs, *chant épique*,   ĕpē. | Argŏs, *la ville d'Argos.*

Rem. 1. *Cetos* a aussi la forme latine, *cetus*, *ceti*, m., d'où le datif pluriel *cetis*. — Outre le singulier neutre *Argos*, on dit dans le même sens *Argi*, *Argorum*.

2. On peut rattacher à la classe précédente les trois neutres suiv. :

N. V. Acc. Tempē (p. Tempea), *la vallée de Tempé* (sans singulier).
    chăŏs, *le chaos*, *D. Abl.* chaō (sans pluriel).
    pĕlăgŭs, *la mer*, *G.* pelagi, *D. Abl.* pelagō [3].

Nota. On remarquera, dans ces deux derniers, le mélange de la deuxième et de la troisième déclinaison.

---

1. Cf. Méth. gr. § 193, III. — 2. Cf. Διδώ, Διδόος -οῦς, Méth. gr. § 27. —
3. On trouve dans Lucrèce le plur. neutre *pelagē*. Cf. Méth. gr. § 22.

§ 117. Les neutres en *ma,* G. *matis,* empruntent leur datif pluriel à la seconde déclinaison, et le font en *is* beaucoup plus souvent qu'en *ibus.*

Sing. N. V. Acc. poëmă, *poëme.*   Pl. poëmăt ă.
      G.   poëmăt ĭs,   poëmăt um,
      D.   poemat ī,   poemat īs(ĭbus),
      Abl. poemat ĕ,   poemat īs (ĭbus).

Déclinez ainsi : *œnigma* (énigme), *diadēma* (diadème), *epigramma* (épigramme), *emblēma* (placage), *tŏreuma* (ciselure), *diplōma* (patente), etc.

OBSERVATIONS GÉNÉRALES SUR LES NOMS GRECS.

§ 118. 1. Le vocatif singulier, à tous les genres, est généralement semblable au nominatif. Cependant les noms propres en *ās,* G. *antis,* le font en *ā* long : *Atlā, Pallā* [1]. Ceux en *ēs* le font quelquefois en *ē,* comme s'ils étaient de la première déclinaison ; ainsi l'on trouve, o *Socratēs, Periclēs, Calliclēs, Patroclēs,* et o *Socratē, Periclē, Damoclē, Sophoclē.*

Ceux en *ĭs* bref et en *ўs* retranchent l's : *Alexĭ, Amaryllĭ, Daphnĭ,* et *chĕlў* (de *chelys-yos,* un luth). *Tibris* p. *Tiberis* est traité comme un mot grec, et fait *Tibrĭ.* — Plaute et Térence conservent *s* au vocatif : *Zeuxis, Bacchis, Mysis, Thais.*

2. Le génitif pluriel n'admet la forme ɡ ɾecque *ōn* que dans les titres de livres, comme *Epigrammatōn, Metamorphoseōn liber,* et dans deux ou trois noms de peuples, comme *Chalybōn* pour *Chalybum, Malieōn* pour *Maliensium.*

3. Ovide et Properce ont employé dans quelques mots féminins le datif pluriel grec en *si* et *sin* : *Lemniăsĭ, Trōăsĭn, herōĭsĭn, Dryăsĭn.*

4. L'emploi des mots grecs dans la langue latine offre encore d'autres particularités que l'usage apprendra. Nous ne ferons plus qu'une remarque, c'est qu'à l'exception d'*aera,* d'*æthera,* et de quelques autres, Cicéron préférait en général les formes latines. On ne voit qu'un peu plus tard les désinences grecques passer de la poésie dans la prose, et devenir d'un usage assez ordinaire. L'accusatif pluriel en *ăs* est, au reste, le cas le plus usité, principalement dans les noms géographiques, soit grecs, soit barbares : *Macedonăs, Æthiopăs, Allobrogăs, Lingonăs, Vasconăs.*

---

1. *Pallās, Pallantis,* nom d'un guerrier, différent de *Pallăs, Pallădĭs,* nom d'une déesse.

QUATRIÈME DÉCLINAISON.

§ 119. GÉNITIF SINGULIER. Ce cas est quelquefois en *i* au lieu d'*ūs*, surtout dans les poëtes comiques et dans Salluste : *senati, tumulti* pour *senatūs, tumultūs*. Cet archaïsme n'est pas à imiter.

Nous avons, suivant l'usage, donné comme indéclinables au singulier les neutres en *u*; mais Freund [1] cite quarante-quatre exemples certains où le génitif est en *us* contre cinq où il est en *u*; on dit donc *cornus* aussi bien et peut-être mieux que *cornu*.

DATIF SINGULIER. Nous avons déjà remarqué que le datif sing. en *ui* se contractait souvent en *ū*; cette contraction est ordinaire dans César : *equitatu, magistratu, usu*, pour *equitatui*, etc.

GÉNITIF PLURIEL. On trouve *passum* pour *passuum* dans Plaute et dans Martial. Plusieurs éditions de Virgile portent *currum* dans un vers où les meilleures lisent *curruum*, en deux syllabes seulement [2].

DATIF et ABLATIF PLUR. Les noms suivants ont le datif et l'abl. plur. en *ŭbus* au lieu de *ĭbus* :

acŭs, f. *aiguille.*   artŭs, m. pl. *les membres.*   trĭbŭs, f. *une tribu.*
arcŭs, m. *arc.*   partŭs, m. *enfantement.*   spĕcŭs, m. *caverne.*
lăcŭs, m. *lac.*   quercŭs, f. *un chêne.*   pĕcu, n. *troupeau.*

REM. 1. On voit que ces mots joignent la désinence *bus* immédiatement à la voyelle finale du radical, *arcu-s, arcu-bus.* Dans les autres, cette voyelle est élidée et remplacée par un *i* de liaison, *fructu-s, fruct-ibus.* La voyelle *u* des datifs *arcubus, artubus, partubus* empêche qu'on ne les confonde avec *arcibus, artibus, partibus*, d'*arx, ars, pars.*

2. *Portus*, m. (un port), fait *portubus* et *portibus; tonĭtrus*, m. (le tonnerre), *tonitribus*, quelquefois *tonitrubus; veru*, n. (broche), *verubus* et *veribus.* — Le mot *tonitrus* a aussi une forme neutre fort usitée au pluriel, *tonitrua;* quant au nominatif sing. *tonitru*, il est douteux que les anciens l'aient employé.

Mélange de la quatrième et de la deuxième déclinaison.

§ 120. I. Le nom féminin *domus* (maison) suit en partie la quatrième déclinaison et en partie la seconde.

SING. N. V.   dŏmŭs.   PL. domūs.
     G.   domūs, domī.   domuum, domorum.
     D.   domui, (domo).   domibus.
     Acc. domum,   domūs, domos.
     ABL. (domu), domo.   domibus.

REM. 1. *Domi* n'a le sens du génitif que dans les comiques; partout ailleurs il est pris adverbialement, et signifie *à la maison, au logis.*

---

1. Dictionnaire latin-allemand, p. LXXXI et suiv. — 2. Enéid. VI, 653.

8. Burn. *Gr. Lat.*   H

2. *Domo* au datif et *domu* à l'ablatif sont des archaïsmes. *Domuum* et *domorum* sont également usités ; *domos* l'est beaucoup plus que *domūs.*

II. Plusieurs noms d'arbres, savoir : *cornus* (cornouiller), *cupressus* (cyprès), *fagus* (hêtre), *ficus* (figuier), *laurus* (laurier), *myrtus* (myrte), *pinus* (pin), *spinus* (prunier sauvage), qui suivent ordinairement la seconde déclinaison, prennent aussi, chez les poëtes surtout, quelques formes de la quatrième, mais seulement celles qui se terminent en *ū* et en *ūs,* comme *laurū* (abl. sing.), *laurūs* (gén. sing., nomin. et acc. plur.).

Ajoutez *cŏlŭs,* *coli,* f. (quenouille), qui, à côté des formes régulières, a aussi *colū* et *colūs.* Ce mot ne se rencontre pas au génitif pluriel.

CINQUIÈME DÉCLINAISON.

GÉNITIF SINGULIER. La cinquième déclinaison a, comme la première, trois formes différentes au génitif singulier :

    1ʳᵉ *décl.* familiā-s,   terrā-ī,   terræ.
    5ᵐᵉ *décl.* diĕ-s,   diĕ-ī,   diĕ.

Les formes usitées sont *terræ* et *diei ;* les autres sont archaïques. *Diēs* s'est conservé dans *Dies-piter ;* on trouve dans les meilleurs auteurs, *die, acie, fide,* pour *diei, aciei, fidei.* Les anciens disaient même *dii, pernicii, progenii,* en contractant *ei* en *i,* au lieu de le contracter en *e.*

DATIF SINGULIER. Il existe quelques exemples de *fidē* pour *fidĕi,* au datif.

REM. Les autres cas de la cinquième déclinaison ne répondent pas moins exactement à ceux de la première.·

Acc. rosa-m. *Abl.* rosā. *G. pl.* rosā-rum. *D. Abl.* deā-bus. *Acc.* rosā-s.
    die-m·   diĕ,   diĕ-rum.   diĕ-bus.   diĕ-s.

Au nominatif même, la comparaison de *materiēs* et *materiă, cometēs* et *cometă,* prouve assez que l'*a* bref n'est que le reste d'une forme plus complète, et que le nominatif a perdu la consonne *s* qui le caractérise. Comme tout indique que dans l'origine le nominatif pluriel (*æ* pour *ai*) avait aussi une *s,* il est évident que la cinquième déclinaison est une variété de la première. Or nous avons vu que de son côté la quatrième est identique avec la troisième ; il est donc certain que le latin n'a réellement, comme le grec, que trois déclinaisons [1].

---

1. Ces trois déclinaisons pourraient, dans l'une et dans l'autre langue, se ramener à l'unité ; mais ce n'est pas ici le lieu de traiter cette question. Quant à l'existence de *s* au nominatif plur., Nonius, IX, 11, cite un exemple qui la constate : *Lætitias insperatas modo mihi irrepsere in sinum.* Indépendamment de ce fait, beaucoup de raisons d'analogie la mettraient au besoin hors de doute.

NOMS COMPOSÉS.

§ 121. 1. Quand un substantif et un adjectif sont réunis pour former un nom composé, tous les deux se déclinent : *respublica* (la république), *reipublicæ; jusjurandum* (le serment), *jurisjurandi* (sans pluriel).

2. Dans les composés d'un nominatif et d'un génitif, le nominatif seul se décline : *paterfamilias, patrisfamilias ; triumvir, triumviri; jurisconsultus, jurisconsulti.* — On dit aussi *jureconsultus, i,* c'est-à-dire habile *dans* le droit.

NOMS SURABONDANTS.

§ 122. On appelle surabondants (*abundantia*), les noms qui suivent à la fois plusieurs déclinaisons, sans changer de signification.

1. Quelques-uns sont surabondants à tous leurs cas; par ex. :

attagēn -ēnis, *et* attagēnă -æ.   palumbēs -ĭs, *et* palumbus -i [3].
fŭlix, fulĭcis, *et* fulĭcă -æ [1].   vultŭr -ŭris, *et* vulturius -ii.
mendum -i, *et* mendă -æ [2].   paupertas -tātis, *et* pauperiēs -ēi.
juventūs -tūtis, *et* juventa -æ.   senectūs -tūtis, *et* senecta -æ.
eventŭs -ūs, *et* eventum -i.   Druides -um, *et* Druidæ -arum [4].

2. D'autres n'ont les doubles formes qu'à une partie de leurs cas :

plebs, plēbis, f. *le peuple.*   5ᵉ décl. *N.* et *G.* plēbēs -ei, *D.* -ei.
fămēs, famĭs, f. *la faim.*   5ᵉ décl. *Abl.* famē (*e* long).
requiēs -ētis, f. *repos.*   5ᵉ décl. *Acc.* requiem, *Abl.* requiē.
jūgerum -i, n. *arpent.*   3ᵉ décl. *Abl.* jugĕrē, jugĕribus, *G. pl.* jugerum.
cancer, cancri, m. *écrevisse.*   3ᵉ décl. *G. rare,* cancĕris, *Pl. rare,* cancĕres.
sequester -tri, m. *dépositaire.*   3ᵉ décl. sequestrem -trĕ -tres.
specus -ūs, m. *caverne.*   3ᵉ décl. *neutre :* spĕcŭs (*sans autres cas*).

pĕnŭs -ūs, f. penus, -i, m. } *provision de bouche.* Le neutre n'a
penum -i;   penus, -oris, n. } au pluriel que *penora. Penus -i* et
  } *penum -i* sont peu usités.

A cette liste il faut ajouter tous les noms qui se déclinent comme *materia* et *materies* (§ 22), ou comme *cupressus, fagus,* etc. (§ 120), ainsi que beaucoup de noms grecs.

Rem. Plusieurs substantifs, qui ont aussi des formes doubles, diffèrent des précédents en ce que les deux formes appartiennent à la même déclinaison. Ainsi l'on dit également *tigris -is,* et *tigris -idis,* f. (un tigre); *cucumis -eris* imparisyllabique aux deux nombres, et *cucumis -is* parisyllabique au singulier (concombre).

---

1. Foulque, oiseau de mer. — 2. Faute d'écriture; le féminin se dit plus souvent d'un défaut corporel. — 3. Pigeon ramier. — 4. Les Druides, prêtres gaulois.

Quelquefois le nominatif seul est double : *felēs* et *felĭs* (un chat), *vulpēs* et *vulpĭs* (un renard), *torquĭs* et *torquēs* (un collier), *vehēs* et *vehĭs* (une voie, une charge) [1].

NOMS DÉFECTIFS.

Défectifs dans le nombre.

§ 123. Beaucoup de substantifs manquent de l'un des 2 nombres.

I. Les uns n'ont que le singulier. Ce sont :

1° Les noms d'hommes : *Scipio, Cicero, Cæsar;* de pays : *Italia, Græcia;* de villes : *Roma, Lutetia;* de fleuves : *Tiberis, Sequana.* Toutefois, en parlant de plusieurs Scipions, de plusieurs Césars, on dira fort bien *Scipiones, Cæsares.*

2° Quelques noms collectifs, comme *vulgus*, n. et m., G. *vulgi*, D. Abl. *vulgo*, Acc. *vulgus*, n., *vulgum*, m. (le vulgaire, la multitude).

3° Les noms abstraits ; par ex. : *juventus, senectus, pietas, justitia.* Cependant, de même qu'on peut dire en français, dans le style soutenu, *des jalousies, des amitiés, des haines, des cupidités,* on trouve également en latin, *invidiæ, amicitiæ, odia, cupiditates.* On trouve même quelquefois *mortes, paces, soles,* et dans Tacite, *glorias.* Ce dernier est un néologisme.

4° Les noms de métaux : *aurum, argentum, ferrum;* mais on dit *æra*, comme en français, *des bronzes.* L'usage apprendra les autres particularités ; il suffit de remarquer en général que les deux langues suivent à peu près la même analogie.

II. Les autres n'ont que le pluriel ; ce sont :

1° Certains noms de peuples : *Aborigines, Ædui, Parisii;* de villes : *Athenæ, Delphi;* de montagnes : *Alpes.*

2° Les noms de fêtes publiques, qui sont primitivement adjectifs : *Bacchanalia, Compitalia* (sc. *sacra*), *Circenses* (sc. *ludi*).

3° Un grand nombre de substantifs de significations diverses :

arma, *armes.*	excŭbiæ, *veille.*	exsĕquiæ, *funérailles.*
crĕpundia, *hochets.*	exŭviæ, *dépouilles.*	cūnæ -arum, *berceau.*
dēlĭciæ, *délices.*	indūciæ, *trêve.*	incūnābŭlă -orum, *id.*
divitiæ, *richesses.*	insĭdiæ, *embûches.*	bīgæ, *char à deux chevaux.*
hăbēnæ, *rênes.*	relĭquiæ, *restes.*	grātēs, *actions de grâces.*
nuptiæ, *noces.*	tĕnĕbræ, *ténèbres.*	fĭdēs ium, *cordes d'une lyre.*

Rem. On peut rattacher, aux noms indiqués dans ce paragraphe, ceux qui expriment une idée au singulier et une autre au pluriel ; nous en citerons seulement quelques-uns :

---

1. Les nominatifs en *es* de la troisième déclinaison sont empruntés à la cinquième. Aussi les noms latins ainsi terminés sont-ils tous féminins, excepté *torques, vates* et *palumbes*, qui ont les deux genres, l'un parce qu'il a le deux désinences, les autres à cause de leur signification.

ædēs, ædĭs, f. *un temple.*　　　　ædes -ium, *une maison.*
aqua, ăquæ, *eau.*　　　　aquæ -ārum, *eaux thermales.*
auxĭlium -ii, *secours.*　　　　auxilia -orum, *les auxiliaires.*
cōpia, copiæ, *abondance.*　　　　cōpiæ -arum, *les troupes.*
castrum -i, *un fort.*　　　　castra -orum, *le camp.*
littĕra -æ, *lettre de l'alphabet.*　　　　litteræ -arum, *lettre missive* [1].
opĕra, ŏpĕræ, *le travail.*　　　　operæ -ārum, *les ouvriers.*
pars, partis, *une partie.*　　　　partes, partium, *un parti, un rôle.*
sal, sălis, m. et n. *du sel.*　　　　sălēs, m. *D. Abl.* sălĭbus, *bons mots.*

Défectifs dans la déclinaison.

§ 124. Un certain nombre de substantifs ne s'emploient qu'aux trois cas semblables, soit du singulier soit du pluriel :

Sɪɴɢᴜʟɪᴇʀ ɴᴇᴜᴛʀᴇ. *Fas* (chose licite), *nefas* (chose illicite, crime), *instar* (ressemblance), *nihil* et *nīl* (rien), *sĕcus,* pour *sexŭs -ūs* (sexe), *parum* (peu, trop peu), cf. § 94.

Pʟᴜʀɪᴇʟ ɴᴇᴜᴛʀᴇ. *Murmura, colla,* de *murmur* (bruit), *collum* (cou), complets au singulier ; *flāmĭna,* de *flamen* (so ffle), dont le singulier n'a que *flamĭnĕ.*

De plus, *mella, fella, farra* (§ 9), *æra, jura, pura, rura, tura* (§ 13), et *mūnia* (les devoirs), qui n'a pas de singulier. — *Ærum, æribus* et *jurum, juribus,* sont des archaïsmes qu'on ne doit pas imiter.

Pʟᴜʀɪᴇʟ ғᴇ́ᴍɪɴɪɴ. Troisième déclinaison : *Lābēs,* de *labes -is* (tache) ; *nĕces,* de *nex, nĕcis* (mort violente); *sŏbŏles,* de *soboles -is* (race); *vĕhes,* de *vĕhes -is* (voie, charge); *pāces, pĭces, plēbes* (§ 15), *grā-tes* (§ 123); *gratibus* est une fois dans Tacite. — Cinquième déclin. : *spes, acies,* et tous les autres, excepté *dies* et *res.*

Pʟᴜʀɪᴇʟ ᴍᴀsᴄᴜʟɪɴ. Quatrième déclinaison : *metūs* (les craintes), *astūs* (les ruses), *sitūs* (les positions).

§ 125. Outre les noms précédents et ceux que nous avons indiqués chacun en son lieu, les suivants manquent encore de génitif pluriel :

as, assis, m. *un as,* 12 *onces.*　　　　præs, prædis, m. *garant.*
bes, bessis, m. *deux tiers d'as.*　　　　vas, vădis, m. *caution.*
cōs, cōtis, f. *pierre à aiguiser.*　　　　stips, stĭpis, f. *petite monnaie.*
fæx, fæcis, f. *de la lie.*　　　　sal, *pl.* sales, *bons mots* (§ 123, R.)
fax, făcis, f. *flambeau.*　　　　scobs, scŏbis, f. *limaille.*
adeps, ădĭpis, m.f. *graisse.*　　　　scrobs, scrŏbis, m.f. *une fosse.*

Rᴇᴍ. 1. Si le génitif pluriel de *plebs, scobs, scrobs,* se rencontrait quelque part, il serait en *ium,* à cause des doubles nominatifs *plebēs, scobis, scrobis* [2].

––––––––––––

1. *Litteræ* peut signifier aussi les lettres alphabétiques, et *partes,* les parties d'un tout.
2. *Analecta grammatica,* Vienne, 1836, p. 135.

2. *Dolus* (ruse) n'a pas de génitif pluriel, *dolorum* appartenant à *dolor, doloris* (la douleur). En général, on évite ce qui ferait équivoque.

§ 126. D'autres substantifs manquent d'un ou de plusieurs cas à l'un des deux nombres ou à tous les deux à la fois. Voici la liste des plus remarquables. Les formes latines mises entre parenthèses sont inusitées.

astus (la ruse) n'a au singulier que le nominatif et l'ablatif. Nous venons de voir qu'il n'a au pluriel que les cas en *us*.

ambage, ablatif sing. fém. Pl. *ambages, um, ibus* (§ 111).

cassem, acc. m., *casse*, abl. (rets, toiles). Pl. *casses, ium, ibus*.

compede, abl. sing. fém. Pl. *compedes, ium, ibus* (§ 16, à la fin).

(*ditio*), *ditionis, i, em, e* (domination), nominatif inusité.

fauce, abl. fém. (gosier). Pl. *fauces, ium, ibus* (§16).

fors, f. (le hasard), abl. *forte*. Le reste manque.

(*frux*), *frugis, i, em, e*, f. Pl. *fruges, um, ibus* (les biens de la terre). Le dat. *frugi* s'emploie comme un adjectif indéclinable : *homo frugi*, un homme honnête, frugal.

glos (belle-sœur), usité seulement au nomin. voc. sing.

inquiēs, nomin. f. (privation de repos), très-rare et sans autre cas. Ce mot est aussi adjectif et fait *inquiĕtem, inquiĕti*.

impĕtĕ, abl. m. (mouvement rapide). Le gén. *impetis* est dans Lucrèce.

luēs, luem, luĕ, f. (fléau, contagion), sans autres cas.

mānĕ, nomin. acc. abl. neutre (le matin, au matin).

(*obex*), m. et f. (obstacle), n'a au sing. que l'abl. *obice*, poétiquement *objice*. Il ne manque au plur. que le génitif.

(*ops*), *opis*, (*opi*), *opem, ope*. Pl. *opes, um, ibus*. Comme nom d'une déesse, ce mot est complet au singulier.

(*pollis*, m. f., *pollen*, n.) *pollinis, i, em, e* (fleur de farine). On ne trouve dans les auteurs que les cas indirects du singulier.

pondo, abl. sing. de la seconde déclin. Ce mot, employé d'abord dans des locutions comme *libra pondo* (une livre quant au poids), a pris insensiblement la signification de *libræ, librarum*, qu'il remplace à tous les cas sans changer de forme : *centum pondo* (cent livres, de cent livres, etc.).

prĕcĕ, f. abl. sing. (prière). Pl. *preces, precum, precibus*.

sordem, acc. f. ; *sordĕ*, abl. (ordure). Pl. *sordes, ium, ibus*.

sentes, sentibus, pl. masc. (les buissons). On ne trouve qu'un exemple de *sentis*, nomin. sing., et de *sentem*, acc.

tabi, gén. sing. n., *tabo*, abl. (sang corrompu, corruption), mot poétique.

veprem, acc. m. ; *vepre*, abl. (buisson). Pl. *vepres, veprum -ibus*.

verberis, gén. n. ; *verbere*, abl. (verge, coup). Pl. *verbera, um, ibus*.

vesper, nomin. m. (le soir); acc. *vesperum ;* abl. *vespere* et *-i*, (3ᵉ
déclin.).

vespĕră, f. (le soir); acc. *vesperam*, abl. *vespĕrā*. — Quand *vesper*
signifie l'étoile de Vénus, il est en entier de la seconde déclin. *Vesper*,
i, o, um, o.

vicem, acc. f.; *vicĕ*, abl. (tour, vicissitude). Pl. *vices*, *vicibus*. Le
gén. sing. *vicis* et le dat. *vici* sont très-rares.

vis, vim, vi, vires -ium -ibus (cf. § 112). Le peu d'exemples que l'on
cite de *vis* au génitif, et de *vi* au datif, ne doivent pas être imités.

vīrŭs, nomin. acc. neutre (venin). G. *vīri*, D. Abl. *vīro*, dans Lucrèce.

Cas isolés.

§ 127. Il est des noms qui ne sont employés qu'à un des cas indirects, et seulement dans certaines locutions :

Gén. sing. *Dicis* causā (pour la forme). *Nauci* homo (un homme de
rien), de l'inusité *naucum* (zeste de noix).

Dat. sing. *Despicatui* habere (mépriser). *Divisui* esse (être partagé).
Ostentui esse (être en spectacle); on trouve l'abl. *ostentu* dans Aulu-
Gelle.

Accus. sing. *Pessum* ire (périr), *pessum* dare (faire périr, renverser).
Pessum est un accus. neutre formé de *per-versum*, comme *sursum* de
sus-versum. — *Vēnum* ire, d'où *vēnire* (être vendu), *vēnum* dare,
d'où *vendere* (vendre); *venui* et *veno*, datif et ablatif, sont fort rares.
Voyez le § 170-2.

Abl. sing. *Ergo* (à cause de....,) avec un génitif; mot vieilli en ce
sens, mais très-usité comme conjonction (*ergo*, donc). —*Fortuitu* (for-
tuitement).—*Natu* major (plus grand par l'âge, c.-à-d. aîné).—*Sponte*
meā (de mon plein gré).—*In promptu* esse (être tout prêt), de *prŏmere*.
— *Concessu* principis (par concession du prince).—*Rogatu* meo (à ma
prière), et plusieurs autres noms verbaux, comme *oratu*, *permissu*,
jussu, *injussu*, *mandatu*, *accitu*, *admonitu*, qui, avec la forme du
supin en *u*, ont toujours le sens de l'ablatif.

Accus. plur. *Infitias* ire (nier), de *in* négatif et *fateri*. — *Suppetias*
ferre ou *venire* (porter secours, venir au secours), de *suppetere* (suffire);
le nomin. *suppetiæ* est très-rare.

Abl. plur. *Ingratiis* et *ingratis* (à regret, malgré soi).

NOMS INDÉCLINABLES.

§ 128. On appelle indéclinables les noms qui, sous une seule
forme, s'emploient à tous les cas. Ainsi, les neutres *fas*, *nefas*,
ne sont pas considérés comme indéclinables, puisqu'ils ne représentent que les trois cas semblables du singulier; mais *vondo* est
indéclinable, parce qu'il sert pour tous les cas du pluriel.

Sont encore indéclinables : 1° les noms des lettres grecques :
gamma, *delta*, *iota*, etc. 2° Quelques mots, comme *gummi*, n. (de

la gomme), *sēmis* (un demi-as, la moitié d'un tout), quoique l'on dise aussi *gummis -is*, f., et *semissis -is*, m. 3° Les mots hébraïques : *mannă*, n. (la manne), *pascha*, n. (la pâque), et les noms propres, comme *Bethleem*, *Jērŭsălem*, *Abram* ou *Abraham*, *Jācob*, *Isaac*, *David*, *Joseph*.

Rem. 1. On peut cependant décliner quelques-uns de ces noms ; par ex. : *pascha -œ*, f., *Hierosolyma -orum*, n., *Abram*, *Abr-œ*, et *Abrah am -œ*, *David -idis*, *Daniel -elis*, *Jacobus -i*, *Josephus -i*; mais, de ces deux derniers, l'un signifie *Jacques* plutôt que *Jacob*, et l'autre s'applique à l'historien *Josèphe* plutôt qu'au patriarche *Joseph*. On dit également *Adam*, indécl., *Adam*, *Adœ*, et *Adamus -i*.

2. On décline à plus forte raison les noms qui ont une désinence grecque : *Joannes -is*, *Moses -is*, *Judas -œ*, *Maria -œ*.

NOMS HÉTÉROGÈNES ou IRRÉGULIERS DANS LE GENRE.

§ 129. I. Plusieurs substantifs sont d'un genre au singulier, et d'un autre au pluriel ; nous citerons seulement les suivants :

1. S. m. Avernus -i.   Pl. n. Averna.   S. m. Pangæus -i. Pl. n. Pangæa.
    Tartărus -i.   Tartăra.   Tænarus -i.   Tænăra.
    Dindўmus -i.   Dindўma.   Taygetus -i.   Taygëta.
    Ismărus -i.   Ismăra.   Gargarus -i.   Gargăra.

Rem. *Avernus* prend au sing. le genre de *lacus* (le lac Averne), *Tartarus*, celui de *carcer* (le cachot du Tartare). Les six autres sont des noms de montagnes qui ont au sing. le genre de *mons*, et au plur. celui de *juga* (les sommets).

2. S. n. Elysium -ii.   Pl. m. Elysii -orum. — Cœlum -i.   Cœli -orum.

Rem. Avec *Elysium*, sous-entendez *nemus;* avec *Elysii*, *campi*. Le pluriel de *cœlum* n'est guère usité que dans les écrivains ecclésiastiques ; cependant *cœlos* est une fois dans Lucrèce.

3. S. f. carbăsus -i, *voile de fin lin*.   Pl. n. carbăsă -orum.
   S. n. porrum -i, *porreau*.   Pl. m. porri -orum.

II. D'autres ont un seul genre au singulier et deux au pluriel :

1. S. m. jŏcus -i, *plaisanterie*.   Pl. n. jŏca;   m. joci -orum.
    lŏcus -i, *lieu*.   lŏca;   loci -orum.
    sībĭlus -i, *sifflement*.   sibĭla;   sībili -orum.
   S. n. rastrum -i, *râteau*.   Pl. m. rastri;   n. rastra -orum.
    frēnum -i, *frein*.   frēni;   frēna -orum.
   S. f. ostrea -œ, *huître*.   Pl. n. ostrea;   f. ostreæ -arum.

Rem. 1. *Joca* et *joci* sont également autorisés ; Cicéron préférait *joca*. — Le neutre *loca* se dit des lieux en général (*loca terrarum*), le masc. *loci* des passages d'un auteur (*loci librorum*), ou des sujets de dissertation (*loci communes*). Cependant on trouve beaucoup d'exemples de *loci -orum* dans le sens ordinaire de *lieux*, *endroits*. — Le pluriel *sibili* est plus commun dans la prose, *sibila* dans les vers. — *Rastri* est préférable à *rastra*, et *freni* vaut mieux en prose que *frena*.

2. Les deux suivants modifient leur signification au pluriel, en même temps que leur genre :

S. n. epulum -i, *festin public.*   Pl. f. epulæ -arum, *mets, repas.*
   balneum -i, } *bain privé.*   balneæ -arum, } *bains publics.*
 et balineum -i,}   balineæ -arum,}

Rem. On trouve aussi, principalement dans les poëtes, *balnea -orum*, et la différence de sens, marquée d'après Varron entre le singulier et le pluriel, n'est pas toujours observée dans les auteurs.

SUPPLÉMENT AUX ADJECTIFS.

§ 130. Nous avons dit, § 25, que douze adjectifs de la deuxième classe avaient au nominatif une terminaison pour chacun des trois genres ; en voici la liste :

Masc.	Fém.	Neut.		Masc.	Fém.	Neut.
cĕlĕr,	celĕr is	-ĕ, *prompt.*		ĕquestĕr,	ĕquestr is -ĕ,	*équestre.*
ācĕr,	ācr is	-ĕ, *aigre, vif.*		pĕdestĕr,	pĕdestr is -ĕ,	*qui va à pied.*
ălăcĕr,	ălacr is	-ĕ, *gai, alerte.*		campestĕr,	campestris -ĕ,	*de plaine.*
cĕlĕbĕr,	celebr is	-ĕ, *célèbre.*		pălustĕr,	palustr is -ĕ,	*de marais.*
sălūbĕr,	salūbr is	-ĕ, *salutaire.*		silvestĕr,	silvestr is -ĕ,	*de forét.*
vŏlŭcĕr,	volucr is	-ĕ, *qui vole.*		terrestĕr,	terrestr is -ĕ,	*terrestre.*

Rem. 1. De ces douze adjectifs, *celer* est le seul qui garde partout la voyelle *e* avant la liquide *r*, tandis que les autres la perdent comme *pater*, *patris*. De plus, il fait *cĕlĕrum* au génitif pluriel, quoiqu'il ait *celeria* au nominatif neutre.

2. *Volucer* faisait d'abord *volucrium* ; mais l'usage a prévalu de dire *volucrum*, et cette forme est seule admise quand le féminin *volucris* est employé comme substantif pour signifier *oiseau*.

3. On trouve quelques exemples de la terminaison *is* au nominatif masculin, comme *locus celebris* (un lieu fréquenté), *annus salubris* (une année saine), *collis silvestris* (une colline boisée) ; ce sont des exceptions qu'on ne doit pas imiter.

ADJECTIFS IRRÉGULIERS ET DÉFECTIFS.

§ 131. Un assez grand nombre d'adjectifs d'une seule terminaison forment leur génitif pluriel en *um*. Quelques-uns ont, selon la règle, les cas semblables du pluriel neutre en *ia* :

consors,   consort is,   *qui a le même sort*, abl. -ĕ et *i*;   pl. n. *ia.*
anceps,   ancĭpĭt is,   *double, hasardeux*,   -*i* (seul)   *ia.*
præceps,   præcĭpĭt is, *qui se précipite* [1],   -*i* (seul)   *ia.*
quadrŭpēs,   -pĕdis,   *quadrupède*,   -ĕ (seul)   *ia.*

Un seul a les cas du pluriel neutre en *a*, comme *fœdera* (§ 14):

vĕtŭs, *vieux*.   G. vĕtĕr is.   Abl. vetere -i;   Pl. n. veter a, veter um.

Beaucoup manquent au pluriel neutre de ces mêmes cas. Ceux qui sont marqués d'un astérisque ne se trouvent pas non plus aux cas en *ibus*.

dēgĕn er -ĕris*, *dégénéré.*   præpĕs -ĕtis, *au vol rapide.* ⎫
dēcŏlŏr -ōris, *décoloré.*   rĕdux, redŭc is*, *de retour.* ⎪ Abl. sing.
dēsĕs, dēsĭd is, *fainéant.*   supplex -ĭcis, *suppliant.*   ⎬ e ou *i*.
dīvĕs, dīvĭt is, *riche.*   trux, trŭcis, *farouche.*   ⎪
inops, ĭnŏp is, *indigent.*   ubĕr, ūbĕris, *fécond.*   ⎭

mĕmŏr -ŏris*, *qui se souvient.* immĕmŏr -ŏris*, *qui oublie.*   *i* (seul).

cælebs, cælĭb is*, *célibataire.* paupĕr, paupĕr is, *pauvre.*   ⎫
cĭcŭr -ŭris, *apprivoisé, doux.* pūbĕr, pūbĕr is, *sorti de l'enfance.* ⎬ e (seul)
compŏs -ŏtis*, *qui jouit de...* sospĕs, sospĭt is, *sauvé du danger.* ⎪
particeps -ĭpis, *participant.* superstĕs -stĭtis, *survivant.*   ⎭

§ 132. 1. Quelques adjectifs sont inusités au nominatif singulier masculin :

(*cētĕrus*) cētĕr ă -um. *Plur. très-usité :* cētĕr i -æ -ă, *les autres.*
(*ludicer*) lūdĭcrā -um, *qui concerne le jeu* ou *les spectacles.*
(*seminex*) semĭnĕcis, *à demi mort.* G. pl. semĭnĕcum. *Pas de neutre.*
(*sons*), sontis, *coupable.* — Ce dernier, et son composé *insons* (innocent), manquent au pluriel neutre des trois cas en *a*.

2. Les suivants n'ont que le nominatif masculin : *exspes* (privé d'espérance); ou le nominatif et l'accusatif neutres : *necesse* et *necessum* (nécessaire); *volupe* et *volup* (agréable). — *Necessum*, *volupe* et *volup* sont archaïques.

3. Enfin, *nēquam* (méchant) est indéclinable, et sert pour tous les cas, pour tous les genres et pour tous les nombres. Il en est de même de *frugi* (honnête, frugal), déjà cité, § 126.

ADJECTIFS MIXTES.

I. *Une seule terminaison.*

§ 133. Presque tous les adjectifs peuvent se prendre substantivement, comme *sapiens* (le sage), *bonum* (le bien), sans cesser pour cela d'être de véritables adjectifs. Les suivants, et d'autres sem-

---

1. *Anceps* et *præceps* sont des composés de *caput*, ce qui explique la forme des cas indirects. Leurs génitifs plur. sont fort peu usités.

blables, flottent entre la qualité d'adjectifs et celle de substantifs, sans qu'on puisse dire qu'ils sont exclusivement l'un ou l'autre.

alës, ālĭtis, *un oiseau.* Alĭtĕ cursu, *d'une course rapide.*

artĭfex, artĭfĭcis, *un artisan.* Artĭfĭces manus, *des mains industrieuses.*

vĭgĭl, vigĭlis, *un garde.* Vigiles canes, *des chiens vigilants.*

hospës, hospĭtis, *un hôte.* Hospitibus tectis, *sous des toits hospitaliers.*

index, indĭcis, *un dénonciateur.* Indices oculi, *des yeux qui font connaître quelque chose.*

princeps, principis, *le prince.* Principes feminæ, *des femmes du premier rang.*

RÉM. 1. Tous ces mots sont privés au pluriel neutre des cas en *a.* Le génitif plur. est en *um.*

2. Comme adjectifs, *ales, artifex* et *vigil* ont l'ablatif en *e* ou en *i ;* comme substantifs, en *e* seulement. *Index, hospes* et *princeps* le font toujours en *e.*

3. Quoique *hospes* soit masculin et féminin, on dit aussi *hospita -æ.* De plus on trouve au pluriel neutre *hospita tecta ;* mais cette forme doit être rapportée à la seconde déclinaison.

4. *Jŭvĕnis* et *sĕnex,* m. f. (cf. § 18) appartiennent à cette classe : *juvenis ovis* (une jeune brebis), *senes corvi* (de vieux corbeaux).

II. *Deux terminaisons.*

§ 134. Quelques noms dérivés des verbes, et qui tiennent comme les précédents du substantif et de l'adjectif, se terminent en *tŏr* pour le masculin, en *trix* pour le féminin. On les appelle Noms d'agent, parce qu'ils désignent la personne qui fait l'action exprimée par le verbe.

rectŏr, rectōris,   rectrix, rectrīcis,   *celui, celle qui régit.*
lībĕrātŏr -ōris,   lībĕrātrix -īcis,   *libérateur, libératrice.*
regnātŏr -ōris,   regnātrix -īcis,   *celui, celle qui règne.*
ultŏr, ultōris,   ultrix, ultrīcis,   *vengeur, vengeresse.*
victŏr, victōris,   victrix, victrīcis,   *vainqueur* ou *victorieux, -euse.*

RÉM. 1. Le masculin en *tor,* étant plutôt considéré comme substantif que comme adjectif, a toujours l'abl. sing. en *e,* et le gén. pluriel en *um.*

2. Il en est de même du féminin en *trix* lorsqu'il est employé substantivement ; ainsi l'on dit : *nūtrīcĕ, nūtrīcum ; altrīcĕ, altrīcum,* de *nutrix* et *altrix* (nourrice). Mais, comme adjectifs, les noms de cette espèce ont l'ablatif sing. en *e* ou en *i,* et le gén. pl. en *ium : victrice* ou *victrici, victricium.*

3. *Ultor, ultrix, victor, victrix* ont un pluriel neutre : *ultricia, victricia.* Mais aucun nom de cette espèce n'a de neutre au singulier, et *victrici sŏlo,* que l'on cite de Claudien, n'est pas à imiter.

4. Plusieurs masculins en *tor,* comme *arator* (laboureur), n'ont pas de correspondant féminin en *trix.* L'usage les fera connaître.

COMPARATIFS ET SUPERLATIFS.

Comparaison défective.

§ 135. 1. Les adjectifs en *eus*, *ius*, *uus*, dans lesquels le concours des voyelles aurait produit un son désagréable, manquent de comparatif et de superlatif. On y supplée par les adverbes *magis* (plus), *maxime* (très ou le plus) :

ĭdŏneus, *propre à...*, magis idoneus, *plus propre.*
nĕcĕssarius, *nécessaire*, maxime necessarius, *le plus nécessaire.*
perspĭcŭus, *évident*, res maxime perspicua, *chose très-évidente.*

Exceptez *antīquus* (ancien), où le premier *u* ne sert qu'à soutenir la consonne précédente, et qui fait régulièrement *antiquior*, *antiquissimus.*

On trouve également le comparatif neutre *propinquius* de *propinquŭs* (proche); *longinquius* de *longinquŭs* (éloigné), le superlatif *vacuissima* de *vacŭŭs* (vide), *exigŭissima* d'*exigŭŭs* (petit). *Assidŭŭs* (assidu), *strēnŭŭs* (brave), *pius* (pieux), font, dans de fort bons auteurs, *assidŭissimus*, *strenŭissimus*, *pŭissimus*, quoique ce dernier ait été blâmé par Cicéron. Les autres comparatifs ou superlatifs des adjectifs en *ius* et en *uus*, qui se rencontrent çà et là, doivent être considérés comme des néologismes. On n'en trouve aucun de ceux en *eus.*

2. Beaucoup d'adjectifs, que l'usage apprendra, n'admettent ni l'un ni l'autre degré de comparaison, comme *degener*, *inops*, *compos*, *præceps.* On emploie au besoin *magis* et *maxime* avec le positif.

D'autres n'ont que l'un des deux degrés, comme *alacer*, *alacrior*, sans superlatif; *sacer*, *sacerrimus*, sans comparatif. Des douze adjectifs de la seconde classe en *er*, *ris*, *re* (§ 130), les seuls qui aient un superlatif, sont *acer*, *celer*, *celeber*, *saluber : acer rimus*, *celer rimus*, etc.

Rem. Très-souvent *per*, et quelquefois *præ*, joints à un positif d'ailleurs susceptible des formes régulières, lui donnent la valeur d'un superlatif absolu : *percarus* (très-cher), *pergratus* (très-agréable), *perdifficilis* (très-difficile), *præaltus* (très-élevé), *prædives* (très-riche), *præpotens* (très-puissant).

Comparaison irrégulière.

§ 136. Quatre adjectifs empruntent leur comparatif et leur superlatif à des racines autres que celles du positif[1] :

---

1. Cf. Méth. grecq. § 197.

bŏnus,   mĕlior,   optĭmus, *bon, meilleur, très-bon* ou *le meilleur.*
mălus,   pējor,   pessĭmus, *mauvais, pire, très-mauv.* ou *le pire.*
parvus,   mĭnor,   mĭnĭmus, *petit, moindre, très-petit* ou *le moindre.*
multi, æ, ă, plūres, ă,   plūrĭmi, æ, ă, *beaucoup de..., plus, le plus.*

Un cinquième conserve sa racine en la modifiant un peu :

magnus,   mājor,   maxĭmus, *grand, plus grand, très* ou *le plus gr.*

Rem. 1. Nous donnons ici les pluriels *multi, plures, plurimi,* parce qu'ils répondent exactement au français *beaucoup, plus* et *le plus,* pour les objets qui se comptent. Au singulier, également usité, *multus, a, um* signifie nombreux ; *plurimus, a, um,* très ou le plus nombreux. Quant à *plures,* il n'a au sing. que le N. Acc. neutre *plus* et le G. *pluris,* qui sont toujours substantifs. Au pluriel, le neutre est *plura,* le G. *plurium.* Cependant Lucrèce a dit *pluria,* et le composé *complures, complura* fait aussi *compluria.* — L'emploi adverbial de *multum, plus* et *minus* a été signalé § 94.

2. Dans *magnus,* le radical primitif est *mag,* d'où *mag-ior* et par syncope du *g, major; mag-simus,* et par combinaison de *gs, maximus* [1].

§ 137. Les suivants, sans changer de radical, offrent encore des particularités qu'il est nécessaire de remarquer :
nēquam (indécl. §. 132), nēquĭŏr, nēquĭssimus.
frūgi (*idem*), frugālior, frugālissimus (de l'inusité *frugalis*).
dīves, dīvĭtis, *riche,* divĭtior, divĭtissimus ; *et par contraction :*
(dīs) dĭtĕ, G. dītis, dītior, dītissimus.
ĕgĕnus, *pauvre,* ĕgent ior –issimus (d'*ĕgens, ĕgent is*).
jŭvĕnis, *jeune,* jūnior, *rarement* juvenior, ⎫ pas de neutre ni de
sĕnex, *vieux,* sĕnior, ... ⎬ superlatif.
vĕtus, veter is, *vieux,* vĕterrĭmus (sans comparatif).
pŏtĭs (poétique), *capable,* pŏtior, *préférable,* pŏtissimus.
dexter, *placé à droite,* dextĕrior (§ 27), dextĭmus.
ōcior, *plus rapide,* ōcissimus (sans positif).

Rem. *Dives* n'a qu'une terminaison; la forme contracte en a deux; ainsi l'on trouve *dite solum* (un sol riche), *ditia stipendia* (des campagnes qui enrichissent le soldat). Le nominatif m. f. *dis* est archaïque. *Ditior* et *ditissimus* sont également usités en prose et en vers; mais on rencontre aussi, même dans Cicéron, beaucoup d'exemples de *divitior, divitissimus.*

Prépositions formant des comparatifs et des superlatifs.

§ 138. Un certain nombre de comparatifs et de superlatifs viennent de prépositions, soit immédiatement, soit par l'intermédiaire d'un adjectif formé lui-même de la préposition [2] :

---

1. Le radical *mag* se trouve dans l'adverbe *magis* et dans le grec μέγας.
2. Cf. Méth. grecq. § 195, V.

Préf. *In.* Intérior, *intérieur;* intĭmus, *le plus en dedans.*
De. Dēterior, *moins bon*, *pire;* deter rĭmus, *le pire.*
Præ. Prior, *le premier des deux;* prĭmus, *le premier de tous.*
Citrā. Citerior, *citérieur;* citimus, *le plus en deçà.*
Ultrā. Ulterior, *ultérieur;* ultĭmus, *le dernier, le plus éloigné.*
Propĕ. Prŏpior, *plus proche;* proximus, *le plus proche.*
Ex (exter ou *exterus)* ă, um. Exterior, extrēmus *et* extĭmus.
Post(poster ou *posterus)*, ă, um. Posterior, postrēmus *et* postŭmus.
Infrā (infer ou *inferus)*, ă, um. Infērior, infĭmus *et* ĭmus.
Super (super ou *superus)*, ă, um. Sŭpērior, suprēmus *et* summus.

Rem. 1. Les quatre nominatifs masculins placés entre parenthèses sont archaïques, ce qui n'empêche pas les autres genres et
les autres cas d'être usités.

2. *Extimus* est d'un usage beaucoup plus rare qu'*extremus.*

3. *Postumus* (pour *postimus*) se dit spécialement du *dernier
enfant* qui naît à un père, ou de son vivant ou après sa mort. C'est
de là, et non de *post humum*, que vient le français *posthume*, où
l'*h* ne s'est introduite que par une erreur étymologique.

4. De même que *de* a formé *deterior*, de même aussi *per* a formé
pĕjor pour *per-ior* (comme *pĕjĕrare* pour *per-jurare*). Dans *pessimus*, *r* est assimilée avec l'*s* qui la suit. L'acception de *per* est
ici la même que dans *perire, perdere, pervertere*, où il est pris en
mauvaise part[1].

Participes formant des comparatifs et des superlatifs.

§ 139. Les participes pris adjectivement sont susceptibles de
recevoir les degrés de comparaison :

amans, amant ior -issimus.   audens, audent ior -issimus.
optatus, optat ior -issimus.   paratus, parat ior -issimus.

Cette faculté ne s'étend pas aux participes futurs en *rus* et en
dus, ni aux adjectifs verbaux en *bundus*, comme *populabundus*
(ravageant).

Rem. *Infandus* et *nĕfandus*, qui viennent du participe *fandus*,
a, *um*, ont les superlatifs *infandissimus* et *nefandissimus*, du
reste fort peu usités. Ils n'ont pas de comparatifs.

---

1. On peut déduire de ce § la loi d'après laquelle se forment les superlatifs. Le véritable suffixe est *timus* : *in-timus, ul-timus.* Le *t* se change en *s*
par euphonie dans *maximus, proximus, pessimus.* Cette *s* s'assimile avec *r* et
l dans *pulcher-rimus, facil-limus.* Elle est jointe au radical par un *i* de liaison
dans *sanct-i-ssimus, fort-i-ssimus*, et elle se double afin d'allonger cet *i* et de
faciliter l'emploi du superlatif dans les vers. *Prĭ-mus, sum-mus, inf-ĭ-mus* nous
montrent le suffixe réduit à la seule syllabe *mus.* Quant à *supremus*, c'est, selon
Varron, une forme contractée de l'ancien mot *super-rimus.*

ADJECTIFS NUMÉRAUX.

§ 140.   *Nombres cardinaux.*

I. Les dix premiers nombres cardinaux contiennent les racines d'où sont formés tous les autres, soit par composition, soit par dérivation.

1, ŭnus.   11, undĕcim.   21, unus et viginti,
2, duŏ.   12, duŏdĕcim.   = viginti unus.
3, trēs.   13, trĕdĕcim, = decem et tres.   22, duo et viginti,
4, quătŭŏr. 14, quatuordecim.   = viginti duo.
5, quinquĕ. 15, quindecim.   23, tres et viginti,
6, sex.   16, sēdĕcim, = decem et sex.   = viginti tres, *etc.*
7, septem.   17, decem et septem, = septemdecim. 28, duodetrīgīntā,
8, octŏ.   18, decem et octo, = duodeviginti. = octo et viginti.
9, nŏvem.   19, decem et novem, = undeviginti. 29, undetrigintā,
10. Dĕcem.   20, Vīgintī.   = novem et viginti.

II. A partir de TRENTE, les dizaines sont dérivées des unités avec la terminaison *ginta*. CENT offre un nouveau radical qui, combiné avec ces mêmes unités, forme les autres centaines jusqu'à MILLE, où commence une dernière série.

30, trĭgĭntā.   300, trĕcenti, æ, a.
40, quadrāgintā.   400, quadringenti, æ, a,
50, quinquāgintā.   500, quingenti, æ, a.
60, sexāgintā,   600, sexcenti, æ, a.
70, septŭāgintā.   700, septingenti, æ, a.
80, octōgintā.   800, octingenti, æ, a.
90, nōnāgintā.   900, nongenti, = noningenti, æ, a.
99, undecentum, nonaginta novem,   999, nongenti nonaginta novem,
        = novem et nonaginta.   = nong. et nonaginta novem.
100, centum.   1000, millĕ.
101, centum et unus, a, um.   2000, duo millia.
102, centum et duo, æ, o.   3000, tria millia.
103, centum et tres, -ia.   10,000, decem millia.
104, centum et quatuor, = centum   100,000, centum millia.
        quatuor.
110, centum et decem, = centum   120,000, centum viginti millia.
        decem.
200, ducenti, æ, ă.   200,000, ducentā millia.

UN MILLION, 1,000,000, dĕcĭĕs centēna millia.

REM. 1. Il est facile de voir qu'entre DIX et VINGT les nombres sont composés, par exemple, *un-decim* de *unus* et de *decem*, et ainsi des autres. Si les deux nombres composants sont énoncés séparément, le plus grand se met le premier avec *et* : *decem et tres, decem et sex.*

2. Depuis VINGT jusqu'à CENT, le contraire a lieu ; avec *et* c'est le plus petit qu'on met le premier : *unus et viginti* ; sans *et*, c'est le plus grand : *viginti unus*.

3. Les nombres DIX-HUIT et DIX-NEUF se forment le plus souvent par soustraction : *duo-de-viginti* (deux ôtés de vingt) ; *unde-viginti* (un ôté de vingt). Il en est de même dans les autres dizaines : trente-neuf, *undequadraginta* ; quarante-neuf, *undequinquaginta*, et ainsi de suite.

4. Au-dessus de CENT, le plus grand nombre va toujours le premier, avec ou sans *et* : cent soixante-quatre, *centum et sexaginta quatuor*, ou *centum sexaginta quatuor*. Remarquez que l'on ne met jamais qu'un seul *et*, quelle que soit la quantité des termes dont le nombre total est composé.

5. Le mot *mille* est à la fois adjectif et substantif. Comme adjectif, il est indéclinable et répond au français MILLE : *mille milites* (mille soldats), *cum mille et quingentis militibus* (avec quinze cents soldats). Comme substantif, il répond à UN MILLIER, et le mot qui désigne les objets comptés se met au génitif : *mille hominum* (mille hommes, un *millier* d'hommes) ; *cum trecentis millibus armatorum* (avec trois cents *milliers* d'hommes armés).

6. Les nombres cardinaux répondent à la question *quot* (COMBIEN ? EN QUEL NOMBRE ?).

§ 141.   *Nombres ordinaux.*

1ᵉʳ. prīmus, a, um,	10ᵉ. dĕcĭmus.	100ᵉ. centēsĭmus.
2ᵉ. sĕcundus, = alter.	20ᵉ. vīcēsĭmus.	200ᵉ. dŭcentēsĭmus.
3ᵉ. tertius.	30ᵉ. trīcēsĭmus.	300ᵉ. trĕcentēsimus.
4ᵉ. quartus.	40ᵉ. quadrāgēsĭmus.	400ᵉ. quadringentēsĭmus.
5ᵉ. quintus.	50ᵉ. quinquāgēsĭmus.	500ᵉ. quingentēsĭmus.
6ᵉ. sextus.	60ᵉ. sexāgēsĭmus.	600ᵉ. sexcentēsĭmus.
7ᵉ. septĭmus.	70ᵉ. septuāgēsĭmus.	700ᵉ. septingentēsĭmus.
8ᵉ. octāvus.	80ᵉ. octōgēsĭmus.	800ᵉ. octingentēsĭmus.
9ᵉ. nōnus.	90ᵉ. nōnāgēsimus.	900ᵉ. nongentēsĭmus.

REM. Au lieu de *vicesimus*, *tricesimus*, on dit aussi *vigesimus*, *trigesimus*. On remarquera l'analogie de cette forme *esimus* (d'où *ième* en français) avec celle des superlatifs.

Les nombres ordinaux répondent à la question *quŏtus*, *quŏta*, *quŏtum* (LE QUANTIÈME ? A QUEL RANG)?

§ 142. Le tableau ci-dessus ne contient que les unités, les dizaines et les centaines. Pour les nombres intermédiaires on place généralement :

de 13 à 19, le plus petit nombre le premier sans *et* ;
au-dessus de 20, le plus petit le premier avec *et*, ou le second sans *et*.

Les deux derniers nombres de chaque dizaine se forment le plus souvent par soustraction, comme dans les nombres cardinaux.

11e. undĕcĭmus.	21e. primus et vicesimus, = vicesimus primus,
12e. duodecimus.	=, unus et vicesimus.
13e. tertius decimus.	22e. secundus et vicesimus, = vicesimus secundus
14e. quartus decimus.	= alter et vicesimus, = duoetvicesimus.
15e. quintus decimus.	23e. tertius et vicesimus, = vicesimus tertius.
16e. sextus decimus.	28e. octavus et vicesimus, = vicesimus octavus,
17e. septimus decimus.	= duodetricesimus.
18e. octavus decimus,	99e. undecentesimus, = nonagesimus nonus.
= duodevicesimus.	101e. centesimus primus, = primus et centesimus.
19e. nonus decimus,	110e. centesimus decimus, = decimus et centesimus.
= undevicesimus.	1000e. millesimus. 2000e. bis millesimus.

REM. 1. Ces deux listes suffisent pour faire connaître comment l'on peut former tous les nombres ordinaux. Nous avons indiqué l'usage le plus général quant au placement du plus petit ou du plus grand nombre. On trouve dans les auteurs quelques exemples où cet ordre n'est pas observé; ainsi *decimus et tertius* au lieu de *tertius decimus;* et au-dessus de 20 : *quintus tricesimus* (sans *et*) au lieu de *tricesimus quintus.*

2. *Alter* est plus usité que *secundus* dans les nombres qui dépassent 20 : *alter et vicesimus* ou *vicesimus et alter.* Les deux nombres cardinaux *unus* et *duo* se joignent aussi aux dizaines, *unus* très-souvent (*unus et vicesimus*), *duo* plus rarement (*duoettricesimus*). Dans cette composition *duo* reste invariable. Tacite dit même *unetvicesimus*, *unetvicesima*, G. f. *unetvicesimæ*, etc.

3. Au-dessus de MILLIÈME, on ajoute à *millesimus* les adverbes *bis* (deux fois), *ter* (trois fois) et ainsi de suite.

2000e. bis millesimus.	20,000e. vicies millesimus.
3000e. ter millesimus.	30,000e. tricies millesimus.
4000e. quater millesimus.	100,000e. centies millesimus.
5000e. quinquiĕs millesimus.	500,000e. quingenties millesimus.
10,000e. decies millesimus.	1,000,000e. millies millesimus.

§ 143.   *Nombres distributifs.*

Les nombres distributifs répondent à la question COMBIEN A CHACUN? ou COMBIEN A LA FOIS? Ils se traduisent par les locutions françaises, *chacun un, chacun deux, chacun trois*, ou *un à un, deux à deux, trois à trois*, et ainsi de suite. Comme toute distribution suppose nécessairement plusieurs objets, l'emploi naturel de ces adjectifs est au pluriel. Ils se déclinent comme *boni, æ, a.*

9. Burn, *Gr. Lat.*   1

1. singŭli, æ, a.	11. undēni.	21. viceni singuli.	100. centēni.
2. bīni, æ, a.	12. duodēni.	22. viceni bini.	200. dŭcēni.
3. terni (trīni).	13. terni deni.	23. viceni terni.	300. treceni.
4. quăterni.	14. quaterni deni.	29. undetrīceni.	400. quadringeni.
5. quīni.	15. quini deni.	30. trīcēni.	500. quingeni.
6. sēni.	16. seni deni.	40. quadrāgēni.	600. sexceni.
7. septēni.	17. septeni deni.	50. quinquagēni.	700. septingeni.
8. octōni.	18. octoni deni.	60. sexagēni.	800. octingeni.
9. nŏvēni.	19. noveni deni, = undeviceni.	70. septuāgeni.	900. nongeni.
		80. octōgēni.	1,000. singula millia.
10. dēni.	20. vīcēni.	90. nonageni.	2,000. bīna millia.

REM. 1. Au-dessus de 20, on peut mettre le plus petit nombre le premier avec ou sans *et* : *quini et viceni* ou *quini viceni*, pour *viceni quini*.

2. Le distributif *milleni* ne se trouve que dans Plaute ; on le remplace par *millia* précédé de *singula*, *bina*, *terna*, *quaterna*, etc.

3. Les nombres distributifs s'emploient, au lieu des cardinaux, avec les substantifs dont le pluriel ne désigne qu'un seul objet : *bina castra* (deux camps), *binæ litteræ* (deux lettres). *Duo castra* signifierait deux châteaux forts ; *duæ litteræ*, deux lettres de l'alphabet. Dans ce sens, on emploie *uni* et non *singuli* (*una castra* § 28) ; *trini* et non *terni* (*trinæ litteræ*).

4. Le génitif pluriel des nombres distributifs est ordinairement en *um* (§ 108), au lieu d'*orum* : *pueri senum septenumve denum annorum*, Cic. (des enfants de seize ou dix-sept ans).

§ 144.   *Adverbes de nombre.*

Nous avons parlé, § 94, des adverbes de nombre qui répondent au français *une fois*, *deux fois*, *trois fois*, etc. Nous en avons employé plusieurs au § 142, pour multiplier les nombres ordinaux au-dessus de MILLE. Il ne sera pas inutile d'en offrir ici une liste méthodique.

1. sĕmĕl.	11. undĕciĕs.	21. semel et vicies.	101. semel et centies.
2. bis.	12. duŏdĕcies.	22. bis et vicies.	200. dŭcenties.
3. tĕr.	13. terdecies, = tredecies.	30. trīcies.	300. trĕcenties.
4. quătĕr.	14. quaterdecies, = quatuordecies.	40. quadrāgies.	400. quadringenties.
5. quinquies.	15. quinquies decies, = quindecies.	50. quinquāgies.	500. quingenties.
6. sexies.	16. sexies decies, = sēdecies.	60. sexāgies.	600. sexcenties.
7. septies.	17. septies decies.	70. septuāgies.	700. septingenties.
8. octies.	18. duodevicies, = octies decies.	80. octōgies.	800. octingenties.
9. nŏvies.	19. undevicies, = novies decies.	90. nōnāgies.	900. noningenties, = nongenties.
10. dĕcies.	20. vicies.	100. centies.	1000. millies.

REM. 1. Au lieu de *semel et vicies* on dit aussi *vicies et semel* ou *vicies semel;* mais on ne peut pas dire *semel vicies*, car si l'on continuait ainsi, *bis vicies* signifierait quarante fois (2 fois 20); *ter vicies*, soixante fois (3 fois 20), et ainsi des autres.

2. Au-dessus de MILLE, on ajoute à *millies* les adverbes *bis*, *ter*, *quater*, etc.

2,000 *fois*, bis millies.   200,000, ducenties millies.
5,000, quinquies millies.   500,000, quingenties millies.
10,000, decies millies.   1,000,000 , decies centies millies,
100,000, centies millies.   = millies millies.

3. Les adverbes en *es*, employés à l'énonciation d'une somme d'argent, supposent toujours l'ellipse de *centena millia;* ainsi *quinquies sestertium* veut dire cinq cent mille sesterces [1] ; *decies*, un million ; *vicies*, deux millions ; *centies* , dix millions ; *millies*, cent millions ; *decies millies*, un milliard.

ADJECTIFS DÉMONSTRATIFS ET DÉTERMINATIFS.

I. *Démonstratifs.*

§ 145. 1. Nous avons vu , § 29, que le démonstratif *hic* , *hæc* , *hoc*, reçoit quelquefois l'addition de *ce : hicce*. Avec la particule interrogative *ně*, il en résulte les formes suivantes, qui sont fort usitées :

SING. *N.* hiccĭně, hæccĭně, hoccĭně?   *Abl.* hoccĭne, haccĭne, hoccĭně?
Acc. hunccĭně, hanccĭne, hoccĭně? PL. *N. N. Acc.* hæccĭně?

Les cas où le simple ne se termine pas en *c*, par ex. *his-cine*, *hos-cine*, se rencontrent rarement. On ne dit pas du tout *huiccine*.

2. Le *ce* démonstratif est joint , dans l'ancien langage, à *ille* et à *iste;* mais la particule perd *e*, et la finale de l'adjectif subit une légère altération. Les principaux archaïsmes qui en résultent sont les suivants :

SING. *N.*   illic, illæc, (illoc) illŭc.   istic, istæc, (istoc) istŭc.
   Acc.   illunc, illanc, (illoc) illŭc. istunc, istanc, (istoc) istŭc.
   Abl.   illōc, illāc, illōc.   istōc , istāc, istōc.
PL. *N. N. Acc.* illæc, istæc.   PL. *F. N.* istæc.

3. On trouve dans Virgile *olli* p. *illi;* dans Lucrèce, *ollis* p. *illis*. C'est de ce radical que vient *ōlim* (autrefois), proprement, *dans ce temps-là.*

---

1 Monnaie romaine qui, au temps d'Auguste, valait à peu près 20 centimes ou 4 sous de notre monnaie actuelle, et qui s'appelait *sestertius*, *ii* (gén. pl. *-um* p. *-orum*). On trouve aussi, principalement chez les poëtes, le neutre *sestertium*, *ii*, expression collective désignant mille sesterces.

I

4. Les poëtes comiques combinent *ecce* et *en* (voici , voilà) avec les accusatifs de *ille* et de *is*, de cette manière : *eccillum*, *eccillam*, *eccillud*, pour *ecce illum*, etc. *Eccum*, *eccam*, *eccos*, *eccas*, pour *ecce eum*, *eam*, *eos*, *eas*. *Ellum*, *ellam*, pour *en illum*, *en illam*. Ils disent même *ecca* pour *ecce ea*.

5. D'autres formes vieillies, qu'il faut connaître, mais dont il ne faut pas plus se servir que des précédentes, sont *illi*, *illæ*, *isti*, *istæ*, *nulli*, *nullæ*, au génitif; *hæ*, *illæ*, *istæ*, *eæ*, etc., au datif féminin; *ĭbus*, *eābus* pour *iis*; *quŏius*, *quŏi* pour *cujus*, *cui*; *quīquam*, *aliquī*, à l'ablatif, pour *quōquam*, *aliquō*.

6. *Ipse* est composé de *is* et de *pse*. Originairement *is* se déclinait et *pse* restait invariable, d'où les archaïsmes *eampse*, *eōpse*, *eāpse*, pour *eam ipsam*, *eo ipso*, *eā ipsā*. Au nominatif, les comiques disent souvent *ipsus*; on trouve même le superlatif *ipsissimus*.

7. *Iste* est composé de la particule *tĕ*, qui est devenue déclinable dans ce mot, comme *pse* dans le précédent.

II. *Déterminatifs.*

De cette même particule *tĕ* dérivent les adjectifs déterminatifs *talis*, *tantus*, *tot*, qui sont du plus grand usage. Ils s'emploient comme antécédents, et ont pour relatifs *qualis*, *quantus*, *quot*, dérivés de *qui*, *quæ*, *quod*, et qui sont en même temps interrogatifs.

ANTÉCÉDENTS.	RELATIFS-INTERROGATIFS.
1° tālĭs, ĕ, *tel.*	quālĭs, ĕ, *que*, *quel?*
2° tantus, ă, um, { *tant de*, *si grand.*	quantus, ă, um, { *que, com-bien grand?*
3° tŏt (indécl.), *tant, si nombreux.*	quŏt (indécl.), *que, combien?*

REM. 1. De *tantus* et de *tot*, avec la même particule que l'on voit dans *idem*, on forme *tantusdem*, *tantădem*, *tantumdem* (autant de , aussi grand), et *totidem*, indéclinable (autant, aussi nombreux).

2. Si à chacun des relatifs vous joignez *cunque*, vous aurez :
qualiscunque , qualĕcunque, *de quelque espèce que.*
quantuscunque, quantacunque, etc. , *quelque grand que.*
quotcunque (indéclinable), *quelque nombreux que.*

Au lieu de *quantuscunque*, et à l'imitation de *quivis*, *quilibet*, *quisquis*, on dit aussi *quantusvis*, *quantuslibet* et *quantus quantus* (ce dernier, archaïque). *Quotquot* pour *quotcunque* est très-usité.

3. De *quŏt* vient *quŏtus*, *ă*, *um*, déjà expliqué § 141 , et de ce dernier, *quŏtusquisque*, *quŏtăquæque*, *quŏtumquodque* (combien y en a-t-il qui ?)

4. Enfin de *tantus* et de *quantus* se forment les diminutifs *tantŭlus* (si petit), *quantulus* (combien petit), *quantuluscunque* (quelque petit que).

SUPPLÉMENT AUX PRONOMS PERSONNELS

ET AUX ADJECTIFS PRONOMINAUX POSSESSIFS.

§ 146. 1. La particule inséparable *met* se joint assez souvent aux différents cas des pronoms pour les déterminer davantage : *egomet*, *meimet*, *suimet* ; et avec *ipse*, qui ajoute encore plus de précision, *nobismet ipsis*, *semet ipsum*. Il faut excepter les génitifs pluriels, qui n'admettent pas de particule, et le nominatif *tu*, pour lequel on dit *tutĕ*, et archaïquement *tutĕmĕt*.

2. *Sēsē* est très-usité pour *se* accusatif et ablatif. On trouve rarement *tētē* et *mēmē*.

3. Le datif *mihi* peut, surtout en vers, se contracter en *mi*.

4. Au génitif pluriel, on rencontre dans Plaute et dans Térence, *nostrorum*, *vestrorum* (et en parlant à des femmes, *vestrarum*) au lieu de *nostrum* et *vestrum*, ce qui prouve que ces dernières formes sont une syncope des premières. C'est ainsi qu'on dit en français *un des nôtres*, *un des vôtres*, pour *un d'entre nous*, *un d'entre vous*.

Par une analogie évidente, la seconde forme du même génitif *nostri*, *vestri*, n'est autre chose que le génitif singulier neutre de *noster*, *vester*.

Ces deux remarques expliquent pourquoi l'on emploie *nostrum* quand on envisage séparément les individus désignés par le mot NOUS, et *nostri*, quand on considère ces mêmes individus comme formant un ensemble et une sorte d'unité collective.

Il est très-probable que les gén. du singulier, *mei*, *tui*, *sui*, sont également empruntés aux adjectifs possessifs *meus*, *tuus*, *suus*, au lieu de servir à former ces derniers[1].

5. A l'ablatif des mêmes adjectifs, on ajoute quelquefois la particule inséparable *ptĕ* : *meopte*, *tuopte*, *suopte* ; par exemple : *meopte consilio* (par ma propre détermination), *suapte naturâ* (par sa propre nature). On les renforce également à différents cas par la particule *met* : *suomet*, *suosmet*.

---

1 En grec on dit τὸ ἐμόν pour ἐγώ, τὸ ὑμέτερον pour ὑμεῖς.

SUPPLÉMENT AUX VERBES.

TEMPS DE LA PREMIÈRE SÉRIE.

§ 147. 1. PRÉSENT DE L'INDICATIF. La première conjugaison a un certain nombre de verbes en *eo*, qu'il ne faut pas confondre avec ceux de la deuxième, dont ils se distinguent dès la seconde personne du singulier ; ex. :

beo, beās -āvi -ātum -āre, *rendre heureux.*
creo, creās -āvi -ātum -āre, *créer.*
delineo, delineās -āvi -ātum, -āre, *esquisser.*
illaqueo, illaqueās -āvi -ātum -āre, *prendre au filet, enlacer.*

Dans ces verbes et autres semblables, *e* appartient au radical, tandis que dans *moneo* ce n'est qu'une formative (§ 56).

2. IMPARFAIT. Dans l'ancien langage, l'imparfait de la quatrième conjugaison se terminait en *ībam*, par contraction pour *iebam*. Virgile, Ovide, Catulle, emploient encore des formes comme *lenībant, vestībat, nutrībant, polībant, audībam, mollībat*, etc. C'est d'après cette analogie que le verbe *īre* fait *ībam; quīre, quībam; nequīre, nequībam.*

3. FUTUR. Les grammairiens latins citent des futurs en *bo* de la troisième et de la quatrième, comme *dicēbo, fidēbo* pour *dicam, fidam; aperībo, audībo* pour *aperiam, audiam.* On trouve souvent dans Plaute et dans Térence *scībo, scībis* pour *sciam, scies*, et d'autres semblables. Ce sont des archaïsmes qu'il faut soigneusement éviter. *Ibo* et ses composés, avec *quībo* et *nequībo*, sont les seuls futurs de cette espèce qui se soient conservés dans la langue classique.

4. IMPÉRATIF. Les composés des quatre impératifs *dīc, dūc, făc, fĕr*, sont également privés d'e final : *prædic, abduc, adduc, calefac, aufer.* Exceptez ceux où la voyelle du radical a subi une transformation : *effice, confice.* On trouve aussi dans Cicéron *calface*, dans Virgile *edīce*, dans Plaute *addīce, indīce*, et peut-être ces trois formes sont-elles préférables à *edic, addic, indic.* La vieille latinité employait généralement *dīcĕ, dūcĕ, făcĕ.*

5. PRÉSENT DU SUBJONCTIF. Ce mode se terminait qqf. en *im*, désinence qui est restée dans *sim, velim, nolim, malim;* ex. :

edim, edīs, edit, edīmus, comedint, exedint (pour *edam, edās, edat*, etc.).
duim, perduim (*dem, perdam*); temperint, effodint (*temperent, effodiant*).

Le verbe *sum* faisait au subjonctif *siem, sies* pour *sim, sīs*, et qqfois *fuam, fuas, fuat*, régulièrement tiré du primitif *fuo.*

6. INFINITIF ACTIF. La formation de l'infinitif apparaît clairement dans l'ancien mot *potesse*, d'où, par syncope et assimilation,

est venu *posse*. Si l'on fait attention, 1º que *esse* s'écrivait d'abord avec une seule *s* (*ese*) ; 2º que *s* entre deux voyelles se change en *r* (*ere*), l'on reconnaîtra que *leg-ĕre* est pour *leg-ĕse*, *amā-re*, *monē-re*, *audī-re*, pour *amă-ĕre*, *monĕ-ĕre*, *audĭ-ĕre*. Voilà pourquoi la voyelle est brève dans le premier, et longue dans les trois autres.

7. INFINITIF PASSIF. L'infinitif de la voix passive se terminait d'abord, comme les autres modes, par la consonne *r*. De là viennent les archaïsmes *laudāri-ĕr* pour *laudāri*, *miscēri-ĕr* pour *miscēri*, *agi-ĕr*, *dici-ĕr*, *defendi-ĕr*, pour *agi*, *dici*, *defendi*; *mollīri-er* p. *mollīri*, et plusieurs autres, qui se rencontrent assez souvent dans les poëtes mêmes de l'époque classique.

8. PARTICIPE FUTUR PASSIF. Le participe futur passif, et par conséquent le gérondif, sont souvent terminés en *undus*, *undum* pour *endus*, *endum*, dans la troisième et la quatrième conjugaison : *dicundum*, *capiundum*, *faciundum*, *experiundum*, etc. Ces formes sont préférées par Salluste, et l'on en rencontre un certain nombre dans Cicéron lui-même. Elles ne s'étendent pas à la première ni à la seconde conjugaison, *amandum*, *monendum*, dont l'*a* et l'*e*, résultant d'une contraction, ne peuvent être transformés en *u*. Elles sont seules admises dans le gérondif du verbe *ire* : *eundi*, *eundo*, *eundum* (§ 75).

§ 148.   TEMPS DE LA SECONDE SÉRIE.

1. Les parfaits en *avi* et en *evi* éprouvent très-souvent, en prose comme en vers, les contractions suivantes :

Formes pleines : { amavisti,   amavistis,   amaverunt;
                    { consuevisti, consuevistis, consueverunt;
Formes contractes : { amasti,   amastis,   amarunt;
                     { consuesti,   consuestis,   consuerunt

c'est-à-dire que *v* placé entre deux voyelles disparaît, et qu'ensuite ces deux voyelles se contractent, pourvu toutefois qu'elles soient suivies d'une *s* ou d'un *r*. Comme cette condition a lieu à toutes les personnes dans les temps qui dépendent du parfait, on y peut faire partout la contraction : *comprobaram* (j'avais approuvé), *comprobaro*, *comprobassem*, *comprobasse*, pour *comprobaveram*, *comprobavissem*, etc. Cependant on ne dit pas *amare* p. *amavere*.

2. *Novi* et ses composés, *commovi* et les autres composés de *movēre* (mouvoir), sont susceptibles des mêmes contractions : *nosti*, *nostis*, *norunt*, *nossem*, *nosse*, *commossem*, *admorunt*, etc.

3. Les parfaits en *ivi* perdent le *v*, même à la première et à la troisième personne du singulier, *audii*, *audiit*; et à la première du pluriel, *audiimus*. Les deux *i* peuvent se contracter ou ne se contracter pas devant *s* : *audiisti* et *audisti*, *audiissem* et *audissem*.

Les voyelles *ie* (*audiērunt*, *audiĕram*) ne se contractent jamais,
si ce n'est dans quelques formes vieillies, comme *sirit* pour *siverit*,
de *sinĕre* (permettre).

4. Il ne reste de parfaits usités en *ūvi* que dans *juvi* (de *juvāre*,
aider) et dans son composé *adjūvi*. Cicéron cite d'Ennius le futur
antérieur *adjuro* (et selon une variante, *adjuero*), pour *adjuvero*.

Mais les verbes de la troisième conjugaison en *uo*, comme *mi-*
nu-o, faisaient primitivement *ūvi*, comme ceux de la quatrième en
io font *īvi*. On lit dans Plaute, *plūverat*, dans Ennius, *fūvimus*,
fūvisset. L'usage a retranché le *v* dans ces parfaits, et l'on dit *mi-*
nu-i comme *audi-i*. Ce retranchement est facultatif dans *īvi*; il est
obligé dans *ūvi*, à cause de l'identité primitive de *u* et de *v*, qui,
chez les Romains, n'étaient presque qu'une même lettre. Du reste,
dans *minu-i*, l'*u* appartient au radical comme l'*i* dans *audi-i*; dans
col-ui, il appartient à la terminaison comme dans *pot-ui*.

5. Les parfaits en *si* et en *xi* perdaient souvent les deux lettres *is*
après *s* et *x* à la seconde personne du singulier :

evasti, promisti, percusti, *pour* evasi*sti*, promisi*sti*, percussi*sti*.
dixti, exstinxti, intellexti, *pour* dixi*sti*, exstinxi*sti*, intellexi*sti*.

On ne cite que trois exemples de cette syncope à la seconde personne du pluriel : *accestis* pour *accessistis* (Virg.), *protraxtis*
pour *protraxistis* (Sil. Ital.), *scriptis* pour *scripsistis* (Ennius).

Rem. Toutes ces formes sont des archaïsmes qu'on ne doit pas
imiter. Les contractions des parfaits en *āvi*, *ēvi*, *īvi*, et celles du
verbe *novi*, sont au contraire permises, toutes les fois qu'elles
peuvent contribuer à l'harmonie de la phrase.

§ 149. I. Outre la manière ordinaire de former le futur antérieur, ainsi que le parfait et le plus-que-parfait du subjonctif, il en
existait une autre dont il reste d'assez nombreux exemples. Elle
consiste à joindre immédiatement, non pas à la racine du parfait,
mais au radical même du verbe, les désinences *so*, *sim*, *sem*, empruntées au verbe *sum*, et dont *ĕro*, *ĕrim*, *issem* ne sont que des
modifications. Ainsi, pour *cēp-ero*, *cēp-erim*, on trouve *capso*,
capsim, pour *fēc-ero*, *fēc-erim*, *fēc-issem*, on a *faxo* (*fac-so*),
faxim, *faxem*. De même *vixet* pour *vixisset*, et à l'infinitif, *dixe*
pour *dixisse*, *consum-se* pour *consumsisse* (ou *consumpsisse*).

Si le radical finit par une dentale, elle s'assimile avec *s*; ainsi,
divis-se (*divid-se*) pour *divis-isse*, de *divid-o*; ou elle se retranche :
ausim (*aud-sim*) pour *ausus sim*.

II. Les exemples ci-dessus, excepté *ausim*, se rapportent tous à
la troisième conjugaison. La première et la seconde en fournissent
également : *ama-sso*, *reconcilia-sso* pour *amav-ero*, *reconciliav-*
ero; *loca-ssim*, *nega-ssim* pour *locav-erim*, *negav-erim*; *prohibe-*
ssis, *habe-ssit*, *lice-ssit* pour *prohibu-eris*, *habu-erit*, *licu-erit*.

On voit que, dans tous les verbes, ces terminaisons *so* et *sim*, avec *s* redoublée, s'attachent simplement aux formatives *a* et *e* dont le radical est accru (§ 56,2). Les exemples sont nombreux pour la première conjugaison, très-rares pour la seconde.

Quant aux plus-que-parfaits comme *locassem, negassem*, qui semblent répondre à *locassim, negassim*, ils ont été expliqués ci-dessus, § 148,1, par la contraction de *āvi* en *a*.

III. Les futurs en *asso* (et non d'autres) ont un infinitif en *assĕre : reconciliassere* pour *reconciliaturum esse*.

REM. 1. Les formes en *so* et en *sim* comprises sous le n° I de ce paragraphe se trouvent aussi dans le sens du futur simple et du subjonctif présent.

2. *Faxo* et *faxim* se rencontrent assez souvent, surtout dans d'anciennes formules : *di faxint !* fassent les dieux !

Ausim est assez usité en poésie ; on le trouve même dans Tite-Live et dans Tacite ; Cicéron ne l'emploie jamais. La première et la seconde personne du pluriel ne se rencontrent nulle part.

ADDITION AUX VERBES DÉFECTIFS.

§ 150. Quelques verbes, dont voici les plus importants, ne sont usités qu'à certaines personnes :

1. *Aveo* (désirer ardemment). On trouve en ce sens le pluriel *avent* (ils désirent) ; mais le principal emploi de ce verbe est à l'impératif, comme formule de salutation : *ave* ou *avēto*, pl. *avēte* (bonjour, salut, portez-vous bien). On emploie aussi l'infinitif : *avēre te jubeo*.

2. *Salve* ou *salvēto*, pl. *salvēte*, fut. *salvebis*, inf. *salvēre*, même signification. Ce mot est la racine de *salus* (salut, santé). — *Ave* et *salve* s'emploient surtout pour saluer le matin ou à l'arrivée, quelquefois aussi pour saluer au départ. *Vale, valeto, valete*, du verbe *valēre*, qui d'ailleurs est complet, ne se disent qu'au départ ou le soir (bonsoir, adieu, portez-vous bien).

3. *Cĕdŏ*, pluriel *cette* (pour *ced-te*), ancien impératif d'une origine incertaine, qui signifie *dites, donnez, voyons !*

4. *Quæso* (je vous prie), pl. *quæsumus*. Ce sont les deux seules personnes usitées de ce verbe, et elles s'emploient surtout en forme de parenthèse ; par ex. : *dic, quæso* (dites, je vous prie) ; *tu, quæso, ad me scribe* (écrivez-moi, je vous prie). *Quæso* a été remplacé par *quæro*, verbe complet, que nous verrons en son lieu.

5. *Infit* (il commence), mot poétique composé de *in-fio*, et dont cette forme est seule autorisée.

6. *Sis* pour *si vis*, pl. *sultis* pour *si vultis*, et de plus *sodes* pour *si audes*, sont employés, dans le discours familier, pour inviter avec politesse : *dic, sodes* (dites, s'il vous plaît) ; *cape sis*, qqf. *capesis* (prenez, je vous prie).

TABLEAU DES VERBES

DONT LE PARFAIT OU LE SUPIN OFFRENT QUELQUE PARTICULARITÉ.

§ 151. De ce que nous avons dit, § 57, il résulte que l'action accomplie est marquée en latin de deux manières : 1° par l'augmentation du radical, soit qu'on le redouble, soit qu'on en change la voyelle brève en une longue; 2° par l'addition des désinences *si* ou *ui*, qui représentent les deux radicaux du verbe substantif. Toutes les conjugaisons offrent des exemples de ces formations diverses du parfait et des temps qui en dépendent. Le supin ne varie pas moins, et souvent il manque tout à fait. Les listes suivantes seront donc divisées par conjugaisons. Nous commencerons par la première et la quatrième, parce que ce sont elles qui présentent le moins d'anomalies.

PREMIÈRE CONJUGAISON. — FORMATIVE *A*; INFIN. *ĀRE*.

§152. I. *Verbes dont le parfait se forme par redoublement.*

1. Do, dās, děd-i, dă-tum, dă-re, *donner.*

L'*a* fait partie du radical et il se joint immédiatement à la consonne de la désinence : *dă-re*, *dă-bam*, *dă-bo* [1]; voilà pourquoi il est bref partout, excepté cependant à la seconde personne *dās* et à l'impératif *dā*. Il est élidé devant l'*i* du parfait. Les composés dont la première partie a deux syllabes se conjuguent comme le simple : *circum-do*, *dās*, *děd-i*, *dă-tum*, *dă-re*. Ceux dont le premier élément n'est que d'une syllabe sont de la troisième conjugaison : *ad-do*, *addĭs*, *addĭdi*, *addĭtum*, *addĕre*; cf. § 170,2.

2. Sto, stās, stět-i, (stātum,) stāre, *se tenir debout.*

L'*a* est élidé au parfait, comme dans *ded-i*; partout ailleurs il se contracte avec la voyelle de la désinence (*stāre* pour *stă-ĕre*), et il devient long. Le supin *stātum* n'est pas usité; mais on trouve le participe fut. *stāturus*. Les composés changent l'*e* du parfait en *i* : *adstare*, *adstĭti*; *constare*, *constiti*; *exstare*, *exstiti*; *præstare*, *præstiti*; exceptez *circumsteti*, *intersteti*, *supersteti*.

Tous ces verbes manquent généralement de supin; mais les participes du futur : *cŏnstāturus*, *exstāturus*, *instāturus*, *obstāturus*, *perstāturus*, *præstāturus* (quelquefois *præstĭturus*), sont suffisamment autorisés.

De *sto*, par redoublement, se forme le verbe transitif et intransitif : *sisto, sistĭs, (stĭti,) stătum, sistĕre*, arrêter *et* s'arrêter,

---

dont les composés se confondent avec ceux de *sto* aux temps de la seconde série : *adsisto, adstiti ; consisto, constiti.* Du supin *stătum* (*a* bref), se forme le participe passif *stătus : stăto die* (au jour fixé *ou* à jour fixe).

§ 153. II. *Verbes qui perdent au parfait la formative* a.

1. Crĕpo, crĕpās, crep-ui, crĕp-ĭtum, crĕpāre, *craquer.*

Le composé *concrepare* se conjugue de même, ainsi que *discrepare* (être discordant, différer), *increpare* (faire du bruit, gourmander), *percrepare* (retentir). *Increpavit* et *increpatus*, dont on cite des exemples, ne sont pas à imiter.

2. Cŭbo, cubas, cub-ui, cub-itum, cubāre, *être couché.*

Ainsi se conjuguent *accubo, excubo, incubo*, etc. Dans le sens de *couver*, Pline l'ancien dit au parfait *incubavi*. Le verbe *cubo* forme, avec l'addition d'une nasale, des composés en *ĕre* bref, qui se confondent au parfait avec ceux du simple : *accumbĕre, accubui; incumbĕre, incubui*, etc. Le supin, quand il existe, est aussi en *ĭtum;* cf. § 172.

3. Dŏmo, domas, dom-ui, dom-ĭtum, domāre, *dompter*, et ses composés.

4. Frĭco, fricas, fric-ui, fric-tum, fricāre, *frotter*, et ses composés.

Pline l'ancien a employé le participe passif *fricatus*, ce qui n'est pas à imiter. — *Frictus* est aussi le participe de *frigĕre, frigo* (frire, rôtir).

5. Jŭvo, juvas, jūv-i, (jūtum *rare,*) juvāre, *aider*, et son composé adjuvo, adjuvas, adjūv-i, adjū-tum, adjuvāre, *secourir.*

Il est facile de voir que c'est la rencontre des deux lettres *u* et *v* qui a produit la syncope ou la contraction du parfait et du supin. — Salluste et Pline le jeune ont employé le participe *juvaturus.*

6. Lăvo, lavās, (lăvāvi, lavātum,) lăvāre. } *laver.*
   (lăvo, lavĭs), lāvi, lau-tum *et* lōtum, (lăvĕre).

Ce verbe est à la fois de deux conjugaisons ; le présent et les temps qui en dépendent suivent généralement la première ; le parfait et le supin suivent la troisième. Les formes placées entre parenthèses sont archaïques ; ce qui n'empêche pas *lăvĭs, lăvĭt, lăvĕre* d'être d'un fort bon usage en poésie.

7. Mĭco, micas, mic-ui, micāre (sans supin), *remuer, étinceler.*

Ainsi se conjugue *emicare, emicui* (s'élancer, briller). Mais *dimicare* (combattre) fait *dimicavi, dimicatum ;* Ovide a dit cependant *dimicuisse.*

8. Nĕco, necas, necavi (*et* nec-ui), necāre, *tuer.*

Le parfait *necui* est très-rare et le supin *nectum* ne se trouve que dans les Grammairiens. Mais le composé *enecare* fait mieux *enecui enectum* que *enecavi, enecatum.*

9. Plĭco, plicas, plicāre (point de parfait ni de supin), *plier.*
   applĭco -as -avi -atum, et *-ui -ĭtum* (appliquer).

Les auteurs classiques préfèrent, dans ce composé, le parfait en *ui* (*applicui*), et le supin en *atum* (*applicatum*).

   explĭco -as -āvi -atum et *-ui -itum* (déployer, expliquer).
   implĭco —as -avi -atum et *-ui -itum* (entrelacer, envelopper).

Implicatus et *implicitus* sont également usités; *implicavi* ne l'est presque pas. Quant aux verbes qui ne viennent de *plicare* que par l'intermédiaire d'un adjectif, comme *supplicare* (supplier), de *supplex; duplicare* (doubler), de *duplex*, ils font exclusivement *avi, atum.*

10. sĕco, secas, sec-ui, sec-tum, secāre, *couper.* (Colum. *secaturus*).

11. sŏno, sonas, son-ui, son-ĭtum, sonāre, *rendre un son.*

Ainsi se conjuguent *assŏnare, consŏnare, dissŏnare, persŏnare, resŏnare.* Les formes tirées du supin ne sont pas usitées. — Horace a dit *sonaturum*, et Manilius *resonavit.*

12. (Tŏno) tonas, tonui, tonare (sans supin), *tonner.* Comp. *attono, attonui, -ĭtum; detonat, -uit; intono, -ui*, sans supin. On lit une fois dans Horace *intonāta* (participe passif).

13. Vĕto, vetas, vetui, vetitum, vĕtāre, *défendre.*

QUATRIÈME CONJUGAISON. — FORMATIVE *I;* INFIN. *IRE.*

§ 154. I. *Verbes dont le parfait et le supin se forment irrégulièrement.*

amīcio (amixi, amīcui, *inus.*), amictum, *envelopper.* Rac. *am-jacere.*
apĕrio, ăpĕrui, ăpertum, *ouvrir.* Operio -rui -rtum, *couvrir.*
compĕrio, compĕri, compertum, *apprendre.* Rĕperio -ri -rtum, *trouver.*
farcio, farsi, fartum (farctum), *remplir.* Comp. *refercio -fersi -fertum.*
fulcio, fulsi, fultum, *appuyer.* (*Fulsi* est aussi le parf. de *fulgeo*).
haurio, hausi, haustum, *puiser.* Part. f. *hausturus*, poét. *hausurus.*
sălio, salui (salii), saltum, *sauter.* Comp. généralement *ui* (*desĭlui, exsĭlui, prosĭlui, transĭlui*); qqf. *ii* (*exsiliit, prosiliit*); très-rarem. *īvi* (*transilīvi*, Pline le j.); supin *ultum* (*desultum*).
sancio, sanxi, sanctum *ou* sancītum (sancīvi *arch.*), *ordonner.*
sarcio, sarsi, sartum, *raccommoder, réparer.*
sentio, sensi, sensum, *comprendre.* Comp. *assentio, consentio, dissentio*, etc.
sĕpĕlio, sĕpĕlīvi, sĕpultum, *ensevelir.* (Supin seul irrégulier.)
sēpio *ou* sæpio, sepsi, septum, *entourer d'une haie.*

vĕnio, vēni, (ventum), *venir.* Comp. *advenio, devenio, invenio,* etc.
vincio, vinxi, vinctum, *lier.* Comp. *devincio, revincio,* etc.

§ 155. II. *Verbes privés de parfait et de supin.*

1. Plusieurs verbes, comme *cæcŭtīre* (être aveugle), *fĕrīre* (frapper), *fĕrōcīre* (être fier), *ĭneptīre* (dire ou faire des folies), *prūrīre* (éprouver une démangeaison), *scătūrīre* (jaillir), et quelques autres, manquent de parfait et de supin.

2. En sont également privés certains verbes en *ŭrio* (*u* bref), qu'on appelle désidératifs, et qui viennent du supin des verbes ordinaires, par ex. : *cœnātŭrio* (j'ai envie de souper), formé de *cœnātum*. Exceptez *ēsŭrīre* (avoir faim), *partŭrīre* (enfanter), qui font au parfait *īvi* ou *ĭi*.

§ 156. III. *Verbes déponents de la quatrième conjugaison.*

Comme cette conjugaison n'a qu'un petit nombre de déponents, nous en donnerons ici la liste, en y comprenant ceux qui sont réguliers.

assentior, assensus sum, *donner son assentiment.* La forme active *assentio* est aussi employée, mais plus rarement.
blandior, blandītus sum, *flatter.* Comp. *ēblandīri* (obtenir en flattant).
compĕrior, *pour* comperio (dans Salluste). Mais *compertus* touj. passif.
expĕrior, expertus sum, experīri, *éprouver, essayer.*
largior, largītus sum, *donner libéralement.* Composé, *dilargior.*
mentior, mentītus sum, mentīri, *mentir.* Comp. *ementior.*
mētior, mensus sum, mētīri, *mesurer.* Comp. *dimētior, emētior,* etc.
mōlior, mōlītus sum, *remuer une masse* (de *mōles*). Comp. *amōlior,* etc.
oppĕrior, oppertus sum, oppĕrīri, *attendre.* (Plaut. *oppĕrītus.*)
ordior, orsus sum, ordīri, *commencer.* Comp. *exordior.*
orior, ortus sum, ŏrīri, *naître.* Part. fut. *ŏrĭtŭrus.* L'indicat. prés. de ce verbe et de ses composés *exŏrior, cŏŏrior,* se conjugue comme *capior* (*orĕris, orĭtur, orĭmur*), l'imparf. du subj. comme *audīrer* (*orīrĕtur, orīrentur*). Les formes *orĕrentur, exŏrĕrentur,* sont archaïques. *Adorior* (attaquer) est tout à fait régulier (*adŏrīris, adorītur*).
partior, partītus sum (*arch.* partio, partīvi), *partager.* Comp. *impertior, dispertior,* et plus souvent *impertio, dispertio.* (Arch. *impartio.*)
pŏtior, potītus sum, pŏtīri, *se rendre maître de...* Poét. *potĭtur, potĭmur, potĕreris, potĕremur,* pour *potītur, potireris,* etc.
pūnior, punītus sum (*plus souvent* punio, punīvi, punītum), *punir, venger.* (*Punior* est aussi employé comme passif.)
sortior, sortītus sum, sortīri, *tirer au sort.* (Arch. *sortio.*)

DEUXIÈME CONJUGAISON. — FORMATIVE *Ē*; INFIN. *ĒRE*.

§ 157.   I. *Parfait* ui, *supin* ĭtum (§ 57 *et* 58).

cǎl-eo -ui (-ĭtum), *être chaud.*   mŏn-eo -ui -ĭtum, *avertir.*
cǎr-eo -ui (ĭtum), *manquer.*   nŏc-eo -ui -ĭtum, *nuire.*
dēb-eo -ui -ĭtum, *devoir.*   pār-eo -ui (-ĭtum), *obéir.*
dŏl-eo -ui (-ĭtum), *souffrir.*   plăc-eo -ui -ĭtum, *plaire.*
hăb-eo -ui -ĭtum, *avoir.*   præb-eo -ui -ĭtum, *fournir.*
jăc-eo -ui (-ĭtum) *être étendu.*   tăc-eo -ui -ĭtum, *se taire.*
lĭc-eo -ui, -ĭtum, *être mis à prix.*   terr-eo -ui -ĭtum, *effrayer.*
mĕr-eo -ui -ĭtum, *mériter.*   vǎl-eo -ui (-ĭtum), *être fort.*

II. *Parfait* ui , *supin* tum.

dŏc-eo, dŏcui, doctum, *instruire.*   tĕneo , tenui (tentum) *tenir.*
misceo, miscui, mixtum, *mêler.*   torreo, torrui, tostum, *rôtir.*

REM. 1. Les composés se conjuguent comme les simples d'où ils viennent.

2. Les supins placés entre parenthèses sont donnés uniquement à cause des partic. fut. *caliturus, cariturus, doliturus, jaciturus, ap-pariturus, valiturus.* Du reste, ils ne se rencontrent pas dans l'usage, et ces participes mêmes sont rares.

3. Le supin *mixtum* (de *miscere*) est la forme la plus ordinaire; on dit aussi *mistum.*

4. *Tentum* (de *tenere*) n'est pas usité; mais il l'est beaucoup dans les composés de ce verbe, comme *retĭneo, retinui, retentum* (retenir), et d'autres. — On remarquera dans *tostum* (de *torreo*) la permutation de *r* en *s*.

§ 158.   III. *Parfait* ui , *supin* sum.

Cens-eo, cens-ui, cen-sum, *être d'avis, faire un recensement.*

REM. 1. Le composé *recenseo* (recenser) fait au supin *recensum* et *recensĭtum. Percenseo, percensui* n'a pas de supin.

2. *Succenseo, succensui,* sans supin (s'indigner), paraît composé de *sub-censeo;* mais peut-être vient-il plutôt de *succensus* (enflammé).

3. *Frendeo* ou *frendo* (grincer des dents) fait *frendui,* mais seulement dans les psaumes. Le participe *fresus* ou *fressus* signifie *broyé.*

§ 159.   IV. *Parfait* ui, *sans supin.*

Les verbes suivants sont aussi réguliers que les précédents, en ce qu'ils perdent comme eux, au parfait, la formative *e;* mais ils manquent de supin. Ils sont tous neutres, excepté *arceo, sorbeo, timeo,* qui sont actifs, et *sileo,* qui l'est quelquefois.

arc-eo, *écarter.*
call-eo, *s'endurcir.*
cand-eo, *être blanc.*
ĕgeo, *manquer.*
emĭn-eo, *être en saillie.*
ferv-eo, ferb-ui, *bouillir.*
flŏr-eo, *fleurir.*
frond-eo, *avoir des feuilles.*
horr-eo, *frissonner.*
langu-eo, *languir.*

lăt-eo, *être caché.*
măd-eo, *être mouillé.*
nĭt-eo, *reluire.*
ŏl-eo, *exhaler une odeur.*
pall-eo, *pâlir.*
păt-eo, *être ouvert.*
rĭg-eo, *être raide.*
rŭb-eo, *être rouge.*
sĭl-eo, *garder le silence.*
sorb-eo, *avaler.*

sord-eo, *être sale.*
splend-eo, *resplendir.*
stŭd-eo, *étudier.*
stŭp-eo, *rester interdit.*
tĕp-eo, *être tiède.*
tĭm-eo, *craindre.*
torp-eo, *être engourdi.*
tŭm-eo, *être enflé.*
vĭg-eo, *être en vigueur.*
vĭr-eo, *être vert.*

REM. 1. Tels sont les principaux verbes de cette classe ; l'usage apprendra ceux que nous avons omis.

2. *Arceo* n'a pas de supin, mais ses composés en ont un : *exerceo -ui -ĭtum* (exercer), *coerceo -ui -ĭtum* (contraindre).

3. On remarquera, dans *ferbui*, le *b* substitué au *v*, à cause de l'*u* suivant. Ce verbe était aussi de la troisième conjugaison ; de là l'infinitif *fervĕre* dans Virgile, et le parfait archaïque *fervi*. Cicéron a employé cette dernière forme dans les composés *deferverat*, *effervisse*.

4. Deux composés de *sorbeo* ont un supin ; *absorbeo* fait *absorbui* (très-rarement *absorpsi*), *absorptum ; resorbeo, resorbui, resorptum*.

§ 160. V. *Parfait* i *pour* ui. *Verbes dont le radical finit par un* v.

Les six verbes suivants, ainsi que leurs composés, perdent l'*u* de la désinence, à cause de sa rencontre avec le *v* du radical, et la voyelle de celui-ci devient longue :

căv-eo, cāv-i, cau-tum, *prendre garde.*
făv-eo, fāv-i, fau-tum, *favoriser.*
fŏv-eo, fōv-i, fō-tum, *réchauffer.*
mŏv-eo, mōv-i, mō-tum, *mouvoir.*
păv-eo, pāv-i (sans sup.), *avoir peur.*
vŏv-eo, vōv-i, vō-tum, *vouer.*

REM. On peut rattacher à cette classe le verbe *connĭv-eo*, *connĭv-i* et *connixi* (fermer les yeux, conniver), qui n'a pas de supin, et dont le parfait est à peu près hors d'usage. *Connixi* (*connic-si*) est pour *conniv-si*, comme *nix* (§ 16) est pour *niv-s*, et *proximus* (§ 138) pour *prop-simus*.

§ 161. VI. *Parfait* ēvi. *Verbes où l'*e *appartient au radical.*

Conformément à la règle établie § 57, les verbes suivants ont le parfait en *ēvi* et le supin en *ētum*.

dēle-o, delēvi, delētum, *effacer.*
fle-o, flēvi, flētum, *pleurer.*
ne-o, nēvi, nētum, *filer.*
sue-o, suēvi, suētum, *avoir coutume.*
comple-o, exple-o, } -ēvi -ētum,
imple-o, reple-o, } *remplir.*

REM. 1. *Deleo* est composé de l'inusité *leo*, qui prête son parfait *levi* à *linĕre, lino* (enduire). — *Impleo, compleo*, etc., viennent du primitif *pleo*, d'où *plēnus* (plein).

2. *Suco* est peu usité, mais il forme plusieurs composés en *sco* : *assue-sco*, *consue-sco* (s'accoutumer), *desue-sco* (se déshabituer). Ces verbes, que l'on nomme inchoatifs, parce qu'ils expriment le commencement d'une action, sont de la troisième conjugaison aux temps dérivés du présent, de la seconde au parfait et au supin :

assuēvi, consuēvi, desuēvi; assuētum, consuētum, desuētum.

3. Le primitif inusité *oleo* (croître), qui a un rapport d'origine avec *ălo* (nourrir), forme des composés en *eo* et en *sco*, qui rentrent dans la même analogie :

ăbŏle-o, ăbŏlēvi, abol-ĭtum, *aholir;* abole-sco -ēvi, *s'effacer.*
exole-o *et* exole-sco, exolēvi, exolētum, *se perdre, s'oublier.*
ădole-sco, ădolēvi, adul-tum, *grandir, croître.*
ĭnole-sco, ĭnolēvi, (inolĭtum *rare,*) *croître dans* ou *avec.*

Il ne faut pas confondre les mots de cette famille avec les composés d'*oleo* (exhaler une odeur); par ex. : *redoleo, oboleo, redolui, obolui,* sans supin; *peroleo, suboleo,* sans supin et sans parfait. Peut-être est-ce à cette dernière racine qu'il faut rapporter le verbe, assez fréquent dans Virgile :

adóleo (adol-evi, *et* -ui), *brûler de l'encens* ou *la chair des victimes.*

C'est de *soleo*, plutôt que d'*oleo* (croître), que vient le suiv. :

obsole-sco, obsolēvi, obsoletum, *vieillir, tomber en désuétude.*

§ 162.   VII. *Parfait* i; *radical redoublé.*

mord-eo, mŏmord-i, mor-sum, *mordre.*
pend-eo, pĕpend-i (sans supin), *être suspendu.*
spond-eo, spŏpond-i, spon-sum, *promettre, garantir.*
tond-eo, tŏtond-i, ton-sum, *tondre, raser.*

REM. Les composés ne prennent pas le redoublement : *respondeo, responsum* (répondre); *despondeo, despondi, desponsum* (arch. *despŏpondi*).

§ 163.   VIII. *Parfait* i; *voyelle du radical allongée.*

sĕd-eo, sēd-i, ses-sum, *être assis.* Comp. *assideo, assedi, assessum,* etc.
vĭd-eo, vīd-i, vī-sum, *voir.* Comp. *provideo, providi, provisum,* etc.
prand-eo, prand-i, pran-sum, *dîner.* Pransus, *qui a dîné,* § 178.
strīd-eo, (strīdi) sans sup., *siffler.* On dit aussi *strīdĕre, strīdo.*

REM. Parmi les composés de *sedeo*, les verbes *dissĭdēre* (être divisé), *præsidēre* (présider), n'ont pas de supin. — Le radical de *prandeo* et celui de *strideo* n'éprouvent pas de changement, parce qu'ils sont déjà longs au présent.

§ 164.   IX. *Parfait* si (xi = csi).

alg-eo, al-si, — *être gelé.*
ard-eo, ar-si, ar-sum, *brûler.*
aug-eo, auxi, auc-tum, *augmenter.*
frĭg-eo (frixi), — *être froid.*
fulg-eo, ful-si, — *briller.*
hær-eo, hæ-si, hæ-sum, *s'attacher.*
indulg-eo, indul-si, indul-tum,
    être indulgent.
jŭb-eo, jus-si, jus-sum, *ordonner.*
lūc-eo, luxi, — *luire.*

lūg-eo, luxi, — *pleurer.*
măn-eo, man-si, man-sum, *demeurer.*
mulc-eo, mul-si, mul-sum, *caresser.*
mulg-eo, mul-si, mul-sum, *traire.*
rīd-eo, rī-si, rī-sum, *rire.*
suād-eo, suā-si, suā-sum, *persuader.*
terg-eo, ter-si, ter-sum, *essuyer.*
torqu-eo, tor-si, tor-tum, *tordre.*
turg-eo (tur-si), — *être gonflé.*
urg-eo (ur-si), — *presser.*

Rem. 1. Les verbes dont le supin n'est pas indiqué manquent de cette forme et de celles qui en dérivent. Tous les autres, excepté trois, font le supin en *sum* (cf. § 59).

2. Le parfait *frixi* ne se trouve que dans les grammairiens; mais on dit *refrixi*. Ennius a employé *turserat. Ursi* est deux fois dans Cicéron (Ep. X, 32, et *ad Q. fr.* III, 9).

3. Au lieu de *fulgēre, fulget,* Virgile dit aussi *fulgĕre,* et Lucrèce *fulgit.* Le parfait *fulsi* est identique avec celui de *fulcīre* (soutenir).

4. Avec *mulsi, mulsum,* on donne encore à *mulgeo, mulxi, mulctum,* mais sans autorité suffisante.

5. *Tergeo* a une autre forme : *tergo, tergĭs, tergĕre,* que Cicéron semble préférer à la première. Quant aux composés, ils suivent plus généralement *tergeo : abstergēbo, detergēbo.*

6. On remarquera enfin qu'à l'exception de *jŭbeo* et de *mănco,* tous les verbes en *eo* dont le parfait est en *si* ont au radical une voyelle longue par nature ou par position. Ce fait se reproduira dans la troisième conjugaison.

§ 165.   X. *Verbes privés de parfait et de supin.*

Presque tous les verbes qui ne sont pas compris dans les listes précédentes manquent de parfait et de supin. Nous ne citerons que les plus usités :

albeo, *être blanc.*
cāneo, *grisonner.*
flāveo, *être jaune.*
hēbeo, *être émoussé.*

immĭneo, *menacer.*
līveo, *être livide.*
mœreo, *gémir.*
polleo, *être puissant.*

promĭneo, *faire saillie.*
rĕnīdeo, *être riant.*
scăteo, *sourdre.*
squāleo, *être sale.*

Rem. *Cieo, ciēs, ciēre* (exciter, appeler) n'a également que les temps de la première série; mais du supin inusité *cĭtum* (*i* bref), viennent l'adjectif *cĭtus* (prompt) et les participes composés *concĭtus* (poussé), *excĭtus* (ému), *incĭtus* (lancé), *percĭtus* (agité). Ce verbe est complété par son synonyme *cio, cīs, cīvi, cītum, cīre,* peu usité aux temps de la première série. Les composés suivent, comme le simple, les deux conjugaisons; mais, dans le sens d'*appeler*, la quatrième est préférée. Ainsi, *accīre* (mander), *concīre* (assembler), *excīre* (faire sortir), d'où *accītus*, *concītus*, *excītus*, par *i* long; le premier n'a même pas d'autre quantité.

§ 166. XI. *Verbes déponents de la deuxième Conjugaison.*

Comme la seconde conjugaison ne contient qu'un petit nombre de déponents, nous en donnerons ici la liste.

făt-eor, făs-sus sum, făt-ēri, *avouer*. De là *confĭteor, confessus sum* (confesser); *profĭteor, professus sum* (déclarer publiquement), et *diffĭteor*, sans parfait (désavouer).

lĭc eor, lĭc-ĭtus sum, *enchérir*, répondant à *lĭceo* (être mis à prix). Voyez le composé *polliceor* (s'engager, promettre), § 69.

mĕd-eor, med-ēris (sans parfait), *guérir, remédier à....*

mĕr-eor, mer-ĭtus sum (comme *mereo*, § 157), *mériter.*

mĭsĕr-eor, mĭsertus (miser-ĭtus) sum, *avoir pitié*; cf. § 80, à la fin.

rĕ-or, rēris, rä-tus sum, *croire, penser.*

tu-eor, tu-ĭtus (*rarement* tūtus) sum, *protéger*; de là *intueor* et *contueor* (envisager). On trouve des exemples de la forme archaïque *tuor*: (*contuor, tuĭmur, intuĭtur*, etc.)

vĕr-eor, verēris, vĕr-ĭtus sum, *craindre, respecter.*

TROISIÈME CONJUGAISON. — INFINITIF *ĔRE* (bref).

§ 167.   I. *Parfait* i; *radical sans altération.*

La liste suivante contient les verbes de cette classe, dont le radical est long et finit par une consonne (§ 57).

accend-o, accend-i, accen-sum, *allumer*. De même *incendo, succendo.*

confīdo (semi-déponent, § 70). Tite-Live a dit au parfait *confiderunt*, ce qui n'est pas à imiter.

cūd-o, cūd-i, cūsum, *forger.*

defend-o, defend-i, defen-sum, *défendre*; offend-o, *heurter.*

ic-o, ic-i, ic-tum, *frapper. — Icĕre* et *ictus sum* sont les formes les plus usitées de ce verbe.

lamb-o, lamb-i, *lécher*. Rac. *lăbium* (lèvre).

mand-o, mand-i, *partic. passif* mansus, *mâcher.*

pand-o, pand-i, *part. pass.* passus (pansus), *étendre*. Comp. *expand-o, expand-i, expan-sum* (*expassum*). De même *dispansus*, Plaut. *dispessus.*

prĕhendo, *ou* prendo, prĕhendi, prendi, prĕhensum, prensum, *prendre.*

psall-o, psall-i, *chanter au son du luth* (d'où *psaume*).

scand-o, scand-i, scan-sum, *monter*. De même *ascend-o, ascend-i, ascen-sum*; *descend-o, descend-i, descen-sum*, etc.

sīd-o, sīd-i, sīdĕre, *s'asseoir*. Les composés *consīdo, obsīdo*, etc. se confondent au parfait et au supin avec ceux de *sĕdeo*: *consēdi, obsēdi, consessum, obsessum*. On trouve de rares exemples de *subsīdi.*

vell-o, vell-i, vul-sum, *arracher*. (Lucain, *vulsit, vulserat*.)

verr-o, verr i, (*arch.* versum), *balayer.*
vert-o, vert-i, ver-sum, *tourner* (cf. § 175, Rem.).
vīs-o, vīs-i, *visiter.* Le sup. *vīsum* appartient à *vĭdeo.*

§ 168. La liste suivante contient les verbes de cette classe, dont le radical finit par un *u*. Nous avons déjà donné, §§ 57, 58, *minuo*, *solvo*, *volvo*, et nous avons expliqué, § 148,4, pourquoi les verbes en *uo* ont le parfait en *i.*

abnu-o, abnu-i, *refuser*; et les autres composés de l'inusité *nuo*, *annuo*, *innuo*, *renuo*, tous privés de supin, quoique le simple ait formé *nūtus* (signe de tête), et que Salluste, *Fragm.*, ait dit *abnuĭturus.*
acu-o, acu-i, *aiguiser.* Le partic. passif *acūtus* est devenu adjectif.
argu-o, argu-i, *accuser.* Le part. pass. *argūtus* ne se trouve en ce sens que dans Plaute; partout ailleurs il est adjectif. Salluste a employé le part. futur *arguĭturus.* Les composés *coarguo* (convaincre) et *redarguo* (réfuter), n'ont ni le supin ni les participes en *tus* et en *rus.*
bătu-o, batŭ-i, bătuĕre, *battre* (archaïque et peu usité).
congru-o, congru-i, *s'accorder avec*; ingru-o, ingru-i, *fondre sur.*
imbu-o, imbu-i, imbū-tum, *imbiber, imprégner.*
indu-o, indu-i, indū-tum, *revêtir.* De même *exuo* (pour *ex-duo*), *dépouiller.*
lu-o, lu-i, lŭ-ĕre (primitif de *lăv-o*), *laver, expier.* Partic. futur, dans la seconde acception, *luĭturus.* Dans le sens de *laver*, ce verbe forme des composés dont le supin est en *ūtum* : abluo, dīluo, ēluo, polluo, prōluo, et autres. *Alluo* n'a pas de supin.
mĕtu-o, metu-i, *craindre.* (*Lucrèce*, metūtum, *partic. passif.*)
rŭ-o, ru-i, *partic. fut.* ruĭturus, *pousser violemment, se précipiter.* Les composés *dīruo, ēruo, obruo*, etc., font *dirŭtum, erŭtum, obrŭtum*, tous verbes dont il faut éviter le participe en *rus. Corruo* et *irruo* n'ont pas de supin.
spŭ-o, spu-i (spū-tum), *cracher.* Néologique, *conspūtus, expūtus.*
stătu-o, statu-i, statū-tum, *établir.* Comp. *constĭtuo, instĭtuo*, etc.
sternu-o, sternu-i, sternū-tum, *éternuer.*
sŭ-o, su-i, sū-tum, *coudre.* De même *consuo, dissuo.*
trĭbu-o, tribu-i, tribū-tum, *attribuer, accorder.*

§ 169. I bis. *Parfait* i; *radical allongé, avec ou sans transformation de la voyelle; nasale retranchée.*

ag-o, ēg-i, ac-tum, ăg-ere, *conduire, agir, faire.* Composés *abĭgo, abēgi, abactum* (chasser); *cōgo, cŏēgi, cŏactum* (rassembler, forcer), et autres. *Dego, degi, prodĭgo, prodēgi, satago, sategi*, n'ont pas de supin. *Ambĭgo* (douter), n'a ni supin ni parfait.
căp-io, cēp-i, cap-tum, cap-ere, *prendre.* Comp. *accĭpio, accēpi, acceptum* (recevoir). De même *excipio, incipio, percipio*, etc.
ĕd-o, ēd-i, ē-sum, ĕd-ere, *manger.* Cf. § 73.
ĕm-o, ēm-i, emp-tum, ĕm-ere, *acheter.* Comp. *cŏēmo, cŏēmi, cŏemptum* (acheter ensemble), *adĭmo, adēmi, ademptum* (ôter). De même *eximo, dirimo, interimo, perimo, redimo*, et autres. Sur *dēmo* (pour *deimo*), voyez les parfaits en *si*, § 171.

* J

făc-io, fēc-i, fac-tum, fac-ĕre, *faire*. Les composés de ce verbe et d'une préposition, comme *afficio*, *affēci*, *affectum*, forment régulièrement le passif, *afficior*, *afficĕris*, *affectus sum*, *affici*. Ceux dont le premier élément n'est pas une préposition, prennent *fio* au passif : *calefacio* (échauffer), *calefio*. Au reste, beaucoup de ces derniers n'ont du passif que le participe en *tus : consuefactus, tremefactus, tumefactus*, etc.

fŏd-io, fŏd-i, fos-sum, fod-ere, *creuser*. (Plaute, *fodīri*, archaïque.)

frang-o, frēg-i, frac-tum, *briser*. Comp. *infringo, infrēgi, infractum*. De même, *confringo, effringo, perfringo, suffringo*.

fŭg-io, fŭg-i, *partic. fut.* fŭgĭturus, *fuir*. Composés sans supin.

fund-o, fūd-i, fŭ-sum, *répandre*. De même *infundo, perfundo*, etc.

imping-o, impēg-i, impac-tum, *lancer contre*. De même *compingo, compēgi, compactum*. Cf. *pango*, § 170.

jăc-io, jēc-i, jac-tum, *jeter*. Comp. *abjĭcio, abjēci, abjectum*, etc.

lĕg-o, lēg-i, lec-tum, *lire, choisir*. Comp. *perlĕgo, perlēgi, perlectum; collĭgo, collēgi, collectum*, et ainsi des autres. Trois seulement font le parfait en *xi* : *diligo* (chérir), *dilexi; intellĭgo* (comprendre), *intellexi; neglĭgo* (négliger), *neglexi*.

linquo, līqu-i, *laisser*. Comp. *relinquo, relīqui, relictum*, etc.

rump-o, rūp-i, rup-tum, *rompre*. De même, *abrumpo* et autres composés.

scăb-o, scăbi, scăb-ĕre, *gratter* (sans supin).

vinc-o, vīc-i, vic-tum, *vaincre*. Comp. *devinco, devīci, devictum*, etc.

REM. On remarquera, dans le supin *em-p tum*, le *p* introduit par euphonie entre *m* et *t* pour faciliter le passage d'une de ces consonnes à l'autre. On écrit aussi *emtum*.

§ 170. II. *Parfait* i; *radical redoublé*.

căd-o, cĕcid-i, că-sum, *tomber*. Comp. *occĭdo, occĭdi, occasum; incĭdo, incĭdi; recĭdo, recĭdi*, partic. très-rares, *incasurus, recasurus*. Les autres, comme *accĭdo, concĭdo*, etc., n'ont pas de supin.

cæd-o, cĕcīd-i, cæ-sum, *couper*. Comp. *occīdo, occīdi, occīsum; incīdo, incīdi, incīsum; concīdo, concīdi, concīsum*, et autres.

căn-o, cĕcĭn-i, can-tum, *chanter*. Les composés font le parfait en *ui* : *concĭno, concĭnui, concentum; succĭno, succĭnui, succentum;* les formes qui dépendent du supin sont à éviter. *Occino, occinui* (arch. *occăno, occănui*) et *præcino, præcinui* n'ont pas de supin. *Occino, intercino, recino*, n'ont ni supin ni parfait.

curr-o, cŭcurr-i, cur-sum, *courir*. Les composés, excepté *recurro, succurro, intercurro*, peuvent garder le redoublement. Toutefois l'usage le plus général est de le supprimer, surtout dans *accurro, concurro, decurro, incurro, occurro, percurro, transcurro*.

disc-o, dĭdĭc-i (*Apulée*, discĭturus), *apprendre*. Composés avec redoublement et sans supin, *dedisco, dēdĭdĭci, edisco, edidici*, etc.

fall-o, fĕfell-i, *tromper*. Le partic. passif *falsus* ne s'emploie guère que comme adjectif. Comp. *refello, refelli*, sans supin (réfuter).

pang-o, pĕpĭg-i, pac-tum (aux temps de la première série), *ficher, planter, composer des vers ;* (aux temps de la seconde série), *éta-*

blir, régler, convenir. Arch. *pēgi* ou *panxi*, *panctum;* primitif, *păgo,* d'où *păciscor, pax, pācāre.*

parc-o, pĕperc-i, *part. fut.* parsurus, *épargner.* Archaïque, *parsi;* néologique, *parcŭturus.*

păr-io, pĕpĕr-i, par-tum, *enfanter.* Partic. fut. *parĭturus.*

pell-o, pĕpŭl-i, pul-sum, *pousser.* Comp. *expello, expŭli, expulsum,* etc.

pend-o, pĕpend-i, pen-sum, *peser.* Comp. *impendo, impendi, impensum,* etc.

posc-o, pŏposc-i, (sans sup.), *demander.* Comp. *depoposci, expoposci.*

pung-o, pŭpŭg-i, punc-tum, *piquer.* Les composés ont le parfait en *xi: dispunxi, expunxi; dispunctum, expunctum.*

tang-o, tĕtĭg-i, tac-tum, *toucher.* Comp. *attingo, attĭgi, attactum,* etc.

tend-o, tĕtend-i, ten-sum *et* ten-tum, *tendre.* Comp. *extendi, extensum,* et mieux *extentum* (étendre); *ostendi, ostentum,* et mieux *ostensum* (montrer); *detendi, detensum* (détendre, en parlant d'une tente). Tous les autres composés ont le supin en *tum,* sauf quelques exemples des participes *intensus* et *retensus.*

tund-o, tŭtŭd-i, tun-sum, *qqf.* tū-sum, *frapper, piler.* Comp. *contundo, contŭdi, contūsum,* etc. Arch. *retunsum.*

REM. 1. Les verbes suivants se rattachent à cette classe par la voyelle brève du parfait, laquelle suppose un ancien redoublement:

bĭbo, bĭbi, bĭbere (et ses comp.), *boire.* Les partic. *bibĭtus* et *bibiturus* ne sont employés que par des auteurs non classiques.

findo, fĭdi, fissum, *fendre.* Comp. *diffindo, diffĭdi, diffissum.*

per-cello, per-cŭli, per-culsum, *frapper, ébranler.* Les autres composés de l'inusité *cello,* sont *antecello, præcello* (être supérieur), sans parfait et sans supin; *excello,* parf. rare *excellui. Celsus, excelsus, præcelsus* (élevé), sont des adjectifs.

scindo, scĭdi, scissum, *déchirer.* Arch. *scĕcĭdi* et *scĭcĭdi.*

tollo, sus-tŭli, sub-latum, *élever.* Arch. *tĕtŭli;* cf. § 72.

2. On doit encore joindre aux verbes à redoublement les composés de *dăre* que nous avons indiqués, § 152. Nous ne citerons que les suivants [1] :

condo, condĭdi, condĭtum, condĕre, *serrer, fonder.* Comp. *recondo, recondidi, reconditum* (mettre en réserve); *abscondo, abscondi* (arch. *abscondidi*), *absconditum* (cacher).

crēdo, crēdĭdi, crēdĭtum, *croire.* Comp. *concrēdo, concredidi, concreditum* (confier).

perdo, perdĭdi, perdĭtum, *perdre.* Comp. *disperdĭdi, disperdĭtum; deperdĭdi, deperdĭtum.* Synonyme, *pessum-do -dedi -datum, -dăre.* Corrélatifs : *pessum-īre* et *pĕrīre* (cf. §§ 75, 3, et 127), *périr, être perdu.*

---

1 Il est probable que deux racines différentes, représentées en grec par δίδωμι et par τίθημι, se confondent dans les composés de *dare.* Aussi *addere* répond-il à προςθεῖναι, *condere* à συνθεῖναι, *conditio* à σύνθεσις; et au contraire *edere* à ἐκδοῦναι, *prodere* à προδοῦναι, *reddere* à ἀποδοῦναι.

vendo, vendĭdi, vendĭtum, vendĕre, *vendre*. Syn., *vēnum-dăre*. Corrélatif : *vēneo, vēnīs, vēnii, vēnīre, vēnībam, vēnībo* (formé de *vēnum-eo*), *être vendu*. Ce verbe remplace aux temps de la première série le passif de *vendo*, que l'on y trouverait difficilement. Du reste, il n'a ni gérondifs ni participes, et l'on dit *vendendus* et *venditus*.

§ 171.   III. *Parfait* si (xi = csi).

afflĭg-o, afflixi, afflic-tum, *abattre ;* du primitif archaïque *flīgo*. De même *conflīgo, inflīgo.*

allĭc-io, allexi, allec-tum, *attirer, allécher ;* du prim. arch. *lăcio*. De même *illicio* et *pellicio*. Mais *elicio* fait *elicui, elĭcĭtum.*

ang-o, anxi, angĕre, *serrer, tourmenter,* d'où *anxius* (inquiet).

aspĭc-io, aspexi, aspec-tum, *regarder*. De même, *conspicio, despicio* et les autres composés de l'inusité *specio.*

carp-o, carp-si, carp-tum, *détacher.* Comp. *decerpo, decerpsi, decerp-tum* (cueillir). De même *excerpo, præcerpo.*

cēd-o, ces-si, ces-sum, *se retirer, céder.* Comp. *concedo, decedo,* etc.

cing-o, cinxi, cinc-tum, *ceindre.* Comp. *accingo, præcingo,* etc.

clang-o, clangĕre (ni parf. ni sup.), *rendre un son perçant.*

claud-o, clau-si, clau-sum, *fermer.* Comp. *inclūdo, inclusi, inclusum.* De même *exclūdo, præclūdo,* etc.

cōm-o, comp-si, comp-tum, cōmĕre, *coiffer, ajuster.*

cŏquo, coxi, coc-tum, *cuire.* Comp. *decoquo, concoquo,* etc.

dēm-o, demp-si, demp-tum, *ôter.* Cf. *emo,* § 169.

dīc-o, dixi, dic-tum, *dire.* Comp. *addīco, ēdīco, indīco,* etc.

distinguo, distinxi, distinc-tum, distinguĕre, *distinguer.*

dīvĭd-o, divī-si, divī-sum, dīvĭdĕre, *diviser.*

duc-o, duxi, duc-tum, *conduire.* Comp. *abduco, adduco,* etc.

emung-o, emunxi, emunc-tum (de *l'inus.* mungo), *moucher, duper.*

exstinguo, exstinxi, extinc-tum, *éteindre ;* formé, ainsi que *restinguĕre,* du primitif arch. *stinguo,* qui a le même sens.

fīg-o, fixi, fixum, *ficher, attacher.* Comp. *affigo, defigo, infigo,* etc.

fing-o, finxi, fic-tum, *façonner, feindre.* Comp. *effingo,* etc.

flect-o, flexi, flexum, *plier, fléchir.* Comp. *deflecto, reflecto,* etc.

flŭ-o, fluxi, fluxum, *couler.* Comp. *affluo, defluo, effluo,* etc.

gĕr-o, ges-si, ges-tum, *porter, faire.* Comp. *aggĕro, congĕro,* etc.

jung-o, junxi, junc-tum, *joindre.* Comp. *adjungo, disjungo,* etc.

læd-o, læ-si, læ-sum, *blesser.* Comp. *allīdo, allīsi, allīsum,* etc.

lūd-o, lū-si, lū-sum, *jouer.* Comp. *allūdo, allusi, allusum,* etc.

merg-o, mer-si, mer-sum, *plonger.* Comp. *demergo, immergo,* etc.

mitt-o, mī-si, mis-sum, *envoyer.* Comp. *amitto, committo,* etc.

nūb-o, nup-si, nup-tum, *se marier* (en parlant d'une femme).

pect-o (pexi *rare*), pexum, *peigner.* Comp. *depecto,* partic. *depexus,* sans parfait (Columelle, *depectĭtus*).

perg-o, perrexi, perrec-tum, *continuer* (de *per-rĕgo*).

ping-o, pinxi, pic-tum, *peindre.* Comp. *appingo, depingo.*

plang-o, planxi, planc-tum, *frapper, se frapper de désespoir.*

plaud-o, plau-si, plau-sum, *applaudir.* De même *applaudo.* Mais *complodo* (frapper les mains l'une contre l'autre) et *explodo* (chasser avec bruit) changent *au* en *o*.

plect-o, plectĕre, *frapper, punir* (du grec πλήσσω), ne s'emploie guère qu'au passif et seulement aux temps de la première série.

plect-o, plexi (du grec πλέκω), *plier*, est archaïque; mais le partic. passif *plexus* (entrelacé) et ses composés *implexus* et *perplexus* sont fort usités, de même que les dépon. *amplector* et *complector* (§ 175).

prĕm-o, pres-si, pres-sum, *presser*. Comp. *comprĭmo -pressi -pressum*. De même *deprimo, exprimo, imprimo, opprimo, reprimo, supprimo*.

prōm-o, promp-si, promp-tum, *tirer hors.* Comp. *depromo, expromo*, etc,

quăt-io, quas-sum, quătĕre (sans parf.), *secouer.* Comp. *concŭtio, concussi, concussum*. De même, *discutio, excutio, percutio*, etc.

răd-o, ră-si, ră-sum, *raser, racler.* Comp. *abrado, corrado, erado*.

rĕg-o, rexi, rec-tum, *diriger.* Comp. *corrĭgo, correxi, correctum.* De même *arrĭgo, dirĭgo, erĭgo, porrĭgo, pergo, subrĭgo, surgo*.

rĕp-o, rep-si, rep-tum, *ramper.* Comp. *adrēpo, irrēpo*.

rōd-o, rō-si, rō-sum, *ronger.* Comp. *abrodo, corrodo*, etc.

scrīb-o, scrip-si, scrip-tum, *écrire.* Comp. *adscribo, inscribo*, etc.

scalp-o, scalp-si, scalp-tum, *gratter, graver.*

sculp-o, sculp-si, sculp-tum, *sculpter, graver.* Comp. *insculpo, exsculpo*,

serp-o, serp-si (sans sup.), *ramper*, d'où *serpens* (un serpent).

sparg-o, spar-si, spar-sum, *répandre.* Comp. *aspergo, aspersi, aspersum* (arroser). De même, *conspergo, dispergo, inspergo, respergo*.

string-o, strinxi, stric-tum, *serrer.* Comp. *astringo, constringo*, etc.

strŭ-o, struxi, struc-tum, *bâtir.* Comp. *construo, destruo, instruo*, etc.

sūg-o, suxi, suc-tum, *sucer.* Comp. *exsugo*.

sūm-o, sump-si, sump-tum, *prendre.* Comp. *absumo, desumo*, etc.

surgo, surrexi, surrec-tum, *se lever.* Ce verbe neutre est formé par syncope de l'actif *surrĭgo* ou *subrigo* (dresser). Voyez *rego*.

tĕg-o, texi, tec-tum, *couvrir.* Comp. *contego, detego, obtego*, etc.

temn-o, temnĕre, *mépriser*; verbe poétique; en prose on dit mieux *contemno, contempsi, contemptum*.

ting-o, tinxi, tinc-tum, *mouiller, teindre.* Quelques-uns écrivent *tinguo*, d'où probablement *distinguo*.

trăh-o, traxi, trac-tum, *traîner.* Comp. *abstraho, detraho*, etc.

trūd-o, trū-si, trū-sum, *pousser.* Comp. *abstrudo, extrudo*, etc.

ung-o, unxi, unc-tum, *oindre.* Comp. *inungo, perungo*.

ur-o, us-si, us-tum, ūr-ĕre, *brûler.* Comp. *aduro, inuro, amburo*, etc. Dans *amb-uro*, le *b* appartient au préfixe; dans *com-b-uro*, il est ajouté par euphonie entre *m* et *u*. Il se conserve dans *bustum* (bûcher).

văd-o, vădĕre, *aller.* Comp. *evado, evasi, evasum* (s'échapper). De même *invado* et *pervado*. Les partic. passifs *invasus* et *pervasus* ne se trouvent que dans des auteurs non classiques. *Evasus* est dans Juvénal (*fulguris evasi*), ce qu'on ne doit pas imiter.

vĕh-o, vexi, vec-tum, *porter, voiturer.* Comp. *aveho, deveho*, etc.

verg-o, vergĕre (ni parf. ni sup.), *pencher, incliner vers.*

vīv-o, vixi, vic-tum, *vivre.* De même *revivisco, revixi, revictum*.

Rem. 1. Des soixante-quatre verbes ci-dessus, treize seulement ont la voyelle du radical brève ; dans tous les autres, elle est longue par nature ou par position. Nous avons remarqué un fait semblable dans la seconde conjugaison, § 164 ; et on peut observer la même chose dans la quatrième, § 154. Il en résulte que, sauf un petit nombre d'exceptions, la désinence *si* n'appartient qu'à des verbes dont le radical est long, quelle que soit d'ailleurs la consonne qui le termine ; le plus souvent cette consonne est une des muettes.

2. Dans *flecto*, *pecto*, *plecto*, le *t* est un renforcement du radical ; voilà pourquoi il disparaît au parfait et au supin. Il en est de même de *n* dans *contem-n-o*, dont le parfait est *contem-p-si* ou *contem-si*.

3. Le parfait de *trăh-o* et celui de *vĕh-o* sont *traxï* et *vexi* (*trac-si*, *vec-si*), l'aspiration *h* ne pouvant se prononcer devant *s*, sans que l'on entende un *c*.

4. *Viv-o* fait *vixi* pour *viv-si* (cf. *nix* p. *niv-s*). Restent *flu-o*, *fluxi*, *stru-o*, *struxi*, qu'il serait facile de ramener à la même analogie ; cf. *fluv-ius*, fleuve [1].

§ 172. IV. *Parfait* ui.

accumb-o, accŭb-ui, accub-ĭtum, *se mettre à table* (Cf. *cŭbo*, § 153).
De même, *discumbo, incumbo, occumbo, recumbo*, etc.
al·o, ăl-ui, ăl-ĕre, *nourrir*. Partic. pass. *alĭtus*, qqf. *altus*.
cŏl-o, cŏl-ui, cul-tum, *cultiver*. De même *excolo, percolo*. Les autres composés *accolo, incolo, recolo*, n'ont pas de supin.
compesc-o, compesc-ui (sans supin), *tenir enfermé, contenir*.
consŭl-o, consŭl-ui, consul-tum, *consulter*.
deps-o, deps-ui, deps-tum, *corroyer* (mot archaïque).
dispesc-o, *séparer* (l'opposé de *compesco*), n'a ni parf. ni supin.
frĕm-o, frĕm-ui, frĕm-ĭtum, frĕm-ĕre, *frémir*.
gĕm-o, gĕm-ui, gem-ĭtum, gĕm-ĕre, *gémir*.
gign-o, gĕn-ui, gĕn-ĭtum, *engendrer* (de l'arch. *gĕno*, avec redou-blement [2]).
mĕt-o (mess-ui *rare*), mes-sum, *moissonner*. Comp. *dēmĕto, demessum*
mŏl-o, mŏl-ui, mŏl-ĭtum, mŏl-ĕre, *moudre*.
nect-o, nexui (*arch.* nexi), nexum, *nouer*. Comp. *innecto, connecto*, etc.
occŭl-o, occŭl-ui, occul-tum, *cacher*. Ce verbe, au lieu d'être un composé de *colo*, appartient plutôt à la famille de *celāre* (cacher).
pōn-o, pŏs-ui, pŏs-ĭtum, *placer*. Comp. *appōno, compōno*, etc. Arch. *pŏs-īvi*; poét. *compostum* p. *compositum*. — *Pōno* est évidemment pour *pos-no* (contracté peut-être de *pŏ-sĭno*); de là *o* long au présent et bref au parfait.
pins-o (*arch.* piso), pins-ui, pis-tum (pinsum) *ou* pins-ĭtum, *piler*.

---

1. C'est un fait particulier à la langue latine, qu'une labiale devant *s* pro-duise la combinaison *x*, dans *nix, connixi, vixi, fluxi* (rad. *fluv*), *struxi* (rad. *struv*) et *proximus* (rad. *prop-e*).
2. Cf. Méth. grecq. sur γίννομαι et τίκτω, § 252.

răp-io, răp-ui, rap-tum, rapëre, *ravir*. Comp. *arrĭpio, arripui, arreptum*. De même *abripio, corripio, diripio, eripio, subripio, præripio*.

sĕr-o, sĕr-ui, ser-tum, *entrelacer, unir* (d'où *sĕries*). Comp. *consero, desero, exsero, insero*, etc. Il ne faut pas confondre ce verbe avec *sĕrĕre* (semer), § 173, 3.

stert-o, stertĕre, *ronfler*. Comp. *desterto, destertui*.

strĕp-o, strĕp-ui, *faire du bruit*. Le supin *strepitum*, donné par Priscien, n'est pas appuyé d'exemples.

tex-o, tex-ui, tex-tum, *tisser*. Comp. *contexo, intexo, prætexo*, etc.

trĕm-o, trĕm-ui (sans sup.), *trembler*. Comp. *contrĕmo, intrĕmo*, etc.

vŏm-o, vŏm-ui, vŏm-ĭtum, *vomir*. Comp. *evomo*.

Rem. A cette classe se rattachent un assez grand nombre de verbes inchoatifs, dérivés soit d'autres verbes, soit d'adjectifs. Ceux qui viennent d'adjectifs n'ont jamais de supin. Ex. :

cŏălesco, coălui, coalĭtum (ălo), *se réunir*.
convălesco, convălui, *sans supin* (văleo), *prendre des forces*.
consĕnesco, consĕnui, ———— (sĕnex), *vieillir*.
contrĕmisco, contremui, ———— (trĕmo), *trembler violemment*.
indūresco, indūrui, ———— (dūrus), *s'endurcir*.
mātūresco, mātūrui, ———— (mātūrus), *mûrir*.

§ 173. V. *Parfait* īvi, āvi, ēvi, ōvi (*c'est-à-dire* ui *précédé d'une voyelle*).

1. Les verbes suivants se règlent sur la quatrième conjugaison aux temps de la seconde série.

cŭp-io, cŭp-īvi, cup-ītum, cŭp-ĕre, *désirer* (Lucrèce, *cupīret*).
pĕto, pĕtīvi, pĕtītum, petĕre, *demander*. Comp. *expeto*, etc.
quær-o, quæs-īvi, quæs-ītum, quær-ĕre, *chercher*. Comp. *acquiro, acquīsivi, acquīsitum; conquīro, requīro*, etc. Il est facile de voir que dans *quæro*, r est pour s; cf. *quæso*, § 150.
săp-io, săp-īvi -ii (sapui), sapĕre, *avoir de la saveur, être sage*. Comp. *desipio (desĭpui); resipio, resipui* et *resipīvi*. Pas de supin.
sĭn-o, sīvi, sĭtum, sĭnĕre, *permettre*. Partic. pass. *sĭtus* (situé). Comp. *dēsĭno, desii, desĭtum* (cesser). On remarquera l'ĭ bref au supin.
tĕro, trīvi, trītum, *broyer*. (Tibulle, *attĕrŭisse*.)

A ces six verbes il faut ajouter plusieurs dérivés en *sso*.

arcess-o -īvi -ītum -ĕre, *faire venir*. Infin. pass. *arcessi*, qqf. *arcessīri*. Ce verbe vient de *ar* (=*ad*) *cēdĕre*. La forme *accersĕre*, *accerso* est une simple variété d'orthographe.
căpess-o -īvi -ītum -ĕre (de *capio*), *prendre en main*.
făcess-o -īvi -ītum -ĕre (de *facio*), *se mettre à l'œuvre, s'éloigner*. Le parfait *facessi* est incertain.
incess-o -īvi *ou* -i -ītum -ĕre (de *in-cēdĕre*), *attaquer*.
lăcess-o -īvi -ītum -ĕre, *provoquer*. (Colum. *lacessīri*, inf. passif; T. Live, XXXI, 18, *si lacessĕritis*, du parf. *lacessi*.)

Et quelques inchoatifs en *isco*, qui empruntent à leurs primitifs les temps de la seconde série ; par exemple :

concŭp-isco -ĭvi -ĭtum -iscĕre (de *cupio*) *convoiter.*
scis-co, scīvi, scītum, sciscĕre (de *scio*), *apprendre, ordonner.* Comp. *adscisco, conscisco, descisco, præscisco, rescisco.*

2. Deux verbes de la troisième conjugaison font le parfait en *āvi*, comme s'ils étaient de la première :

pasco, pāvi, pastum, pascĕre, *faire paître, nourrir, paître.*
sterno, strāvi, stratum, sternĕre, *étendre.* Comp. *insterno, pro-sterno,* etc. Ce verbe a son radical dans le grec στρώ-ννυμι.

On peut ajouter les inchoatifs *invĕtĕr-asco, āvi, ātum* (s'invé-térer), et *expăvesco, expāvi* (s'effrayer), de *păveo*, sans supin.

3. Les suivants le font en *ēvi*, ce qui suppose un radical primitif finissant par une voyelle.

cerno, crēvi (crētum), cernĕre, *séparer, voir.* Comp. *decerno, decrēvi, decretum.* De même *discerno, excerno.* Rad. grec κρί-νω.
cresco, crēvi, crescĕre, *croître.* Partic. *crētus* (né de...). Même racine que *creāre* (créer). *Decresco, incresco* n'ont pas de supin.
lĭno, lēvi (*qqf.* livi), lĭtum, lĭnĕre, *enduire* (de *leo*, § 161). Comp. *oblĭno, oblēvi, oblĭtum; allĭno, collĭno, illĭno,* etc. Ce verbe et ses composés sont passés dans la quatrième conjugaison après le siècle d'Auguste : *lĭni-o, īs, īvi, ītum, īre.* Mais *dēlīnīre* (adoucir) vient de *de-lēnire.*
quie-sco, qui-ēvi, qui-ētum, *se reposer.* Comp. *conquiesco,* etc.
sĕro, sēvi, sătum, sĕrĕre, *semer, planter.* Comp. *consĕro, consēvi, con-sĭtum; insĕro, intersĕro,* etc. (Tite Liv., *conseruisset,* Colum., *con-seruerit,* formes qu'on ne doit pas imiter.)
sperno, sprēvi, sprētum, spernĕre, *mépriser.*

4. Un seul verbe de la troisième conjugaison fait le parf. en *ovi* :

no-sco, nōvi, nōtum, noscĕre, *apprendre, connaître.* Comp. *ignosco, ignōvi, ignōtum* (pardonner). De même *internosco, pernosco, dignosco* (ce dernier sans supin). Mais *agnosco, cognosco,* font *agnovi, agnĭ-tum, cognovi, cognĭtum.* Le *g*, dans tous ces verbes, vient du primitif archaïque *gno-sco,* comme on le voit clairement dans *di-gnosco.* — (Priscien cite de Sall. *agnoturus,* et de Piso Frugi, *ignosciturus,* formes qui ne sont pas à imiter.)

§ 174. VI.   *Verbes qui n'ont ni parfait ni supin.*

Un certain nombre de verbes en *ĕre* bref manquent de parfait et de supin. Voici les plus remarquables, outre ceux que nous avons cités chacun en son lieu :

(fŭro), fŭrĕre, *être en fureur.* La prem. pers. *furo* est inusitée.
glisco, gliscĕre, *s'étendre, gagner de proche en proche.*
hisco, hiscĕre, *s'ouvrir, ouvrir la bouche.* Comp. *dēhisco.*

Et beaucoup d'inchoatifs, comme *dĭtescĕre* (s'enrichir), *fătiscĕre* (s'affaisser), *ingrăvescĕre* (s'appesantir), *pinguescĕre* (devenir gras), etc.

§ 175. VII. *Verbes déponents de la troisième conjugaison.*

amplector, amplexus sum, *embrasser*. De même *complector*.

apiscor, aptus sum, *obtenir*. Comp. *ădĭpiscor, adeptus sum*.

commĭniscor, commentus sum, *imaginer*. Rac. *me-min-i*.

defĕtiscor, *se fatiguer*, d'où l'adj. *defessus*. Rac. *fătisco*.

expergiscor, experrectus sum, *s'éveiller*. Rac. *ex-pergo*.

fruor, fruitus (*arch.* fructus) sum, *jouir*. Part. fut. *frŭĭturus*.

fungor, functus sum, *s'acquitter*. Comp. *defungor, perfungor*.

grăd-ior, gressus sum, *marcher*. Comp. *aggredior, aggressus sum*, etc.

invĕhor, invectus sum, *s'emporter contre*.... Passif d'*inveho*, pris dans le sens réfléchi, cf. § 180.

irascor, *s'irriter;* d'où l'adjectif *irātus*.

lābor, lapsus sum, *tomber, se glisser*. Comp. *collābor, illābor*, etc.

lŏquor, locūtus sum, *parler*. Comp. *alloquor, colloquor*, etc.

morior, mortuus sum, mŏri, *mourir*. Part. fut. *mŏrĭturus*. (Arch. *morīri*, forme à éviter.)

nanciscor, nactus sum, *obtenir*. (Arch. *nanctus*.)

nascor, nātus sum, *naître*. Part. fut. *nascĭturus*.

nītor, nīsus *et* nixus sum, *s'efforcer*. Le composé *subnītor* ne fait que *subnixus;* les autres font *sus* et *xus*.

oblīviscor, oblītus sum, *oublier*. Rac. *lēvi;* cf. *lino*, § 173.

păciscor, pactus sum, *traiter, faire un pacte*. Cf. *pango*, § 170.

pascor, pastus sum, *paître, se repaître;* passif réfléchi de *pasco*, dont le sens le plus ordinaire est *faire paître*. Comp. *depascor*.

păt-ior, passus sum, *souffrir*. Comp. *perpĕtior, perpessus sum*.

prŏfĭciscor, profectus sum, *partir*. Rac. *pro* et *facio*.

quĕror, questus sum, *se plaindre*. Comp. *conqueror*.

rĕmĭniscor (sans parfait), *se souvenir*. Rac. *mĕ-mĭn-i*.

ringor (sans parfait), *montrer les dents;* d'où *rictus*.

sĕquor, sĕcūtus sum, *suivre*. Comp. *assequor, consequor*, etc.

ulciscor, ultus sum, *se venger, punir*.

utor, ūsus sum, *se servir*. Comp. *ăbūtor, abusus sum*.

vescor (sans parfait), *se nourrir de*.

REM. Plusieurs composés de *vertĕre* (tourner) sont déponents aux temps de la première série, actifs à ceux de la seconde :

1. devertor, *parf.* deverti, *sup.* deversum } *se détourner du chemin,*
   divertor, diverti, diversum } *aller loger quelque part.*

Le présent actif *deverto* et les temps qui en dérivent se trouvent qqfois dans le sens du déponent. — *Diversus* est toujours adjectif.

2. prævertor (*plus souvent* præverto), præverti (sans sup.) *prévenir*.

3. rĕvertor (*arch.* reverto), reverti, reversum, *revenir*. Le participe *reversus* (étant revenu) est très-fréquent; le parfait *reversus sum* pour *reverti* est très-rare.

MÉLANGE DES FORMES ET DES SIGNIFICATIONS.

§ 176. *Verbes déponents qui ont aussi la forme active.*

On a pu remarquer dans les listes précédentes plusieurs verbes qui, sans changer de signification, sont à la fois actifs et déponents ; par ex. : *assentio* et *assentior*, *impertio* et *impertior*, *mereo* et *mereor*, *punio* et *punior*, sans parler des composés de *verto*, dont il vient d'être question. Il en existe, surtout dans le vieux langage, un bien plus grand nombre qui, étant déponents, ont aussi la forme active. Nous citerons quelques-uns des plus usités, parce qu'il serait trop long d'en donner la liste complète.

arbĭtror, *arch.* arbitro, *juger.*	frustror, *arch.* -o, *frustrer.*
augŭror, *qqf.* auguro, *présager.*	jurgor *et* jurgo, *quereller.*
bellor, *mieux* bello, *faire la guerre.*	lăcrĭmor *et* -o, *pleurer.*
comĭtor, *arch.* comito, *accompagner.*	lūdĭfĭcor *et* -o, *jouer.*
dignor, *arch.* digno, *juger digne.*	lūxŭrior *et* -o, *surabonder.*
fabrĭcor, *qqf.* fabrico, *fabriquer.*	mūnĕror, *qqf.* -o, *donner.*
fēnĕror *et* fēnĕro, *placer à intérêt.*	pŏpŭlor, *arch.* -o, *ravager.*
fluctuor, *mieux* fluctuo, *être agité.*	rĕmūnĕror *et* -o, *récompenser.*

Rem. Il ne faut pas s'étonner si plusieurs de ces verbes, et d'autres semblables, se rencontrent quelquefois dans le sens passif; par ex. : *comitor, frustror, populor*, et surtout *fabricor*, qui est toujours passif dans Quintilien, et *dignor*, qui l'est également dans le peu de passages où Cicéron s'en est servi. Mais ce sont principalement les participes parfaits en *tus*, qui se trouvent employés de cette manière, quoiqu'il soit généralement mieux de leur donner le sens actif. La liste suivante fera connaître les plus usités.

§ 177. *Participes déponents pris dans le sens passif.*

abōmĭnatus, Hor. *maudit.*	expertus, Cic., Tac. *éprouvé.*
adeptus, Sall., Cic. *acquis.*	interprĕtatus, Cic. *interprété.*
cŏmĭtatus, Virg. *accompagné.*	mĕdĭtatus, Cic. *médité.*
commentatus, Cic. *médité.*	mētatus, Hor. *mesuré.*
confessus, Cic. *avoué.*	opīnatus, Cic. *présumé.*
detestatus, Hor. *maudit.*	partītus, Cic., Cés. *distribué.*
dīmensus, Virg., Cés. *mesuré.*	pactus, Cic. *convenu.*
emensus, Tit. Liv. *parcouru.*	pĕrĭclĭtatus, Cic. *essayé.*
ementītus, Cic. *controuvé.*	stĭpŭlatus, Cic. *stipulé.*
eblandītus, Cic. *obtenu par flatterie.*	testatus, Cic. *prouvé.*

Rem. Les exemples tirés d'Horace et de Virgile peuvent être imités en vers, avec discrétion toutefois. En prose même on emploiera toujours élégamment des expressions consacrées, comme *pacto pretio* (un prix étant convenu), *meditata oratio* (un discours préparé), *eblandita suffragia* (des suffrages mendiés), *opinata bona* (ce que l'on croit des biens). Mais il ne faudrait pas étendre trop loin cette liberté; ce serait mettre l'exception à la place de la règle.

§ 178. *Participes passifs pris dans le sens actif.*

Plusieurs verbes en *o*, privés d'ailleurs de la forme passive, ont un participe parfait en *us*, avec signification active :

cœnāre, cœno, *souper;* cœnatus, *qui a soupé.*
prandĕre, prandeo, *dîner;* pransus, *qui a dîné.*
potāre, pŏto, *boire;* pŏtus (*pour* potatus), *qui a bu.*
jūrare, juro, *jurer;* juratus, *qui a juré.*
conjurare, conjuro, *conjurer;* conjuratus, *qui a conjuré.*

REM. 1. *Potus* a aussi, mais plus rarement, le sens passif. Le composé *epotus* (entièrement bu) l'a toujours.

2. On trouve dans les poëtes quelques formes passives de *jurare* (*juratur, jurābĕrĕ, jurantur*), et *juratus*, même en prose, se dit également de *la chose jurée* et de *l'homme qui a juré.* Cicéron emploie plusieurs fois *juratus sum* pour *juravi;* mais en général ces participes ne servent pas à former des temps composés.

§ 179. *Participes passifs formés de verbes neutres.*

D'autres verbes qui, à cause de leur sens intransitif, manquent également de la forme en *or*, ont pourtant, surtout dans les poëtes, un participe parfait de signification passive :

decurrĕre, *descendre en courant;* decursus, *parcouru.* Cic.
errāre, *errer;* erratus, *où l'on a erré.* Virg.
lăbōrāre, *travailler;* laboratus, *travaillé avec soin.* Virg., Cic.
regnāre, *régner;* regnatus, *gouverné par un roi.* Virg., Hor.
triumphāre, *triompher;* triumphatus, *dont on a triomphé.* Virg.
vĭgĭlāre, *veiller;* vigilata nox, *nuit passée à veiller.* Ovid.
evĭgĭlāre, *veiller entièrement;* evigilatus, *fait à force de veilles.* Cic.

REM. 1. Tous ces verbes peuvent être employés à la troisième personne du passif, comme impersonnels (§ 80, II). Quelques-uns même se trouvent à d'autres personnes; ainsi Tacite a dit *gentes quæ regnantur* (les nations qui sont gouvernées par des rois) ; et Ovide, *noctes vigilantur amaræ* (mes tristes nuits se passent à veiller),

2. Un assez grand nombre de verbes intransitifs ont aussi un participe futur en *dus* avec signification passive : *urbs regnanda*, Virg. (une ville où l'on doit régner), *res erubescenda* (une chose dont on doit rougir), *invidendus* (à qui l'on doit porter envie), *tremendus* (qui est à redouter); et parmi les déponents : *fruendus, fungendus, potiundus, utendus, gloriandus, medendus.* Mais les participes de cette espèce ne doivent être employés que quand on peut les justifier par des exemples.

VERBES PASSIFS PRIS DANS LE SENS RÉFLÉCHI.

Véritable nature des verbes déponents.

§ 180. Parmi les verbes déponents énumérés au § 175, *invehor* et *pascor* sont, comme nous l'avons remarqué, des passifs pris dans le sens réfléchi. Il en existe plusieurs autres du même genre :

grăvāre, *surcharger, accabler;* grăvāri, *se faire une peine de.*
lætāre (*arch.*), *réjouir quelqu'un;* lætāri, *se réjouir.*
pignĕrāre, *donner en gage;* pignĕrāri, *prendre en gage.*
versāre, *tourner;* versāri, *se trouver quelque part, s'occuper de....*
vĭdēre, *voir;* vĭdēri, *paraître (se laisser voir).*

Excepté *lætari*, dont l'actif est inusité, ces verbes s'emploient aussi dans le sens passif. Ils sont donc à la fois passifs et déponents. Rien de si facile que d'expliquer ce double caractère. La forme en *or* présente le sujet du verbe comme recevant l'action; si cette action est faite par un agent étranger, le verbe est passif (*amor a Deo*); si elle est faite par le sujet lui-même, le verbe est réfléchi (*pascor, lætor, invehor*), et, comme tel, il prend le nom de déponent, parce qu'il a en quelque sorte déposé le sens passif, lequel suppose un agent extérieur. Il ne faut donc pas s'étonner que tant de déponents se traduisent en français par des verbes réfléchis ou pronominaux, *fungi* (s'acquitter), *irasci* (s'irriter), *niti* (s'efforcer), *queri* (se plaindre), *vesci* (se nourrir), et une foule d'autres. Ceux même qui semblent purement transitifs pourraient se ramener à cette analogie : *imitari* (imiter, se proposer pour modèle), *polliceri* (promettre, s'engager à), *mutuari* (emprunter, se faire prêter), *comitari* (accompagner, se rendre compagnon), *aspernari* (mépriser, repousser loin de soi), *aversari* (avoir en aversion, détourner de soi), etc., etc.

Le verbe déponent des Latins est donc originairement destiné, comme le moyen des Grecs, à exprimer une action réfléchie [1].

VERBES PASSIFS A FORME ACTIVE ou NEUTRES-PASSIFS.

§ 181. Nous avons déjà vu deux verbes, *fieri, fio* (être fait), *venire, veneo* (être vendu), qui, avec la forme en *o*, ont la signification passive. Il faut en ajouter un troisième :

văpŭlo -as -avi -atum -are, *être battu.*

On y joindrait à tort *licēre* (être mis à prix, § 157), et *exsulare* (être exilé). Ces derniers sont purement neutres ou intransitifs, et l'on ne dit pas *exsulare a populo* (être exilé par le peuple), comme on dit *vapulare a domino* (être battu par son maître).

---

1. Cf. Méth. grecq. § 351, et la note.

APPENDICE SUR LE GENRE DES NOMS.

D'après ce qui a été dit, § 4, le genre des noms est déterminé par leur signification ou par leur forme.

RÈGLE DES GENRES D'APRÈS LA SIGNIFICATION.

§ 182. Sont MASCULINS : 1º les noms d'hommes et les noms qui ne conviennent qu'à des hommes, quelle qu'en soit la terminaison.

2º Les noms de peuples, comme *Romani*, *Scythæ*, *Allobroges*.

3º Les noms de fleuves et de rivières, comme *Albis*, *Tiberis*, *Trebia*, *Sēquăna*, *Gărumna*, à cause du nom générique *fluvius*.

4º Les noms des vents : *Aquilo*, *Eurus*, *Etesiæ* (à cause de *ventus*).

5º Les noms des mois, à cause de *mensis*, § 110,3.

6º Les noms de montagnes (à cause de *mons*), lorsque la terminaison n'indique pas le genre, ce qui arrive presque toujours dans la troisième déclinaison. Les autres suivent le genre de leur désinence.

REM. 1. Lorsqu'un nom féminin ou neutre est appliqué à des hommes dans le sens figuré, il conserve le genre qu'il avait au sens propre : *operæ*, f. (des ouvriers), *vigiliæ*, f. (des sentinelles), *mancipium*, n. (un esclave).

2. Quelques noms de rivières en *a* sont féminins : *Allia* (rivière près de Rome), *Mātrŏna* (la Marne), *Mŏsa* (la Meuse). Ajoutez *Styx* et *Lethe* (fleuves des enfers). — *Mosella* (la Moselle) est du masculin et du féminin. *Elaver* (l'Allier) est du neutre.

3. Le nom de montagne *Alpes -ium* est du féminin. *Soracte* est du neutre ; cependant Pline a dit au genre masc. *Soractem* et *Soracten*. Lorsqu'on trouve dans les poëtes un nom de montagne à désinence féminine ou neutre avec un adjectif masculin, comme *altus OEta*, *altus Peliŏn*, Ovid., c'est que *mons* est sous-entendu.

§ 183. Sont FÉMININS : 1º les noms de femmes et les noms qui ne conviennent qu'à des femmes, quelle qu'en soit la terminaison : *mulier*, *femina*, *virgo*, *nurus*, *socrus*, *Tullia*, *Glycerium*.

2º Les noms de pays : *Italia*, *Ægyptus*, *Troas* (à cause de *terra* ou *regio*).

3º Les noms d'îles : *Sicilia*, *Cyprus*, *Salamis*, *Samos* (à cause d'*insula*).

4º La plupart des noms de villes : *Roma*, *Athenæ*, *Pylos*, *Corinthus*, *Lacedæmon*, *Babylon*, *Carthago* (à cause de *urbs*).

5º Les noms d'arbres et d'arbustes : *pomus*, *pirus*, *cedrus*, *quercus*, *abies*, *papȳrus*, *vītis*, *myrtus*, *corylus* (à cause d'*arbor*).

6° Les noms de pierres précieuses (à cause de *gemma*), sauf les exceptions qu'on trouvera dans les lexiques.

REM. 1. Les noms de pays en *um* sont du neutre : *Latium*, *Samnium*, *Illyricum*. Le nom *isthmus* est du masculin, de même que *Bosporus*, *Pontus*, *Hellespontus*, qui, avant de s'appliquer à des contrées, désignaient déjà des mers ou des détroits.

2. Parmi les noms de villes, les pluriels en *i* sont toujours masculins : *Argi*, *Delphi*, *Veii*; les pluriels en *a* toujours neutres : *Susa*, *Bactra*, *Ecbatana*, *Hierosolyma*.

Sont encore masculins d'après leur terminaison ceux en *o, ōnis* : *Hippo*, *Narbo*, *Sulmo*; de plus, *Canōpus*, *i*; *Tunes*, *ētis*; et quelquefois *Pharsalus*, *Marathon*, ainsi que les grecs en *us, untis*, comme *Hydrus* (Otrante), *Pessinus* (Pessinonte), *Trapezus* (Trébizonde), où cependant le genre féminin est assez fréquent.

Sont neutres, également d'après la désinence, *Tusculum*, *Saguntum*, *Tarentum*, *Iliŏn*; et dans la troisième déclinaison, *Argos* (§ 116), *Præneste*, *Reate*, *Tibur*, *Anxur*. Cependant ce dernier est aussi masculin, à cause d'une montagne du même nom, et les autres peuvent devenir féminins, ou par l'ellipse du mot *urbs* (*Præneste sub ipsā*, Virg.), ou par un changement de terminaison (*Saguntus*, *Tarentus*, *Ilios*).

3. Plusieurs noms d'arbres, d'arbustes et de plantes suivent le genre de leur terminaison plutôt que celui des noms génériques *arbor*, *arbuscula*, *herba*. Nous ne citerons que les plus usités.

Masculins : *oleaster*, *tri* (olivier sauvage), *pinaster*, *tri* (pin sauvage), *calamus*, *i* (roseau), *carduus* (chardon), *dumus* (buisson), *rubus* (ronce), etc.

Neutres : *balsamum*, *i* (baumier), *ligustrum* (troêne), et dans la troisième déclin. *ăcĕr*, *ĕris* (érable), *rōbŭr*, *oris* (rouvre), *sūbĕr* (liége), *cĭcĕr* (pois chiche), *pĭpĕr* (poivre), *sĭlĕr* (osier), *păpāver* (pavot).

Quelques-uns ont deux genres : *amaracus* (marjolaine), m. et f., *cytisus* (cytise), plutôt masc., et *larix* (mélèze), plutôt fém.

§ 184. Sont NEUTRES : 1° les infinitifs pris substantivement : *scire tuum* (ton savoir); *ipsum illud peccare* (l'action même de pécher).

2° Les mots employés comme mots et non comme signes d'idées : *arx est monosyllabum* (arx est un monosyllabe).

3° Les noms des lettres : *o longum*, *græcum theta*, quoiqu'on puisse les mettre au fém. en sous-ent. *littera* : *Geminata i*, Quintil.

4° Les noms indéclinables, à moins qu'ils ne désignent des hommes ou des femmes.

§ 185. Sont COMMUNS, c'est-à-dire masculins ou féminins suivant le sexe de la personne dont on parle : *adolescens* (jeune garçon ou jeune fille), *affinis* (allié ou alliée), *civis* (citoyen ou citoyenne), *comes* (compagnon ou compagne), *conjux* (époux ou épouse), *heres* (héritier ou héritière), *sacerdos* (prêtre ou prêtresse), et un certain nombre d'autres, dont plusieurs sont déjà cités, § 133, sous le nom d'adjectifs mixtes.

Des noms d'animaux.

§ 186. 1. Plusieurs noms d'animaux désignent le mâle et la femelle par des terminaisons ou même par des noms différents : *cervus* (le cerf), *cerva* (la biche) ; *caper* (le bouc), *capra* (la chèvre); *aries* (le bélier), *ovis* (la brebis) ; *gallus* (le coq), *gallina* (la poule).

2. D'autres, sous une même terminaison, désignent les deux sexes, et ont les deux genres, comme les noms communs du § 185. Tels sont *bos, canis, mus, sus, thynnus* (un thon), *vespertilio* (une chauve-souris). S'il s'agit d'un mâle, on leur donne le genre masculin, et réciproquement. Si la distinction des genres est inutile, c'est le masculin qu'on préfère, de même qu'on dit en français, *voilà de beaux chevaux*, sans s'inquiéter si, dans le nombre, il y a ou non des cavales. Toutefois, en parlant de chiens de chasse, on dit plus souvent *hæ canes*.

3. D'autres enfin n'ont qu'une seule terminaison et un seul genre, qui reste toujours le même, que l'animal dont on parle soit mâle ou femelle ; ainsi *corvus* (le corbeau), *passer* (le moineau), *turdus* (la grive), sont toujours du masculin, et *feles* (le chat), *vulpes* (le renard), *anas* (le canard), *aquila* (l'aigle), *rana* (la grenouille), toujours du féminin. Si l'on veut désigner expressément le sexe, on dira, par exemple, *corvus femina*, *vulpes mascula* (un corbeau femelle, un renard mâle). On appelle ces noms *épicènes* [1].

Quelques épicènes ont deux genres et deux terminaisons, qui s'emploient indistinctement, sans égard au sexe de l'animal : *lacertus* et *lacerta* (un lézard), *coluber* et *colubra* (une couleuvre), *simius* et *simia* (un singe) ; ou deux genres sous une seule terminaison : *hic* et *hæc camelus* (le chameau), *hic* et *hæc dama* (le daim), *hic* et *hæc talpa* (la taupe), *hic* et quelquefois *hæc anguis* (le serpent), *hic* et *hæc tigris* (le tigre). — Il s'entend de soi-même que, si l'on veut parler d'une tigresse, on dira nécessairement *hæc tigris ;* mais les poëtes disent fort bien *hæ tigres* en parlant des tigres en général. Quant à *dama* et *talpa*, c'est seulement en vers qu'on les trouve avec des adjectifs masculins.

L'usage et les dictionnaires enseigneront le reste.

RÈGLE DES GENRES D'APRÈS LA FORME DU NOM.

§ 187. PREMIÈRE DÉCLINAISON. Les noms en *a* sont féminins, à moins que la signification ne s'y oppose ; cf. §§ 6 et 182. Les noms

---

2 Ἐπίκοινα, c.-à-d. sur-communs, doublement communs.

grecs en *e* sont féminins, ceux en *es* et en *as* sont masculins, § 107. *Adria* (le golfe Adriatique) est aussi masc., à cause de *sinus*.

DEUXIÈME DÉCLINAISON. Les noms en *us* et en *er* sont masculins. Exceptez *hæc alvus*, *colus*, *humus*, *vannus*, et les noms qui sont féminins par leur signification (§§ 7 et 183). Exceptez encore les noms grecs, qui conservent en latin leur genre primitif, comme *abyssus*, *atomus*, *carbasus*, *dialectus*, *methodus*, et beaucoup d'autres. — Les noms en *um* sont du neutre, ainsi que *pelagus*, § 115, *virus*, § 126, et *vulgus* (quelquefois masculin), § 123.

TROISIÈME DÉCLINAISON. Les noms de la troisième déclinaison ayant des formes très-variées, il est difficile d'en ramener les genres à des règles fixes. Nous avons eu soin de marquer les analogies les plus générales, § 9 à 19. On peut de plus consulter les listes contenues dans les §§ 112, 113, 116, 125, 126, et la note au bas de la p. 116. Nous ajouterons seulement ici les deux remarques suivantes :

1° Sont masculins tous les noms en *or*, excepté trois féminins : *arbor*, *soror*, *uxor*; et quatre neutres : *æquor*, *marmor*, *cor* (*cordis*) et *ador* (sorte de froment).

2° Sont féminins tous les noms en *sio* et en *tio*, dérivés du supin des verbes, comme *defensio*, *oratio*, etc. De plus, les noms en *io*, *ēdo*, *īdo*, *ūdo*, *tūdo*, *āgo*, *īgo*, *ūgo*, comme *obsidio*, *legio*, *dulcēdo*, *cupīdo*, *hirūdo*, *consuetūdo*, *imāgo*, *orīgo*, *ærūgo*.

Exceptez, des noms en *io*, les suivants qui sont masculins : *pugio* (un poignard), *scipio* (un bâton), *unio* (une perle), *ternio*, *quaternio* (réunion de trois, de quatre unités), *septentrio* (le nord, la petite *Ourse*), *papilio* (un papillon), *vespertilio* (une chauve-souris), *stellio* (espèce de lézard), *curculio* (un charançon), et quelques autres fort peu usités.

QUATRIÈME DÉCLINAISON. Les noms en *us* sont masculins. Exceptez *hæc acus*, *domus*, *manus*, *penus*, *porticus*, *tribus*, *hæ idūs* (les ides), *hæ quinquatrūs* (fêtes de Minerve), ainsi que les noms qui désignent des femmes et des arbres, §§ 21 et 120.

CINQUIÈME DÉCLINAISON. Tous les noms en *es* sont féminins, excepté *dies* et *meridies*, § 22. *Dies* même est assez souvent féminin au singulier, surtout lorsqu'il s'agit d'un espace de temps (*longa dies*), ou du terme fixé pour quelque affaire (*præstituta dies*).

MÉTHODE

POUR

ÉTUDIER LA LANGUE LATINE.

DEUXIÈME PARTIE.

SYNTAXE.

§ 188. Après avoir examiné successivement les neuf espèces de mots dont se compose la langue latine, il nous reste à montrer comment les mots s'unissent et se combinent pour exprimer nos pensées. C'est l'objet de la Syntaxe [1].

Nous comprendrons sous le nom de Syntaxe générale les règles les plus simples, celles qui sont communes au latin, au français et à presque toutes les langues. Cette partie embrassera l'analyse de la proposition et les premiers principes de l'union des propositions. Nous appellerons Syntaxe particulière le recueil des observations et des règles qui s'appliquent plus spécialement à la langue latine. Partout les règles seront déduites des exemples, et un rapprochement continuel des deux idiomes donnera le moyen de traduire tour à tour du latin en français et du français en latin.

LIVRE PREMIER.

SYNTAXE GÉNÉRALE.

ANALYSE DE LA PROPOSITION.

§ 189. On ne peut exprimer une pensée sans faire ce qu'on appelle une proposition. Or (§ 38) toute proposition renferme nécessairement un sujet, un verbe et un attribut. Pour l'intelligence d'une pensée quelconque, il faut donc savoir reconnaître dans la proposition qui l'exprime, 1° le sujet, 2° le verbe, 3° l'attribut.

PROPOSITION : *Deus est sanctus* (Dieu est saint).
Sujet, *Deus ;* verbe, *est ;* attribut, *sanctus.*

---

[1] Σύνταξις, ordre, disposition, arrangement.

*K

Emploi du nominatif.

RÈGLE. Le sujet et l'attribut de toute proposition dont le verbe est à un mode personnel (§ 43) se mettent au nominatif : *Deus-sanctus*. Réciproquement, tout nominatif appartient au sujet ou à l'attribut d'une proposition.

§ 190.   *Accord du verbe avec le sujet.*

RÈGLE. Tout verbe s'accorde en nombre et en personne avec son sujet : *est* est à la troisième personne et au singulier, parce que *Deus* est du singulier et de la troisième personne.

Analysez d'après ces principes : *Homo est mortalis* (l'homme est mortel); *Vita brevis est* (la vie est courte); *Cœca est fortuna* (la fortune est aveugle); *Caducæ sunt divitiæ* (les richesses sont périssables); *Ego sum Romanus* (je suis Romain); *Nos sumus Romani* (nous sommes Romains).

§ 191.   *Accord de l'adjectif avec le substantif.*

RÈGLE. Tout adjectif s'accorde en genre, en nombre et en cas avec le nom ou le pronom auquel il se rapporte (§ 24); voilà pourquoi, dans les exemples ci-dessus, l'adjectif servant d'attribut est non-seulement au même cas que le sujet, mais encore au même nombre et au même genre.

REM. Un substantif peut servir d'attribut aussi bien qu'un adjectif; il suffit alors qu'il soit au même cas que le sujet : *Vita peregrinatio est* (la vie est un voyage); *Senectus ipsa morbus est*, Tér. (la vieillesse même est une maladie); *Consuetudo est altera natura*, Cic. (l'habitude est une seconde nature); *Captivi militum præda fuerant*, Tit. Liv. (les prisonniers avaient été la proie des soldats).

§ 192.   *Adjectifs pris substantivement.*

1. Tout adjectif suppose un substantif auquel il se rapporte; mais souvent ce substantif est sous-entendu; et alors, en latin comme en français, l'adjectif est pris substantivement : *sapiens* (le sage) pour *vir sapiens* (l'homme sage). Un adjectif ainsi employé peut devenir le sujet d'une proposition : *Solus sapiens beatus est* (le sage seul est heureux).

Cependant l'emploi du pluriel est beaucoup plus ordinaire en ce sens que celui du singulier; ainsi l'on dit bien, comme en français, *boni, improbi, divites, pauperes, docti, indocti* (les bons, les méchants, les riches, les pauvres, les savants, les ignorants), en sous-entendant *homines;* mais avec le singulier, il vaut mieux dire *vir bonus, homo dives,* etc.

Les adjectifs avec lesquels on sous-entend le plus souvent *homines,* sont les déterminatifs (§ 37), comme *nonnulli* (quelques-uns), *pauci* (peu), *multi* (beaucoup), *plerique* (la plupart), *omnes* (tous), *ceteri* (les autres).

2. Beaucoup d'adjectifs et de participes neutres sont devenus, par l'usage, de véritables substantifs, avec lesquels il n'y a rien à sous-entendre : *bonum* (le bien) *malum* (le mal), *factum* (une action), *dictum* (une parole); et au pluriel, *bona, mala, dicta, facta* (les biens, les maux, les paroles, les actions.

3. D'autres adjectifs neutres en *um* et en *ĕ*, comme *justum, injustum, honestum, utile,* répondent aux expressions fran-çaises, *le juste, l'injuste, l'honnête, l'utile,* et peuvent, comme des substantifs, servir de sujet à une proposition : *Honestum est perfectum bonum,* Sén. (l'honnête est le bien parfait). Mais comme le latin n'a pas d'article [1], cet emploi du singulier neutre y est infiniment plus rare qu'en français, et il se borne à un petit nombre d'adjectifs.

Le pluriel neutre est beaucoup plus souvent employé; il désigne *les choses* auxquelles appartient la qualité exprimée par le singulier : *justum, injustum* (le juste, l'injuste); *justa, injusta* (les *choses* justes, les *choses* injustes) : *Omnia injusta turpia sunt* (toutes *les choses* injustes sont hon-teuses).

REM. Le français ramène souvent à l'unité abstraite et rend par le singulier ce que le latin exprime ainsi par le pluriel. Au lieu de dire *les choses injustes,* on dira fort bien l'*injus-tice* (l'injustice est toujours honteuse). De même : *vera* (le vrai), *falsa* (le faux), *præsentia* (le présent), *præterita* (le passé), et autres semblables.

---

1 Ces mots sont élevés au rang de substantifs, en français (et en grec) par l'article, en latin par la terminaison neutre et par l'absence d'un autre nom, lesquelles montrent qu'ils sont pris en général et qu'ils n'expriment pas *telle ou telle chose honnête ou utile,* mais *tout* ce qui est honnête, *tout* ce qui est utile. Sous-entendre *nego-tium,* ce serait changer l'idée en la restreignant. Au pluriel, l'idée est moins abstraite; ce n'est plus *l'honnête* ou *l'utile en soi;* ce sont *les choses honnêtes* ou *utiles.* Or, comme il n'y a dans la nature que des personnes et des choses, le mot *choses* est suffisamment représenté par la désinence neutre, qui exclut les personnes.

§ 193.   *Ellipse du verbe* ESSE.

Il ne peut y avoir de sujet sans un verbe exprimé ou sous-entendu.

Le verbe *esse* se sous-entend souvent dans les propositions où il est facile de le suppléer : *Initium sapientiæ timor Domini* (la crainte du Seigneur *est* le commencement de la sagesse). — *Omnia præclara rara,* Cic. (toutes les belles choses *sont* rares). — *Acti labores jucundi,* Cic. (les travaux achevés *sont* agréables).

§ 194.   *Attribut compris dans le verbe.*

Tous les verbes, excepté *être,* sont attributifs, et par conséquent ils expriment en un seul mot l'affirmation et l'attribut: *Fugit tempus* (le temps fuit). Sujet, *tempus;* verbe et attribut, *fugit,* qui équivaut à *est fugiens.*

Analysez de même les trois propositions suivantes : *mens judicat, voluntas eligit, corpus paret* (l'esprit juge, la volonté choisit, le corps obéit).

§ 195.   *Sujet sous-entendu.*

1. Les pronoms *je, tu, il, nous, vous, ils,* servant de sujet, s'expriment rarement en latin, parce qu'ils sont assez indiqués par la désinence personnelle du verbe : *Homo sum* (je suis homme); *Mortales sumus* (nous sommes mortels).

Si le verbe est attributif, la proposition tout entière pourra être comprise dans un seul mot; ainsi *veni, vidi, vici* (je suis venu, j'ai vu, j'ai vaincu), forment trois propositions dont chacune est complète.

Cependant on emploie les pronoms lorsqu'on a besoin de marquer une opposition : *tu rides, ego fleo* (tu ris, moi je pleure); *tu doces, nos audimus* (vous enseignez et nous écoutons).

NOTA. En latin, on se sert toujours du singulier, quand on parle à une seule personne; en français, la politesse exige le plus souvent qu'on emploie le pluriel : *tu* doces (*vous* enseignez).

2. Le nominatif *homines* est souvent sous-entendu avec la troisième personne du pluriel des verbes qui expriment l'opinion générale ou les bruits de la renommée, et auxquels nous donnons en français le sujet indéfini ON, comme *aiunt, dicunt* (on dit), *ferunt, perhibent* (on rapporte), *narrant, memorant, tradunt* (on raconte). Mais pour que le sujet *homines*

puisse être suppléé sans équivoque, il faut qu'il n'y ait pas dans la phrase précédente un autre substantif pluriel auquel les verbes dont il s'agit puissent se rapporter.

DÉPENDANCES DU SUJET ET DE L'ATTRIBUT.

§ 196. Il est rare que des propositions se présentent sous une forme aussi simple que *Deus est sanctus*. La plupart du temps le sujet ou l'attribut sont composés de plusieurs mots, comme on a pu le remarquer notamment dans les exemples du § 193. Après avoir trouvé le sujet grammatical d'une proposition, il faut donc chercher s'il n'y a pas d'autres mots qui en dépendent et forment avec lui le sujet logique. Il faut examiner la même chose à l'égard de l'attribut.

§ 197. ADJECTIFS DÉPENDANTS DU SUJET OU DE L'ATTRIBUT.

RÈGLE. Tout adjectif qui fait partie du sujet ou de l'attribut, suit la règle d'accord énoncée § 191 :

Du SUJET : Veræ *amicitiæ sempiternæ sunt,* Cic. (les amitiés *véritables* sont éternelles). — Bonus *vir et* fortis *et* sapiens, *miser esse non potest,* Cic. (l'homme *honnête, courageux* et *sage,* ne peut être malheureux).

De l'ATTRIBUT : *Forma bonum* fragile *est,* Ov. (la beauté est un bien *fragile*). — Magnum *vectigal est parcimonia,* Cic. (l'économie est un *grand* revenu).

Si l'attribut est compris dans le verbe, l'adjectif s'accorde avec le sujet exprimé ou sous-entendu : *Accurrit* pavidus (*il* accourt *tremblant*); *accurrit* pavida (*elle* accourt *tremblante*).

SUBSTANTIFS DÉPENDANTS DU SUJET OU DE L'ATTRIBUT.

§ 198.   APPOSITION. — Cicero consul. — Urbs Roma.

Souvent un substantif sert à en qualifier un autre, et alors tous les deux se mettent au même cas : *Cicero consul* (Cicéron consul); *Ciceronis consulis* (de Cicéron consul). C'est ce qu'on nomme apposition.

L'apposition a lieu même quand le genre et le nombre des deux substantifs sont différents, pourvu que le cas reste le même : *Athenæ, urbs celeberrima* (Athènes, ville très-célèbre); le mot *Athenæ,* quoique au pluriel, ne désigne qu'une seule ville. *Lutetia, caput Galliæ* (Paris, capitale de la France); *caput,* quoique au neutre, qualifie *Lutetia.*

Le verbe et le participe s'accordent ordinairement avec le sujet principal, et non avec le substantif qui lui est apposé : *Athenæ, clarissima civitas, eversæ sunt* (Athènes, cité si glorieuse, a été détruite). *Duo fulmina nostri imperii, Scipiones in Hispania exstincti sunt*, Cic. (les deux foudres de notre empire, les Scipions se sont éteints en Espagne). *Athenæ* d'une part, *Scipiones* de l'autre, sont le sujet principal, celui auquel se rapporte toute la proposition.

Rᴇᴍ. Lorsque deux noms, réunis en français par la préposition ᴅᴇ, ne désignent qu'un seul et même objet, ils forment apposition en latin et se mettent au même cas : *urbs Roma* (la ville *de* Rome, c'est-à-dire la ville *appelée* Rome); *flumen Rhodanus* (le fleuve *du* Rhône, le fleuve *appelé* Rhône); *Padus amnis* (le fleuve *du* Pô ; le Pô, fleuve) [1].

EMPLOI DES CAS INDIRECTS.

§ 199.   Gᴇ́ɴɪᴛɪꜰ. — Liber magistri.

Lorsque les deux noms réunis par ᴅᴇ désignent deux objets différents, le second se met au génitif : *Liber magistri* (le livre *du* maître); *Fructus arboris* (le fruit *de* l'arbre); *Amor virtutis* (l'amour *de* la vertu).

Ainsi le génitif établit entre deux noms le même rapport que fait en français la préposition ᴅᴇ. Il peut faire partie du sujet : *Bonum mentis est virtus*, Cic. (le bien *de* l'âme est la vertu); *Ingenia hominum diversissima sunt*,(les esprits *des* hommes sont très-divers); — ou de l'attribut : *Natura est fons juris*, Cic. (la nature est la source *du* droit); *Vita rustica parcimoniæ, diligentiæ, justitiæ magistra est*, Cic. (la vie champêtre est l'école *de* l'économie, *de* l'activité, *de* la justice); —ou du sujet et de l'attribut en même temps : *Suavitas morum est condimentum amicitiæ*, Cic. (la douceur *des* mœurs est l'assaisonnement *de* l'amitié).

Rᴇᴍ. Il est facile de s'apercevoir que *liber*, seul, offre un sens indéterminé, incomplet; on est en droit de demander : le livre de qui? Le génitif *magistri* répond à cette question; il détermine et complète le sens du substantif auquel il se rapporte. Dans *suavitas morum est condimentum amicitiæ*, le génitif *morum* détermine le sujet *suavitas*; il en est le complément, comme *amicitiæ* est le complément de l'attribut *condimentum*.

---

1 On trouve quelques exceptions : *In oppido Antiochiæ*, Cic. *Urbem Patavi; amnis Eridani*, Virg.

§ 200.   DATIF. — Utilis reipublicæ. — Probus invidet nemini.

Le datif exprime le même rapport que fait en français la préposition A : *Utilis reipublicæ* (utile à la république) ; *Canis similis est lupo*, Cic. (le chien ressemble *au* loup) ; *Omni ætati mors est communis*, Cic. (la mort est commune à tous les âges) ; *Boni cives pārent legibus* (les bons citoyens obéissent *aux* lois); *Probus invidet nemini*, Cic. (l'honnête homme ne porte envie à personne).

REM. On voit par ces exemples que le datif complète le sens des adjectifs et des verbes, de même que le génitif complète celui des substantifs : (utile — à quoi ? Réponse : à la république. Obéissent — à quoi ? Rép. : aux lois). Il en résulte que le datif est d'ordinaire un des compléments de l'attribut. Ce complément est appelé *indirect*, par opposition au complément direct dont il va être question.

§ 201.   ACCUSATIF. — Deus mundum creavit.

1. Dans cette proposition : « Dieu a créé le monde, » *Dieu* est le sujet qui accomplit l'action, *le monde* est l'objet immédiat et le résultat de cette action. Le mot qui exprime l'objet de l'action se nomme complément direct et se met à l'accusatif, d'où cette règle générale : tout verbe actif veut son complément direct à l'accusatif : *Deus mundum creavit* (Dieu a créé le monde); *Bonus filius patrem veretur* (un bon fils respecte son père); *Plerique vana mirantur*, Tac. (la plupart des hommes admirent des choses vaines).

2. Beaucoup de verbes actifs, outre le complément direct, prennent encore un complément indirect au datif : *Deus rationem dedit hominibus* (Dieu a donné la raison *aux* hommes). Ce deuxième complément répond à la question A QUI ? et marque le terme où aboutit l'action. Il se joint également à la voix passive : « La raison a été donnée *aux* hommes, » *Ratio data est hominibus*.

3. L'accusatif sert aussi de complément à certaines prépositions : *Nītimur in vetitum semper*, Ov. (nous aspirons toujours à ce qui est défendu) ; *Pauci veniunt ad senectutem*, Cic. (peu d'hommes arrivent à la vieillesse) ; *Amicitia per se et propter se expetenda est*, Cic. (l'amitié est désirable par elle-même et pour elle-même). Dans tous ces exemples, l'accusatif fait partie de l'attribut. Dans le suivant, il fait partie

du sujet : *Pietas erga Deum patriamque et parentes funda-mentum est omnium virtutum* (la piété envers Dieu, envers sa patrie et envers ses parents, est le fondement de toutes les vertus).

§ 202.   ABLATIF. — Loco movere. — Discordiä ruit domus.

1. L'ablatif exprime un grand nombre de rapports qui seront exposés plus tard. Les principaux sont ceux de notre préposition DE, marquant départ, séparation, origine : *Aliquid loco movere* (remuer quelque chose *de* place); *Patriä ejectus* (chassé *de* sa patrie); *Nobili genere oriundus* (issu *d'une* famille noble); — et de notre préposition PAR : *Discordiä dominorum ruit domus* (une maison périt *par* la discorde des maîtres).

2. Il sert aussi de complément à plusieurs prépositions : *Amicus certus in re incertä cernitur,* Enn. (un ami sûr se reconnaît dans les circonstances critiques).

L'ablatif fait le plus souvent partie de l'attribut.

§ 203.   EMPLOI DES ADVERBES.

Facillime impellimur. — Vere sapiens.

L'adverbe pouvant modifier un verbe, ou un adjectif, ou même un substantif (§ 86), peut faire partie du sujet ou de l'attribut. Dans la proposition suivante, il forme un des compléments de l'attribut : *Facillime ad res injustas impellimur, gloriæ cupiditate,* Cic. (nous sommes très-facilement poussés à des actions injustes par le désir de la gloire). — Sujet, verbe et attribut, *impellimur* (nous-sommes-poussés); — premier complément : comment sommes-nous poussés? *facillime;* — second : à quoi? *ad res injustas;* — troisième : par quel moyen? *gloriæ cupiditate.*

REM. Nous traduisons souvent en français par un adjectif ce que les Latins expriment par un adverbe : *Vir vere sapiens* (le vrai sage = l'homme vraiment sage). *Honeste factis veritas sufficit* (la vérité suffit aux actions honorables = aux choses faites honorablement).

RÉSUMÉ DES RÈGLES PRÉCÉDENTES.

§ 204.   ANALYSE LOGIQUE.

Les quinze paragraphes précédents contiennent les règles les plus essentielles de la Syntaxe d'accord ou de *coordination,* et de la Syntaxe de complément ou de *subordination.* Elles sont toutes résumées et appliquées dans la proposition suivante, que nous donnons pour exercice d'analyse logique :

Miltiades, dux Atheniensium, toti Grœciœ libertatem jam pœne oppressam, in pugnā apud Marathonem, invictā virtute reddidit (Miltiade, général des Athéniens, par son courage invincible, rendit à la Grèce entière, au combat de Marathon, sa liberté déjà presque détruite). — Sujet : *Miltiades, dux Atheniensium.* — Verbe et attribut, *reddidit.* — Compléments de l'attribut, *toti Grœciœ* et le reste jusqu'à *reddidit.* Ces compléments répondent aux questions suivantes : Que rendit-il ? *libertatem jam pœne oppressam* (complément direct) ; — à qui ? *toti Grœciœ* (compl. indirect) ; — par quel moyen ? *invictā virtute ;* où ? *in pugnā apud Marathonem* (compléments circonstanciels)[1].

REM. Les principales questions qui peuvent être faites sur une proposition, et par conséquent les principaux compléments qui peuvent la développer, sont compris dans ce vers technique :

Quis ? quid ? ubi ? quare ? quoties ? cui ? quomodo ? quando ?

Sujet : *quis* (qui est-ce qui agit) ? — complément direct : *quid* (que fait-il) ? — complément indirect : *cui* (à qui, *ou* pour qui) ? — compléments circonstanciels : *ubi* (en quel lieu) ? *quando* (en quel temps) ? *quoties* (combien de fois) ? *quare* (pour quel motif) ? *quomodo* (de quelle manière, *ou* par quel moyen) ?

Il est difficile que toutes ces circonstances se trouvent réunies dans une seule et même proposition ; mais il n'en est pas une qui ne puisse se rencontrer dans une proposition ou dans une autre, et qui n'y soit exprimée par quelque complément.

Tels sont les principes de l'analyse logique d'une proposition isolée, principes applicables au français comme au latin. Pour traduire en latin une proposition française, il faut donc commencer par en faire l'analyse logique, c'est-à-dire par reconnaître le sujet avec tout ce qui s'y rapporte, puis le verbe et l'attribut, enfin tous les compléments de l'attribut. Quand les parties de la proposition sont ainsi déterminées, on applique à chacune les règles qui la concernent.

---

[1] Après avoir ainsi reconnu les parties logiques de la proposition, il sera bon d'en faire l'analyse grammaticale, c'est-à-dire d'examiner chaque mot séparément et de dire pourquoi les substantifs et les adjectifs sont à tel ou tel cas.

UNION DES PROPOSITIONS.

§ 205. Les propositions, comme les mots, sont unies par coordination ou par subordination. Si plusieurs propositions sont placées à côté l'une de l'autre, de manière que chacune d'elles offre un sens complet, comme celles-ci : *l'arbre tient bon,* | *le roseau plie;* | *le vent redouble ses efforts,* on les appelle coordonnées.

Mais si elles sont tellement enchaînées que l'une, sans le secours de l'autre, n'exprime pas une pensée complète, comme celles-ci : *et fait si bien,* | *qu'il déracine le chêne,* il y a rapport de subordination; des deux propositions, l'une est principale (et fait si bien), l'autre est subordonnée (qu'il déracine le chêne).

Une proposition subordonnée peut en avoir qui lui soient subordonnées à elle-même : *et fait si bien,* | *qu'il déracine celui* | *de qui la tête au ciel était voisine,* | *et dont les pieds touchaient à l'empire des morts.* Le pronom *celui,* représentant *le chêne,* est déterminé par deux propositions, qui sont subordonnées à *il déracine.*

Les conjonctions, l'adjectif conjonctif *qui, lequel,* et les modes des verbes sont destinés à marquer l'union et le rapport des propositions entre elles.

EMPLOI DES CONJONCTIONS.

§ 206. Les principales conjonctions ont été indiquées § 100. Elles peuvent, quant aux rapports qu'elles expriment, se réduire à neuf : ET, OU, NI, MAIS, OR, DONC, CAR, SI, QUE. Les sept premières unissent ensemble des propositions coordonnées; les deux dernières joignent les propositions subordonnées à la principale.

PROPOSITIONS COORDONNÉES.

ET, et, que, ac, atque [1].

Cette conjonction unit souvent deux ou plusieurs propositions en une seule, en réunissant les sujets, et alors il faut observer les règles suivantes relativement au verbe et à l'attribut.

---

[1] Nous avons déjà remarqué, § 100, que l'on ne doit pas mettre *ac* devant une voyelle.

§ 207. *Accord du verbe avec plusieurs sujets.*

RÈGLE GÉNÉRALE. Quand un même verbe se rapporte à plusieurs sujets, il se met au pluriel en latin comme en français.

RÈGLES PARTICULIÈRES. I. Si les sujets sont de personnes différentes, le verbe s'accorde avec la première; s'il n'y a pas de première personne dans la phrase, il s'accorde avec la seconde : *Pater et ego fratresque mei pro vobis arma tulimus*, T. Liv. (mon père, moi et mes frères nous avons porté les armes pour vous).—*Si tu et Tullia valetis, ego et Cicero valemus,* Cic. (si vous et Tullia êtes en bonne santé, moi et Cicéron nous nous portons bien). On voit que la conformité est parfaite entre les deux langues; il faut remarquer seulement qu'en français la politesse exige qu'on dise *Vous et moi,* tandis qu'en latin on dit toujours *ego et tu.*

II. Si tous les sujets sont de la troisième personne, le verbe se met à la troisième personne du pluriel : *Beneficium et gratia homines inter se conjungunt* (le bienfait et la reconnaissance unissent les hommes entre eux).

Dans les énumérations, la conjonction est souvent sous-entendue : *Vita, mors, divitiæ, paupertas omnes homines vehementissime permovent,* Cic. (la vie, la mort, les richesses, la pauvreté, émeuvent très-fortement tous les hommes).

§ 208. *Accord de l'adjectif ou du participe avec plusieurs sujets.*

L'attribut se met également au pluriel lorsqu'il est exprimé par un adjectif ou un participe. Voici ce qu'il faut observer à l'égard des genres.

I. Si tous les sujets sont du même genre, l'attribut se met au genre correspondant : *Veneno absumpti sunt Annibal et Philopœmen,* T. Liv. (Annibal et Philopémen périrent par le poison). — *Grammatice quondam et musice junctæ fuerunt,* Quintil. (la grammaire et la musique furent autrefois réunies) [1].

II. Si les sujets sont de genres différents et qu'ils désignent

---

[1] Cependant, avec plusieurs noms *féminins* de choses inanimées, on trouve quelquefois l'attribut au neutre.

des personnes, l'attribut se met au masculin, comme le genre le plus noble : *viri, fœminæ, mancipia capti sunt* (les hommes, les femmes, les esclaves furent pris).

Il en est de même lorsque les noms de personnes sont mêlés avec des noms de choses : *Rex regiaque classis unā profecti*, T. Liv. (le roi et la flotte royale partirent ensemble).

III. Si les sujets de genres différents désignent tous des choses inanimées, l'attribut se met au neutre : *Inter se contraria sunt beneficium et injuria*, Sén. (le bienfait et l'injure sont opposés entre eux). —*Secundæ res, honores, imperia, victoriæ fortuita sunt*, Cic. (la prospérité, les honneurs, les commandements, les victoires dépendent du hasard). Les mots *contraria, fortuita*, signifient proprement *des choses opposées, des choses fortuites*. L'idée de *choses* est indiquée par la terminaison neutre (§ 192, note).

IV. Si les sujets sont des noms d'animaux, ils suivent la même règle que les noms de personnes, et le masculin prédomine : *Amici pavones et columbæ*, Plin. (les paons et les colombes sont amis).

Mais si les noms d'animaux sont mêlés avec des noms de choses, l'attribut se met au pluriel neutre. Ainsi, pour rendre en latin : « Le bâtiment, les chevaux, les bœufs, les vaches furent détruits ensemble par l'incendie, » il faudrait dire : *Ædificium, equi, boves, vaccæ, unā deletă sunt incendio* ; et non pas *deleti*, quoique *equi* et *boves* soient du masculin.

REM. 1. Le verbe peut se mettre au singulier lorsque plusieurs sujets sont considérés comme formant en quelque sorte une même idée : *Religio et fides anteponatur amicitiæ*, Cic. (que la religion et la bonne foi soient préférées à l'amitié). — *Omnibus in rebus temeritas et ignoratio vitiosa est*, Cic. (en toutes choses, la légèreté et l'ignorance sont vicieuses).

2. Si les sujets sont de genres différents, l'attribut pourra s'accorder avec le nom dont il sera le plus rapproché : *Mens et animus et consilium et sententia civitatis posita est in legibus*, Cic. (l'âme, l'esprit, le conseil, la pensée de la république résident dans les lois). Au reste, ces exemples ne doivent être imités qu'avec beaucoup de discernement, et il sera toujours plus sûr de suivre les règles ordinaires, qui demanderaient ici *anteponantur, vitiosæ sunt, posita sunt*.

§ 209. *OU*, aut, vel, ve *(enclitique)*.

1. La conjonction *ou* établit une distinction entre les termes qu'elle unit. Quand la distinction est nécessaire et fondée sur la nature des choses, les Latins expriment *ou* par *aut* répété : *Quædam terræ partes* aut *frigore rigent,* aut *uruntur calore,* Cic. (certaines parties de la terre sont *ou* glacées par le froid, *ou* brûlées par la chaleur).

Quand elle repose sur une simple opinion, ils emploient *vel : Alexander oraculi sortem* vel *elusit,* vel *implevit,* Q. Curce (Alexandre *ou* éluda *ou* accomplit la décision de l'oracle).

Les deux propositions distinguées par *aut* expriment ce qui est ; les deux autres, ce qui peut être [1].

2. Lorsqu'avec *aut* répété, plusieurs sujets se rapportent au même verbe, celui-ci s'accorde en nombre avec le dernier : *In hominibus juvandis* aut *mores spectari,* aut *fortuna solet,* Cic. (en obligeant les hommes, on a coutume de considérer *ou* leurs mœurs, *ou* leur fortune). La répétition de *aut* annonce que si l'on considère les mœurs, on ne considère pas la fortune, et réciproquement. L'une des deux propositions excluant l'autre, elles ne peuvent être réunies en une seule, et *solent* doit être sous-entendu avec *mores.*

Mais si *aut* n'est employé qu'une fois, les deux propositions ne s'excluant pas, on peut mettre le verbe au pluriel : *Si quid Socrates* aut *Aristippus contra morem consuetudinemque civilem fecerint locutive sint,* Cic. (si Socrate ou Aristippe ont fait ou dit quelque chose contre les coutumes et les usages de la société).

Rem. On trouvera dans les auteurs beaucoup de passages où la différence de *aut* et de *vel* n'est pas aussi tranchée que dans les deux exemples du n° 1 de ce paragraphe.

§ 210. *NI*, neque, nec.

1. Après *ou* vient *ni,* qui contient deux idées, celle de liaison et celle de négation, et qui, en latin, est composé de deux mots, la particule négative *nĕ* et l'enclitique *quĕ. Nec* est une abréviation de *neque,* et l'un et l'autre équivalent toujours à *et non.*

Neque et *nec* se redoublent très-souvent : *Virtus* nec *eripi* nec *subripi potest ;* neque *naufragio* neque *incendio amittitur,* Cic. (la vertu ne peut être *ni* enlevée de force *ni* dérobée ; elle ne périt *ni* par le naufrage *ni* par l'incendie).

---

[1] *Vel* vient de *vĕlis* : il l'éluda, si vous voulez ; il l'accomplit, si vous voulez.

2. Quand plusieurs sujets sont joints par *nec* ou *neque*, l'usage le plus ordinaire est que le verbe s'accorde avec le dernier : *Sine imperio nec domus ulla, nec civitas, nec gens, nec hominum universum genus stare, nec rerum natura omnis, nec ipse mundus potest*, Cic. (sans une autorité suprême, *ni* une maison, *ni* une ville, *ni* une nation, *ni* le genre humain, *ni* la nature entière, *ni* le monde lui-même *ne peuvent* subsister). Le français rapporte le verbe à tous les sujets à la fois et le met au pluriel; le latin le rapporte à un seul et le sous-entend avec chacun des autres.

3. Mais, en latin même, le verbe sera nécessairement au pluriel si les sujets sont de personnes différentes : *Hæc neque ego neque tu fecimus*, Tér. (ni toi ni moi, nous n'avons fait ces choses).

§ 211.   *MAIS*, at, sed, verum, vero, autem.

Cette conjonction unit deux propositions et annonce que la seconde restreint la première, ou qu'elle y est opposée. L'usage apprendra la valeur propre et la différence des mots latins qui correspondent au français *mais*.

At, sed et *verum* sont toujours, du moins en prose, à la tête de la proposition : *Brevis a natura nobis vita data est; at memoria bene redditæ vitæ sempiterna*, Cic. (la vie qui nous est donnée par la nature est courte; *mais* celle que nous lui rendons avec honneur laisse une mémoire immortelle [1]). — *Facias,* verum *ne post conferas culpam in me*, Tér. (faites, *mais* ne rejetez pas ensuite la faute sur moi).

Vero et *autem* se placent toujours après un mot : *Frons, oculi, vultus persæpe mentiuntur, oratio* vero *sæpissime*, Cic. (le front, les yeux, le visage mentent très-souvent, *mais* la bouche encore plus). — (*Gyges a nullo videbatur, ipse* autem *omnia videbat*, Cic. (Gygès n'était vu de personne, *mais* lui-même, ou, *tandis que* lui-même voyait tout).

Rem. 1. Quelquefois *at* signifie *du moins : Si non dives,* at *bonus est* (s'il n'est pas riche, *du moins* il est honnête). Si l'on voulait exprimer en latin, « Il n'est pas riche, *mais* il est honnête, » il faudrait dire, *non dives,* sed *bonus est.*

2. A ces conjonctions se rattachent toutes celles qui expriment quelque restriction, comme *tamen, attamen, verum-*

---

1 Mot à mot : Une vie courte nous a été donnée par la nature; *mais* la mémoire d'une vie honorablement rendue est éternelle.

tamen, atqui, nihilominus, ceterum (cependant, toutefois, et cependant, néanmoins, du reste) : *Nil spernat auris, nec tamen credat statim,* Phèd. (que l'oreille ne méprise rien, et que *cependant* elle ne croie pas trop vite).

§ 212. *OR,* atqui, autem, vero. *DONC,* ergo, igitur.

1. Les mots *atqui, autem, vero* servent encore à exprimer notre conjonction *or. Donc* se rend par *ergo* ou *igitur,* et sert à tirer la conséquence d'un raisonnement : *Omne vitium turpe est; vitium* autem *est invidia;* ergo *invidia turpis est* (tout vice est honteux, *or* la jalousie est un vice; *donc* la jalousie est honteuse). On pourrait dire également, *atqui vitium est invidia.*

Atqui est toujours le premier mot de la proposition, *ergo* presque toujours. *Igitur* peut occuper la première ou la seconde place; Cicéron lui donne ordinairement la seconde.

2. A la conjonction *donc,* se rattachent *itaque, ideo, idcirco, propterea, proinde* (ainsi, ainsi donc, aussi, à cause de cela, par conséquent), et *quare, quamobrem, quapropter, quocirca* (c'est pourquoi, c'est pour cela que...), tous mots qui marquent une conclusion : *Nihil laboras,* ideo *nihil habes,* Phèd. (tu ne fais rien, *aussi* tu n'as rien).

§ 213. *CAR,* nam, enim, namque, etenim.

1. La conjonction *car* et la locution conjonctive *en effet,* annoncent la cause ou le motif de ce qui est exprimé dans la phrase précédente. Elles se rendent en latin par *nam,* qui commence la proposition, ou par *enim,* qui se met après un mot : *Colenda est justitia propter sese,* nam *aliter justitia non esset,* Cic. (la justice doit être pratiquée pour elle-même, *car* autrement elle ne serait pas la justice). — *Jus semper quæsitum est æquabile, neque* enim *aliter jus esset,* Cic. (on a toujours voulu un droit égal pour tous, *car* autrement ce ne serait pas le droit).

2. *Nam, enim* ont pour synonymes leurs composés *namque, etenim,* qui se placent à la tête de la proposition. On peut rapporter à la même classe les mots suivants, qui servent également à expliquer une pensée antécédente : *nempe, quippe, nimirum, scilicet, videlicet* (car, en effet, sans doute, c'est à savoir, c'est-à-dire). L'usage en apprendra la valeur et l'emploi.

Rᴇᴍ. *Car* est souvent omis en français ; ainsi la traduction des deux exemples cités plus haut serait plus élégante si on le supprimait avant *autrement*. Le latin, au contraire, aime à enchaîner les pensées par des conjonctions multipliées.

PROPOSITIONS SUBORDONNÉES.

§ 214.   *SI conditionnel*, si.

La proposition précédée de *si* exprime dans quel cas ou à quelle condition a lieu ou aurait lieu ce qui est énoncé par la proposition principale.

1. Si la personne qui parle admet l'hypothèse ou la condition comme un fait réel, ou simplement possible, le verbe de la proposition conditionnelle se met à l'indicatif en latin comme en français : *Si pace frui* volumus, *bellum gerendum est,* Cic. (si nous voulons jouir de la paix, il faut faire la guerre). Cicéron n'examine pas s'il est certain qu'on veuille jouir de la paix, mais il le suppose, et c'est pour cela qu'il emploie l'indicatif.

On se sert également de l'indicatif toutes les fois que *si* équivaut à *lorsque* : *Stomachabatur senex, si quid asperius* dixeram, Cic. (le vieillard se fâchait *si* j'avais dit, *lorsque* j'avais dit quelque chose d'un peu sévère).

2. Quand la condition a pour objet une chose que l'on veut présenter comme incertaine, le verbe se met au subjonctif : *Augetur memoria, si eam* exerceas (la mémoire se fortifie *si* vous l'exercez, *en supposant que* vous l'exerciez [1]).

3. Les verbes des deux propositions se mettent à l'imparfait ou au plus-que-parfait de ce même mode, si la condition est impossible, si elle ne doit pas être accomplie, ou si elle ne l'a pas été : *Si vocem* haberes, *nulla prior ales* foret, Phèd. (si tu avais de la voix, aucun oiseau ne l'emporterait sur toi). *Contentus nostris si* fuisses *sedibus, non illam* expertus esses *contumeliam,* Phèd. (si tu t'étais contenté de nos demeures, tu n'aurais pas essuyé cet affront). En d'autres termes : l'imparfait et le plus-que-parfait de l'indicatif français, précédés de *si,* se traduisent en latin par les temps correspondants du subjonctif.

---

1 On pourrait dire encore, « La mémoire se fortifie *par l'exercice,* » et le sens serait le même. Cet exemple prouve que la proposition conditionnelle est subordonnée à sa corrélative, puisque, ainsi transformée, elle en devient partie intégrante. Elle répond ici à la question *quomodo* (par quel moyen) ?

4. Quand le verbe de la proposition principale est au futur, celui de la proposition conditionnelle s'y met aussi, quoique en français il soit au présent : *Hunc librum si* lĕges, *lætabor*, Ph. (si vous *lisez* ce livre, je m'en réjouirai).

Souvent on emploie le futur antérieur au lieu du futur simple : *Si id* feceris, *magnam habebo gratiam ; si* non feceris, *ignoscam*, Cic. (si vous le *faites*, j'en aurai beaucoup de reconnaissance ; si vous *ne le faites pas*, je vous pardonnerai).

§ 215. *SI avec négation. A MOINS QUE... NE.*

Si, accompagné de *ne... pas*, se rend par *si non*, comme dans l'exemple précédent : *si non feceris*.

Si... ne, dans le sens d'*à moins que... ne*, s'exprime par *nisi*, composé de la négative *nĕ* et de *si* : *Memoria minuitur*, nisi *eam exerceas*, Cic. (la mémoire s'affaiblit, *si* vous *ne* l'exercez, *à moins que* vous *ne* l'exerciez). *Exerceas* est au subjonctif, parce que celui qui parle n'est pas sûr si vous l'exercerez ou non.

REM. A la conjonction *si*, s'en rattachent plusieurs autres, comme *sive* (soit que), *sin* (mais si), *etsi*, *etiamsi* (quoique, quand même), et toutes celles qui expriment une condition ou une concession. Il en sera parlé plus tard, ainsi que du *si* dubitatif entre deux verbes.

§ 216. *QUE.*

La conjonction QUE joue un grand rôle dans la langue française, et elle entre dans une foule de locutions conjonctives, dont les principales sont énumérées § 100. Une de ses fonctions les plus ordinaires est de lier si étroitement deux propositions, que celle qui en est précédée devient ou le complément direct ou le sujet de l'autre : « On rapporte qu'Homère fut aveugle; » on rapporte — quoi? — qu'Homère fut aveugle. La seconde proposition est le complément direct de la première. « L'opinion commune est qu'Homère fut aveugle; » quelle est l'opinion commune? — qu'Homère fut aveugle. La seconde proposition est le sujet de la première.

§ 217. *QUE rendu en latin par l'INFINITIF.*

Tradunt Homerum cæcum fuisse.

Le latin classique ne possède aucune conjonction qui réponde au français QUE, employé en ce sens. Il y supplée par l'infinitif, au moyen duquel les deux phrases que nous venons de citer se présentent de cette manière :

1. On rapporte | Homère avoir été aveugle ; *tradunt* | *Homerum cæcum fuisse.*

2. Homère avoir été aveugle | est l'opinion commune ; *vulgaris opinio est* | *Homerum cæcum fuisse.*

Les mots *Homerum cæcum fuisse* forment une proposition dont *Homerum* est le sujet et *cæcum* l'attribut. Elle s'appelle Proposition infinitive, parce que le verbe *fuisse* est à l'infinitif.

RÈGLE GÉNÉRALE. Toute proposition infinitive veut son sujet et son attribut à l'accusatif.

§ 218. *Quels verbes demandent pour complément direct une proposition infinitive ?*

Quand les verbes *penser, voir, espérer, savoir, dire, annoncer, promettre, permettre,* et autres de signification analogue[1], ont pour complément direct en français une proposition précédée de QUE, ce complément se traduit en latin par une proposition infinitive : « Nous sentons *que* le feu *est* chaud, *que* la neige *est* blanche, *que* le miel *est* doux ; » tournez : nous sentons le feu *être* chaud, etc. *Sentīmus* calēre *ignem, nivem* esse *albam, dulce mel,* Cic.

« Je ne pense pas *que* la connaissance de l'avenir nous *soit* utile (la connaissance nous *être* utile), » *Non utilem arbitror* esse *nobis futurarum rerum scientiam,* Cic.

« Aristote enseigne *que* le poëte Orphée *n'a* jamais *existé* (Orphée *n'avoir* jamais *existé*), » *Orpheum poetam docet Aristoteles nunquam* fuisse, Cic.

« Zénon a pensé *que* rien ne *manquait* à la vertu (rien ne *manquer*), » *Zeno nihil censuit* deesse *virtuti,* Cic.

« Auguste ne souffrit pas *qu'on l'appelât* seigneur (lui être appelé), » *Augustus dominum se* appellari *passus non est,* Suét.

« Je sais *que je mourrai* un jour (moi *devoir mourir*), » *Scio me aliquando* moriturum esse.

« Tous les hommes savent *qu'ils mourront* un jour (soi *devoir mourir*), » *Omnes homines sciunt se aliquando* morituros esse.

REM. 1. En tournant par l'infinitif la phrase française, on

____

[1] Ces verbes sont compris en latin sous la dénomination de *Verba sentiendi et declarandi.* L'expression française, *verbes déclaratifs,* suffit pour en donner une idée générale.

aura soin de ne pas en altérer le sens ; c'est la seule règle à observer pour savoir à quel temps il faut mettre l'infinitif latin. Les exemples ci-dessus indiqueront suffisamment la marche à suivre[1].

On remarquera que le présent du subjonctif exprime quelquefois un temps futur : « Je ne crois pas qu'il *vienne* demain (lui devoir venir), » *Non credo illum cras venturum esse.*

2. Lorsque le verbe de la proposition infinitive est *esse*, il peut se sous-entendre ; il est sous-entendu avec *dulce mel* dans le premier exemple ; il pourrait l'être, dans les autres, avec les participes *moriturum* et *morituros*. Il n'en est pas de même de *fuisse*, qui est nécessaire pour marquer le temps.

§ 219. *Proposition infinitive en français.*

Lorsque avec les verbes *croire*, *dire*, *espérer*, *promettre*, et autres semblables, le sujet des deux propositions est le même, le verbe de la seconde se met ordinairement à l'infinitif en français comme en latin ; mais le français supprime le sujet de ce verbe, et le latin doit toujours l'exprimer : « Je crois | avoir entendu ces choses (je crois | *moi* avoir entendu), » *Credo* | me *hæc audivisse.*—«Il dit | avoir assisté à l'entretien (il dit | lui avoir assisté), » *Dicit* | se *colloquio interfuisse.*

Il faut remarquer de plus qu'avec les verbes *espérer* et *promettre*, dont l'objet se rapporte toujours à l'avenir, l'infinitif latin se met au futur : « J'espère | venir demain (*moi* devoir venir), » *Spero* | me *cras venturum esse.*— « Il a promis | de rendre l'argent (*lui* devoir rendre), » *Pollicitus est* | se *pecuniam redditurum.*

Cependant si *espérer* était suivi du parfait de l'infinitif, on emploierait le même temps en latin : « J'espère vous avoir convaincu ; » *Spero tibi me causam probasse*[2]. C'est qu'alors *espérer* est synonyme de *croire*.

§ 220. *Avec quels verbes la proposition infinitive est-elle sujet ?*

La proposition infinitive sert de sujet, 1° aux verbes impersonnels mentionnés dans les §§ 81 et 82 ; 2° au verbe *est* avec un adjectif neutre, un adverbe ou un substantif.

Elle est représentée en français par QUE suivi d'un mode personnel : « Il est avantageux à tous les gens de bien *que* la

---

1 Voyez encore §§ 404, 405. — 2 Mot à mot : Vous avoir fait approuver ma cause.

république soit sauvée (la république être sauvée | est avanta-
geux), » *Omnibus bonis* expedit *salvam* esse *rempublicam*, Cic.
— « Ce n'est pas assez *que* les poëmes soient beaux (les poëmes
être beaux | n'est pas assez), » *Non* satis est *pulchra* esse
poemata, Hor.

Ou par DE avec l'infinitif : « Il est toujours utile *d'être* honnête homme, » *Virum bonum* esse *semper* est *utile*, Cic.
— « C'est une richesse *d'avoir* peu de désirs. » *Non* esse *cupidum, pecunia* est, Cic. — « C'est un revenu *de n'être* pas
acheteur, » *Non* esse *emacem, vectigal* est, Cic.

Ou par l'infinitif placé à la tête de la phrase : « Mais *se con-
tenter* de son sort *est* la fortune la plus grande et la mieux assu-
rée, » *Contentum vero suis rebus* esse, *maximæ* sunt *certis-
simæque divitiæ*, Cic.

REM. 1. Dans les quatre derniers exemples, le sujet de la
proposition infinitive est sous-entendu ; c'est un terme général,
comme *aliquem* ou *hominem; Aliquem esse virum bonum;*
hominem *non esse cupidum,* etc.

2. La proposition infinitive employée comme sujet équivaut
à un substantif singulier neutre ; voilà pourquoi, lorsque l'attribut de la phrase entière est un adjectif, cet adjectif est toujours
au neutre et au singulier : *virum bonum esse* | utile *est.*

3. Il va de soi-même que le verbe est aussi au singulier.
Cependant, lorsque l'attribut de la phrase entière est un substantif pluriel, comme *divitiæ* dans le dernier exemple, on
met le verbe au même nombre, à condition de le placer à côté
de ce substantif ou après un mot qui s'y rapporte, comme ici
maximæ.

§ 221.   *Infinitif seul, servant de complément direct.*

Vincere scis. — Volo scribere.

1. L'infinitif, en latin comme en français, forme quelquefois à lui seul le complément direct d'une proposition : *Vincere
scis, Annibal, victoriâ uti nescis,* T. Liv. (tu sais vaincre,
Annibal, tu ne sais pas profiter de la victoire).

Cette construction a lieu avec les verbes *volo, possum,
debeo, incipio, pergo, desino, audeo, soleo, maturo,* et
autres de signification analogue : « Je veux écrire, » *Volo scribere.* « César se hâte de partir, » *Cæsar maturat proficisci.*

2. Si cet infinitif appartient à un verbe transitif, il peut avoir
lui-même un complément : « Chacun doit défendre les siens, »

Suos quisque debet tueri, Cic. — « Nous ne pouvons regarder le soleil en face, » *Intueri solem adversum nequīmus*, Cic.

Rem. On remarquera que, dans ces propositions, les deux verbes forment en quelque sorte une seule et même idée, et par conséquent n'ont qu'un seul et même sujet; il est donc inutile de chercher à l'infinitif un sujet sous-entendu. Mais dans une phrase comme celle-ci, « L'habitude enseigne à supporter le travail, » *Ferre laborem consuetudo docet*, Cic., ce n'est pas l'habitude qui *supporte*, ce sont les hommes; l'analyse est donc : *Consuetudo docet* | hommes *ferre laborem.*

§ 222.   *Infinitif seul servant de sujet.*

Turpe est mentiri.

Lorsqu'on dit en français, « Il est honteux de mentir, » le mot *il* n'est que le sujet apparent; le véritable sujet est l'infinitif: « Mentir est honteux. » En latin comme en français, l'infinitif seul sert souvent de sujet à une proposition : *Turpe est mentiri.*

Cette construction a lieu principalement avec *est*, accompagné d'un adjectif neutre ou d'un substantif : *Pulchrum est verum dicere, pulchrius libenter audire,* (il est beau de dire la vérité, plus beau de l'entendre avec plaisir). — *Dulce et decorum est pro patriā mori*, Hor. (il est doux et glorieux de mourir pour sa patrie). — *Parentes suos non amare impietas est*, Sén. (c'est une impiété de ne pas aimer ses parents).

Le *que* dont l'infinitif français est quelquefois précédé ne se rend pas en latin : « C'est une chose très-malheureuse *que* de craindre, » *Miserrimum est timere*, Sén. — « C'est une grande consolation *que* d'être exempt de faute, » *Vacare culpā magnum est solatium*, Cic.

Rem. L'infinitif ainsi employé tient le milieu entre la signification du verbe et celle du substantif. Quelquefois il se rapproche assez de cette dernière pour être déterminé par un adjectif possessif ou démonstratif : *Scire tuum nihil est*, Pers. (ton savoir n'est rien). — *Vivere ipsum turpe est nobis*, Cic. (vivre même est honteux pour nous).

§ 223. *Infinitif français rendu en latin par un mode personnel·*

Cura ut valeas.

1. Souvent l'infinitif français servant de complément ou de sujet se traduit en latin par *ut* avec le subjonctif.

Complément. «Ayez soin | de vous bien porter, » tournez :

que vous vous portiez bien; *Cura* | *ut valeas*, Cic.— «Le soleil fait tout fleurir (que tout fleurisse), » *Sol efficit* | *ut omnia floreant*, Cic.

SUJET. « Il nous reste à lutter de bons offices entre nous (que nous luttions), » *Reliquum est* | *ut officiis certemus inter nos*, Cic.

2. Cette construction s'applique aux phrases qui expriment un but, une intention, un désir, un conseil, un ordre: *Phaethon optavit ut in currum patris tolleretur*, Cic. (Phaéthon souhaita de monter sur le char de son père). — *Magnopere te hortor ut hos de philosophia libros studiose legas*, Cic. (je vous exhorte vivement à lire avec attention ces livres sur la philosophie).

REM. On emploie le présent du subjonctif après *ut* lorsque le verbe principal est au présent ou au futur; l'imparfait, lorsqu'il est à l'un des temps du passé : *Te hortor, hortabor ut legas. — Optabat, optavit, optaverat ut tolleretur*.

§ 224.   *QUE exprimé par* UT.

Nous venons de voir la proposition, complément ou sujet, exprimée en français par l'infinitif. Elle l'est souvent, dans les mêmes cas, par *que* et un mode personnel, et elle se rend de même en latin par *ut* avec le subjonctif :

COMPLÉMENT. « La nature demande | *que* nous donnions quelque temps au repos et au sommeil, » *Natura poscit* | *ut quieti et somno aliquantum demus*.

SUJET:« Il arrive très-souvent | *que* l'intérêt lutte avec l'honnêteté,» *Persæpe evenit* | *ut utilitas cum honestate certet*, Cic.

REM. 1. Les démonstratifs *id*, *hoc* ou *illud* accompagnent souvent le verbe principal, comme antécédents de la conjonction *ut* : Illud *natura non patitur*, ut *aliorum spoliis nostras opes augeamus*, Cic. (la nature ne permet pas que nous accroissions nos richesses des dépouilles d'autrui). Le complément *ut... augeamus* est préparé par *illud* et en est le développement : « La nature ne permet pas — Quoi? — ceci, que nous accroissions, etc. »

2. Le démonstratif se joint également bien à un substantif pour rendre notre locution *c'est un*, *c'est une* : « C'est un vice commun dans les états libres, *que* l'envie soit la compagne de la gloire, » *Est* hoc *commune* vitium *in liberis civitatibus*, ut *invidia gloriæ comes sit*, C. Nep. Sujet : *Hoc, ut invidia glo-*

riæ comes sit; Verbe, *est;* Attribut, *vitium commune in liberis civitatibus.*

§ 225. *Verbes qui admettent deux constructions différentes.*

Quelquefois un même verbe, suivant le sens dans lequel il est pris, admet deux constructions différentes. Ainsi *persuader*, suivi de l'infinitif, signifie *déterminer à*, et dans ce sens le latin lui donne pour complément *ut* avec le subjonctif : « Vous ne me persuaderez jamais *de trahir* la patrie, » *Nunquam persuadebis mihi, ut patriam prodam.*

Au contraire, *persuader* suivi de *que* signifie *faire croire*, et il veut pour complément en latin une proposition infinitive : « Vous ne me persuaderez jamais *que* ce monde n'a pas été créé par un Dieu très-bon et très-sage, » *Nunquam mihi persuadebis* hunc mundum *non ab optimo et sapientissimo Deo creatum esse.*

Il en est de même des verbes *dire, avertir, écrire, mander,* et autres semblables. Où le français met l'infinitif, le latin emploie *ut;* où le français emploie *que*, le latin veut l'infinitif : « Je vous avertis *de fuir* le danger, » *Moneo te ut periculum fugias.* — « Je vous avertis *que* le danger presse, » *Te moneo periculum* instare [1].

Rem. 1. Cependant les verbes *jubeo* et *veto*, quoique on les traduise en français par *ordonner de, défendre de,* veulent pour complément une proposition infinitive : *Jubet nos Pythius Apollo noscere nosmet ipsos;* Cic. (Apollon pythien nous ordonne *de* nous connaître nous-mêmes). — *Legatos Cæsar discedere vetuerat,* Cés. (César avait défendu aux lieutenants de s'éloigner) [2].

2. Avec le passif on dirait : *Legati vetantur discedere* (il est défendu aux lieutenants de s'éloigner). *Consules jubentur exercitum scribere*, T. L. (il est ordonné aux consuls = les consuls reçoivent ordre de lever une armée.)

3. Après *ordonner* et *défendre*, l'infinitif français est toujours à l'actif. On dit : « Le général ordonna (ou défendit) de fortifier le camp. » En latin, pour que l'infinitif ait un sujet, il faut tourner par le passif, Le camp être fortifié : *Imperator jussit (vetuit) castra muniri.*

---

1 La différence vient de ce que ces verbes sont *volitifs* avec DE, et simplement *déclaratifs* avec QUE.

2. On trouve quelques exemples de *jubere ut* et de *vetare ne* avec le subjonctif. Ce sont des exceptions qui doivent être remarquées plutôt qu'imitées.

§ 226. EMPLOI DE L'ADJECTIF CONJONCTIF OU RELATIF.

Deus, *qui* omnia creavit. — *Deus*, *quem* veneramur.

Lorsque nous disons, « Dieu, qui a tout créé, conserve tout, » il y a deux propositions, dont la principale est, « Dieu conserve tout. » Elles sont unies par le relatif QUI, représentant DIEU, et ce relatif est le sujet de la proposition subordonnée, qu'on nomme alors Relative : *Deus*, *qui omnia creavit, omnia conservat.*

Si l'on dit : « Le Dieu que nous adorons a créé toutes choses, » les deux propositions sont unies par QUE, et ce relatif est complément direct du verbe NOUS ADORONS : *Deus* quem *veneramur omnia creavit.*

Dans les deux exemples, *Deus* est l'antécédent.

PREMIÈRE RÈGLE : Le relatif s'accorde en genre et en nombre avec son antécédent; *qui* et *quem* sont au singulier et au masculin, parce que *Deus* est du masculin et du singulier.

DEUXIÈME RÈGLE : Le relatif se met au cas exigé par le rôle qu'il joue dans la proposition dont il fait partie; *qui* est au nominatif parce qu'il est sujet de *creavit*; *quem* est à l'accusatif, parce qu'il est complément direct de *veneramur*.

§ 227. D'après cette deuxième règle, le relatif peut être à tous les cas, suivant le mot par lequel il est régi :

GÉNITIF. *Arbores seret diligens agricola,* quarum *aspiciet* baccam *ipse nunquam*, Cic. (le laboureur diligent plantera des arbres *dont* il ne verra jamais le fruit); *quarum* est le complément de *baccam.*

DATIF. *Ego illum periisse duco,* cui *periit pudor*, Plaut. (je regarde comme un homme perdu, celui qui a perdu la honte); *cui* est le complément indirect de *periit* (celui *pour qui* la honte est perdue).

ACCUSATIF. *Homines non requirunt rationes earum rerum* quas *semper vident*, Cic. (les hommes ne recherchent pas les raisons des choses *qu'ils* voient tous les jours); *quas* est le complément de *vident.*

ABLATIF. *Fundamentum perpetuæ commendationis est justitia,* sine quâ *nihil potest esse laudabile*, Cic. (le fondement d'une estime durable est la justice, *sans laquelle* rien ne peut être digne d'éloges); *quâ* est le complément de la préposition *sine.*

228. *Antécédent placé après le relatif.*

On voit par les exemples précédents que le relatif est toujours à la tête de la proposition à laquelle il appartient, et qu'il doit être construit immédiatement après son antécédent. Il est important de se rappeler cette observation, surtout lorsque le relatif est placé au premier membre de la phrase, et l'antécédent au second :

Quorum *majores aliquā gloriā præstiterunt,* ii *student plerumque eodem in genere laudis excellere,* Cic. (*ceux dont* les ancêtres se sont illustrés par quelque genre de mérite, s'efforcent ordinairement d'exceller dans la même carrière); ii, *quorum majores,* etc.

Plerique, a quo *plurimum sperant,* ei *potissimum inserviunt,* Cic. (la plupart des hommes obligent de préférence *celui dont* ils attendent le plus); *inserviunt ei, a quo.*

§ 229. *Antécédent sous-entendu.*

Les démonstratifs *is* et *ille* étant très-faciles à suppléer avec *qui,* sont fréquemment sous-entendus ; alors *qui* se rend en français par CELUI QUI, *quod* par CE QUI ou CE QUE.

Qui *mentiri solet, pejerare consuevit,* Cic. (*celui qui* a l'habitude de mentir, se parjure aisément); *is, qui solet.*

Maximum ornamentum amicitiæ tollit, qui *ex eā tollit vĕrēcundiam,* Cic. (c'est ôter à l'amitié son plus bel ornement, que d'en bannir le respect) ; *is, qui tollit* (celui qui bannit).

Quod *non dedit fortuna, non eripit,* Sén. (ce que la fortune n'a pas donné, elle ne l'enlève pas); *non eripit* id, quod *non dedit.*

Rem. Dans les deux premiers exemples, la proposition relative est le sujet de la principale ; dans le dernier elle en est le complément.

§ 230. *Relatif entre deux cas du même nom.*

1. Si l'on faisait la construction pleine de *Deus quem veneramur,* on aurait évidemment *Deus, quem Deum veneramur,* et le relatif serait placé entre deux cas du même nom. Il se rencontre des exemples où ces deux cas sont exprimés : *Tunc* leges *paratæ sunt,* quibus legibus *exsilium damnatis per-*

missum est, Sall. (alors furent portées des lois qui ont permis aux condamnés d'aller en exil); *des lois, par lesquelles lois l'exil a été permis.*

2. C'est sur ce principe qu'est fondée la construction suivante : *Quam quisque norit artem, in hac se exerceat,* Cic. (que chacun s'exerce dans l'art qu'il connaît); *in hac* arte, *quam* arte *norit.* Ce tour a beaucoup d'élégance lorsque le relatif est placé au premier membre, et que l'antécédent est un substantif.

§ 231.   *Relatif entre deux noms différents.*

Lorsque la proposition relative a pour attribut un nom substantif, il arrive très-souvent que le relatif prend le genre et le nombre de ce nom, au lieu de se régler sur son antécédent : *Thebæ,* quod caput *Bœotiæ est, in magno tumultu erant,* Tit. Liv. (Thèbes, capitale de la Béotie, était dans une grande agitation); *quod* au singulier neutre, en accord avec *caput.*

Decem Tabularum leges perlatæ sunt, qui *nunc quoque* fons *omnis publici privatique juris est,* T. Liv. (on porta les lois des Dix Tables [1], qui sont encore aujourd'hui la source de tout le droit public et privé); *qui* au masculin singulier, s'accordant avec *fons.*

La même chose a lieu avec l'accusatif qui complète la signification de certains verbes, comme *nommer, appeler* (§ 243) : *Animal hoc plenum rationis et consilii,* quem *vocamus* hominem, *præclarâ quâdam conditione generatum est a supremo Deo,* Cic. (cet animal plein de raison et de réflexion, que l'on appelle l'homme, a été créé par le Dieu suprême avec de nobles priviléges).

Rem. Cicéron aurait pu dire également *animal quod vocamus hominem;* et en général on doit faire accorder le relatif avec l'antécédent, lorsque la proposition relative est indispensable pour déterminer le sens de la principale. Ainsi dans cette phrase, *Est in Britanniâ* flumen, *quod appellatur Tamesis,* Cés. (il y a dans la Bretagne un fleuve qu'on appelle la Tamise), *quod* s'accorde en genre avec *flumen,* parce que c'est précisément ce substantif qui a besoin d'être déterminé. Il en est autrement de l'exemple où il s'agit de Thèbes, la proposition *quod caput Bœotiæ est* pouvant être supprimée sans que la pensée cesse d'être complète.

---

[1] Tite-Live, II, 34. Un peu plus tard, le nombre des Tables fut porté à douze.

§ 232. *Relatif se rapportant à plusieurs antécédents.*

Si le relatif se rapporte à plusieurs noms à la fois, il suit les règles exposées pour les adjectifs, §§ 207 et 208 : *Vir et mulier qui adsunt* (l'homme et la femme qui sont présents); *qui* est au pluriel à cause des deux antécédents; au masculin, parce que l'un des deux est du masculin, et qu'ils désignent des personnes.

Beneficium et injuria, quæ inter se contraria *sunt* (§ 208, III); *quæ* est au pluriel neutre, parce que les deux antécédents expriment des choses et ne sont pas du même genre. La proposition *quæ contraria sunt* doit être considérée comme une apposition : « Le bienfait et l'injure, *choses qui* sont opposées. »

Envisagé sous ce point de vue, le relatif neutre peut se rapporter aussi à des noms du même genre : *Fortunam nemo ab inconstantiâ et temeritate sejunget, quæ digna certe non sunt deo*, Cic. (personne ne séparera l'idée de fortune de celles d'inconstance et de légèreté, *choses qui* certes sont indignes d'un être divin).

§ 233.   *Relatif avec les pronoms personnels.*

Quand le relatif a pour antécédent un pronom personnel, le verbe dont il est le sujet s'accorde en personne avec ce pronom, exactement comme en français : Moi, qui ai lu, *ego, qui legi;* toi, qui as lu, *tu, qui legisti;* et ainsi, *nos, qui lēgimus; vos, qui legistis.*

Le pronom antécédent peut être sous-entendu : *Adestote omnes animis, qui adestis corporibus*, Cic. (soyez tous présents d'esprit, *vous* qui êtes présents de corps).

Il peut être suppléé par un vocatif : *Judices, qui ex lege judicatis, legibus obtemperare debetis,* Cic. (juges, vous qui rendez la justice en vertu de la loi, vous devez obéir aux lois).

Relatif contenant en lui-même la valeur d'une conjonction.

§ 234.   1. Qui *pour et is, is enim, etc.*

Le relatif, étant destiné à lier deux propositions, contient en lui-même la valeur d'une conjonction et d'un adjectif démonstratif, que le français est qqfois obligé d'exprimer séparément : *Magna vis est conscientiæ,* quam *qui negligunt, se ipsi indicant,* Cic. (la force de la conscience est grande, *et* ceux qui *la* bravent se dénoncent eux-mêmes); *quam* pour *et eam.*

C'est par cette analyse qu'on doit expliquer les exemples, *quod caput est Bœotiæ,* et *qui fons est juris* du § 234 : *id enim est caput; et is est fons.*

Rem. Le relatif *qui, quæ, quod,* peut représenter de cette manière *et is, sed is, is tamen, is enim, is autem, is ergo;* mais il n'est jamais employé pour *is* ou *ille* seuls, et il doit nécessairement avoir dans la phrase précédente un antécédent qu'il rappelle et auquel il se rattache. Si cet antécédent est une proposition entière, le relatif se met au neutre.

§ 235.   II. Qui *pour* ut is, ut ille.

Il est aisé de voir que les propositions liées comme il vient d'être dit, équivalent à des propositions coordonnées, puisque *et, sed, tamen,* etc. expriment des rapports de coordination. Mais *qui* renferme aussi la valeur de *ut* (afin que), et alors la proposition relative est tout à fait subordonnée. L'exemple suivant fera sentir la différence de ces deux emplois du relatif :

Cæsar misit legatos, qui *hoc* dixerunt, (César envoya des députés, *qui dirent ceci*); *misit legatos,* et ii *dixerunt;* les deux propositions sont coordonnées, au moins quant au sens.

Cæsar misit legatos, qui *hoc* dicerent (César envoya des députés *pour dire, chargés de dire* ceci); *misit legatos,* ut ii *dicerent;* la proposition relative est subordonnée aussi bien pour le sens que pour la forme.

Dans le premier cas, le narrateur rapporte également comme des faits l'envoi des députés et les paroles qu'ils prononcèrent; voilà pourquoi il emploie l'indicatif *dixerunt.*

Dans le second cas, la proposition principale seule énonce un fait (César envoya des députés); l'autre n'exprime que l'intention de César (afin qu'ils dissent ceci); voilà pourquoi *dicerent* est au subjonctif.

Le français marque ce rapport tantôt par le subjonctif, comme le latin, tantôt par l'infinitif précédé de *pour* :

Ranæ regem petiere, qui *dissolutos mores vi* compesceret, Phèd. (les grenouilles demandèrent un roi, *qui réprimât* par la force le désordre de leurs mœurs); *ut ille compesceret.*

Homini natura rationem dedit, quā regerentur *animi appetitus,* Cic. (la nature a donné à l'homme la raison, *pour régler* les mouvements de son âme); *ut eā regerentur.*

Rem. 1. Lorsque nous disons que le relatif *qui, quæ, quod,* représente la conjonction *ut* et un démonstratif, il s'entend de soi-même que, si le verbe suivant est à la première ou à la seconde personne, *qui* équivaudra à *ut ego*, *ut tu*, *ut nos*, *ut vos*.

2. Le relatif supplée également *quum* (puisque), *quia* (parce que), *quod* (de ce que), *quamvis* (quoique), et en ce sens il est toujours suivi du subjonctif : *O fortunate adolescens,* qui *tuæ virtutis Homerum præconem inveneris* ! Cic. (heureux jeune homme, qui as trouvé un Homère pour chanter ta gloire ! ou, que tu es heureux, ô jeune homme, d'avoir trouvé…!) *quum tu inveneris.*

§ 236.   ADJECTIFS RELATIFS qualis, quantus, quot.

Il faut ranger parmi les conjonctifs ou relatifs les trois adjectifs suivants (§ 145, II), qui expriment des rapports de qualité (*qualis*), de grandeur (*quantus*), de quantité (*quot* indéclinable), et qui se rendent en français par QUE conjonction.

Ils appartiennent toujours à une proposition relative, dans laquelle ils déterminent le sujet ou le complément, et suivent les règles de *qui, quæ, quod.* Leurs corrélatifs dans la proposition principale sont *talis, tantus, tot.*

SUJET. *Plerique perverse amicum habere* talem *volunt,* quales *ipsi esse non possunt,* Cic. (la plupart ont le tort de vouloir un ami *tel qu*'ils ne peuvent être eux-mêmes).

COMPLÉMENT. Tanta *erat multitudo,* quantam *capit urbs nostra* (il y avait une *aussi grande* multitude d'hommes, *que* notre ville en peut contenir).

Lorsque l'antécédent n'est pas exprimé, il faut le sous-entendre :

Scribe quantum *potes,* Cic. (écrivez autant que vous le pouvez); *tantum scribe, quantum potes.*

Souvent le relatif est placé avant son antécédent : Quot *homines,* tot *sententiæ,* Tér. (il y a *autant* de sentiments *que* d'hommes, ou mieux : autant d'hommes, autant de sentiments).

REM. *Qualis, quantus, quot,* servent aussi dans les interrogations directes ou indirectes, et alors ils n'ont pas d'antécédent). Interrogation directe : *Quot sunt?* Plaut. (combien sont-ils?) —indirecte : *Dic mihi quot sint* (dites-moi combien ils sont); cf. § 472.

LIVRE SECOND.

SYNTAXE PARTICULIÈRE.

DANS le livre premier, nous avons passé en revue les différentes parties du discours ; nous avons montré comment les mots s'unissent pour former d'abord des propositions isolées, puis des phrases composées de plusieurs propositions réunies. Les règles générales ainsi établies, il nous reste à parcourir les principaux faits de syntaxe qui en dérivent ou qui s'en éloignent. Ce deuxième livre contiendra donc le développement des principes déjà connus, et les exceptions apparentes ou réelles dont ils sont susceptibles.

EXCEPTIONS A L'ACCORD DU SUJET ET DE L'ATTRIBUT.

§ 237.   *Noms collectifs.*

1. Le verbe peut se mettre au pluriel avec un sujet du singulier, quand celui-ci est un nom collectif, c'est-à-dire quand il exprime une réunion de plusieurs personnes ou de plusieurs choses, comme les mots *turba, multitudo, pars, magnus* ou *parvus numerus,* etc. :

Magna multitudo latronum undique convenerant, Cés. (il était accouru de toutes parts une grande multitude de brigands).

2. Si l'attribut est un adjectif ou un participe, il pourra se rapporter à l'idée contenue dans le sujet, plutôt qu'au mot lui-même : *Magna pars vulnerati aut occisi sunt,* Sall. (une grande partie furent tués ou blessés) ; il s'agit de soldats, nom masculin pluriel.—*Pars navium haustæ sunt,* Tac. (une partie des vaisseaux fut engloutie, ou, furent engloutis). L'idée principale est *naves,* nom pluriel féminin.—*Duo millia Tyriorum crucibus affixi sunt,* Q. Curce (deux mille Tyriens furent mis en croix).

§ 238. *Attribut neutre avec un sujet masculin ou féminin.*

L'adjectif attribut se trouve quelquefois au singulier neutre avec un sujet d'un autre genre, ou même avec plusieurs sujets :

Dulce satis humor, Virg. (l'humidité est *chose douce* pour les semences = est favorable aux semences). —*Triste lupus stabulis, maturis frugibus imbres*, Virg. (le loup est *chose triste* pour les bergeries, l'orage pour les moissons déjà mûres = est funeste aux bergeries). Cette construction, assez fréquente chez les poëtes, est fort rare en prose.

Rem. Il est facile de voir que, dans ces deux exemples, l'adjectif neutre devient une sorte de substantif, puisqu'il renferme en lui-même l'idée de *chose*, idée attachée, comme nous l'avons déjà dit, aux désinences *um* et *e;* le seul mot que l'on pût sous-entendre, ce serait *aliquid;* encore cela n'est-il pas nécessaire. Les adjectifs à une seule terminaison, comme *prudens, fallax*, ne sont jamais employés de cette manière, parce que rien n'y distingue le neutre des deux autres genres.

§ 239. ADJECTIFS SE RAPPORTANT A PLUSIEURS SUBSTANTIFS.

Quand le même adjectif qualifie ou détermine plusieurs substantifs, et qu'il s'applique à chacun séparément, on peut ne l'exprimer qu'une fois, et alors on le fait très-souvent accorder en genre et en nombre avec le nom le plus voisin.

Romanis cuncta *maria terræque patebant*, Sall. (*toutes* les mers et *toutes* les terres étaient ouvertes aux Romains); *cunctæ* est sous-entendu avec *terræ*.

Invidi virtutem et bonum alienum *oderunt*, T. Liv. (les envieux haïssent la vertu et les bonnes qualités d'autrui)*; alienam* est sous-entendu avec *virtutem;* il n'eût pas été bien de dire *virtutem et bonum aliena*.

Rem. Il est important de remarquer que ces adjectifs ne sont pas attribut. S'ils étaient attribut, ou même s'ils formaient apposition, ils suivraient les règles établies § 208, III : *Labor voluptasque*, dissimillimă *naturā, societate quadam inter se naturali sunt* junctă, T. Liv. (la peine et le plaisir, très-différents par leur nature, sont unis cependant par une sorte d'alliance naturelle); *dissimillima* est au pluriel neutre par apposition (*choses* très-différentes); *juncta* y est comme attribut.

§ 240. VERBE *ESSE* CONSIDÉRÉ COMME ATTRIBUTIF.

1. Jusqu'ici nous avons considéré le verbe *être* comme simple lien servant à unir l'attribut au sujet (*Deus* est *sanctus*); mais il peut aussi contenir en lui-même l'idée de l'attribut, comme tout autre verbe : *Deus est* (il est un Dieu, Dieu existe); *omnes*

13. Burn. *Gr. Lat.*   M

gentes consentiunt esse Deum (toutes les nations reconnaissent qu'il est un Dieu).

2. Dans ce sens, le verbe *sum* peut être déterminé par un adverbe ou par une préposition avec son complément, et souvent alors on le rend en français par un verbe plus significatif, comme ALLER, SE TROUVER, SE RENCONTRER, etc. *Rectissime sunt apud te omnia*, Cic. (tout est chez vous en fort bon état, ou, tout *va fort bien* chez vous).

Sæpe est etiam sub palliolo sordido *sapientia*, Cic. (la sagesse *se rencontre* souvent même sous des haillons).

§ 241.   VERBES ATTRIBUTIFS ASSIMILÉS A *ESSE*.

Ego nominor leo.

Un certain nombre de verbes, d'ailleurs attributifs, ne servent souvent, comme *esse*, qu'à lier au sujet un attribut pris hors d'eux-mêmes, et sans lequel la proposition resterait incomplète. Si vous dites, par exemple, « Je m'appelle, » on vous demandera comment, et la réponse sera le véritable attribut : « Je m'appelle lion, » *Ego nominor leo*, Phèd.

A cette classe appartiennent *fieri, evadere, exsistere* (devenir), *nasci* (naître), *manere* (rester), *videri* (paraître), *haberi* (passer pour), *dici, appellari* (être dit, être appelé), *judicari, existimari, credi, putari* (être regardé comme), *creari, eligi, designari* (être créé, élu, désigné) et autres semblables. Il va de soi-même que l'attribut joint à tous ces verbes se met au nominatif : *Nemo ignaviā immortalis factus est*, Sall. (personne n'est *devenu immortel* à force de lâcheté). — *Nemo nascitur dives* (personne ne *naît riche*). — *Consules declarantur M. Tullius et C. Antonius*, Sall. (Marcus Tullius et Caïus Antonius sont *proclamés consuls*). — *Scythæ perpetuo invicti mansere*, Just. (les Scythes sont toujours *restés invincibles*).

§ 242.   *Nominatif avec l'infinitif.*

1. Lorsqu'un de ces verbes est accompagné de l'infinitif *esse*, l'attribut ne s'en met pas moins au nominatif, et cette construction offre un moyen commode de rendre les locutions françaises, ON CROIT QUE, ON DIT QUE, DIT-ON : *Aristæus* inventor *olei* esse *dicitur*, Cic. (Aristée est, dit-on, l'inventeur de l'huile). — *Disciplina Druidarum in Britannia* reperta esse *existimatur*, Cés. (on croit que la religion des Druides fut inventée dans la Bretagne).

2. Lorsqu'un des verbes énumérés § 221 , savoir *volo*, *possum*, *soleo* et les autres, régit à l'infinitif le verbe *esse* ou l'un des précédents, l'attribut se met également au nominatif, comme si les deux verbes n'en formaient qu'un seul : *Volo et esse et haberi gratus*, Cic. (je *veux être* reconnaissant, et passer pour tel). — *Socrates parens philosophiæ dici potest*, Cic. (Socrate *peut être appelé* le père de la philosophie). — *Desinam videri senex*, Tac. (je cesserai de paraître vieux).

Rem. *Volo, cupio, studeo*, et autres verbes exprimant le désir ou la volonté, peuvent aussi se construire avec l'infinitif et l'accusatif du pronom qui représente le sujet du verbe principal : *Cupio* me *esse clementem*, Cic. — *Gratum* se *videri studet*, Cic. En français, nous n'avons qu'une seule construction : « Je désire être clément. — Il s'efforce de paraître reconnaissant. »

§ 243. *Accusatif formant avec le verbe une seule idée.*

Il résulte du § 244 que, dans *Cicero consul creatus est*, le nominatif *consul* est indispensable pour former, ou du moins pour compléter l'attribut. Si l'on dit à l'actif, *Populus Ciceronem* consulem *creavit*, l'accusatif *consulem* aura évidemment la même destination; *consulem creavit* formera une seule idée, et le véritable complément sera *Ciceronem*.

L'adjectif ou le nom qualificatif à l'accusatif, qui accompagnent les verbes du § 244 et autres de signification analogue, à la voix active, concourent donc avec le verbe à former l'attribut : *Mesopotamiam* fertilem efficit *Euphrates*, Cic. (l'Euphrate *fertilise* la Mésopotamie). *Homines cæcos reddit cupiditas et avaritia*, Cic. (la cupidité et l'avarice *aveuglent* les hommes). Les verbes *fertilisent* et *aveuglent* traduisent par un seul mot *fertilem efficit* et *cæcos reddit*, preuve manifeste que les deux mots latins ne forment qu'une seule idée, qui aurait pu être exprimée par *fœcundat* et *obcæcat*, de même que nous aurions pu dire en français, *rend fertile* et *rendent aveugles* [1].

Rem. La construction précédente avec les verbes *habere*, *existimare*, etc., sert à traduire les locutions françaises AVOIR POUR, REGARDER COMME; les mots *pour* et *comme* ne se rendent pas en latin : *Epaminondas philosophiæ* præceptorem habuit

----

1 La fusion de l'accusatif attributif avec le verbe est matérielle et complète dans *ludificari aliquem* (se jouer de quelqu'un), puisque les comiques disent dans le même sens *ludos facere aliquem*. Elle ne l'est pas moins dans *amplificare* ꞊ *amplum facere*.

* M

Lysim Tarentinum, C. Nép. (Epaminondas *eut pour maître* de philosophie Lysis de Tarente). — *Deos* æternos *et* beatos *habemus*, Cic. (nous *regardons* les dieux *comme éternels* et jouissant de la félicité).

§ 244.   SUPPLÉMENT AUX RÈGLES DE L'APPOSITION.

I. Annibal peto pacem.

1. Le substantif formant apposition (§ 198) se rapporte quelquefois à un sujet sous-entendu de la première ou de la seconde personne : *Annibal peto pacem*, T. Liv. *(ego Annibal)*. — *Hoc tibi juventus romana indicimus bellum*, T. Liv. *(nos juventus romana)*. Ce tour, fort élégant en latin, doit être rendu en français par un équivalent : « C'est Annibal qui demande la paix. — Voilà la guerre que je te déclare au nom de la jeunesse romaine. »

2. L'apposition peut également se rapporter à l'attribut compris dans le verbe : *Ego non eadem volo* senex, *quæ* puer *volui*, Sén. (je ne veux pas les mêmes choses *étant vieux*, que j'ai voulues *étant enfant*). — *C. Junius œdem Salutis, quam* consul *voverat*, dictator *dedicavit*, T. Liv. (C. Junius dédia, *comme* dictateur, le temple de Salus, qu'il avait voué *comme* consul).

REM. Il résulte de l'exemple précédent que le mot COMME peut se retrancher en latin lorsqu'il signifie EN QUALITÉ DE. Mais s'il marque une comparaison, il se traduit par *ut, velut, tanquam, quasi : Cicero ea cecinit*, ut *vates*, C. Nép. (Cicéron a prédit ces événements *comme* un homme inspiré, comme aurait fait un homme inspiré).

Il en est de même quand ce mot annonce un motif : *Auri argentique usum*, velut *omnium scelerum materiam, sustulit Lycurgus*, Just. (Lycurgue défendit l'usage de l'or et de l'argent, *comme* la source de tous les crimes). *Velut* annonce le motif qui fait agir Lycurgue ; ôtez *velut* en latin, et en français *comme*, l'apposition n'exprimera plus que l'opinion de l'écrivain : « Il défendit l'usage de l'or et de l'argent, source de tous les crimes. »

II. Corioli oppidum captum.

Le verbe et l'attribut peuvent s'accorder avec les mots *urbs, civitas, oppidum*, placés à côté d'un nom de lieu qui n'a que le pluriel, lorsque ces mots sont l'objet principal de la pensée : *Corioli oppidum captum*, T. Liv. (la ville de Corioles fut prise). — *Volsinii, oppidum Tuscorum opulentissimum totum concre-*

matam est fulmine, Plin. (la plus riche cité des Étrusques, Vulsinies, fut tout entière consumée par la foudre). Nous avons placé le mot *Vulsinies* en apposition, pour faire sentir comment le nom propre peut jouer dans la pensée un rôle secondaire.

§ 245. ADJECTIFS LATINS RENDUS PAR DES SUBSTANTIFS.

Le haut, le bas, le milieu, etc.

Les adjectifs *primus, ultimus, extremus, summus, imus, intimus, medius, reliquus,* ne peuvent souvent être rendus en français que par un nom suivi de la préposition DE, tandis qu'en latin ils prennent, comme les autres, le genre, le nombre et le cas de leur substantif : *Vere primo* (au commencement du printemps); *extrema hieme* (à la fin de l'hiver); *in ultima Italia* (à l'extrémité de l'Italie); *extremi digiti* (le bout des doigts); *summus mons* (le sommet de la montagne); *summa arbor* (le haut de l'arbre); *ad imam quercum* (au pied du chêne); *imæ valles* (le fond des vallées), *imum saxum* (le bas du rocher); *in intima Macedonia* (au cœur de la Macédoine); *media œstas* (le milieu de l'été); *jam pridem cupio Alexandriam reliquamque Ægyptum visere,* Cic. (depuis longtemps je désire visiter Alexandrie et le reste de l'Egypte).

REM. A l'exception de *medius* et de *reliquus*, ces adjectifs ne sont autre chose que des superlatifs formés de prépositions (§ 138); ils expriment donc des rapports de lieu et de temps. De plus, ils ne s'appliquent, dans les exemples cités, qu'à une partie de l'objet qu'ils déterminent, et c'est cette partie que le français désigne par *le haut, le bas, le commencement, la fin*, etc. Nous n'avons qu'une seule locution, *l'extrême frontière*, où l'adjectif soit employé à la manière latine.

DEGRÉS DE COMPARAISON.

COMPARATIF.

§ 246. Le QUE français qui suit un comparatif se rend par *quam*, ou bien il ne s'exprime pas, et le mot qui sert de second terme à la comparaison se met à l'ablatif.

COMPARATIF AVEC Quam.

Que suivi d'un verbe. — Plura dixi, quam volui.

Le QUE français est représenté en latin par *quam*, toutes les fois qu'il est suivi d'un verbe : *Plura dixi, quam volui,* Plaut.

(j'en ai plus dit *que je n'ai* voulu).—*Plus fere nobis videmur posse, quam possumus,* Sén. (nous croyons en général pouvoir plus *que nous ne* pouvons). — *Quædam scire magis juvat, quam prodest,* Cic. (il est des choses dont la connaissance amuse plus *qu'elle n'est* utile).

Rem. On voit que la construction est la même dans les deux langues, excepté qu'en français le second verbe est accompagné d'une négation qui n'existe pas en latin.

§ 247.   *QUE suivi d'un substantif ou d'un pronom.*

1. Lorsque les deux termes comparés sont des substantifs ou des pronoms, si le premier est au nominatif comme sujet d'un mode personnel, ou à l'accusatif comme sujet d'un infinitif, la conjonction *quam* reçoit le même cas après elle que devant.

Nominatif : *Melior tutiorque est certa pax,* quam *sperata victoria,* T. Liv. (une paix certaine est meilleure et plus sûre qu'une victoire en espérance), *quam sperata victoria* bona et tuta est.

Accusatif : *Solem mathematici confirmant majorem esse* quam *terram,* Cic. (les mathématiciens prouvent que le soleil est plus grand que la terre); *quam* terram esse magnam *confirmant.*

2. Si c'est comme régime d'un verbe, et non comme sujet d'un infinitif, que le premier terme est à l'accusatif, le second peut encore se mettre au même cas : *Ego hominem callidiorem vidi neminem,* quam *Phormionem,* Tér. (je n'ai jamais vu un homme plus rusé que Phormion); *quam* vidi *Phormionem.* Mais cette construction est rare, et l'on forme ordinairement une nouvelle proposition avec *est* et le nominatif : *quam Phormio est.*

§ 248. Cette dernière tournure est indispensable, toutes les fois que le verbe du premier membre ne peut pas être sous-entendu dans le second : *Vicinus tuus meliorem equum* habet, *quam tuus est,* Cic. (votre voisin a un cheval meilleur que le vôtre = que n'est le vôtre); on ne peut pas dire *quam tuum,* car il faudrait sous-entendre *habet,* et le voisin n'a pas *votre* cheval.

Elle est également nécessaire quand le premier terme est à tout autre cas qu'au nominatif ou à l'accusatif : *Rescripsi verba Marci Varronis, hominis,* quam fuit Claudius, *doctioris,* A.

Gell. (j'ai répondu en citant les paroles de Varron, homme plus savant que Claudius = que ne l'était Claudius).

De même, pour traduire, « J'ai un ami plus savant que Titus » (en employant le verbe *utor*, qui régit l'ablatif), il faudrait dire, *Utor amico doctiore quam Titus est*, et non pas *doctiore quam Tito*.

Rem. Si quelquefois on trouve un génitif, un datif ou un ablatif après *quam*, ces cas sont le complément d'un mot exprimé dans le premier membre et sous-entendu dans le second, et ils ne dépendent nullement du comparatif : *Morbi perniciosiores pluresque sunt animi* quam *corporis*, Cic. (les maladies de l'âme sont plus funestes et plus nombreuses que *celles* du corps); *quam* morbi *corporis*. — *Talis simulatio* vanitati *est conjunctior quam* liberalitati, Cic. (ces faux semblants tiennent de plus près à la vanité qu'à la générosité); *quam* est conjuncta *liberalitati*.

2. L'accusatif même s'explique par une ellipse pareille, toutes les fois que le comparatif est un adverbe : *Segnius homines* bona quam mala *sentiunt*, T. Liv. (les hommes ressentent moins vivement les biens que les maux); *segnius bona* sentiunt, *quam mala sentiunt*.

§ 249.   Quam *entre deux comparatifs.*
               Felicior quam prudentior.

Si l'on compare deux qualités appartenant au même sujet, comme dans cette phrase, « Il a été plus heureux que sage, » les deux adjectifs se mettent au comparatif : *felicior fuit* quam *prudentior*.

Il en est de même des adverbes : *Romani bella quædam* fortius quam felicius *gesserunt*, T. Liv. (les Romains ont fait certaines guerres avec plus de courage que de succès).

Cependant on peut aussi employer le positif en exprimant *plus... que* par *magis... quam* : *Celer tuus disertus* magis *est*, quam *sapiens*, Cic. (votre ami Céler est *plus* disert *que* sage).

§ 250.   *Verbes exprimant une comparaison.*
                  Malo. — Præstat.

Après les verbes *malo* (j'aime mieux) et *præstat* (il vaut mieux), le QUE français se traduit par *quam*, comme après les comparatifs : *Valere malo,* quam *dives esse*, Cic. (j'aime mieux me bien porter *que* d'être riche). — *Accipere,* quam *facere, præstat injuriam,* Cic. (il vaut mieux recevoir une injure *que* de la faire). — *Tacere præstat,* quam *iis qui audiunt, nocere,* Cic. (il vaut mieux se taire, *que* de nuire à ceux qui entendent).

§ 251.   COMPARATIF AVEC L'ABLATIF.
                Virtus pretiosior auro.

Le nom qui sert de second terme à la comparaison peut se mettre à l'ablatif sans *quam,* toutes les fois que cette conjonction prendrait le même cas après elle que devant, c.-à-d. dans les phrases où le comparatif est au nominatif ou à l'accusatif :

Virtus est pretiosior auro (la vertu est plus précieuse *que* l'or). *Quid est in homine* ratione *divinius?* Cic. (qu'y a-t-il dans l'homme de plus divin *que* la raison?) Avec *quam,* on dirait *quam aurum, quam ratio.*

[*Dixit rex Dejotarus*] *antiquiorem sibi fuisse* suis possessionibus *gloriam,* Cic. (le roi Déjotarus a déclaré que la gloire lui était plus chère *que* ses possessions). *Sapiens humana omnia inferiora* virtute *ducit,* Cic. (le sage met toutes les choses humaines au-dessous de la vertu). Avec *quam* on dirait *quam possessiones suas, quam virtutem.*

Rem. 1. Si le comparatif était à tout autre cas qu'au nominatif ou à l'accusatif, il ne faudrait pas lui donner l'ablatif pour complément; ainsi l'on ne dirait pas bien, du moins en prose, *amor virtutis, melioris auro;* il faudrait dire, *amor virtutis, quæ est auro melior.*

2. On évitera aussi de mettre en regard un nominatif et un ablatif de la première déclinaison. Dites donc, *Terră major est* quam *lună,* et non *terră major est lună.* Mais dans *Constat terram* lună *esse majorem,* l'ablatif est bon, parce qu'il n'y a plus identité de désinence.

§ 252.   *Comparatif avec l'ablatif de* Qui, quæ, quod.

Si le relatif *qui, quæ, quod,* forme le second terme d'une comparaison, il se met toujours à l'ablatif : *Animi virtutes ex ratione gignuntur,* quā *nihil est in homine* divinius, Cic. (les vertus de l'âme procèdent de la raison, le plus divin des attributs de l'homme).

On voit par cet exemple que l'apposition offre un moyen

commode de rendre cette tournure en français. Quant à la construction littérale, comme le relatif doit toujours y figurer le premier, il faut dire : *quā,* en comparaison de laquelle, *nihil est divinius in homine,* il n'y a rien de plus divin dans l'homme.

R*em.* Ce rapport, *en comparaison de, au prix de,* est exprimé par l'ablatif lui-même, sans le secours d'aucune préposition. On suppose ordinairement l'ellipse de *præ;* mais cette préposition n'est jamais employée par les auteurs classiques avec le comparatif. Elle l'est quelquefois avec le positif, dans un sens un peu différent : *Videris præ nobis beatus,* Cic. (vous paraissez heureux en comparaison de nous); c.-à-d., vous n'êtes pas fort heureux, mais, en comparaison de nous, vous paraissez l'être.

§ 253.   *Ablatif tenant lieu de deux propositions.*
Latius opinione. — Plus æquo.

Le comparatif se joint élégamment aux ablatifs *spe, opinione, exspectatione,* dans des phrases où la comparaison tombe non sur l'espérance ou l'opinion elle-même, mais sur l'objet de cette espérance, de cette opinion : *Latius* opinione *disseminatum est hoc malum,* Cic. (ce mal est plus répandu qu'on ne pense); *quam opinio est | id disseminatum esse.* L'ablatif tient lieu, comme on voit, de deux propositions, tandis que, dans *virtus est pretiosior auro,* il en représente une seule, *quam aurum est pretiosum.*

Les ablatifs neutres *æquo, justo, solito,* employés de cette manière, se rendent en français par des locutions également elliptiques : *Plus æquo* (plus que de raison); *Citatior solito amnis erat,* T. Liv. (le fleuve était plus rapide que de coutume). De même, *dicto citius* (plus vite que la parole = plus tôt que la parole n'est achevée).

§ 254.   COMPARATIF SIGNIFIANT *trop, assez, un peu.*

1. Souvent on emploie le comparatif seul et sans exprimer le second terme de la comparaison. Il se rend alors par TROP avec le positif : *Voluptas, quum* major *est atque* longior, *omne animi lumen exstinguit,* Cic. (le plaisir, quand il est *trop vif* et *trop prolongé,* éteint toutes les lumières de l'esprit). En remplissant l'ellipse, on aurait *major atque longior æquo,* c'est-à-dire *quam æquum est eam esse.*

2. Il se traduit même quelquefois par ASSEZ : *Obscuriora sunt Datamis gesta pleraque*, Corn. Nép. (la plupart des exploits de Datames sont *assez* obscurs); — ou par UN PEU : *Senectus est naturā loquacior*, Cic. (la vieillesse est naturellement *un peu* causeuse).

On se fera une idée de cet emploi du comparatif en se le représentant ainsi : « Les exploits de Datames sont *comparativement obscurs*, c'est-à-dire, sont obscurs par comparaison à ceux qui ne le sont pas, ou qui le sont moins ; » et de même de l'autre exemple et de toutes les phrases analogues.

§ 255.   *Comparatif avec* Quam ut *et un subjonctif.*

Trop pour. — Trop peu pour.

1. Le comparatif suivi de *quam ut* avec le subjonctif se rend en français par TROP POUR : *Major sum et ad majora genitus*, quam ut *mancipium sim mei corporis*, Sén. (je suis *trop* grand et appelé à de *trop* hautes destinées *pour* être esclave de mon corps); littéralement ; je suis *plus* grand et né pour de *plus* grandes choses, *qu'il ne convient* pour que je sois esclave de mon corps. Entre *quam* et *ut*, il y a une proposition entière de sous-entendue.

Cette tournure est la seule qui puisse traduire le français *trop pour* suivi d'un verbe. Il ne faut jamais dire *nimis ut*.

2. Si l'on veut exprimer en latin TROP PEU POUR, on emploiera un comparatif d'infériorité : « Il avait *trop peu* de soldats *pour* vaincre, » *Pauciores habebat milites*, quam ut *vinceret*, (*quam* oportebat eum habere, *ut vinceret*).

REM. Au lieu de *quam ut*, on peut dire *quam qui* : *Major sum quam* cui *possit fortuna nocere*, Ov. (je suis trop grand pour que la fortune puisse me nuire); *cui* pour *ut mihi*, d'après la règle établie § 235.

§ 256.   *Comparatif avec* Quam pro *et un ablatif.*

La locution *quam pro* après un comparatif s'explique, comme *quam ut*, par une ellipse d'idée. Elle ne peut se rendre en français que par des équivalents : *Prœlium atrocius*, quam pro *numero pugnantium, editur*, T. Liv. (il s'engage un combat plus acharné que *ne le faisait prévoir* le nombre des combattants); *quam* futurum esse videbatur, *pro numero pugnantium* (eu égard au nombre des combattants).

Minor cœdes, quam pro *tantā victoriā, fuit*, T. L. (le

carnage ne fut pas proportionné à la grandeur de la victoire);
fut moindre *qu'il n'aurait pu l'être,* pour une si grande victoire.

§ 257. *Comparatif avec un ablatif de qualité ou de mesure.*

Opibus inferiores. — Paulo sapientior.

1. On peut demander EN QUOI ou DE COMBIEN un objet est
au-dessus ou au-dessous d'un autre. Le mot qui sert de réponse
à ces questions se met à l'ablatif : *Allobroges nullā gallicā
gente,* opibus aut famā, *inferiores sunt,* T. Liv. (les Allobroges ne sont inférieurs *en puissance ou en renommée,* à
aucune des nations gauloises). Les ablatifs *opibus aut jama*
déterminent *en quoi* ou *par quelle qualité* les Allobroges ne
sont pas inférieurs aux autres Gaulois. — *Hibernia est* dimidio
minor quam Britannia, Cés. (l'Hibernie est *moitié* plus
petite que la Bretagne). *Dimidio* détermine *de combien* ou
dans quelle mesure l'Hibernie est la plus petite des deux îles.

2. Conformément à ce principe, les mots *un peu, beaucoup,
combien, tant, autant,* et autres semblables, devant un comparatif, s'expriment par les ablatifs *paulo, multo, tanto :* « un
peu plus sage, » *paulo sapientior.* »—La patrie m'est beaucoup
plus chère que ma propre vie, » *Patria mihi vitā meā multo
est carior,* Cic. — « Combien la règle des devoirs n'est-elle pas [1]
plus étendue que celle du droit ! » *Quanto latius officiorum
patet, quam juris regula!* Sén.

§ 258. A cette classe de déterminatifs se rattachent les expressions françaises D'AUTANT PLUS QUE, D'AUTANT MOINS QUE.
On rend *d'autant* par *eo, hoc* ou *tanto,* suivis d'un comparatif,
et *que* par *quo* ou *quanto,* avec un autre comparatif : « L'air
est *d'autant* plus épais, *qu'il* est plus près de la terre (est plus
épais, *par cela qu'il* est plus près), » *Eo crassior aer est,* quo
terris propior, Sén. — « Les moments sont *d'autant* plus
courts, *qu'ils* sont plus heureux, » Tanto *brevius omne tempus,*
quanto *felicius est,* Pl. le j.

S'il n'y avait pas de comparatif au second membre, QUE se
rendrait par *quod : Liberalitatem* eo studiosius *plerique laudant,* quod *summi cujusque bonitas commune perfugium
est omnium,* Cic. (on loue *d'autant plus volontiers* la libéra-
lité, *que* la bonté des grands est le refuge commun de tous).

---

[1] Après *que* et *combien,* admiratifs ou interrogatifs, la négation française ne
s'exprime pas en latin.

§ 259. Plus *répété*. — Quo doctior, eo modestior.

Cette phrase : « Il est *d'autant plus* modeste, *qu'il* est *plus* savant, » peut être remplacée par celle-ci : « *Plus* il est savant, *plus* il est modeste. » Le sens est le même, ainsi que la manière de traduire ; seulement, en latin comme en français, le second terme de la comparaison devient le premier, et le relatif se place avant l'antécédent : Quo *doctior,* eo *modestior est.* — « *Plus* la gloire des pères est grande, *plus* les fils doivent montrer d'ardeur pour la vertu, » Quanto *major parentum est gloria,* tanto *studiosius filii ad virtutem debent niti.* Cf. § 271, 3.

§ 260. *Comparatif employé pour le superlatif français.*
Validior manuum.

1. Nous disons en français, avec le signe du superlatif : « La plus forte des deux mains ; Le plus âgé des deux frères. » En latin, toutes les fois qu'il n'est question que de deux personnes ou de deux choses, on se sert du comparatif, et le mot *deux* ne s'exprime pas : *Validior manuum ; Frater natu major* (on ne pourrait dire *natu maximus* que s'il s'agissait de trois frères au moins).

2. C'est d'après cette règle que LE PREMIER s'exprime par *prior,* D'ABORD OU EN PREMIER LIEU par *prius,* si l'on parle de deux objets seulement : *Duas a te accepi epistolas ; respondebo igitur* priori prius, Cic. (j'ai reçu de vous deux lettres ; je répondrai donc *à la première d'abord*).

§ 261. *Locutions comparatives :* plus de, moins de.

Les expressions PLUS DE, MOINS DE se rendent par *plus, minus,* et le substantif qui les suit se met au génitif, si l'objet dont on parle est pris dans un sens collectif et général : « Plus d'eau, » *Plus aquæ ;* « Moins de vin, » *Minus vini ;* « Plus d'argent, » *Plus pecuniæ,* « Moins de forces, » *Minus virium ;* « Plus de crainte que de danger, » *Plus timoris quam periculi,* Sall.

Comme adjectifs neutres employés substantivement (§ 94), *plus* et *minus,* avec le génitif qui les détermine, forment toujours le sujet ou le complément direct d'un verbe : *Absurdum est, quo* minus viæ *restat, eo* plus viatici *quærere,* Cic. (il est absurde de faire d'autant plus de provisions de voyage, qu'il reste moins de chemin).

Rᴇᴍ. Avec un nom de qualité, *plus de, moins de* se tournent fort souvent par *plus grand, plus petit,* et se rendent par *major, minor :* « Plus de sagesse, » *Major sapientia ;* « Moins d'audace, » *Minor audacia.* Toutefois on peut dire aussi *plus sapientiæ, minus audaciæ.*

§ 262. Si l'on parle de plusieurs objets envisagés séparément et pouvant se compter, *plus de* s'exprime par *plures, plura* (plus nombreux); *moins de* par *pauciores, pauciora* (moins nombreux) : *Pompeius plura bella gessit, quam ceteri legerunt,* Cic. (Pompée a fait plus de guerres que les autres n'en ont lu). — *Multo* pauciores oratores *quam poetæ boni reperiuntur,* Cic. (on trouve beaucoup moins de bons orateurs que de bons poëtes).

§ 263.   Plus de, moins de, *avec un nom de nombre.*

Plus, Amplius, Minus.

D'après la règle précédente, *plus de, moins de,* suivis d'un nom de nombre, se traduiront par *plures quam, pauciores quam : Antiochus plures quam decem naves actuarias ne habeto,* T. Liv. (qu'Antiochus ne puisse avoir *plus de dix* vaisseaux légers).

Mais il y a plusieurs autres manières d'exprimer les mêmes rapports.

1° On peut employer *plus, amplius, minus,* en leur donnant l'ablatif pour complément: *Milites amplius horis quatuor pugnaverunt,* Cic. (les soldats combattirent plus de quatre heures); *Minus tribus medimnis nemo dedit,* Cic. (personne ne donna moins de trois médimnes*).

2° On peut se servir de la locution adverbiale et conjonctive *plus quam : Non plus quam quatuor millia hominum effugerunt,* T. Liv. (il ne se sauva pas plus de quatre mille hommes). — *Zeuxis et Polygnotus non usi sunt plus quam quatuor coloribus,* Cic. (Zeuxis et Polygnote n'employèrent pas plus de quatre couleurs).

3° On peut sous-entendre *quam,* et mettre le nom des objets comptés au même cas que si *quam* était exprimé: *Ex Romanis sociisque minus trecenti perierunt,* T. Liv. (des Romains et des alliés, il périt moins de trois cents hommes); *Apes nunquam plus unum regem patiuntur,* Sén. (les abeilles ne

---

* Mesure pour les grains, contenant environ 5o litres.

souffrent jamais plus d'un roi '). Cette tournure est fort usitée, principalement avec le nominatif et l'accusatif.

SUPERLATIF.

§ 264. Nous avons en français deux superlatifs, l'un qu'on nomme absolu (très-sage), l'autre qu'on appelle relatif (le plus sage). Le latin n'a, pour marquer ces deux rapports, qu'une seule forme : *sapientissimus.*

Superlatif absolu.

Le superlatif absolu exprime la qualité dans un très-haut degré, mais sans exclure un degré plus haut encore; ainsi le comparatif peut quelquefois enchérir sur le superlatif : *Persuade tibi esse te quidem mihi* carissimum *, sed multo fore* cariorem, *si bonis præceptis lætabere,* Cic. (persuadez-vous bien que vous m'êtes *très-cher* assurément, mais que vous me serez beaucoup *plus cher,* si vous prenez goût aux bons préceptes).

§ 265.   *Superlatif relatif avec le génitif.*
Fortissimus militum.

Le superlatif relatif place une personne ou une chose au-dessus de toutes celles qui lui sont comparées : *Socrates* omnium sapientissimus *oraculo Apollinis est judicatus,* Cic. (Socrate fut déclaré *le plus sage des hommes* par l'oracle d'Apollon).

On voit par cet exemple que le nom des objets comparés se met au génitif pluriel (*omnium* sc. *hominum*), et que le superlatif prend le genre de ce génitif (*sapientissimus*). On dira donc : « Le plus brave des soldats, » *fortissimus militum;* « La plus belle des villes, » *pulcherrima urbium;* « Les plus grands des bienfaits, » *maxima beneficiorum.*

Cet accord du genre tient à ce que le nom des objets comparés est sous-entendu une fois avec le superlatif : *miles fortissimus omnium militum* (le soldat le plus courageux d'entre tous les soldats).

Il a lieu même lorsque le génitif est d'un autre genre que le sujet auquel le superlatif se rapporte : *Velocissimum omnium animalium est delphinus,* Plin. (le dauphin surpasse en vitesse tous les animaux); *animal velocissimum omnium animalium.*

Cependant le superlatif peut s'accorder avec le sujet, pourvu que celui-ci soit placé le premier : *Indus est omnium fluminum maximus,* Cic., *de Nat. deor.* II, 52 (l'Indus est le plus grand de tous les fleuves). Si l'on mettait le superlatif à la tête de la proposition, il faudrait nécessairement dire : *maximum omnium fluminum est Indus ;* parce que l'idée de fleuve (*flumen*) dominerait toute la phrase, et saisirait l'esprit avant celle du nom propre *Indus.*

Rem. 1. Le génitif singulier d'un nom collectif n'influe en rien sur le genre du superlatif auquel il sert de complément ; ainsi l'on dira : *Ditissimus urbis* (le plus riche de la ville), c'est-à-dire en latin comme en français, « le plus riche *des habitants* de la ville. » *Vir totius Græciæ doctissimus Plato,* Cic. (Platon, l'homme le plus éclairé de toute la Grèce, c'est-à-dire *des hommes* de toute la Grèce).

2. Le superlatif des adverbes se construit, comme les autres, avec le génitif : *Cæsar* omnium *fere* oratorum *latine loquitur* elegantissime, Cic. (César est peut-être, de tous les orateurs, celui qui parle la langue latine avec le plus d'élégance) ; mot à mot : le plus élégamment de tous les orateurs.

§ 266.   *Superlatif relatif avec* e, ex, inter.

Au lieu du génitif, le nom des objets comparés peut se mettre à l'ablatif avec *e* ou *ex,* ou à l'accusatif avec *inter : Acerrimus* ex *omnibus nostris sensibus est sensus videndi ,* Cic. (le plus pénétrant de tous nos sens est celui de la vue). — *Borysthenes* inter *Scythiæ amnes est amœnissimus,* P. Mél. (le Borysthène est le plus agréable à la vue des fleuves de Scythie, ou, *entre* les fleuves de la Scythie, le Borysthène est le plus agréable).

§ 267.   *Différentes manières d'augmenter la force du superlatif.*

Unus omnium. Le superlatif, accompagné d'*unus omnium,* acquiert une force qu'il est souvent impossible de rendre en français : *Aristides* unus omnium *justissimus fuisse traditur,* Cic. (Aristide fut, dit-on, le plus juste de tous les Athéniens). *Unus* a pour effet d'opposer Aristide *seul* à tous les autres, et de le représenter comme un personnage *unique* par sa justice.

Multo, dans le même sens qu'avec le comparatif, § 257, 2. *Id bellum* multo *maximum fuit,* T. Liv. (cette guerre fut *de beaucoup* la plus grande).

LONGE, même signification : *Ex Britannis omnibus* longe *sunt humanissimi, qui Cantium incolunt,* Cés. (de tous les Bretons, les plus civilisés *de beaucoup* sont ceux qui habitent le pays de Cant).

VEL, dans le sens de MÊME, JUSQUE : *in fidibus, musicorum aures* vel *minima sentiunt,* Cic. (dans les sons de la lyre, l'oreille des musiciens perçoit *jusqu'aux* plus petites nuances).

USAGES PARTICULIERS DU SUPERLATIF.

§ 268.   *Le plus qu'il peut. — Le plus qu'il est possible.*

Quam maximas potest copias armat.

Le superlatif, construit avec *quam* et le verbe *posse,* forme un idiotisme remarquable, qui est passé en français : *Jugurtha* quam maximas potest *copias armat,* Sall. (Jugurtha arme *le plus* de troupes *qu'il peut*). — *Aves nidos* quam possunt mollissime *substernunt,* Cic. (les oiseaux tapissent leurs nids *le plus mollement qu'ils peuvent*).

La ressemblance des deux langues rend cette tournure facile à imiter ; du reste en voici l'analyse : *Jugurtha* tam magnas *armat copias, quam potest* armare maximas. — *Aves* tam molliter *substernunt nidos, quam possunt* eos substernere *mollissime.*

§ 269. En français, on peut remplacer *le plus qu'il peut,* etc., par *le plus qu'il est possible.* On supprime même le verbe et la conjonction dans certaines locutions familières, comme *le moins d'erreurs, le moins de fautes possible.* Le latin, par une ellipse du même genre, sous-entend *potest* et conserve *quam : Orator utatur verbis* quam *usitatissimis,* Cic. (que l'orateur emploie les termes les plus usités *qu'il lui sera possible,* ou simplement, *les plus usités*).

C'est sur cet usage que sont fondées les locutions *quam primum* (aussitôt, le plus tôt possible); *quam sæpissime, quam celerrime* (le plus souvent, le plus promptement possible), et autres semblables. Ainsi employé, *quam* ne sert assez souvent qu'à donner plus de force au superlatif.

§ 270.   *Autant que personne. — Plus que jamais.*

Quam qui maxime. — Quum maxime.

1. Le superlatif précédé de *quam qui, ut qui,* répond aux gallicismes AUTANT QUE PERSONNE, AUTANT QUE QUI QUE CE SOIT, QU'AUCUN HOMME DU MONDE : *Tam sum amicus reipu-*

blicæ, quam qui *maxime,* Cic. (je suis *aussi* ami de la république *que personne*), quam is *qui* est *maxime* amicus. — *Te semper sic colam,* ut quem *diligentissime,* Cic. (je vous serai toujours *aussi* dévoué qu'*à aucun homme du monde*); *ut* eum colo, *quem* colo *diligentissime.*

2. D'après cette analogie, *ut quum maxime* signifie AUTANT QUE JAMAIS, PLUS QUE JAMAIS : *Domus celebratur ita,* ut quum maxime, Cic. (ma maison est *aussi* fréquentée *que jamais*), *ita celebratur, ut quum maxime* celebrata est.

On peut omettre *ut* et son antécédent *ita,* et *quum maxime* gardera le même sens : *Omnia quæ captæ urbes patiuntur, passi sumus et* quum maxime *patimur,* T. Liv. (nous avons souffert tous les malheurs d'une ville prise, et nous les souffrons plus que jamais); *et patimur* ita, ut pati quispiam potest, *quum maxime* patitur autant qu'on peut les souffrir lorsqu'on les souffre le plus) [1].

§ 271. *Superlatif avec* quisque, quæque, quidque.

1. Il faut remarquer encore les locutions suivantes : *Doctissimus quisque,* (les hommes les plus savants, tout ce qu'il y a de savants); *Optimus quisque,* (les plus honnêtes gens, tous les honnêtes gens); *Pecunia semper ab amplissimo quōque clarissimoque contempta est,* Cic. (l'argent fut toujours méprisé par les hommes les plus éminents et les plus illustres). *Quisque* annonce que la proposition s'applique *à chacun* de ceux qui possèdent la qualité exprimée par le superlatif, et que par conséquent elle s'applique *à tous.*

2. Une seule proposition contient souvent deux superlatifs opposés l'un à l'autre : *Optimum quidque rarissimum est,* Cic. (les meilleures choses sont toujours les plus rares); *Maximæ cuique fortunæ minime credendum est,* T. Liv. (c'est à la fortune *la plus prospère* qu'il faut *le moins* se fier).

3. Enfin les deux superlatifs opposés peuvent être répartis dans deux propositions, dont la première commencera par *ut,* la seconde par *ita :* Ut *quidque optimum est,* ita *est rarissimum,* mot à mot : selon que (*ita.... ut*) chaque chose est la meilleure, elle est la plus rare.

Cette tournure rend élégamment le français PLUS répété;

---

[1] Dans les écrivains postérieurs à Cicéron, *quum maxime* ne veut quelquefois dire que *maintenant, précisément alors :* Florus, IV, 1, *Lentulus. quum maxime prætor* (Lentulus, qui justement alors était préteur).

14. Burn. *Gr. Lat.* N

dans les phrases qui expriment une pensée générale, PLUS ON, PLUS UNE CHOSE : *Ut quisque est vir optimus, ita difficillime esse alios improbos suspicatur,* (*plus on* est homme de bien, *plus on* soupçonne difficilement les autres de ne l'être pas).

REM. Nous avons vu, § 259, que le même gallicisme se rend aussi par *quo.... eo* avec le comparatif. Le comparatif convient quand le sujet est déterminé (*quo doctior* Titus, *eo modestior est*), le superlatif quand le sujet est indéterminé (*ut quisque doctissimus, ita modestissimus est*). Au reste, PLUS ON peut également se traduire par *quo quis* avec le comparatif : *quo quis doctior, eo modestior est.*

DES NOMS DE NOMBRE.

Nous avons donné, §§ 140-144, les principales règles des noms de nombre. Il suffira d'ajouter ici quelques observations.

§ 272.　　　　　　　Mille. Millia.

1. Nous avons dit, § 140, Rem. 5, que *mille*, comme substantif, répondait au français UN MILLIER. En ce sens, le verbe dont il est le sujet peut se mettre au singulier : *Hoc in fundo* mille hominum *facile versabatur valentium,* Cic. (il se trouvait bien sur ce terrain *un millier* d'hommes robustes). Du reste, *mille* est beaucoup plus souvent employé comme adjectif : *mille homines ;* et, même en le prenant substantivement, on le construira toujours bien avec le pluriel en qualité de nom collectif : *ut mille hominum descenderent,* Cic. *Rep.* VI, 2, 8.

2. Quant à *millia*, il est toujours substantif, et par conséquent il faut dire *duo millia, duobus millibus, centum millia, centum millibus,* ou encore *bina millia, centena millia.*

Si *millia* n'est pas suivi d'un autre nombre, on met au génitif le nom des objets comptés : *duo millia peditum* [1]. Mais s'il est suivi d'un nombre plus petit, l'accord se fait avec ce dernier : *duo millia et trecenti pedites.*

3. Les poëtes expriment aussi DEUX MILLE, TROIS MILLE par *bis mille, ter mille,* etc., en considérant toujours *mille* comme un adjectif indéclinable.

4. Les règles des nombres distributifs ont été exposées § 143.

---

[1] L'exemple de Virgile, *Tot millia gentes arma ferunt italæ*, doit s'expliquer par l'apposition (*tot millia,* quæ sunt *gentes italæ*). Il en est de même de quelques passages de César, *B. C.* II, 18 ; III, 4, etc.

§ 273.   *Nombres employés dans un sens indéterminé.*

En latin comme en français, on emploie quelquefois un nombre déterminé pour un nombre indéterminé : *Te tribus verbis volo* (sc. *alloqui*), Plaut.—Sexcenta *licet ejusmodi proferri*, Cic.—*Plus millies audivi*, Tér. En français nous dirions, Je veux te dire *deux* mots.—On citerait *des milliers* d'exemples de cette espèce. —J'ai entendu cela plus de *mille* fois.

§ 274.   *Nombres cardinaux en français, ordinaux en latin.*

Nous disons en français Louis Quatorze ; il faut tourner en latin, Louis le quatorzième, *Ludovicus quartus decimus.*

Nous disons L'an dix-huit cent quarante et un ; il faut dire en latin, par les nombres ordinaux, *Annus millesimus octingentesimus quadragesimus primus.* L'an deux mille, *Annus bis millesimus.*

Il en est de même des jours et des heures : Le quatre janvier, *Dies quartus mensis januarii.* Il est six heures, *Sexta hora est.* Quelle heure est-il ? *Quŏta hora est ?* (Sur le sens de *quotus*, voyez § 141.)

DES ADJECTIFS DÉMONSTRATIFS.

---

§ 275.   Hic. Ille.

D'après ce qui a été dit § 29, ces démonstratifs ne s'emploient pas indistinctement. *Hic* désigne les objets rapprochés de celui qui parle, soit par le lieu, soit par le temps, soit par la pensée. *Ille* est opposé à *hic* et désigne les objets éloignés.

Quelquefois *hic* et *ille* ne servent qu'à déterminer davantage les mots qu'ils accompagnent : *Catulus non antiquo* illo *more, sed* hoc *nostro fuit eruditus,* Cic. (Catulus était savant, non à la manière des anciens, mais à la nôtre).

Souvent ils répondent au français CELUI-CI.... CELUI-LA ; L'UN .... L'AUTRE ; LE PREMIER.... LE SECOND ; l'usage le plus général est alors de représenter le premier substantif par *ille,* le dernier par *hic* : *Ignavia corpus hebetat, labor firmat;* illa *maturam senectutem,* hic *longam adolescentiam reddit,* Cels. (la paresse affaiblit le corps, le travail le fortifie; *celle-là* avance la vieillesse, *celui-ci* prolonge la jeunesse).

§ 276.   Iste *comparé à* Hic *et à* Ille.

Dans son acception primitive, *iste* signifie « celui qui est près *de vous,* » comme *hic* signifie « celui qui est près de moi, » et *ille* « celui qui en est loin. »

En parlant aux juges, l'avocat désignera donc son client par *hic* (celui pour lequel je parle), son adversaire par *iste* (celui qui est devant vous), et toutes les autres personnes par *illi.*

De l'idée d'adversaire, on passe facilement à celle du mépris; de là vient qu'*iste* est souvent pris en mauvaise part : *Ubi sunt isti, qui iracundiam utilem dicunt?* Cic. (où sont *ces gens* qui disent que la colère est utile?)

Mais il peut aussi, comme exprimant un simple rapport à la seconde personne, être pris en bonne part : *Homines sapientes et* istā *auctoritate præditi, quā vos estis,* Cic. (des hommes sages, et d'une autorité aussi grande que la vôtre).

§ 277.   Ipse.

1. Le nominatif *ipse* se joint élégamment aux cas indirects des pronoms personnels (*mihi ipse, me ipse,* etc.), lorsqu'on veut attirer l'attention sur le sujet du verbe et le présenter comme agissant : *Non egeo medicinā;* me ipse *consolor,* Cic. (je n'ai pas besoin de consolations étrangères; je me console moi-même), c'est-à-dire je suis *moi-même* mon consolateur. — *Avarus* sibi ipse *nocet,* (l'avare se nuit à lui-même); c'est *lui-même* qui est l'auteur de son mal.

2. Mais si l'on veut montrer le sujet comme recevant l'action, *ipse* pourra s'accorder avec le pronom : *Pompeium omnibus, Lentulum* mihi ipsi *antepono,* Cic. (je préfère Pompée à tous les hommes, Lentulus à moi-même).

RÈM. On dira pareillement, *Multi sunt qui* alios, *nemo qui* se ipsum *oderit,* où *se ipsum* est opposé à *alios,* comme *mihi ipsi* l'est à *omnibus.* Mais si l'opposition disparaît, *ipse* sera préférable : *Nemo est qui* ipse se *oderit,* Cic. (il n'est personne qui se haïsse soi-même).

§ 278.   Is, ea, id.

Ce démonstratif est celui qui répond le plus directement au français IL, ELLE, LE, LA, et qui par conséquent sert le plus souvent de pronom de la troisième personne : *Servus meus aufugit;* is *est in tuā provinciā,* Cic. (mon esclave s'est enfui; *il* est dans votre province).

§ 279.   Is.... qui, is sum qui, *avec le subjonctif.*

Is produit quelquefois l'effet de notre article indéfini UN suivi de QUI relatif, comme dans cette phrase : « Vous avez *un* consul *qui* ne craindra pas d'exécuter vos décrets, » *Habetis eum consulem,* qui *vestris decretis parēre non dubitet,* Cic. Les mots *eum consulem qui...* signifient *un consul tel, que...;* voilà pourquoi le second verbe est au subjonctif.

En ce sens, *is, ea, id,* suivi de *qui* ou de *ut,* rend fort bien les gallicismes ÊTRE HOMME A, ÊTRE CAPABLE DE : *Non te puto eum esse,* qui *Jovi fulmen fabricatos esse Cyclopas in Ætna putes,* Cic. (je ne vous crois pas *homme à* penser, *capable de* penser que les Cyclopes aient fabriqué la foudre pour Jupiter dans les cavernes de l'Etna) = je ne vous crois pas *tel, que* vous puissiez penser. —*Non is sum,* ut *mea me maxime delectent,* Cic. (je ne suis pas *homme à* me complaire exclusivement dans mes propres idées) = *tel, que* je me complaise....

§ 280.　　　　　Is sum qui, *avec l'indicatif.*

Lorsque TEL QUE signifie *celui que, le même que, ce que* il peut également se rendre par *is... qui,* mais alors on met le second verbe à l'indicatif : « Je suis *tel* maintenant *que* je fus toujours (je suis *le même,* je suis *ce que* je fus toujours), » Is *nunc ego sum,* qui *semper fui.* — « Je suis *tel* envers lui, *que* vous voulez que je sois (je suis *celui,* je suis *ce que* vous voulez que je sois), » *Ego is in illum sum,* quem *tu me esse vis,* Cic.

NOTA. TEL QUE se rend aussi par *talis.... qualis;* cf. § 236.

§ 281.　　　　　Idem, eadem, idem.

1. Le QUE français après LE MÊME, LA MÊME, se rend par *qui, quæ, quod :* « La règle de l'utile est *la même que* celle de l'honnête, » Eadem *utilitatis,* quæ *honestatis est regula,* Cic. — « Les esclaves avaient *les mêmes* mœurs *que* le maître, » *Servi* iisdem *moribus erant,* quibus *dominus* (sc. erat.)[1].

2. On peut remplacer *qui* par *et, ac* ou *atque : Virtus* eadem *in homine* ac *Deo est,* Cic. (la vertu est de *la même* nature dans l'homme *que* dans Dieu = dans l'homme *et* dans Dieu).

§ 282.　　　　　Ea demum amicitia est.

Hic, ille, iste, is, idem, employés comme sujet au nominatif ou à l'accusatif, s'accordent toujours en genre et en nombre avec le substantif qui leur sert d'attribut. En français, ces mots se rendent par CE, CE QUI, CE QUE, CE A QUOI, VOILA :

---

[1] Sur l'emploi de l'ablatif pour exprimer une qualité, voy. § 334.

Idem velle atque idem nolle, ea demum firma amicitia est, Sall. (vouloir les mêmes biens, repousser les mêmes maux, *voilà ce qui* fait la solide amitié).

Animi est ista *mollities, inopiam paulisper ferre non posse,* Cés. (*c'est une* faiblesse d'âme; *de* ne pouvoir supporter un instant les privations).

Euphrates philosophus affirmat esse hanc *philosophiæ partem, agere negotium publicum,* Plin. *Ep.* I, 10 (le philosophe Euphratès affirme que *c'est une* partie de la philosophie, *que de* consacrer ses soins aux affaires publiques).

Puto esse hanc *necessitudinem, cui nullā vi resisti potest,* Cic. *de Inv.* II, 57, (j'appelle nécessité *ce à quoi* nulle force ne peut mettre obstacle).

Quæ pertinacia quibusdam, eadem *aliis constantia videri potest,* Cic. (*ce qui* est de l'opiniâtreté pour quelques-uns, peut être de la constance pour d'autres).

§ 283.   Celui, celle, *non rendus en latin.*

CELUI, CELLE, etc., suivis de la préposition DE, ne se rendent jamais en latin. On sous-entend le nom que ces mots représentent, toutes les fois qu'il n'en résulte pas d'obscurité : *Animi* lineamenta *sunt pulchriora quam corporis,* Cic. (les traits de l'âme sont plus beaux que *ceux* du corps); *quam* lineamenta *corporis* [1].

On le répète si la clarté l'exige : *Nulla est* celeritas, *quæ possit cum animi* celeritate *contendere,* Cic. (il n'y a pas de vitesse qui puisse lutter avec *celle* de la pensée).

DE L'ADJECTIF INTERROGATIF.

§ 284.   Quis, qui? Quid, quod?

1. Nous avons remarqué, § 33, que le neutre *quid* est toujours substantif, et *quod* toujours adjectif :

Quid faciet is homo in tenebris, qui nihil timet nisi testem et judicem? Cic. (*que* fera dans les ténèbres l'homme qui ne craint rien, si ce n'est un témoin et un juge)?

Quod genus belli esse potest, in quo Pompeium non exercuerit fortuna reipublicæ? Cic. (*quel genre* de guerre peut-il y avoir, dans lequel la fortune de la république n'ait exercé les talents de Pompée)?

---

1 Voyez deux exemples pareils, § 248, R. 1, et § 281.

2. Le masculin a aussi deux formes, *quis* et *qui*, dont l'exemple suivant fera sentir la différence : Quis *est herus tuus?* (quel est ton maître? = comment se nomme-t-il?) — Qui *est herus tuus?* (quel homme, quelle espèce d'homme est ton maître?)

Quis interroge donc sur le nom, *Qui* sur la qualité :

Quis *sim*[1], *ex eo quem ad te misi, cognosces,* Sall. (celui que je t'envoie t'apprendra *qui* je suis = quel est mon nom).

Tu te collige, et qui *sis considera,* Cic. (rentrez en vous-même, et considérez *qui* vous êtes = quel homme vous êtes).

L'un et l'autre peuvent se joindre à des substantifs : Quis *eques romanus,* quis *adolescens nobilis in clivo Capitolino non* fuit? Cic. *Phil.* II, 7, (*quel* chevalier romain, *quel* jeune homme noble ne se trouva pas sur la montée du Capitole? = *nommez-moi* celui qui ne s'y trouva pas).

O qui *pennarum, corve, tuarum est nitor!* Ph. (*quel* est, ô corbeau, l'éclat de ton plumage! = combien grand est cet éclat![2]) Dans le sens admiratif, on se sert toujours de *qui*.

§ 285.   Uter, utra, utrum.

1. On emploie *uter* au lieu de *quis*, lorsqu'il ne s'agit que de deux personnes ou de deux choses : *Uter nostrum popularis est? tune, an ego?* Cic. (lequel de nous deux est ami du peuple? est-ce vous, ou moi?) cf. § 468.

2. D'après ce principe, *uter* se joint au comparatif, *quis* au superlatif : *Quæritur, ex duobus* uter *dignior sit, ex pluribus* quis *dignissimus,* Quintil. (entre deux personnes, on demande quelle est la plus digne des deux; entre plusieurs, quelle est la plus digne de toutes).

3. L'AUTRE après LEQUEL DES DEUX se rend par *uter,* qui se trouve ainsi employé, dans la même proposition, à deux cas différents : *Quærere debetis,* uter utri *insidias fecerit,* Cic. (vous devez rechercher *lequel des deux* a dressé des embûches à *l'autre*).

4. *Uter* signifie quelquefois CELUI DES DEUX QUI, et alors il est relatif, comme *qui, quæ, quod : Vobis bellum et pacem portamus;* utrum *placet, sumite,* T. Liv. (nous vous apportons la paix et la guerre; prenez *celle des deux qu'*il vous plaira); *sumite* id, utrum *sumere vobis placet.*

---

1 Sur l'emploi du subjonctif dans les interrogations indirectes, cf. § 472.

2 La différence est la même entre *ecquis* et *ecqui,* qu'entre *quis* et *qui*; cf. § 466.

DE QUELQUES ADJECTIFS DÉTERMINATIFS (§ 31).

§ 286.   *Alius, alia, aliud.*

1. Le QUE français après AUTRE, s'exprime par *ac, atque* ou *et* : *Aliæ sunt legati partes,* atque *imperatoris,* Cés. (le rôle d'un lieutenant *et* celui d'un général sont différents = le rôle d'un lieutenant est *autre que* celui d'un général).

Lux longe alia *est solis* et *lychnorum,* Cic. (la lumière du soleil est tout *autre que* celle des flambeaux).

Non alius *essem,* atque *nunc sum,* Cic. (je ne serais pas *autre que* je suis maintenant).

2. *Non aliud, nihil aliud, quid aliud?* se construisent avec *quam* ou *nisi* : Non aliud *Eumeni defuit,* quam *generosa stirps,* C. N. (il ne manqua rien *autre chose* à Eumène *qu'une* bonne naissance). — *Discere* nihil aliud *est,* nisi *recordari,* Cic. (apprendre n'est *autre chose que* se souvenir)[1].

§ 287.   Alius *répété.*

1. Souvent *alius* est répété dans deux ou plusieurs propositions :

Divitias alii *præponunt,* alii *potentiam,* alii *honores,* (*les uns* préfèrent les richesses, *les autres* le pouvoir, *d'autres* les honneurs).

Aliă sentit, aliă *loquitur,* Cic. (il pense *une chose,* il en dit *une autre* = il parle *autrement qu'il* ne pense).

Aliud est maledicere, aliud *accusare,* Cic. (*autre chose* est de médire, *autre chose* d'accuser).

D'après ce dernier exemple, le proverbe français « Promettre et tenir sont deux, » ou « Promettre est *un* et tenir est *un autre,* » se rendra ainsi : *Aliud est polliceri, aliud præstare.*

2. Une même proposition peut renfermer deux cas d'*alius,* opposés l'un à l'autre : *Alius alio more vivebat,* (l'un vivait d'une manière, l'autre d'une autre = chacun vivait à sa manière).

Aliud aliis videtur optimum, Cic. (une chose paraît la meilleure *à ceux-ci,* une autre chose *à ceux-là* = chacun se fait de la perfection une idée différente).

---

[1] En général, *quam* ne s'emploie bien que lorsque *alius* est accompagné d'une négation ou d'une interrogation. C'est seulement après le siècle d'Auguste qu'on le trouve à la suite de propositions affirmatives.

Alii alios juvare debemus, (nous devons nous aider *les uns les autres* = nous aider *mutuellement* = nous entr'-aider).

3. Tout ce que nous avons dit d'*alius,* s'applique aux ad-verbes qui en dérivent : *Aliter cum tyranno, aliter cum amico vivitur,* Cic. (on vit *autrement* avec un tyran *qu'avec* un ami). — *Alii alio dilapsi sunt,* (ils se dispersèrent l'un d'un côté, l'autre d'un autre = chacun de son côté).

§ 288.   Alter, altera, alterum.

L'UN, L'AUTRE, quand il ne s'agit que de deux, s'expriment par *alter* répété : Álterā *manu fert lapidem, panem ostentat* alterā, Plaut. (*d'une* main, il tient une pierre, *de l'autre* il montre du pain).

Noxii ambo alter in alterum *causam conferunt,* T. Liv. (coupables tous deux, ils rejettent l'accusation l'un sur l'autre).

Au lieu d'*alter* répété, on trouve aussi *unus*.... *alter : Her-cules duas cernebat vias,* unam *voluptatis,* alteram *virtutis,* Cic. (Hercule voyait deux chemins ; *l'un* était celui de la vo-lupté, *l'autre* celui de la vertu).

§ 289.   Uterque. Neuter. Alteruter.

1. L'UN ET L'AUTRE, CHACUN DES DEUX, TOUS DEUX, se rendent par *uterque : Uterque virtute regnum adeptus est,* C. N. (*l'un et l'autre* parvinrent à la royauté par leur mérite). Le singulier suffit, comme on voit, pour désigner deux per-sonnes ou deux choses.

On emploie le pluriel lorsqu'il s'agit de deux partis, de deux peuples, de deux classes d'individus : *Utrique victoriam cru-deliter exercebant,* Sall. (les deux partis [celui du peuple et celui des grands] usaient cruellement de la victoire).

On l'emploie même pour désigner deux objets qui vont en-semble, qui forment un couple, une paire : *Binos habebam scyphos ; jubeo promi* utrosque, Cic. (j'avais deux coupes ; je les fais apporter *l'une et l'autre*) *; binos,* au lieu de *duo,* indique que ces deux vases formaient une paire et ne se séparaient pas.

2. *Uterque* et *alter* peuvent se correspondre dans la même proposition : *Utrique alteris freti,* Sall. (les deux peuples, soutenus *l'un par l'autre* = chacun des deux s'appuyant sur l'autre).

§ 290. 1. *Neuter* (ni l'un ni l'autre, aucun des deux) a également *alter* pour corrélatif : *Quum æquali curā linguam utramque tueri cœperimus*, neutra alteri *officiet*, Quintil. I, 1, (lorsque nous ferons marcher de pair la culture des deux langues, elles ne se nuiront pas *l'une à l'autre*).

2. *Alteruter* (l'un ou l'autre, l'un des deux) : *Necesse est alterutrum vincere*, Cic. (il faut nécessairement que l'un ou l'autre soit vainqueur).

Il peut, comme *uterque* et *neuter*, s'opposer à *alter* : *Ne alteruter alterum præoccuparet*, C. N. (de peur que l'un des deux ne prévînt l'autre).

Rem. Lorsqu'on parle d'objets qui sont toujours au nombre de deux et ne peuvent pas dépasser ce nombre, *alter* suffit pour signifier l'un des deux : *Alter consulum triumphavit*, T. Liv. (l'un des deux consuls reçut les honneurs du triomphe). *Altera manuum* (l'une des deux mains). *Altero oculo carere*, Plin. (être privé *d'un* œil).

§ 291.   Quis (*indéfini*). Aliquis.

Ainsi que nous l'avons annoncé, § 34, II, on emploie *quis* au lieu d'*aliquis* après les conjonctions *si, nisi, ne, quum,* après le relatif *qui, quæ, quod,* et après les adverbes conjonctifs *quo, quanto, ubi, unde, quomodo,* etc. :

Si quis [1] *rex, si quă civitas exterarum gentium, si quă natio fecisset aliquid in ciyem romanum ejusmodi, nonne publice vindicaremus?* Cic. (si un roi, si une cité étrangère, si quelque nation avait commis un pareil attentat contre un citoyen romain, la république n'en tirerait-elle pas vengeance)?

In Gallia, si quod *est admissum facinus, Druides decernunt*, Cés. (en Gaule, si quelque crime a été commis, le jugement appartient aux Druides).

Si quid *in te peccavi, ignosce*, Cic. (si j'ai eu quelque tort envers vous, pardonnez-le-moi).

---

[1] L'édition d'Orelli porte *si qui rex*. *Quis* et *aliquis* ont un double nominatif, suivant qu'ils sont pris substantivement ou adjectivement, ou plutôt, suivant qu'ils désignent un objet en lui-même, ou avec quelque rapport à ses qualités :

	SINGULIER.			PLURIEL.		
Substantivement.	Quĭs,	quæ,	quĭd.	Qui,	quæ,	quæ.
Adjectivement.	quī,	quă,	quŏd,	quī,	quæ,	quă.
Substantivement.	Aliquĭs,	——	aliquĭd.	aliquī,	aliquæ,	aliquă.
Adjectivement.	aliquī,	aliquă,	aliquŏd,			

L'usage apprendra à distinguer ces nuances, un peu délicates pour des commençants, et qui d'ailleurs ne sont pas très-rigoureusement observées, si ce n'est dans *quid* et *aliquid*, qui ne sont jamais que substantifs, et dans *quod* et *aliquod*, qui sont toujours adjectifs. *Quæ* est fort rare au pluriel neutre.

Num quis *irascitur pueris*, Sén. (se met-on en colère contre les enfants?)

Rem. 1. On emploie cependant la forme composée *aliquis*, lorsqu'on veut attirer l'attention sur l'idée qu'elle exprime, *Timebat omnia Pompeius, ne aliquid vos timeretis*, Cic. (Pompée craignait *tout*, afin que vous n'eussiez pas à craindre *quelque chose* = afin que vous - mêmes *n'eussiez rien* à craindre); *ne quid* ne marquerait pas assez fortement l'opposition.

2. *Si quando, nē quando, sicubi, nēcubi*, tiennent lieu de *si—, ne aliquando, si—, ne alicubi*, comme *si quis* de *si aliquis*, etc.

§ 292.   Quisquis. Quicunque.

Quisquis et *quicunque* sont toujours relatifs, comme *qui, quæ, quod*, et signifient QUICONQUE, TOUT HOMME QUI..., et non pas seulement TOUT HOMME : *Quisquis hoc facit, recte facit* (quiconque fait cela, tout homme qui fait cela, fait bien); antécédent sous-entendu, *is*.

Lentulus, quidquid *habuit, illud totum habuit ex disciplina*, Cic. (tout ce que Lentulus eut de talent, il le dut aux leçons des maîtres); antécédent exprimé, *totum illud*.

Non omnia quæcunque *loquimur ad artem sunt revocanda*, Cic. (toutes le paroles que nous disons ne doivent pas être ramenées à des règles).

Lorsque le verbe auquel se rapporte *quicunque* est sous-entendu, l'analyse doit le rétablir : *Quæ sanari poterunt, quācunque ratione sanabo*, Cic. (les maux qui pourront être guéris, je les guérirai à tout prix); *quācunque* potero *ratione*[1].

Rem. Les relatifs français QUI et QUICONQUE, précédés d'une préposition comme dans cette phrase, « La vie est dure *à quiconque* est esclave de l'avarice, » n'en sont pas moins sujets du verbe qui les suit : *à quiconque* veut dire *à celui, quel qu'il soit, qui ; à tout homme qui*. L'antécédent est donc sous-entendu; il peut aussi l'être en latin : *Miseranda est vita, qui se metui quam amari malunt*, C. N., X, 9 (la vie est malheureuse *pour qui* aimé mieux, *pour quiconque* aime mieux être craint que

---

1 Ce n'est qu'après le siècle d'Auguste que l'on trouve *quicunque* employé en prose pour *quivis, quilibet, omnis*, comme dans cet exemple de Quintil., I, 10, 35 : *Numerorum notitia* cuicunque *erudito necessaria est* (la connaissance de l'arithmétique est nécessaire à *tout homme instruit*).

d'être aimé); *eis qui malunt*. Du reste, cette ellipse de l'antécédent est rare, lorsqu'il doit être, comme ici, à un autre cas que le relatif.

DES PRONOMS PERSONNELS.

§ 293. Il ne faut pas confondre les génitifs *mei, tui, sui*, avec les adjectifs possessifs *meus, tuus, suus*. Ainsi *pars mea* signifie « ma part, la portion qui m'appartient, » et *pars mei*, « une partie de moi-même, une des parties dont je suis composé. »

Animus pars mei est, Sén. (mon âme est une partie de moi-même).

Pars tui *melior immortalis est*, Sén. (la meilleure partie de toi-même est immortelle).

Virtus pretium sui *est*, Sén. (la vertu est la récompense d'elle-même = le prix de la vertu, c'est elle-même).

§ 294.   Nostri, vestri. Nostrum, vestrum.

Nous avons remarqué, § 35 et § 146,4, que les génitifs *nostri, vestri*, se prenaient dans le sens collectif, *nostrum, vestrum*, dans le sens partitif.

Sens collectif. Nostri *melior pars animus est*, Sén. (l'âme est la meilleure partie de nous-mêmes). — *Memoriam* nostri *quam maxime longam efficere*, Sall. (laisser de nous le plus long souvenir). — *Habetis ducem memorem* vestri, *oblitum* sui, Cic. (vous avez un chef qui se souvient de vous, et qui s'oublie lui-même).

Dans ces exemples, *nostri* comprend la totalité des hommes, *vestri*, celle des sénateurs, sans acception des individus.

Sens partitif. *Patria communis est* omnium nostrum *parens*, Cic. (la patrie est notre mère commune à tous). —*Nemo* nostrum *idem est in senectute, qui fuit juvenis*, Sén. (aucun de nous n'est le même dans la vieillesse, qu'il fut étant jeune). —*Minus habeo virium, quam* vestrum *utervis*, Cic. (j'ai moins de forces qu'aucun de vous deux).

Dans ces exemples, on considère moins le tout que ses parties, l'ensemble que les individus. Par la même raison, il faudra dire, *Quis vestrum?* et non *quis vestri?* de plus *unusquisque, uterque, aliquis, quisquam nostrum*, etc.

PRONOM RÉFLÉCHI DE LA TROISIÈME PERSONNE.

§ 295.　　　　　　　　Se, soi, soi-même.

On n'exprime pas en latin le pronom SE, 1° quand il appartient à un verbe pronominal, comme « il se tait, il se plaint, il se promène, il se hâte, » *Tacet, queritur, ambulat, festinat;* 2° quand il ne fait que donner au verbe le sens passif, § 68 : « Les histoires ne se liront plus, » *Jam non legentur annales.* — « Le brave ne s'émeut pas à la vue du danger, » *Vir fortis periculo non movetur.*

Dans toute autre circonstance, SE, SOI, se rendent par *sui, sibi, se :* « Tout être vivant fait en sorte de *se* conserver, » *Omne animal id agit, ut se conservet,* Cic. — « L'honnête homme n'ôtera rien à personne pour *se* l'approprier, » *Vir bonus nihil cuiquam, quod in se transferat, detrahet,* Cic. — « Tout le monde hait celui qui n'aime que *soi,* » *Omnes eum oderunt, qui se unum diligit.* — « L'empire le plus glorieux est celui qu'on exerce sur *soi-même,* » *Imperare* sibi *maximum imperium est,* Sén. Voyez d'autres exemples à l'article d'*ipse,* § 277.

§ 296.　　Il, elle, lui, etc., *employés dans le sens réfléchi.*

Les pronoms IL, ELLE, LE, LA, LUI, LEUR, se rendent également par *sui, sibi, se,*

1° Lorsqu'ils sont dans la même proposition que le terme qu'ils représentent : « César appelle Labiénus auprès de *lui* (auprès de César), » *Cæsar Labienum ad se vocat.* — « La justice doit être pratiquée pour *elle-même* (pour la justice), » *Justitia propter sese colenda est,* Cic. — « La raison et la parole unissent les hommes entre *eux,* » *Ratio et oratio conciliant inter se homines,* Cic.

2°. Lorsque, dans une proposition subordonnée complétive, ils représentent le sujet de la proposition principale :

« Arioviste répondit à César, qu'*il* (lui Arioviste) était venu dans la Gaule avant le peuple romain, » *Ariovistus Cæsari respondit se prius in Galliam venisse, quam populum romanum,* Cés.

« Sylla voulut qu'on *le* brûlât après sa mort (lui Sylla), » *Sylla se cremari post mortem voluit,* Sén.

« Les Allobroges priaient Umbrénus d'avoir pitié *d'eux* (des Allobroges), » *Allobroges Umbrenum orabant, ut sui misereretur,* Sall.

« César m'engage à *lui* servir de lieutenant (à lui César), » *A Cæsare invitor ut sibi sim legatus,* Cic.

Rem. Le pronom *sui, sibi, se*, peut encore s'employer dans certaines propositions subordonnées qui ne sont pas complétives, pourvu qu'il y représente sans équivoque le sujet de la proposition principale :

Annibal Scipionem, eo ipso quod adversus se *dux lectus esset, præstantem virum credebat*, T. Liv. (Annibal regardait Scipion comme un homme supérieur, par cela même qu'il avait été choisi pour commander contre *lui*). Il est évident que *se* en latin, et LUI en français, représentent Annibal.

Themistocles domino navis quis sit aperit, multa pollicens si se *conservasset*, C. N. (Thémistocle découvre son nom au maître du navire, lui promettant, s'il *le* sauvait, de grandes récompenses). Ici encore, les pronoms *se* et LE ne peuvent se rapporter qu'à Thémistocle.

On remarquera de plus que, dans l'un et dans l'autre exemple, la proposition subordonnée exprime la pensée du sujet principal, et non celle de l'historien. C'est Annibal qui est censé dire pourquoi il estimait Scipion; c'est Thémistocle qui met une condition aux promesses qu'il fait. La proposition subordonnée est donc intimement liée à la principale, et cette liaison est marquée par le pronom réfléchi et par le subjonctif; elle est moins sensible en français, où l'on emploie LUI et LE, avec l'indicatif.

§ 297.   *Ipse employé pour éviter l'équivoque.*

L'emploi de *sui, sibi, se*, peut quelquefois donner lieu à des équivoques; ainsi *Caius Publium oravit ut sibi consuleret*, peut signifier également, « Caïus pria Publius de *le* ménager (lui Caïus), » ou de *se* ménager (lui Publius). Il faut dire, dans le premier sens : *Caius Publium oravit ut* ipsi *consuleret;* dans le second : *ut* ipse *sibi consuleret*.

Lorsqu'il y aura doute, on représentera donc le sujet de la proposition principale par les cas indirects d'*ipse : Jugurtha legatos ad consulem mittit, qui* ipsi *liberisque vitam peterent*, Sall. (Jugurtha envoie au consul des ambassadeurs, chargés de demander la vie pour *lui* et pour ses enfants); *ipsi* ne peut se rapporter qu'à Jugurtha; *sibi* aurait pu désigner également les ambassadeurs.

Quelquefois la suite des idées suffit pour lever l'équivoque. Lorsqu'on aura dit, par exemple, que César était menacé d'un grand danger aux ides de mars, la phrase, *Calpurnia uxor illum orabat ut* sibi *caveret*, signifiera nécessairement, « Calpurnie, sa femme, le priait de *se* tenir sur ses gardes (lui César), » parce que ce n'était pas Calpurnie qui était menacée.

Rem. Dans tous les cas dont les deux §§ précédents ne font point mention, IL, LE, LUI, LEUR, se rendent par *is*, *ea*, *id*, ou par un autre démonstratif :

Annibal quandiu in Italia fuit, nemo ei *in acie restitit*, C. N. (tant qu'Annibal fut en Italie, personne ne *lui* résista en bataille rangée); *ei* ne représente pas le sujet de la proposition principale, qui est *nemo*.

Ennius esse deos censet, sed eos *non curare opinatur quid agat humanum genus*, Cic. (Ennius reconnaît des dieux, mais il pense qu'*ils* ne s'occupent pas de ce que font les hommes); *eos* représente les dieux, et c'est Ennius qui est le sujet de *censet* et d'*opinatur*.

ADJECTIFS PRONOMINAUX POSSESSIFS.

§ 298.   Son, sa, ses, leur, leurs.

L'adjectif possessif *suus*, *sua*, *suum*, a le sens réfléchi comme *sui*, *sibi*, *se*, et il se règle d'après les mêmes principes. Il s'emploie donc pour rendre SON, SA, SES,

1° Lorsque l'objet possesseur et l'objet possédé sont dans la même proposition :

« Un chien vit *son* image dans le miroir des eaux, » *Canis lympharum in speculo vidit simulacrum suum*, Phèd. Objet possesseur, *canis*, sujet de *vidit*; objet possédé, *simulacrum*.

« J'écris à mon ami de vous confier *son* affaire, » *Scribo ad amicum*, *ut tibi negotium* suum *committat*, Cic. Objet possesseur, *is*, sous-entendu, sujet de *committat*; objet possédé, *negotium*.

2° Lorsque l'objet possesseur est sujet de la proposition principale, et que l'objet possédé se trouve dans une proposition subordonnée complétive :

« Les habitants de Colophon disent qu'Homère est *leur* compatriote; ceux de Smyrne soutiennent qu'il est *le leur*, » *Homerum Colophonii civem esse dicunt* suum; *Smyrnæi vero* suum *esse confirmant*, Cic.

« Pythius assembla chez lui les pêcheurs, et les pria de pêcher devant *ses* jardins, » *Pythius piscatores ad se convocavit*, *et ab iis petivit ut ante* suos *hortulos piscarentur*, Cic.

§ 299.   *Remarque sur la première règle.*

Dans les deux exemples cités sous le n° 1, l'objet possesseur est sujet de la proposition. Dans le suivant, où Cicéron dit, en parlant d'Annibal, *Hunc* sui *cives e civitate ejecerunt* (ses concitoyens le bannirent), *hunc,* qui représente Annibal, objet possesseur, n'est plus sujet, il est complément ; mais il se trouve dans la même proposition que *cives,* objet possédé, et cela suffit pour justifier l'emploi de *suus.* Cette tournure forme un latinisme très-usité :

Scipio suas *res Syracusanis restituit,* T. L. (Scipion rendit aux Syracusains *leurs* propriétés). — *Avidum sæpe* sua *deludit aviditas,* (l'homme avide est souvent dupe de son avidité). — *Sua militibus stipendia solvere,* (compter aux soldats leur paye).

Quand l'objet possesseur est désigné par un des cas de *quisque, suus* se place ordinairement avant ce mot : *Nocet sua cuique stultitia,* Sén. (chacun est victime de sa folie). — *Justitia suum cuique tribuit,* Cic. (la justice rend à chacun *le sien* = ce qui lui appartient.) — *Sui cuique mores fingunt fortunam,* C. N., et *Fortuna suis cuique fingitur moribus,* Cic. (les mœurs de chacun font sa destinée).

§ 300.   *Remarque sur la deuxième règle.*

Le réfléchi *suus* peut s'employer dans des propositions subordonnées, qui ne sont pas complétives, pourvu que l'objet possédé se rapporte sans équivoque au sujet de la proposition principale : *Fonteius, in periculis, eadem se solatia suis relinquere arbitrabatur, quæ* suus pater sibi *reliquisset,* Cic. (Fontéius, en bravant les dangers, croyait laisser aux siens les mêmes consolations que *son père lui* avait laissées).

On observera ici, comme au § 296, que la proposition subordonnée exprime la pensée du sujet principal, Fontéius, et non celle de Cicéron. Si ce dernier avait voulu raconter un fait en son propre nom, il aurait employé *ejus* avec l'indicatif, d'après la règle suivante, et il aurait dit : *Fonteius eadem solatia suis reliquit, quæ* pater ejus ipsi *reliquerat,* ou selon le § 299, *quæ* suus ei pater *reliquerat.*

§ 301.   Son, sa, ses, *dans un sens non réfléchi.*

Tiberius ejusque frater.

Son, sa, ses, leur, leurs, se tournent par de lui, d'elle, d'eux, d'elles, en latin *ejus, eorum, earum* (qqf. *illius* ou *istius*), lorsque l'objet possesseur et l'objet possédé appartiennent à deux propositions indépendantes l'une de l'autre : « Je connais Cicéron et j'admire son génie (le génie de lui), » *Novi Ciceronem, ejusque miror ingenium.*

REM. 1. Une phrase qui a deux sujets ou deux compléments unis par ET, peut toujours se ramener à deux propositions indépendantes :

« Tibérius Gracchus et son frère furent tués, (Tibérius fut tué, le frère *de lui* fut tué), » *Tiberius Gracchus ejusque frater occisi sunt.*

« On livra au supplice Lentulus et ses complices, » *Sumptum supplicium est de Lentulo et sociis* ejus, (*sumptum est de Lentulo, et* sumptum est *de sociis ejus*).

2. On emploie encore *ejus* dans certains cas où l'objet possesseur et l'objet possédé appartiennent à la même proposition, pourvu que ni l'un ni l'autre n'en soient le sujet, et qu'ils ne soient liés par aucune idée de réciprocité : -

Oratio principis *per quæstorem* ejus *audita est,* Tac. (le discours du prince fut lu par son questeur [1]). Le prince et son questeur sont ici considérés séparément : le discours du prince fut entendu, et ce fut le questeur du prince qui en donna lecture. La phrase équivaut donc réellement à deux propositions.

3. La possession est souvent exprimée en français par EN, qui représente DE LUI, D'ELLE, D'EUX : « J'ai vu le temple, et j'*en* ai admiré la grandeur, » *Templum vidi, et* ejus *magnitudinem miratus sum.*

§ 302. *Equivoques à éviter.*

1. L'emploi de *suus* peut quelquefois donner lieu à des équivoques. Pour les éviter, on se sert d'*ipsius, ipsorum* :

[*Cæsar milites suos interrogabat*] *cur de* suā *virtute, aut de* ipsius *diligentiā desperarent,* Cés. (César demandait à ses soldats pourquoi ils désespéraient de *leur* courage ou de *son* activité); *suā diligentiā* aurait pu se rapporter aux soldats, comme *sua virtute; ipsius* ne peut désigner que César.

Narbazanes et Bessus Artabazum orabant ut causam ipsorum *tueretur,* Q. Curce, (Narbazane et Bessus priaient Artabaze de défendre *leur* cause); *causam suam* aurait pu signifier la cause d'Artabaze.

---

1 Mot à mot : fut entendu par le moyen du questeur de lui.

15. Burn. *Gr. Lat.* O

2. Son, sa, ses, peuvent être obscurs en français comme *suus* en latin. Si je dis : « Milon rencontre Clodius devant *sa* terre, » on ne saura pas si c'est la terre de Clodius ou celle de Milon que je veux désigner. Comme il s'agit d'une terre de Clodius, il faut dire : « devant la terre de celui-ci, » et en latin, *Milo fit obviam Clodio ante fundum ejus,* Cic. Remarquons *ejus,* et non *ipsius,* qui rappellerait l'idée de Milon, ni *suum,* qui pourrait s'appliquer à l'un aussi bien qu'à l'autre. Avec un sujet de la première ou de la seconde personne, comme l'erreur serait impossible, on dirait indistinctement, *fuimus, fuistis obviam Clodio ante fundum suum, ejus* ou *ipsius.*

§ 303. *Observation générale sur les adjectifs possessifs des trois personnes.*

Mon, ton, son, ne s'expriment pas en latin, lorsque le sens permet de les suppléer sans équivoque : *In eloquentiæ studio ætatem consumpsi,* Cic. (j'ai passé *ma* vie dans l'étude de l'éloquence).—*Pater dedit filio vitam perituram,* Sén. (le père a donné à *son* fils une existence qui doit finir).—*Pœnam semper ante oculos versari putant, qui peccarunt,* Cic. (ceux qui ont fait le mal croient toujours que le châtiment est devant *leurs* yeux = les coupables ont toujours le châtiment devant *les* yeux).

USAGES PARTICULIERS DES CAS.

§ 304.   DU VOCATIF.

Le vocatif, comme son nom l'indique, sert pour appeler quelqu'un, pour lui adresser la parole. Souvent il ne fait pas partie de la proposition : *Quanquam, o dii boni! quid est in hominis vita diu?* Cic. (du reste, bons dieux! qu'est-ce que longtemps dans la vie de l'homme?) *Quid* est le sujet, *diu* l'attribut; le vocatif, *dii boni,* n'appartient ni à l'un ni à l'autre.

Cependant, avec un verbe à la seconde personne, il peut être regardé comme le sujet de ce verbe, à moins qu'on n'aime mieux sous-entendre *tu : Urbem, mi Rufe, cole,* Cic. (habitez la ville, mon cher Rufus).

Quelquefois il forme une proposition à lui seul : *Salve, primus omnium parens patriæ appellate!* Plin. (je te salue, ô toi qui le premier fus nommé père de la patrie)! *Appellate* équivaut à *qui appellatus es;* voilà pourquoi *primus*, apposition de l'attribut, est au nominatif.

Le vocatif est rarement le premier mot d'une phrase.

§ 305.   DU GÉNITIF.

D'après ce que nous avons dit § 199, le génitif sert à déterminer et à compléter le sens du nom substantif auquel il se rapporte [1]. Le génitif suppose donc en général un substantif qui le régisse et dont il soit le complément. Lorsque ce substantif n'est pas exprimé, il est sous-entendu, ou renfermé implicitement dans un autre mot.

§ 306.   *Génitif exprimant la possession.*

L'idée de possession, de propriété, d'appartenance, est souvent exprimée en latin par le verbe *esse*, construit avec un génitif qui sert d'attribut à la proposition. Ce cas est régi par l'idée elle-même d'appartenance, ou par le mot *res* sous-entendu : *Tota Syria Macedonum erat*, Q. C. (toute la Syrie appartenait aux Macédoniens); *res Macedonum.*

Divitias sine divitum esse; tu, virtutem præfer divitiis, Cic. (laisse aux riches leurs trésors; toi, préfère la vertu aux richesses); *rem divitum.*

Rem. Ce rapport est souvent marqué en français par ÊTRE A : *Omnia, præter Capitolium et arcem, hostium erant*, T. L. (tout, hormis le Capitole et la citadelle, *était aux* ennemis).

Au lieu du génitif des pronoms personnels, on emploie l'adjectif possessif : « Ce livre est à moi (est mien) » *Hic liber est meus.*

§ 307. A l'idée d'appartenance, se rattachent les manières de parler suivantes, où l'on peut sous-entendre *proprium :*

Cujusvis hominis est errare; nullius, nisi insipientis, in errore perseverare, Cic. (tout homme peut se tromper; il n'appartient qu'à l'insensé de persévérer dans son erreur); *cujusvis hominis proprium.*

In tranquillo tempestatem adversam optare dementis est, Cic. (c'est une folie, c'est *le propre* d'un fou, de désirer la tempête au milieu du calme).

Rem. 1. La locution française IL EST DE correspond exacte-

---

1 Il unit tellement ces deux termes, que leur ensemble ne forme plus qu'une seule idée, comme ferait un mot composé. Comparez *statio solis* et *solstitium, ruris colonus* et *ruricola, consultum senatūs*, et *senatusconsultum.*

ment à ce latinisme : « *Il est d'un* malhonnête homme de tromper par le mensonge, » *Improbi hominis est mendacio fallere*, Cic.

2. C'est a se rend également par *est* avec le génitif : « *C'est aux* consuls de veiller aux intérêts de l'État, » *Consulum est providere rei publicæ* (s. *munus* ou *officium*, qui se trouvent souvent exprimés).

Ici encore les adjectifs possessifs remplacent le génitif des pronoms, et, comme ils servent toujours d'attribut à un infinitif, on les met au neutre : *Tuum est, Cato, videre quid agatur*, Cic. (*c'est à vous*, Caton, de prendre garde à ce qui se fait). — *Non est nostrum æstimare quem supra ceteros extollas*, Tac. (*ce n'est pas à nous* d'examiner qui vous élevez au-dessus des autres). — *Sciat discipulus suum esse parēre magistro*, (que l'élève sache que c'est à lui d'obéir au maître).

Nota. *Suum* ne peut s'employer que dans une proposition infinitive; ailleurs il faudrait se servir d'*ejus*.

§ 308.   *Génitif exprimant la qualité des personnes.*

Le génitif détermine un substantif en y ajoutant l'idée d'une qualité : *Seneca, vir excellentis ingenii atque doctrinæ*, Col. (Sénèque, homme *d'un* esprit et *d'un* savoir très-distingués).

Lorsque ce génitif sert d'attribut au verbe *esse*, le substantif régissant est ordinairement sous-entendu : *Vir bonus summæ pietatis erga Deum est*, Sén. (l'honnête homme *est d'une* grande piété envers Dieu), *est vir summæ pietatis*.

Rem. 1. On voit par les exemples précédents que la conformité est parfaite entre les deux langues ; seulement le génitif latin a besoin d'être accompagné d'un adjectif, ce qui n'est pas nécessaire en français : *Volusenus, vir et consilii* magni *et virtutis*, Cés. (Volusénus, homme de tête et de courage). On remarquera de plus que le génitif de qualité détermine le substantif absolument comme ferait un adjectif; *vir ingeniosus, vir eximii ingenii*, et le français *un homme d'esprit*, sont trois expressions équivalentes.

2. La qualité des personnes peut être aussi déterminée par l'ablatif : *Aristoteles*, vir summo ingenio, *docere cæpit adolescentes prudentiam cum eloquentiā jungere*, Cic. (Aristote, homme d'un génie supérieur, entreprit d'enseigner aux jeunes gens à unir la sagesse avec l'éloquence). Cf. § 334.

§ 309.   *Génitif exprimant la qualité des choses.*

Les déterminations de mesure, de quantité, de poids, de forme, de valeur, enfin toutes celles qui marquent la qualité des choses, s'expriment par le génitif: *Navis inusitatæ magnitudinis* (un vaisseau d'une grandeur extraordinaire). *Classis septuaginta navium* (une flotte de soixante et dix vaisseaux). *Corona parvi ponderis* (une couronne d'un poids peu considérable). *Tridui via* (une route de trois journées). *Nubes ignei coloris* (des nuées d'une couleur de feu). *Vestis pretii majoris* (une étoffe d'un plus grand prix).

Génitif avec les verbes d'estime.

§ 310.   Æstimare, pendĕre, facĕre, ducĕre, *etc.*

Les génitifs suivants d'adjectifs neutres pris substantivement, expriment d'une manière générale l'estime que l'on a pour les personnes et le cas que l'on fait des choses : *magni, permagni, maximi* (beaucoup), *pluris* (plus), *plurimi* (le plus), *parvi* (peu), *minoris* (moins), *minimi* (très-peu, le moins), *quanti* (combien), *tanti* (tant), *tantidem* (autant), *tanti... quanti* (autant... que [1]).

Ces génitifs se joignent à l'actif et au passif des verbes *æstimare, pendĕre, facere* (apprécier), *ducere, putare, habere* (croire, juger, tenir pour, regarder comme). Ils sont régis par *res* sous-entendu, s'il s'agit des choses ; par *homo*, s'il s'agit des personnes :

Natura parvo esset contenta, nisi voluptatem tanti *æstimaretis*, Cic. (la nature serait contente de peu, si vous n'estimiez pas *tant* le plaisir), *rem tanti* [2].

Mortuus erat Hephæstio, quem unum Alexander plurimi *fecerat*, C. N. (la mort avait enlevé Héphestion, celui de tous qu'Alexandre avait le plus estimé), *quem fecerat hominem plurimi.*

Aliquid parvi *pendĕre* (faire peu de cas de quelque chose), *rem parvi.*

REM. 1. En français, *estimer quelqu'un* signifie avoir de la

---

1 On ne dit pas en ce sens *multi* ni *majoris ;* au moins les exemples eu sont extrêmement rares. Avec tous ces génitifs, on pourrait sous-entendre *pretii*, qui se trouve quelquefois exprimé.

2. On lit dans Cicéron, *in Verr. de Sign.* 7 : *Quid ? tu ista* permagno *æstimas ?* et *Parad.* VI, 3 : *Si prata et areas quasdam* magno *æstimant;* mais c'est dans le sens d'évaluer, mettre à prix ; cf. § 312, R. 2.

considération pour lui ; en latin, *æstimare* ne veut dire que *juger*, *apprécier*, soit en bien, soit en mal. Ce dernier mot ne suffit donc pas pour rendre le premier ; il faut absolument dire, *aliquem magni æstimare ; magni, maximi* ou *plurimi facere*.

2. Outre les génitifs neutres indiqués plus haut, on emploie familièrement et en mauvaise part ceux de quelques substantifs, comme *assis*, *flocci* [1], *nauci* [2], *pĭli* [3], *nihili* :

Ego, quæ tu loquĕre, flocci *non facio*, Plaut. (je ne tiens pas le moindre compte de ce que vous dites), *rem flocci*.

Aliquem nihili pendĕre (ne faire aucun cas d'une personne); *hominem nihili* (Varron), un homme de rien, un homme méprisable.

Génitif avec les verbes de prix et de valeur.

§ 311.   I. Esse, stare, constare (*valoir, coûter*).

Six des génitifs précités, savoir : *maximi, pluris, minoris, tanti, tantidem* et *quanti* (avec ses composés *quantivis* et *quanticunque*) servent d'attribut aux verbes *esse*, pris dans le sens de VALOIR, *stare* et *constare*, dans le sens de COUTER :

Mea mihi conscientia pluris est, *quam omnium sermo*, Cic. (ma conscience vaut plus pour moi que tous les discours des hommes); *res pluris*, une chose de plus de prix.

Non quantum quisque prosit, sed quanti *quisque* sit, *ponderandum est* [4], Cic. *Brut.* 73 (il faut juger les talents non sur ce qu'ils rapportent, mais sur ce qu'ils valent), *homo quanti*.

Nulla pestis humano generi pluris stetit, *quam ira*, Sén. (aucun fléau n'a coûté *plus cher* au genre humain, que la colère).

§ 312.   II. Emĕre, vendĕre, vēnire.

Par une imitation naturelle de cet idiotisme, ces six génitifs se construisent aussi avec les verbes *ĕmĕre, vendĕre, vēnire,* et autres de signification analogue :

Canius ēmit hortos tanti, quanti *Pythius voluit*, Cic. (Canius acheta les jardins *aussi cher que* voulut Pythius)

Vendo meum frumentum non pluris *quam ceteri, fortasse etiam* minoris, Cic. (je ne vends pas mon blé *plus cher* que les autres; peut-être même que je le vends *moins cher*).

---

1 Un petit flocon de laine. — 2 Le zeste d'une noix. — 3 Un poil, un cheveu. — 4 Mot à mot : il faut peser non combien un homme est utile, mais de quelle valeur il est.

Rem. 1. Lorsque le prix ou la valeur doivent être déterminés par un nom substantif, c'est à l'ablatif que l'on met ce nom :

Tritici modius tum in Sicilia erat ternis sestertiis, Cic. (le froment valait alors en Sicile trois sesterces le modius*).

2. On y met également les six expressions générales *magno, permagno, plurimo, parvo, minimo, nimio* :

Non potest parvo res magna constare, Sén. (une chose d'un grand prix ne peut pas coûter *bon marché*).

L'emploi de ces six ablatifs ne doit pas être confondu avec celui des six génitifs *maximi, pluris, minoris, tanti, tantidem* et *quanti*. L'exemple suivant d'Horace, Sat. II, 3, 156, en fait voir la différence et résume toutes les règles précédentes : *Quanti emptæ? parvo. Quanti ergo? octussibus* (combien acheté? bon marché. Combien enfin? huit as).

§ 313.   *Génitif avec les adjectifs.*

Tout adjectif qualificatif est composé de deux éléments, le radical, qui exprime une qualité, la terminaison, qui annonce que le sujet possède cette qualité. Ainsi *bonus* signifie *habens bonitatem*; *pulcher*, *habens pulchritudinem*; *conscius*, *habens conscientiam*. Si le substantif n'est pas fourni par la langue, il n'en existe pas moins dans le radical, et l'esprit peut toujours l'en dégager. Il n'est donc pas étonnant qu'un si grand nombre d'adjectifs se construisent avec le génitif; ce cas est régi par le nom dont l'adjectif renferme implicitement la valeur.

Les plus remarquables de ces adjectifs sont ceux qui désignent, 1° Le désir ou l'indifférence : *Cupidus rerum novarum* (avide de nouveautés); *Avidus gloriæ* (passionné pour la gloire); *Ætas incuriosa suorum*, Tac. (un siècle indifférent pour ceux qui l'honorent); *Studiosus litterarum* (qui a du goût pour les lettres, qui s'applique à l'étude des lettres).

2° La sécurité ou l'inquiétude : *Anxius futuri* (inquiet sur l'avenir) [1]; *Securus dedecoris*, Tac. (s'inquiétant peu du déshonneur) [2]; *Timidus procellæ*, Hor. (qui craint la tempête); *Ambiguus consilii*, Tac (irrésolu); *Dubius animi, sententiæ* (incertain dans ses pensées [3]); et une foule d'autres que l'on rencontre dans les poëtes, et plus souvent encore dans Tacite.

---

* Mesure de capacité d'un peu moins de neuf litres. Quant à la valeur du sesterce, voyez § 144, note.

1 On dit, dans un autre sens, *anxius adverso omine*, § 328, R. 2.

2 La construction la plus ordinaire est *securus de aliquâ re*.

3 *Dubius animo* est plus usité; cf. *quietus animo*, § 336.

3° Le savoir ou l'ignorance : *Socrates se omnium rerum inscium fingit et rudem* [1], Cic. (Socrate se représente comme un homme étranger à toutes les connaissances) ; *Peritus reipublicæ* (qui a l'expérience des affaires publiques) ; *Imperitus morum*, Cic. (qui ne connaît pas les usages) ; *Prudens rei militaris*, C. N. (versé dans l'art militaire) ; *Providus futuri* (qui a la prévoyance de l'avenir) ; *Nullius culpæ sibi conscius* (à qui sa conscience ne reproche aucune faute) ; *Consultus juris* (habile dans le droit, jurisconsulte) ; on dit aussi *jurisconsultus* en un seul mot, et *jure consultus.*

4° La mémoire ou l'oubli : *Venturæ memores jam nunc estote senectæ*, Ov. (songez dès à présent à la vieillesse qui doit venir un jour). — *Omnes immemorem beneficii oderunt*, Cic. (tout le monde hait les ingrats).

5° La participation ou la non-participation : *Solus homo rationis est particeps*, Cic. (l'homme seul a la raison en partage) ; *Bestiæ rationis et orationis sunt expertes*, Cic. (les brutes sont privées de la raison et de la parole). *Particeps = partem capiens ; expers=qui est sine parte.*

6° L'abondance ou la disette : *Plena errorum sunt omnia*, Cic. (le monde est rempli d'erreurs).—*Referta quondam Italia Pythagoreorum fuit* [2], Cic. (l'Italie fut autrefois pleine de Pythagoriciens).—*Gallia semper frugum hominumque fertilis fuit*, T. L. (la Gaule fut toujours féconde en moissons et en hommes). — *Inops auxilii humani*, T. Liv. (dénué de tout secours humain).

Ajoutez *fœcundus, sterilis, indigus, parcus, avarus, prodigus*, ainsi que les adjectifs verbaux en *ax*, comme *capax imperii*, Tac. (digne de l'empire, capable de gouverner) ; *Justi tenax*, Eut. (attaché à la justice) ; *Ætas virtutum ferax*, T. L. (un siècle fécond en vertus).

Ajoutez encore ceux des participes présents qui, au lieu d'exprimer une action, comme le verbe, expriment un état comme l'adjectif : *Amans virtutis* (ami de la vertu) ; *Appetens gloriæ* (désireux de gloire) ; *Sciens pugnæ* (habile dans les combats) ; *Patiens laboris* (endurci au travail) ; et les suivants, qui sont purement adjectifs : *Impatiens frigoris* (incapable d'endurer le froid) ; *Insolens malarum artium* [3], Sall. (étranger

---

1 Et aussi, *Orator nullā in re rudis esse debet*, Cic.

2 *Plenus, refertus* et plusieurs autres prennent aussi l'ablatif ; § 339.

3 *Non habens consuetudinem malarum artium.*

à l'intrigue); *Potens animi* (maître de lui-même); *Impotens iræ* (qui ne sait pas maîtriser sa colère); *Voti compos* (qui a obtenu l'objet de son vœu).

Enfin l'adjectif *reus, rea* (accusé, accusée) : *Reus avaritiæ* [1] (accusé d'avarice); et par analogie : *Manifestus tanti sceleris*, Sall. (manifestement coupable d'un si grand crime); *Nullius flagitii compertus*, Tac. (qui n'est convaincu d'aucune action condamnable); *Fraterni sanguinis insons*, Ov. (innocent du sang de son frère).

Application des principes précédents.

§ 314. I. *Aux verbes* se souvenir, oublier.

Les verbes *meminisse, recordari, remĭnisci, oblivisci*, se construisent avec le génitif, comme les adjectifs correspondants *memor* et *immemor : In somno animus memĭnit præteritorum*, Cic. (dans le sommeil, l'esprit se souvient du passé).—*Est proprium stultitiæ aliorum vitia cernere, suorum oblivisci*, Cic. (c'est le propre de la folie de voir les défauts des autres et d'oublier les siens).

Rem. 1. Le génitif n'est, à proprement parler, que le complément indirect de ces verbes; leur complément direct, *memoriam, oblivionem*, est compris en eux-mêmes, et c'est de l'idée représentée par ces mots que dépend le génitif.

Mais si *meminisse, oblivisci*, signifient « garder ou perdre la mémoire *d'une chose*, » ils signifient également « garder *une chose* dans sa mémoire, ou *la* mettre en oubli. » Aussi les quatre verbes précités se construisent-ils souvent avec l'accusatif : *Beneficia meminisse debet is in quem collata sunt*, Cic. (celui qui a reçu des bienfaits doit se les rappeler).—*Cæsar oblivisci nihil solebat, nisi injurias*, Cic. (César n'oubliait rien, si ce n'est les injures).

2. Les verbes *moneo, admoneo, commoneo, commonefacio*, dérivés de *memini*, et qui signifient *avertir, faire souvenir* [2], régissent au génitif le nom de la chose dont on avertit, dont on rappelle la mémoire : *Adversæ res nos admonuerunt religionum*, T. L. (l'adversité nous a rappelés aux idées religieuses).

Du reste on dit aussi *monere, admonere aliquem de aliqua re*.

.1 *Reus*, celui qui *a une affaire*, un procès; *is cujus res agitur*.

2 Ces verbes s'appellent *causatifs*; en effet, ils causent, ils font faire l'action exprimée par *memini*. Le radical de ce dernier est *mĕn*; celui de *moneo* est *mŏn*, simple transformation de *men*.

Ces verbes prennent même quelquefois deux accusatifs : *illud te moneo;* cf. § 357.

3. *Instruire, informer quelqu'un de quelque chose* suivent l'analogie d'*avertir*, et se rendent élégamment par *certiorem facere aliquem alicujus rei* ou *de aliqua re.*

§ 315.   II. *Aux verbes* accuser, condamner, absoudre.

Avec les verbes *accusare, insimulare, arguere, coarguere, convincere, damnare, absolvere,* et autres de signification analogue, le nom du délit se met au génitif : *Miltiades proditionis est accusatus,* C. N. (Miltiade fut accusé de trahison). — *Fannius Verrem insimulat avaritiæ et audaciæ,* Cic. (Fannius accuse Verrès de cupidité et d'audace). — *Absolvere aliquem injuriarum,* Cic. (absoudre quelqu'un du délit d'injure).

Ce génitif s'explique par l'expression très-usitée *reum facere aliquem,* expression dont *accusare, arguere,* etc., sont des équivalents. On dit *accusare impietatis,* comme on dit *reum facere impietatis.* Par une raison semblable, *damnare, absolvere,* équivalent à *déclarer coupable, déclarer innocent,* et le génitif est encore ici appelé par l'idée contenue dans le verbe.

Au lieu du génitif, on emploie quelquefois l'ablatif avec *de : Non committam posthac, ut me accusare* de *epistolarum* negligentiā *possis,* Cic. (je ne m'exposerai plus à ce que vous puissiez m'accuser de négligence à vous écrire).

Rem. 1. Le terme général *crimen,* qui signifie non pas *crime,* mais *accusation, grief,* se met à l'ablatif: *Si iniquus in me es judex, condemnabo* eodem *ego te* crimine, Cic. *Ep.* II, 1 ; (si vous me jugez avec trop de rigueur, je vous condamnerai à mon tour, et pour le même grief); et de même : *Regni* suspicione *consulem absolvere,* T. Liv. (absoudre le consul du soupçon d'aspirer à la royauté).

2. On y met quelquefois le nom qui désigne la peine : *Omne humanum genus, quodque est, quodque erit, morte damnatum est,* Sén. (tous les hommes, et ceux qui sont, et ceux qui seront un jour, sont condamnés à mourir) [1].

Avec *caput,* on se sert indistinctement de l'ablatif et du génitif : *Miltiades* capitis *absolutus, pecuniā multatus est,* C. N. (Miltiade ne fut pas condamné à mort, mais il fut puni d'une

____

[1]. L'ablatif est de règle quand il s'agit d'une amende : *Camillus quindecim millibus æris damnatur,* T. Liv, V, 32. Il y a des exemples du génitif : *Quanti damnatus esset,* Ibid. *Octupli damnatus,* Cic. *in Verr.* III, 12.

amende). — *Plurimi animos, quasi* capite *damnatos, morte multant*, Cic. (beaucoup de gens font mourir les âmes, comme si elles avaient encouru la peine capitale) [1].

3. Le genre de peine ou de supplice est exprimé aussi par l'accusatif avec *ad*, mais seulement après le siècle d'Auguste : *Caligula multos honesti ordinis* ad metalla aut ad bestias *condemnavit*, Suét. (Caligula condamna aux mines ou aux bêtes beaucoup d'hommes d'un rang honorable) [2].

§ 316.   *Génitif avec les mots partitifs.*

Le génitif exprime le rapport du tout à la partie, comme la préposition française DE : *Magna pars illius terræ*, (une grande partie de cette contrée).

C'est en vertu de ce principe que l'on dit *solus omnium; septimus atque ultimus regum romanorum; fortissimus militum; uter nostrum*, etc.

C'est encore par cette raison que le génitif se joint à tous les mots qui expriment une quantité, que ce soient des adverbes, comme *satis, abundĕ, affătim, parum, nimis* : *Satis eloquentiæ, sapientiæ parum*, Sall. (assez d'éloquence, peu de sagesse). — *Armorum affătim erat*, T. Liv. (il y avait une quantité d'armes très-suffisante). — *Terrorum et fraudis abunde est*, Virg. (c'est assez de terreurs et d'artifices.)

Ou des adjectifs neutres pris substantivement : *Plus aquæ, minus vini* (§ 261), *multum eruditionis* (beaucoup de savoir); *quantum auri* (que ou combien d'or)? *tantumdem viæ* (autant de chemin); *paululum moræ* (un peu de retard); *aliquantulum aquæ tepidæ*, Suét. (quelque peu d'eau tiède).

§ 317.   *Observation sur les partitifs français.*

1. Avec les noms de qualité, QUE ou COMBIEN DE se tournent souvent par *combien grand*, et s'expriment par *quantus, a, um* : « Que de sagesse ! » *quanta sapientia!* Et de même : « Beaucoup de sagesse, » *magna sapientia;* « Tant de sagesse,» *tanta sapientia;* «Trop de confiance, » *nimia fiducia;* cf. § 261, Rem.

---

1 Il en est de même de l'expression *damnare voti*, ou en poésie, *votis*, proprement : « Condamner à l'acquittement de ce qui est promis par un vœu, » et par conséquent, *exaucer un vœu*, en parlant de la divinité.

2. A l'époque classique, au lieu d'exprimer l'idée : Condamner à l'exil, on disait *in exsilium pellere, ejicere; exsilio afficere, multare;* au lieu de : Il fut condamné à quitter sa patrie, *jussus est e patria discedere.*

2. Si les objets sont susceptibles de se compter, on exprime
BEAUCOUP par *multi, æ, a*, PEU par *pauci, æ, a*, COMBIEN par
quot ou *quam multi*, AUTANT par *tot* ou *tam multi* : « Beaucoup de livres, » *multi libri* ; « Tant de peuples, » *tot populi*.
« Aucun orateur n'a écrit autant que moi (des ouvrages *aussi
nombreux que* les miens sont *nombreux*), » *Nemo orator* tam
multa *scripsit*, quam multa *sunt nostra*, Cic. — Ajoutez
l'exemple déjà cité, § 236, *quot homines, tot sententiæ*, et
une foule d'autres.

3. D'après ce qui vient d'être exposé, on traduira : « Beaucoup d'orateurs, peu d'orateurs, » par *multi oratores, pauci
oratores*. Mais si je dis : « Beaucoup, un petit nombre *des* orateurs grecs, » le sens partitif étant déterminé d'une manière précise, il faudra dire en latin : *multi, pauci oratorum græcorum*,
ou *ex oratoribus* ou *inter oratores* ; cf. § 266.

§ 318.   *Autres expressions partitives en latin.*

A la classe des partitifs, se rattachent *dimidium* (la moitié), *aliud, nihil*, et le singulier neutre de tous les déterminatifs, *id, ĭdem, hoc, illud, quod, quid, aliquid, quidquam* :
Habet iracundia hoc mali : *non vult rĕgi*, Sén. (la colère a
cet inconvénient, a *cela de mal*, qu'elle ne veut pas être gou-
vernée). — *Natura aliud alii commodi muneratur*, Cic. (la
nature donne à chacun des avantages différents). — *Justitia
nihil expetit præmii*, Cic. (la justice ne demande pas de salaire).
—*Tibi idem consilii do*, Cic. (je vous donne le même conseil).

REM. Le génitif peut appartenir à un adjectif neutre pris
substantivement : *Nihil* boni *divinat animus*, T. Liv. (mon
esprit ne présage rien *de bon*)[1]. On dira donc également bien :
aliquid magnum et *aliquid magni* ; *nihil jucundum* et *nihil
jucundi*, et ainsi de tous les adjectifs neutres dont le génitif est
en *i*. Mais on ne dira pas *nihil tristis, quiddam cœlestis*, parce
que le génitif de la troisième déclinaison ne se distingue pas
assez du nominatif ; la clarté veut *nihil triste, quiddam cœleste*.

§ 319. Les poëtes prennent substantivement et emploient
comme partitifs un assez grand nombre d'adjectifs pluriels
neutres : *Angusta viarum, opaca locorum*, Virg. *Amara
curarum, cuncta terrarum*, Hor.

---

1 Dans *hoc mali, aliud commodi*, les deux génitifs sont aussi des adjectifs
employés substantivement : *cela de mauvais, autre chose d'avantageux*.

On trouve même dans Cicéron : *Summa pectoris* (le haut de la poitrine); *cujusque artis difficillima* (les règles les plus difficiles de chaque art); mais ces exemples y sont fort rares. Ils sont beaucoup plus communs chez les historiens, et en général dans tous les écrivains postérieurs à Cicéron : *Non temere incerta casuum reputat, quem fortuna nunquam decepit,* T. Liv. (celui que la fortune n'a jamais trahi, ne songe guère à l'incertitude des événements). — *Animus rectus atque integer corrigit* prava fortunæ, Sén. (une âme droite et pure corrige les torts de la fortune).

Salluste, Tite-Live et les écrivains de l'âge suivant construisent aussi le génitif avec le singulier neutre dans des cas où, d'après la règle établie, § 245, il devrait y avoir accord : *Ad summum montis,* Sall.; *Medium ferme diei erat,* T. Liv.; *Extremo æstatis, medio temporis, obscuro diei,* Tac.

§ 320. *Génitif avec les adverbes de lieu et de temps.*

C'est encore en qualité de mots partitifs que les adverbes de lieu se joignent au génitif : *Ubi terrarum ? ubinam gentium?* Cic. (en quel lieu du monde)? *ubi* représente *quo in loco.* — *Res est eodem loci, quo reliquisti,* Cic. (l'affaire en est au point où vous l'avez laissée). — *Quo amentiæ progressi estis ?* T. Liv. (à quel degré de folie êtes-vous parvenus)?

Il en est de même des adverbes de temps *pridie* et *postridie,* qui d'ailleurs se construisent aussi avec l'accusatif (cf. § 373). Quant à *tunc temporis* (dans ce temps-là), cette expression n'a guère d'autorité que celle de Justin.

§ 321. *Observation sur le génitif possessif.*

Ces mots, *amor Dei,* sont susceptibles de deux acceptions bien différentes. Quand on dit : *amor Dei erga homines,* c'est Dieu qui aime; le génitif est pris activement. Quand on dit : *amor Dei fons est omnium virtutum,* c'est Dieu qui est aimé; le génitif est pris passivement.

La suite des idées indique toujours lequel des deux sens il faut donner à un génitif : *Non agitur de sociorum injuriis,* Sall. *Cat.* 52 (il ne s'agit pas des injures faites à nos alliés); le sens est passif. — *Id accidit prætoris iniquitate et injuriā,* Cic. (cela est arrivé par la partialité et l'injustice du préteur); le sens est actif.

Les génitifs des pronoms personnels, *mei, tui, sui, nostri, vestri*, se prennent passivement : *Me impulit* tui *caritas*, Cic. (ma tendresse *pour vous* m'a déterminé). *Caritas tua* signifierait : « Votre tendresse pour moi. » Cf. § 293.

Cette différence est bien marquée dans l'exemple suivant, où *tua* est actif, et *sui* passif : *Nicias vehementer* tuā sui *memoriā delectatur*, Cic. (Nicias est vivement touché du souvenir que vous gardez de lui).

Cependant les possessifs *meus*, *tuus*, etc., peuvent eux-mêmes se prendre passivement, surtout avec les mots *injuria*, *odium*, *invidia*, *gratia*, et quelques autres ; mais il faut que l'équivoque soit impossible : *Non odio id fecit tuo*, Tér. (il ne l'a pas fait par haine pour vous, en haine de vous). On aurait pu dire également *odio tui*.

§ 322. Cette identité de signification de *meus*, *tuus*, *suus*, adjectifs, avec *mei*, *tui*, *sui*, génitifs des pronoms, explique la construction suivante, et toutes celles qui y ressemblent : *Mea ipsius manus* (ma propre main) ; *ipsius* se rapporte au génitif *mei*, non exprimé, mais représenté par *mea*. — *Juravi rempublicam* meā unius *opera esse salvam*, Cic. (j'ai fait serment que la république avait été sauvée par mes seuls efforts.)

Ipsius et *ipsorum*, ajoutés au possessif *suus*, fournissent un moyen d'éviter les ambiguïtés : *Aves fœtus suos, quum visi sunt adulti, libero cœlo* suæque ipsorum *fiduciæ permittunt*, Quintil. (quand les oiseaux voient leurs petits assez forts, ils les abandonnent à la liberté de l'espace et à *leur propre* hardiesse) ; *ipsorum* empêche que *suæ* ne se rapporte à *aves*; cf. § 302.

DE L'ABLATIF.

Nous avons indiqué, § 202, les principaux rapports marqués par l'ablatif, et ce cas a été souvent employé dans les exemples cités jusqu'ici. Il ne reste plus qu'à en résumer les usages les plus remarquables [1].

§ 323. ABLATIF D'ÉLOIGNEMENT ET DE SÉPARATION.

L'ablatif, indiquant primitivement le lieu d'où l'on part, sert de complément indirect aux verbes qui marquent

---

1 Nous plaçons l'ablatif immédiatement après le génitif à cause des nombreuses analogies que ces cas ont entre eux, analogies telles qu'ils s'emploient quelquefois l'un pour l'autre, et qu'ils se partagent les fonctions de notre préposition DE. On peut dire en général que le génitif répond à DE placé après un nom, et l'ablatif à DE précédé d'un verbe.

ÉLOIGNEMENT et SÉPARATION, comme *abire*, *exire*, *cēdĕre*, *decedĕre* (s'en aller, sortir, se retirer), *arcēre, prohibēre, excludĕre* (écarter, éloigner, exclure), *abstĭnēre* (s'abstenir), *liberare, vindicare,* (délivrer, affranchir).

Cet ablatif est le plus souvent précédé des prépositions *a, de, ex : Scipionis consilio atque virtute Annibal ex Italia decedere coactus est*, Cic. (le génie et le courage de Scipion forcèrent Annibal à sortir de l'Italie). — *Homines ab injuriā natura, non pœna, arcere debet*, Cic. (c'est la nature, et non le châtiment, qui doit éloigner les hommes de l'injustice). — *Ætatis excusatio non vindicat a labore*, Cic. (l'excuse de l'âge ne dispense pas du travail).

Souvent aussi on le joint immédiatement au verbe : *Amicitia nullo loco excluditur*, Cic. (l'amitié n'est exclue d'aucun lieu). — *Cur paupertatem deorum aditu arceamus?* Cic. (pourquoi empêcherions-nous la pauvreté d'approcher des dieux)? — *Libera te metu mortis*, Sén. (affranchis-toi de la crainte de la mort). — *Abstinuit vino*, Hor. (il s'est abstenu de vin). — *Præsidio decedĕre*, T. Liv. (abandonner son poste). — *Magistratu se abdicare*, (se démettre d'une magistrature).

La préposition *a* est nécessaire avec les verbes *alienare, avertĕre, deterrēre* (éloigner, détourner), *disjungĕre, divellĕre, secernĕre, separare* (séparer), *repellĕre, propulsare* (repousser, chasser); et avec les intransitifs *differre, distare, discrepare, abhorrēre* (différer, être éloigné), *dissentire, dissidēre* (n'être pas du même avis).

Rem. L'adjectif *alienus* (étranger, contraire) se construit, comme le verbe *alienare,* avec l'ablatif précédé de la préposition *a : A sapiente nihil tam alienum est, quam rei falsœ assentiri*, Cic. (rien ne convient moins au sage que de donner son assentiment à ce qui est faux).

Quelquefois la préposition n'est pas exprimée : *Negant id esse alienum majestate deorum*, Cic. (ils nient que cela soit au-dessous de la majesté des dieux) [1].

§ 324. *Ablatif avec les verbes* petĕre, accipĕre, *etc.*

Les verbes qui signifient *demander, recevoir, emprunter, obtenir*, et autres semblables, ayant pour résultat de faire passer une chose d'un lieu dans un autre, veulent à l'abla-

---

[1] *Alienus* se trouve même, quoique plus rarement, avec le génitif et avec le datif. Cicéron en offre quelques exemples.

tif, avec *a* ou *ab*, le nom de la personne à laquelle on demande, ou dont on reçoit quelque chose : *Abs te peto ut mihi ignoscas*, Cic. (je vous prie de me pardonner = je demande *de vous* que vous me pardonniez). — *Accepi litteras a patre meo* (j'ai reçu une lettre de mon père). — *Mutuari pecunias ab aliquo* (emprunter de l'argent à quelqu'un).

Si le complément indirect du verbe est un nom de chose inanimée, on emploie *e* ou *ex* : *Summam lætitiam ex tuo reditu capio*, Cic. (je ressens une grande joie de votre retour).

Acheter de ou *à quelqu'un* se rend par *emĕre de aliquo* ou *ab aliquo* : « Il dit avoir acheté de Sylla les biens de Roscius, » *Bona Roscii* de Sylla *se dicit ēmisse*, Cic.

Avec *haurire* (tirer de, puiser à), Cicéron dit également : *haurire aquam de puteo* ou *ex puteo* (tirer de l'eau du puits); et au figuré : *res haurire a* ou *e fontibus* (puiser les choses à leurs sources); *e* (ou *ex*) est le plus usité.

§ 325.   *Ablatif avec les verbes* audire, quærĕre, *etc.*

Comme, lorsqu'on apprend quelque chose de quelqu'un, on tire de lui une connaissance, les verbes *audire* (entendre) *quærĕre* (s'informer), et autres de signification analogue, se construisent, comme les précédents, avec l'ablatif précédé de *ex* et quelquefois de *ab* : *Audivi ex majoribus natu*, et ailleurs, *a majoribus natu*, Cic. (j'ai entendu dire à des vieillards).

Avec les noms de choses, il faut toujours employer *ex* : *Magna sæpe intelligimus ex parvis*, Cic. (nous tirons souvent de grandes lumières des plus petits indices). — *Cognovi ex tuis litteris* (j'ai appris par votre lettre).

§ 326.   ABLATIF D'ORIGINE ET DE CAUSE.

A l'idée de point de départ se rattache :

1° Celle d'ORIGINE : *Jove natus et Maiā*, Cic., et au même endroit : *ex Jove et Junone natus*. Dans les expressions générales, comme *ortus equestri loco* (issu d'une famille de chevaliers), *nobili genere natus* (de naissance noble), on ne met pas de préposition.

2° Celle de CAUSE : *In culpā sunt, qui officia deserunt* mollitiā *animi*, Cic. (ceux-là sont coupables, qui manquent à leurs devoirs *par* faiblesse d'âme). On dit de même : *Amicitiæ causā*

(par amitié); *Emolumenti sui gratiā* (par intérêt personnel);
Meā causā (à cause de moi); *Tuā gratiā* (à cause de vous, à
votre considération); *Eo consilio, eā mente* (dans ce dessein).

Ablatif avec les verbes dolēre, gaudēre, fidēre, *etc.*

§ 327. Conformément à ce principe, les verbes *dolēre, gaudēre, lætari, fidēre, confidēre, niti, gloriari,* veulent à l'ablatif
sans préposition le nom de la chose qui cause la douleur, la
joie, la confiance, la vanité : *Oportet delicto dolere, correctione
gaudere,* Cic. (on doit s'affliger de la faute, se réjouir de la
réprimande).—*Nemo potest corporis firmitate aut fortunæ
stabilitate confidere,* Cic. (personne ne peut compter ni sur
la vigueur du corps, ni sur la stabilité de la fortune). — *Opti-
morum consilio atque auctoritate niti,* Cic. (s'étayer des
conseils et de l'autorité des plus gens de bien). — *Quidam
vitiis suis gloriantur,* Sén. (quelques-uns font gloire de leurs
vices).

REM. 1. Avec les noms de choses, *fidere* et *confidere*
prennent également le datif : *fidere aliquā re* et *alicui rei.*
Avec les noms de personnes, ils ne prennent que le datif : *tibi
confido.*

Quant à *diffidere* (se défier), son complément régulier est le
datif, soit de la chose, soit de la personne : *diffidere omnium
saluti; diffidere sibi.* On le trouve rarement avec l'ablatif.

2. *Gloriari* admet quelquefois la préposition *de : De tuis
divitiis intolerantissime gloriaris,* Cic. (tu te vantes de tes
richesses avec un orgueil insupportable).

Ablatif avec les verbes passifs.

§ 328. Le complément indirect des verbes passifs, exprimant
la cause d'où résulte une action, se met à l'ablatif; sans préposition, si c'est un nom de chose : *Dei providentiā mundus
administratur,* Cic. (le monde est gouverné par la providence
divine); avec *a* ou *ab,* si c'est un nom de personne : *Darius ab
Alexandro victus est* (Darius fut vaincu par Alexandre).

REM. 1. Les verbes neutres dont la signification est analogue
à celle du passif, prennent aussi l'ablatif de la cause : *In Africā,
campi solis ardore arescunt* (les campagnes de l'Afrique sont
desséchées par l'ardeur du soleil). — *Duobus diversis vitiis,*

16. Burn. *Gr. Lat.* P

avaritiā et luxuriā, civitas romana laborabat, T. Liv. (Rome était travaillée de deux vices contraires, l'avarice et le luxe).

2. Il en est de même de certains adjectifs qui équivalent à des participes passifs : *fessus viā* (fatigué de la route); *avaritiā cæcus* (aveuglé par l'avarice); *æger gravi morbo* (atteint d'une maladie grave); *magnā virtute præditus* (doué d'une grande vertu); *suā sorte contentus* (content de son sort); *anxius adverso omine*, Suét. (inquiété par un présage contraire).

ABLATIF D'INSTRUMENT ET DE MOYEN.

§ 329. L'ablatif désignant la cause, il est naturel qu'il désigne aussi L'INSTRUMENT : *Dente lupus, cornū taurus petit*, Hor. (le loup attaque avec ses dents, le taureau avec ses cornes).

L'idée d'instrument conduit à celle de MOYEN : *Benevolentiam civium blanditiis colligere turpe est*, Cic. (il est honteux d'acheter par des flatteries la bienveillance des citoyens).

Ablatif avec les verbes utor, fruor, *etc.*

§ 330. 1. Le verbe *uti* a son complément à l'ablatif, comme nom d'instrument : *Munus animi est ratione bene uti*, Cic. (c'est le devoir de l'âme de faire un bon usage de la raison).

Ce verbe se traduit quelquefois par AVOIR, TROUVER : *Tu me consiliario fideli usus es*, Cic. (vous avez trouvé en moi un conseiller fidèle).

2. Les verbes *fruor, vescor, fungor, potior,* suivent l'analogie d'*utor* et prennent l'ablatif : *Lucem* quā fruimur, *a Deo nobis dari videmus,* Cic. (nous voyons que c'est Dieu qui nous donne la lumière dont nous jouissons). — *Vescimur bestiis et terrenis, et aquātilibus, et volātilibus*, Cic. (l'homme se nourrit d'animaux terrestres, aquatiques et volatiles). — *Vir bonus officio fungitur* (l'honnête homme s'acquitte de son devoir). — *Solus potitus est imperio Romulus*, T. Liv. (Romulus resta seul en possession de l'autorité).

REM. Dans le sens de posséder le pouvoir suprême, on dit *potiri rerum* (et non *rebus*) : *Prudentissima civitas Atheniensium, dum ea* rerum *potita est, fuisse traditur*, Cic. (tant qu'Athènes fut maîtresse des affaires, elle fut, dit-on, la plus sage des cités).

Ablatif du prix et de la valeur avec emĕre, vendĕre, *etc.*

§ 331. C'est comme nom de moyen que le substantif qui désigne le prix ou la valeur, se met à l'ablatif avec les verbes qui signifient ACHETER, VENDRE, COUTER : *Spem pretio non emo,* Tér. (je n'achète pas l'espérance avec de l'argent). — *Multo sanguine et vulneribus ea Pœnis victoria stetit*, T. Liv. (cette victoire coûta aux Carthaginois beaucoup de sang et de blessures). Cf. § 312, Rem.

Ablatif avec l'adjectif dignus *et le verbe* dignor.

§ 332. Etre *digne* ou *indigne* de quelque chose, c'est avoir ou n'avoir pas une valeur quelconque. Il s'ensuit que les adjectifs *dignus, indignus*, et le verbe déponent *dignari*, se construisent avec l'ablatif : *Omni laude dignus,* Cic. (digne de toutes sortes de louanges). — *Haud equidem tali me dignor honore*, Virg. (je ne me crois pas digne d'un tel honneur).

REM. *Dignus* et *indignus* se trouvent aussi avec le génitif, mais fort rarement, et surtout en poésie : *Magnorum haud unquam indignus avorum*, Virg. — Nous avons déjà remarqué, § 176, que *dignari* n'est employé par Cicéron que dans le sens passif. La signification active n'en a pas moins prévalu.

ABLATIF DE LA MANIÈRE.

§ 333. Le nom qui exprime LA MANIÈRE dont se fait une action se met à l'ablatif, comme celui qui désigne le moyen; la phrase suivante fera sentir l'identité de ces deux rapports : *Injuria fit duobus modis, aut vi, aut fraude,* Cic. (l'injustice se commet *de* deux manières, *par* violence ou *par* fraude).

On dira donc *œquo animo ferre* (supporter *avec* égalité d'âme, endurer patiemment); *Summa æquitate res constituĕre* (régler les affaires *avec* une équité parfaite); *Adolescentium more* (*à* la manière des jeunes gens); *Pecudum ritu* (*à* la façon des bêtes).

Et de même que l'on dit, *Meo more* (*selon* ma coutume), on dira par analogie, *Meā sententiā* (*selon* mon sentiment, *à* mon avis); *Totius Græciæ judicio* (*au* jugement de toute la Grèce); *Omnium eruditorum testimonio* (*d'après* le témoignage de tous les savants).

ABLATIF DE LA QUALITÉ.

§ 334. Nous avons remarqué, § 308, R. 2, que LA QUALITÉ des personnes peut être déterminée par l'ablatif aussi bien que

* P

par le génitif : *Summo ingenio vir*, Cic. *Præstantissimā virtute civis*, Idem. *Homo summā prudentiā*, Idem.

Les Latins préfèrent généralement l'ablatif lorsqu'il s'agit d'une qualité extérieure : *Cæsar fuisse traditur excelsā staturā, colore candido, nigris oculis, valetudine prosperā*, Suét. (César avait, dit-on, une haute taille, un teint blanc, des yeux noirs, une excellente santé); — ou d'un simple état : *Masinissa nullo frigore adducitur ut* capite operto *sit*, Cic. (quelque froid qu'il fasse, Masinissa n'a jamais la tête couverte).

L'ablatif sert aussi à caractériser les choses par leurs circonstances : *Difficili transitu flumen ripisque præruptis*, Cés. (un fleuve dont le passage est difficile et les rives escarpées).

ABLATIF DE LA MESURE.

§ 335. Avec les verbes *antecedĕre* (précéder), *antecellĕre, præstare* (l'emporter sur), *vincĕre*, (surpasser), *malle* (aimer mieux), et autres semblables, que l'on nomme *verbes d'excellence*, le terme qui répond à la question, DE COMBIEN, OU DANS QUELLE MESURE? s'exprime, comme avec les comparatifs (§ 257), par un des ablatifs *paulo, multo, tanto, quanto, aliquanto : Omnis sensus hominum* multo antecellit *sensibus bestiarum*, Cic. (tous nos sens l'emportent de *beaucoup* sur ceux de la bête).

On joint les mêmes ablatifs aux adverbes qui marquent une comparaison, comme *ante, post, supra, aliter, secus*, et l'on dit *multo ante* (longtemps auparavant), *paulo post* (peu de temps après), *multo secus* (bien autrement), etc.

ABLATIF DE LA PARTIE.

§ 336. Le nom qui exprime à quelle PARTIE de l'homme ou de l'animal se rapporte une action ou un état, se met à l'ablatif : *Auribus teneo lupum*, Tér. (je tiens le loup par les oreilles) [1]. *Agesilaus fuit claudus altero pede*, C. N. (Agésilas était boiteux d'une jambe). *Manu promptus* (prompt de la main, c'est-à-dire brave, résolu, homme d'exécution); *Quietus animo* (tranquille du côté de l'âme, c'est-à-dire qui a l'esprit calme). Et par analogie : *Vitā sĕvērus* (austère *dans* sa conduite, d'une vie austère); *natione Mēdus* (Mède *de* nation); *Mardonius nomine* (nommé Mardonius).

---

1 **Proverbe** qui signifie que l'on est fort en peine, le péril étant le même à retenir ou à lâcher l'animal; Tér. *Phorm.* III, 2, 21 ; Suét. *Tiber.* 25.

ABLATIF DE LA MATIÈRE.

§ 337. Un objet *sort*, pour ainsi dire, de la matière dont il est formé. Le nom de la MATIÈRE s'exprimera donc par l'ablatif avec *e* ou *ex :* « Une table de bois, » *mensa ex ligno;* « Un vase d'or, » *vas ex auro*, (ou mieux encore, *mensa lignea; vas aureum*).

REM. 1. On n'emploie l'ablatif qu'en parlant des objets faits de main d'homme. S'il s'agit des ouvrages de la nature, réels ou supposés, on se sert du génitif : *Flumina lactis, flumina nectaris*, Ov. (des fleuves de lait, des fleuves de nectar); *Montes auri pollicēri*, Tér. (promettre des monts d'or).

2. L'ablatif s'emploie aussi, avec ou sans *ex*, pour exprimer en quoi consistent, de quoi sont composées les personnes ou les choses : *Animo constamus et corpore*, Cic. *de Fin.* IV, 8 ; *Constamus ex animo et corpore*, Cic. *Tusc.* III, 1 (nous sommes composés d'une âme et d'un corps).

ABLATIF D'ABONDANCE ET DE DISETTE.
I. *Avec les verbes.*

§ 338. L'ablatif se joint encore aux verbes qui expriment l'abondance, comme *implēre, satiare, augēre, cumulare, abundare, affluĕre*, etc. : *Deus omnibus bonis explevit mundum*, Cic. (Dieu a rempli le monde de tous les biens). — *Abundarunt semper auro regna Asiæ*, T. Liv. (les royaumes d'Asie eurent toujours de l'or en abondance);

Ou la disette et la privation, comme *carēre, egēre, vacare, privare, orbare, spoliare : Nulla vitæ pars vacare officio potest*, Cic. (aucune partie de la vie ne peut être exempte de devoirs). — *Quid illi consilii afferre possum, quum ipse egeam consilio ?* Cic. (quel conseil pourrais-je lui donner, puisque moi-même j'ai besoin de conseil ?)—*Is maxime divitiis fruitur, qui minime divitiis indiget*, Sén. (celui-là jouit le mieux des richesses, qui en a le moins besoin).

REM. *Egēre* et *indigēre* prennent aussi le génitif : *Hæc non tam artis indigent, quam laboris*, Cic. (ces choses demandent moins d'art que de travail). Ce cas se trouve même quelquefois avec *implēre*.

II. *Avec les Adjectifs.*

§ 339. Les adjectifs *plenus, refertus, fertilis*, et dans un sens opposé, *vacuus, expers, immunis, orbus, nudus, liber*, se construisent avec l'ablatif, comme les verbes précédents : *Vacuus curis* (dégagé de soins); *Omni liber curā et angore*, Cic. (libre de tout souci et de toute inquiétude); *Immunis mi-litiā* (exempt du service militaire); *Urbs nuda præsidio* (ville dépourvue de garnison).

REM. D'après ce qui a été dit, § 313, 5° et 6°, ces adjectifs peuvent aussi régir le génitif. Ce cas est le plus naturel avec *expers;* Cicéron le préfère avec *plenus*, tandis qu'il joint plus souvent l'ablatif à *refertus*. C'est que *plenus* (plein) est un simple adjectif, et *refertus* (rempli), un véritable participe [1]. Cette différence paraît visiblement dans cette phrase de la deuxième Philippique : *Domus erat aleatoribus referta, plena ebriorum.*

III. *Avec* opus est.

§ 340. La locution *mihi opus est* (besoin est à moi, j'ai besoin) se rapprochant, pour le sens, du verbe *egeo*, se con-struit, comme ce verbe, avec l'ablatif : *Auctoritate tuā nobis opus est, et consilio, et gratiā*, Cic. (nous avons besoin de votre autorité, de vos conseils, de votre crédit). *Quid opus est ver-bis* (qu'est-il besoin de paroles)?

REM. 1. Le nom de la chose dont on a besoin peut aussi être le sujet d'une proposition dont *opus* sera l'attribut : *Dux nobis et auctor opus est*, Cic. (nous avons besoin d'un chef et d'un conseiller). — *Verres aiebat multa sibi opus esse*, Cic. (Verrès disait qu'il avait besoin de beaucoup de choses).

Dans l'une et dans l'autre construction, le nom de la per-sonne qui éprouve le besoin se met au datif.

2. Quand *opus est* doit être suivi d'un verbe, on emploie, ou l'infinitif : *Quid opus est tam valde affirmare?* Cic. (qu'est-il besoin d'affirmer si fortement?) — ou l'ablatif neutre du participe parfait passif : *Priusquam incipias*, consulto, *et ubi consulueris, maturē* facto *opus est*, Sall. (avant d'entre-prendre, il faut réfléchir, et quand on a réfléchi, exécuter promptement) [2].

---

1 Plus tard, l'ablatif prévalut même avec *plenus*, et Quintilien, IX, 3, 1, témoigne que, de son temps, on disait *plenum vino* et non *vini*. C'est qu'alors *plenus* était devenu synonyme de *repletus*.

2 Il a été parlé, § 251 et suiv., de l'ablatif avec le comparatif. Nous trai-terons plus bas de l'ablatif de lieu, de l'ablatif de temps et de l'ablatif absolu.

DU DATIF.

DATIF AVEC LES VERBES.

§ 344. Le datif marque proprement le terme où aboutit une action. En conséquence, il se joint par sa force naturelle:

1° Aux verbes transitifs comme complément indirect, ainsi que nous l'avons fait voir, § 201. C'est surtout en ce sens qu'on le nomme cas d'attribution.

2° A un grand nombre de verbes intransitifs, qui prennent en français la préposition *à*, comme : Nuire, *obesse, nocere ;* Plaire, *placere ;* Déplaire, *displicere ;* Obéir, *pārēre, ŏbēdire, obtempĕrare*, et autres semblables : *Mundus* Deo *paret, et hominum vita* jussis *supremœ legis obtemperat*, Cic. (le monde est soumis *à* Dieu, et la vie des hommes obéit *aux* commandements d'une loi suprême).

3° A d'autres verbes qui sont transitifs en français, neutres ou intransitifs en latin : Favoriser quelqu'un, *favere alicui ;* Etudier les belles-lettres, *studēre litteris ;* Secourir un ami, *auxiliari, opitulari amico ;* Epargner les vaincus, *victis parcĕre ;* Ménager, économiser le temps, *parcĕre tempori ;* Flatter les grands, *potentibus blandiri ;* La philosophie guérit les âmes, *philosophia medetur animis*, Cic. *.

4° A la plupart des verbes composés des prépositions *in*, *ad, ante, cum, inter, ob, post, præ, sub,*

Comme complément indirect s'ils sont transitifs : *Summum crede nefas, animam præferre pudori*, Juv. (croyez que c'est le plus grand des crimes, de préférer la vie à l'honneur) ;

Comme seul complément s'ils sont intransitifs : *Assuescĕre labori* (s'accoutumer au travail [1]). — *Præstat honestas incolumitati*, Cic. (l'honneur passe avant la sûreté). — *Omnes participes sumus rationis, quā antecellimus bestiis*, Cic. (nous participons tous à la raison, qui nous élève au-dessus des bêtes). — *Varietas*

---

* Le complément direct que ces verbes régissent en français, peut être changé par l'analyse en un complément indirect. En effet, favoriser quelqu'un, c'est *lui* accorder une faveur ; étudier les lettres, c'est donner *aux lettres* son application ; épargner les vaincus, c'est *leur* faire grâce ; secourir un ami, c'est *lui* porter secours, et ainsi des autres. Réciproquement, les régimes directs, *faveur, application, grâce, secours*, sont représentés en latin par le radical des verbes *favere, studere, parcere, opitulari*. La chose étant évidente pour ce dernier, dans lequel on reconnaît distinctement *opem* et le second radical de *ferre*, l'analogie, qui est la loi des langues, force de l'admettre pour les autres. La différence entre le latin et le français n'est donc que dans la forme, et une analyse facile la fait disparaître.

1 Le verbe *assuescere* se trouve aussi avec l'ablatif : *homines* labore *assiduo et quotidiano assueti*, Cic. de Orat., III, 15.

occurrit satietati, Cic. (la variété prévient la satiété). — *Succedĕre muris* (s'approcher des murs).

5° A tous les composés du verbe *sum* (excepté *absum* et *possum*) : *Desunt luxuriœ multa, avaritiœ omnia*, Sén. (beaucoup de choses manquent au luxe, tout manque à l'avarice). — *Satius est prodesse etiam malis, quam bonis deesse*, Sén. (il vaut encore mieux être utile aux méchants, que de manquer aux gens de bien).

REM. Les prépositions *ad*, *cum* et *in* se répètent quelquefois avec le verbe composé, pour donner plus de force à l'expression : *Quidam, ad eas laudes quas a patribus acceperunt, addunt aliquam suam*, Cic. Quelques-uns ajoutent des titres personnels à l'illustration qu'ils ont reçue de leurs pères). — *Confer nostram longissimam œtatem cum œternitate*, Cic. (comparez la vie la plus longue avec l'éternité). — *In omnium animis Dei notionem impressit ipsa natura*, Cic. (la nature même a imprimé l'idée de Dieu dans tous les esprits).

§ 342. Les verbes qui expriment une action opposée à celle de *donner*, comme *adimĕre, detrahĕre, eripĕre, extorquēre*, veulent au datif leur complément indirect, si c'est un nom de personne : *Sunt multi qui eripiunt aliis, quod aliis largiantur*, Cic. (il y a bien des gens qui ôtent *aux* uns pour donner aux autres). — *Hunc mihi timorem eripe*, Cic. (délivrez-moi de cette crainte) m. à m. *ôtez-moi* cette crainte.

Mais si le complément indirect est un nom de chose, il se met à l'ablatif avec ou sans préposition : *Eripere aliquem flammā, suppliciis*, ou *e flamma, e suppliciis* (arracher quelqu'un aux flammes, aux supplices). On doit employer la préposition lorsqu'elle ajoute à la clarté.

§ 343.   *Datif exprimant le but ou l'intention.*

1. Le datif, marquant le terme où aboutit une action, marque aussi le but qu'on se propose, l'intention qu'on a en la faisant. En ce sens, il répond à la question POUR QUI? POURQUOI? A L'AVANTAGE OU AU DÉSAVANTAGE DE QUI? *Non scholœ, sed vitœ discimus*, Sén. (ce n'est pas *pour* l'école, c'est *pour* le monde que nous apprenons).—*Non solum nobis divites esse volumus, sed liberis, propinquis, amicis, maximeque reipublicœ*, Cic. (ce n'est pas seulement *pour* nous que nous voulons être riches, c'est *pour* nos enfants, *pour* nos proches, *pour* nos amis, et surtout *pour* la république).

2. D'après ce principe, « Demander une grâce *pour* quelqu'un » s'exprimera par *petere veniam alicui ;* tandis que, selon le § 324, « demander une grâce *à* quelqu'un » doit se rendre par *veniam petere ab aliquo.*

On dira de même : *Metuere alicui,* et *ab aliquo* (craindre *pour* quelqu'un, et craindre quelque chose *de* quelqu'un). — *Consulere rebus suis* (veiller à ses intérêts), et *consulere deos* (consulter les dieux).—*Prospicere patriœ,* Cic. (pourvoir au salut de la patrie), et *prospicere tempestates,* Cic. (prévoir les tempêtes).

Rem. C'est le bon sens et l'usage qui indiquent comment le datif de but et d'intention doit être rendu en français : *Excusare se, purgare se alicui* (s'excuser, se justifier *auprès de* quelqu'un). — *Irasci amicis non soleo,* Cic. (je n'ai pas coutume de me mettre en colère *contre* mes amis). — *Philosophiœ semper vaco,* Cic. (j'ai toujours du loisir *pour* la philosophie). Dans ces trois exemples, les prépositions *auprès, contre* et *pour,* rendent également le datif, chacune avec des nuances différentes.

Il en est de même des exemples suivants et d'autres semblables : *Nullus agenti dies longus est,* Sén. (pour qui travaille, le jour n'est jamais long).—*Docto homini et erudito, vivere est cogitare,*Cic. (pour l'homme instruit et cultivé, vivre c'est penser). — *Barbaris ex fortunā pendet fides,* T. L. (chez, ou, pour les barbares, la fidélité aux engagements dépend de la fortune).

§ 344.   *Datif avec le verbe* esse.

Est mihi liber.

Le datif se construit souvent avec le verbe *esse,* considéré comme attributif, § 240. Si le mot qui est au datif désigne une personne, ÊTRE peut se remplacer en français par AVOIR : *Est mihi lĭber* (un livre est à moi = j'ai un livre). — *Est homini cum Deo similitudo,* Cic. (l'homme a de la ressemblance avec Dieu).

Si le datif désigne une chose, *esse* se rendra quelquefois par CAUSER, PROCURER, ou un autre verbe semblable : *Nimia fiducia calamitati esse solet,* C. Nép. (une trop grande confiance cause souvent des malheurs).

Rem. 1. Dans certaines locutions de ce genre, le français correspond exactement au latin : *Fama quŏque est oneri,* Ov. (la réputation même est à charge).

2. Avec les personnes, *est* a pour attribut implicite, *appartenant à...*; avec les choses, *aboutissant à...*

§ 345.   *Verbe* esse *avec deux datifs.*

Le datif de la personne et celui de la chose se trouvent souvent réunis : *Paucis temeritas est bono, multis malo*, Ph. (la témérité tourne à bien à peu de personnes; elle tourne à mal à beaucoup; ou mieux : la témérité a rarement une bonne issue, souvent une mauvaise. — *Hoc tibi est honori* (cela est à votre honneur = cela vous fait honneur). — *Hæc res mihi curæ erit* (j'aurai soin, je prendrai soin de cette affaire). — *Fortitudini fortuna quoque adjumento est*, Cic. (la fortune aussi vient en aide au courage). Ici *fortitudini* tient lieu d'un nom de personne; le courage est personnifié, considéré comme vivant et agissant.

Rem. Les verbes *do, verto, tribuo*, se construisent avec deux datifs dans un sens analogue au précédent : *Crimini mihi dedit meam fidem* (il m'a fait un crime de ma bonne foi). — *Aliquid alicui vitio vertere* (blâmer quelqu'un de quelque chose, mot à mot, lui tourner une chose à défaut). — *Hoc illi tribuebatur ignaviæ*, Cic. (on attribuait cette conduite à son manque de courage).

§ 346.   Est mihi nomen.

Au datif accompagné du verbe *esse* et marquant la possession, se rattache la manière de parler, *est mihi nomen* (j'ai nom, je m'appelle). Avec cette locution, le nom propre se met, ou au nominatif, (*est mihi nomen Caius*); ou au datif, (*est mihi nomen Caio*); ou enfin, mais fort rarement au génitif, (*nomen Mercurii est mihi,* Plaute) :

Syracusis est fons aquæ dulcis, cui nomen Arethusa, Cic. (à Syracuse, est une fontaine d'eau douce, qu'on nomme Aréthuse).

Attus Clausus, cui postea Appio Claudio fuit nomen, T. Liv. (Attus Clausus, qui depuis fut nommé Appius Claudius).

Rem. Dans le premier exemple, *Arethusa* est sujet ou attribut de la proposition; dans le second, il est attiré au datif par *cui*.

§ 347.   *Datif avec le verbe impersonnel* licet.

Licuit esse otioso.

Une attraction pareille a lieu avec *licet*, lorsque ce verbe a
pour sujet un des infinitifs *esse* ou *fieri*, accompagné d'un
adjectif : *In publica re*, mihi negligenti *esse non licet*, Cic. (il
ne m'est pas permis d'être indifférent aux affaires publiques).
— *Licuit esse otioso Themistocli*, Cic. (Thémistocle aurait pu
vivre dans le repos).

Rem. 1. L'adjectif peut aussi se mettre à l'accusatif, comme
attribut de la proposition infinitive : *Is erat annus quo ei consulem fieri liceret*, Cés. (c'était l'année où il lui était permis
d'être élu consul). Cette construction est rare, lorsque le datif
de la personne est exprimé ; elle est assez fréquente, lorsqu'il ne
l'est pas : *Liceat esse miseros*, Cic. (qu'il nous soit permis
d'être malheureux) = *nos esse miseros | liceat.*

2. Les poëtes et les écrivains postérieurs à Cicéron étendent
l'attraction du datif aux verbes *datur, contingit, prodest,
vacat, necesse est : Infirmo non vacat esse mihi*, Ov. (je n'ai
pas le temps d'être malade). — *Vobis necesse est fortibus
viris esse*, T. Liv. (c'est une nécessité pour vous d'être braves).

§ 348.   *Datif avec les verbes passifs.*

Mihi probantur.

On a vu, § 328, que le nom de la personne qui fait l'action
exprimée par le verbe passif se mettait à l'ablatif, précédé de *a*
ou *ab*. Ce nom peut aussi se mettre au datif avec certains verbes,
comme *audiri, haberi, intelligi, laudari, probari, quæri,
videri*, et autres, que l'usage apprendra : *Cui non sunt auditæ
Demosthenis vigiliæ?* Cic. (qui n'a entendu parler des veilles
de Démosthène)? — *Mihi valde probantur Ciceronis libri*
(les livres de Cicéron sont fort de mon goût).

Ce datif doit être considéré comme le complément du verbe
ÊTRE, compris dans tout passif. Les deux exemples suivants
feront parfaitement saisir cette analogie : *Mihi consilium cap-
tum jam diu est*, Cic. (mon parti est pris depuis longtemps);
mot à mot, le parti *est pour moi* pris depuis longtemps. —
Barbarus hic ego sum, quia non intelligor ulli, Ov. (je suis
ici un barbare, parce que je ne suis compris de personne);
proprement, parce que je ne *suis* intelligible *pour personne*.

§ 349.   DATIF AVEC LES ADJECTIFS.

Les adjectifs et les participes pris adjectivement, qui marquent:

1° Avantage ou désavantage : *utilis, commodus, opportunus;* — *inutilis, noxius, perniciosus;*

2° Facilité ou difficulté : *facilis, obvius, pervius;* — *difficilis, arduus, invius;*

3° Faveur ou défaveur : *amicus, carus, familiaris, propitius, fidus;* — *inimicus, invisus, infensus, iratus, infidus;*

4° Voisinage et proximité : *vicinus, finitimus, conterminus, propior, proximus;*

5° Alliance et parenté : *affinis, propinquus, cognatus;* prennent au datif le nom de la personne à laquelle ce dont on parle est utile, facile, nuisible, etc.

REM. 1. *Utilis* et *inutilis* prennent généralement le nom de la chose à l'accusatif avec *ad* : *Homo ad nullam rem utilis,* Cic. (un homme qui n'est bon à rien). — *Inutilis ad pugnam* (qui n'est pas propre au combat).

2. *Amicus* et *inimicus* sont très-souvent substantifs, et, à ce titre, ils se construisent avec le génitif et avec les adjectifs : *amicus veritatis; amicus meus.* Réciproquement, *hostis* peut se prendre adjectivement et se joindre au datif : *diis hominibusque hostis.*

§ 350. On construit encore avec le datif les adjectifs qui marquent :

1° Propriété ou communauté : *proprius, communis.*

2° Conformité ou opposition : *par, similis, æqualis;* — *dispar, impar, dissimilis, contrarius.*

REM. 1. *Proprius* se joint aussi au génitif : *Viri propria est fortitudo,* Cic. (le courage est la vertu propre de l'homme).

2. Il en est de même de *par* et de *similis*, ainsi que des termes opposés, excepté *impar : P. Crassus Cyri et Alexandri similis esse voluit,* Cic. (Publius Crassus voulut ressembler à Cyrus et à Alexandre). *Similis* est en quelque sorte pris substantivement, comme lorsqu'on dit en français, *mon semblable, vos pareils.* Quant à *par,* il faut qu'il devienne tout à fait substantif pour régir le génitif : *Metellus,* cujus *paucos* pares *hæc civitas tulit,* Cic. (Métellus, *dont les pareils* furent toujours rares dans cette ville).

Datif remplacé par ad *avec l'accusatif.*

Imperio natus. — Natus ad arma.

§ 351. Une foule d'autres adjectifs ou participes, notamment ceux qui marquent habitude, disposition, penchant, comme *assuetus, aptus, idōneus, natus, accommodatus,* se trouvent aussi avec le datif : *Imperio natus,* Cés. (né pour l'empire); *Omne animal id appetit, quod est naturæ accommodatum,* Cic. (tout animal désire ce qui est approprié à sa nature).

Mais le complément le plus ordinaire de ces adjectifs, et surtout de *pronus, promptus, paratus, proclivis,* est l'accusatif régi par *ad : Natus ad arma* (né pour les armes); *Locus ad insidias aptus* (lieu propre à une embuscade); *Nihil tam pronum ad simultates, quam æmulatio,* Pl. le j. (rien ne mène aussi facilement à la haine que la rivalité).

Cette construction est indispensable avec *propensus : Ut natura ad aliquem morbum proclivior, sic animus alius ad alia vitia propensior,* Cic. (de même qu'il est des tempéraments plus disposés à certaines maladies, il est des âmes plus portées que d'autres à certains vices).

DATIF AVEC LES ADVERBES.

§ 352. Les adverbes se joignent au datif comme les adjectifs ou les participes dont ils dérivent : *Summum bonum a Stoicis dicitur convenienter naturæ vivere,* (les Stoïciens disent que le souverain bien est de vivre conformément à la nature). — *Antiochus, si parēre voluisset Annibali, propius Tiberi quam Thermopylis de summā imperii dimicasset,* Corn. Nép. (si Antiochus avait voulu suivre les conseils d'Annibal, il aurait combattu pour l'empire plus près du Tibre que des Thermopyles). — *Proxime castris* (très-près du camp). — *Ire obviam hostibus* (aller au-devant des ennemis).

REM. *Propius* et *proxime* se construisent aussi avec l'accusatif sans préposition : *Propius mare* (plus près de la mer). — *Proximo Hispaniam Mauri sunt,* Sall. (les Maures sont les plus voisins de l'Espagne).

Le positif *prope,* considéré lui-même comme préposition, ne prend que ce cas : *prope oppidum* (près de la ville). Comme adverbe, on le trouve assez souvent avec *a* et l'ablatif : *prope a meis ædibus; tam prope ab domo, a Sicilia* [1], Cic.

---

1 Cet emploi de l'ablatif paraîtra fort naturel, si l'on envisage *prope* comme synonyme de *haud procul.*

DE L'ACCUSATIF.

ACCUSATIF AVEC LES VERBES TRANSITIFS.

§ 353. L'accusatif indique mouvement, tendance, direction vers un lieu (cf. § 368), et par analogie, tendance vers un but ou un résultat ; et c'est pour cela que les verbes transitifs régissent l'accusatif : *Urbem video* (je vois la ville) ; la ville est le *but* vers lequel est dirigée l'action de voir. *Deus creavit mundum* (Dieu a créé le monde) ; le monde est le *résultat* de l'action de créer.

§ 354. Beaucoup de verbes intransitifs deviennent transitifs en composition : *Adire aliquem* aborder quelqu'un) ; *opus aggredi* (entreprendre un ouvrage) ; *consilium inire* (prendre une résolution) ; *silvas pererrare* (parcourir les forêts) ; *urbem obsidēre, oppugnare* (assiéger, attaquer une ville) ; *mœnia circumvenire* (entourer les murailles) ; *Alpes transire* (passer les Alpes) ; et une foule d'autres que l'usage apprendra.

Rem. 1. Quelques verbes de cette espèce sont employés tantôt comme transitifs, tantôt comme intransitifs : *Excedĕre modum* (passer les bornes), et *excedere provinciā, e* ou *de provinciā* (sortir de la province). — *Egredi fines* (franchir les limites), et *egredi finibus* (sortir du territoire).

2. Quelques verbes composés de *circum*, *præter* et *trans*, se trouvent avec deux accusatifs, dont l'un est régi par le verbe, l'autre par la préposition : *Annibal duodecim millia equitum Iberum traduxit*, T. Liv. (Annibal fit passer l'Ebre à douze mille cavaliers) = *duxit trans Iberum*.

L'accusatif de la préposition se conserve avec le passif : *Cæsar reperiebat plerosque Belgas esse ortos ab Germanis, Rhenumque antiquitus transductos*, Cés. (César trouvait que la plupart des Belges étaient originaires de Germanie, et avaient été transportés anciennement en deçà du Rhin).

Verbes régissant deux accusatifs.

§ 355. Avec le verbe *docēre* et son composé *edocēre*, les Latins mettent à l'accusatif le nom de la chose que l'on enseigne, et celui de la personne à laquelle on enseigne cette chose : *Doceo pueros grammaticam* [1] (j'enseigne la grammaire aux

---

1 Le nom de la chose doit être considéré comme faisant partie du verbe, et formant avec lui une sorte de composé, dont le nom de la personne sera

enfants). — *Ciceronem Minerva omnes artes edocuit* (Minerve enseigna tous les arts à Cicéron).

Si le verbe est au passif, le nom de la personne en devient le sujet, et celui de la chose reste à l'accusatif : *Pueri docentur grammaticam* [1]. On observera que *doceri*, signifiant *être instruit, recevoir l'instruction*, ne peut jamais avoir pour sujet un nom de chose.

Rem. Lorsque *docere* signifie *donner avis, donner connaissance d'une chose*, il se construit bien avec *de* et l'ablatif : *Cæsar præmittit ad Boios, qui de suo adventu doceant*, Cés. (César envoie prévenir les Boïens de son arrivée).

§ 356. La règle des deux accusatifs s'applique au verbe *cēlare* (cacher) : *Non te celavi sermonem Ampii*, Cic. (je ne vous ai pas caché le discours d'Ampius).

On emploie aussi l'ablatif avec *de*, principalement quand le verbe est au passif : *Non est profecto de illo veneno celata mater*, Cic. (le secret de ce poison ne fut certainement pas caché à la mère).

§ 357. Cette règle s'applique en outre,

1° Aux verbes *orare, rogare* (prier, demander en priant) : *Nunquam divitias deos rogavi*, Mart. (jamais je n'ai demandé de richesses aux dieux).

2° Aux verbes *rogare, interrogare* (interroger) : *Interrogare aliquem sententiam* (demander à quelqu'un son avis); et avec le passif : *Scito, primum me non esse rogatum sententiam*, Cic. (sachez que je n'ai pas été appelé à voter le premier).

3° Aux verbes *poscĕre, reposcĕre, flagitare* : *Pacem te poscimus omnes*, Virg. (nous vous demandons tous la paix). — *Quotidie Cæsar Æduos frumentum flagitabat*, Cés. (chaque jour César pressait les Éduens de fournir du blé).

Mais les simples déterminatifs neutres, comme *hoc, id, illud, quid, quod, unum, pauca, multa, omnia*, et autres semblables, se rencontrent beaucoup plus souvent avec ces verbes, que les accusatifs des substantifs : *hoc te rogo; unum hoc vos oro; quod me rogas.*

Les mêmes déterminatifs s'emploient aussi avec *moneo :*

---

le complément direct : *grammaticam-doceo pueros* (j'instruis-en-grammaire les enfants). C'est ainsi que l'expression archaïque *animum advertere aliquid* offre le commencement d'une composition qui est complète dans *animadvertere aliquid*. Cf. Méth. gr. pag. 308, Not.

1 Cf. Méth. gr. §§ 342 et 348.

Illud me præclare admones, Cic. (vous me donnez un excellent conseil); mais on ne dirait pas, avec un substantif, *errorem me admones;* cf. § 314.

Rem. 1. Les verbes *rogare* et *interrogare* n'admettent guère, pour accusatif de la chose, que le mot *sententiam;* du reste, on dit *interrogare aliquem de aliqua re.*

2. Quant aux verbes qui signifient *demander, exiger*, ils prennent le nom de la personne à l'ablatif avec *a* ou *ab* , encore plus souvent qu'à l'accusatif : *Rem ab aliquo poscere, flagitare, postulare, exigere.* Cette construction est la seule permise avec *petere;* cf. § 324.

ACCUSATIF AVEC LES VERBES INTRANSITIFS.

§ 358. Tous les verbes latins peuvent être divisés en deux classes, 1° ceux qui reçoivent un complément direct pris hors d'eux-mêmes ; ce sont les verbes actifs ou transitifs ; 2° ceux qui renferment en eux-mêmes leur complément direct, et qui sont, ou Intransitifs relatifs, comme *opitulari, favēre, parcĕre* [1] (cf. § 341, Note *); ou Intransitifs absolus, comme *currĕre* (courir = faire une course), *somniare* (songer = faire un songe), *gaudēre, lætari* (se réjouir = avoir de la joie), *vivĕre* (vivre = passer sa vie).

Le complément direct compris dans ces verbes peut être exprimé séparément, lorsqu'on veut le qualifier ou le déterminer d'une manière quelconque : *Mirum somniavi somnium*, Plaut. (j'ai fait un rêve merveilleux). — *Consimilem luserat jam ille ludum,* Tér. (déjà il avait joué un jeu semblable). — *Tutiorem vitam vivere,* Cic. (vivre plus en sûreté).

Dans ces exemples, le verbe intransitif a pour régime l'accusatif du nom tiré de lui-même. Quelquefois ce régime est un nom d'une signification analogue à celle du verbe [2] : *Tu abi tacitus tuam viam,* Plaut. (passe ton chemin sans rien dire). — *Qui currit stadium, eniti debet ut vincat,* Cic. (celui qui court dans le stade, doit s'efforcer de vaincre). — *Pugnare prœlia,* Hor. (livrer des combats). — *Ambulare septingenta millia passuum,* Cic. (faire en marchant sept cent mille pas).

---

1 Ces verbes sont relatifs, parce que, pour former un sens complet, ils ont besoin d'un régime indirect (porter secours, accorder une faveur, faire grâce, *à quelqu'un*); les autres sont absolus, parce que leur action se termine en eux-mêmes, sans relation avec un objet extérieur.

2 Cf. Méth. gr. § 343.

Rem. 1. De ces locutions, quelquefois très-élégantes, on ne doit imiter que celles dont on connaît des exemples.

2. Mais il est peu de verbes intransitifs qui ne puissent régir à l'accusatif *hoc, illud, pauca, multa,* et les autres déterminatifs universels (§ 37). Ces accusatifs déterminent le complément renfermé dans le verbe et représenté par le radical : *unum hoc doleo* (je n'ai qu'un *regret*); *unum omnes student* (tous ont un seul *désir*); *eadem fere peccat* (il commet à peu près les mêmes *fautes*).

3. Le poëtes étendent cet usage à un grand nombre d'adjectifs neutres : *dulce loquens* (parlant un doux *langage*); *torva tuens* (lançant des *regards* farouches).

§ 359. 1. De même qu'on peut dire *dolēre acrem dolorem,* Plaut. (ressentir une vive douleur), on dit aussi par analogie, *casum, sortem, vicem alicujus dolere* (plaindre le malheur, le sort, la condition de quelqu'un); *filii mortem lugēre, mœrēre, lacrimari* (pleurer la mort d'un fils) [1].

L'accusatif qui se joint à ces verbes est nécessairement un nom de chose; avec *flēre* et *ridēre,* l'accusatif peut être un nom de personne : *Flebunt Germanicum etiam ignoti,* Tac. (les inconnus même pleureront Germanicus). Toutefois les composés transitifs *deflere, deridere,* sont plus usités en ce sens.

2. On peut rattacher à cette classe *horrēre aliquid* (avoir horreur d'une chose, la redouter), différent de *abhorrēre ab aliquā re* (avoir de l'éloignement pour une chose, y répugner): *Ingrati animi crimen horreo,* Cic. (je redoute l'accusation d'ingratitude). — *Id abhorret a meis moribus,* Cic. (cela répugne à mon caractère).

3. *Queri* (se plaindre de) prend également bien l'accusatif et l'ablatif avec *de : Queror injuriam* ou *de injuria.*

ACCUSATIF AVEC LES VERBES PASSIFS.

§ 360.   I. Exuvias indutus.

On trouve, surtout chez les poëtes, l'accusatif de la chose régi par un verbe passif : *Exuvias indutus Achillis,* Virg. (revêtu des dépouilles d'Achille).

Si l'on considère *indutus* comme l'équivalent de *qui indue-*

---

1 Quoique toutes ces expressions soient fort bonnes à imiter, la règle la plus générale n'en est pas moins de dire *dolere aliquā re,* § 327.

17. Burn. *Gr. Lat.*   Q

rat (qui avait revêtu), on verra que l'idée d'action subsiste même dans le passif, et que l'accusatif en est le complément naturel.[1]
— En prose, on dirait avec l'ablatif, *indutus exuviis*.

§ 361.   II. Fractus membra.

Les poëtes, et quelquefois aussi les prosateurs, mettent à l'accusatif le nom qui exprime la partie du sujet à laquelle se rapporte l'action exprimée par le verbe passif : *Vĕrēcundo suffunditur* ora *rubore*, Ov. (son visage se couvre d'une modeste rougeur). — *Fractus* membra *labore miles*, Hor. (un soldat dont les membres sont brisés par la fatigue).— *Annibal, tacitā curā* animum *incensus*, T. Liv. (Annibal, ayant l'âme dévorée d'une secrète inquiétude).

Dans le premier exemple, l'accusatif *ora* est régi, comme *exuvias*, par l'idée d'action comprise dans le verbe. Dans les deux derniers, l'action étant accomplie et le participe n'exprimant plus qu'un simple état, comme ferait un adjectif, *fractus membra, incensus animum*, s'expliqueront mieux par *fracta membra, incensum animum habens*[2].

362.   ACCUSATIF AVEC LES ADJECTIFS.

I. Nudă pĕdĕs.

Les adjectifs eux-mêmes se trouvent souvent dans les poëtes avec l'accusatif : *Os humerosque deo similis*, Virg. (ayant le visage et les épaules d'un dieu) = *similia habens*. On dira de même d'une femme qui a les pieds nus, *nuda pedes*; les cheveux blonds, *flava comas*. L'accusatif est régi par l'idée de possession comprise dans tout adjectif, et représentée par la désinence.[3]

II. Vitābundus castra.

Quelques adjectifs en *bundus*, comme *mirabundus, populabundus, vitabundus*, régissent aussi l'accusatif, mais d'après un autre principe, et uniquement parce qu'ils conservent le sens actif des verbes dont ils viennent : *Hanno, vitabundus castra hostium, Benevento jam appropinquabat*, T. Liv. (Hannon, évitant soigneusement le camp ennemi, approchait déjà de Bénévent).

---

1 Cf. Méth. gr. § 349, Not. 2.
2 Cf. Méth. gr. § 343.
3 Cf. § 313, et Méth. gr. § 344. — Les historiens imitent quelquefois les poëtes : *Vir cetera egregius*, T. Liv. pour *in ceteris*.

§ 363.   ACCUSATIF PRIS ADVERBIALEMENT.

On doit remarquer encore certaines expressions fort usitées
où figure l'accusatif, et qui forment de véritables locutions
adverbiales, comme *magnam* et *maximam partem*, *suam
vicem*, *id genus* : *Suevi non multum frumento, sed maximam partem lacte atque pecŏre vivunt*, Cés. (les Suèves
consomment peu de blé; ils vivent *en grande partie* du lait et
de la chair de leurs troupeaux). — *Suam vicem officio functus*,
T. Liv. (s'étant acquitté de son devoir, en ce qui le concerne).
— *Orationes aut aliquid* id genus *soleo scribĕre*, Cic. (j'écris
habituellement des discours, ou quelque autre chose de cette
espèce). — On dit également *maximā ex parte, aliquid ejus
generis.*

Les exemples suivants se rattachent à la même analogie :
Homines id ætatis, Cic. (des hommes *de cet âge*). — *Locus ab
omni turbā*, id temporis, *vacuus*, Cic. (un lieu où, *à cette
heure*, on n'est point troublé par la foule). — *Thebani* nihil
moti sunt, T. L. (les Thébains ne furent *nullement* émus).

DES QUESTIONS DE LIEU.

§ 364.   QUESTION Ubi.

On met à l'ablatif avec *in* le nom du lieu où l'on est, ou
dans l'intérieur duquel une action s'exécute, lorsque ce nom
est celui d'un pays, comme *Asia, Italia, Gallia*, ou un terme
général, comme *orbis, regio, insula, urbs, silva, hortus*, etc.
« Etre en Italie, » *esse in Italia*. « Se promener dans le jardin,
dans la forêt, » *ambulare in horto, in silvā*.

REM. On emploie ordinairement l'ablatif sans préposition :

1° Dans certaines expressions consacrées, comme *terrā ma-
rique* (sur terre et sur mer, ou, par terre et par mer).

2° Lorsque le nom commun est accompagné de quelque
adjectif, particulièrement de *totus* ou d'un autre déterminatif :
Castra Gallorum opportunis locis *erant posita*, Cés. (le camp
des Gaulois était avantageusement situé). — *Tyriorum coloniæ
pœne* orbe toto *diffusæ sunt*, Q. C. (les colonies des Tyriens
sont répandues dans presque tout l'univers). — *Non* eodem
semper loco *sol orĭtur aut occĭdit*, Sén. (le lever ou le coucher
du soleil n'ont pas toujours lieu à la même place).

*Q

Les poëtes sous-entendent *in* même lorsqu'il n'y a pas d'adjectif : *Silvisque agrisque viisque corpora fœda jacent*, Ov.

§ 365.   *Noms de ville à la question* Ubi.

1. Les noms de ville se mettent au génitif s'ils sont de la première ou de la seconde déclinaison et du nombre singulier : *Alia* Tusculi, *alia* Romæ *evĕnit sæpe tempestas*, Cic. (il fait souvent un temps à Rome, un autre à Tusculum). De même, *Antiochiæ, Ephesi, Corinthi, Lugduni* (à Antioche, à Éphèse, à Corinthe, à Lyon).

2. Ils se mettent à l'ablatif sans préposition, s'ils sont du pluriel ou de la troisième déclinaison : *Athenis jam diu doctrina interiit*, Cic. (la science a péri depuis longtemps à Athènes). — *Cur jam oracula Delphis non ĕduntur?* Cic. (pourquoi ne se rend-il plus d'oracles à Delphes?) — *Babylone Alexander est mortuus*, Cic. (Alexandre est mort à Babylone).

3. Si après le nom de ville on place une apposition, les mots qui la forment se mettent à l'ablatif avec ou sans la préposition *in* : *Archias poeta* Antiochiæ *natus est, celebri quondam* urbe *et copiosā*, Cic. [1] (le poëte Archias est né à Antioche, ville dès longtemps célèbre par sa population et par ses richesses). — *Milites legionis Martiæ Albæ constiterunt*, in urbe *opportunā, munitā, propinquā*, Cic. (les soldats de la légion de Mars s'arrêtèrent à Albe, position commode, fortifiée, et voisine de Rome).

4. Les noms de quelques îles peu considérables suivent la règle des noms de ville : *Conon plurimum* Cypri *vixit, Timotheus* Lesbi, C. N. (Conon passa une grande partie de sa vie dans l'île de Chypre, Timothée dans celle de Lesbos). On dit au contraire *in Britannia, in Sicilia, in Sardinia*, et de même de toutes les grandes îles.

§ 366.   *Des expressions* domi, humi, ruri, *etc.*

La règle des noms de ville s'applique encore,

1° Au génitif pris adverbialement *domi* (à la maison, chez soi) : *Condiunt Ægyptii mortuos, et eos* domi *servant*, Cic. (les Égyptiens embaument les morts, et les conservent *chez*

---

1 *Pro Arch.* 3. *Celebri*, très-peuplée; *quondam*, fort anciennement.

eux). Ce mot n'admet pas d'autres adjectifs que *meœ*, *tuœ*, *suœ*, *nostrœ*, *vestrœ*, et par analogie, *alienœ*.

Domi signifie souvent *en paix*, *en temps de paix*, et, dans cette acception, il a pour opposés *belli* ou *militiœ* : *Nihil domi*, *nihil* militiæ *per magistratus geritur sine augurum auctoritate*, Cic. (les magistrats ne font rien ni en paix ni en guerre, ou, ni à Rome ni dans les camps, sans l'aveu des augures). On dit de même *aut belli*, *aut domi*, *belli domique*, *domi* servant toujours de corrélatif, soit à *belli*, soit à *militiœ*, qui seuls ne pourraient être employés en ce sens.

2° Au génitif *humi*, également adverbial : *humi jacēre* (être étendu par terre) ; *humi corpus abjĭcere*, Q. C. (se jeter à terre).

3° A l'ancienne forme d'ablatif *ruri* : *Manlius Titum filium* ruri *habitare jussit*, Cic. (Manlius voulut que son fils Titus vécût à la campagne *).

Les poëtes et les écrivains postérieurs à Cicéron emploient aussi *rure* à la question *Ubi*; mais *ruri* est préférable en prose, et l'autre forme doit être réservée pour la question *Unde* : *ruri esse*, *rure redire*.

§ 367.   QUESTION Unde.

Le nom qui exprime le lieu d'où l'on part, si c'est un nom de pays ou un terme général, se met à l'ablatif avec une des prépositions *de*, *ex*, *ab*, selon le verbe dont il est accompagné ; cf. § 323. La préposition est souvent omise avec *locus*, *forum*, *provincia*.

Noms de ville, etc., à la question Unde.

Les noms propres de ville, ceux de quelques petites îles, ainsi que *domus*, *humus* et *rus*, se mettent à l'ablatif sans préposition : *Dionysius Platonem* Athenis *arcessivit*, C. N. (Denys fit venir Platon d'Athènes). — *Domo profugĕre*, Cic. (s'enfuir de chez soi, de sa maison, de sa patrie). — *Surgit*

---

* Il est inutile de rien sous-entendre pour expliquer les génitifs *Romæ*, *Lugduni*, *domi*, *humi*. Remarquons d'abord que *Romæ* est pour *Romai*, et que dès lors tous ces mots se terminent réellement en *i* comme *ruri* et comme *Tiburi*, *Carthagini*, *Lacedæmoni*, dont on trouve des exemples à la question *ubi*, enfin comme *ubi* lui-même et *ibi*. N'est-il pas permis de penser que le cas du repos était primitivement le datif en latin comme en grec, ou plutôt que, dans les deux langues, la terminaison *i* ajoutée au radical formait un cas spécial destiné à marquer le lieu où l'on est? Les désinences *æ* et *i* n'auraient donc du génitif que l'apparence, et seraient un vrai locatif. Priscien et Donat, en considérant ces prétendus génitifs comme des adverbes de lieu, conduisent directement à cette conjecture. Ce serait aussi une trop bizarre anomalie, que le même rapport fût exprimé par un cas au singulier et par un autre au pluriel.

humo *juvenis*, Ov. (le jeune homme se lève de terre).—*Quum Tullius rure redierit, mittam eum ad te*, Cic. (quand Tullius sera revenu de la campagne, je vous l'enverrai).

§ 368.　　QUESTION Quo.

Le nom qui exprime le lieu où l'on va se met à l'accusatif avec *in* si l'on entre dans le lieu, avec *ad* si l'on ne fait qu'en approcher : *Proba vita via est in cœlum*, Cic. (une bonne vie est le chemin du ciel = conduit *dans* le ciel). — *Ad rivum eumdem lupus et agnus venerant*, Ph. (un loup et un agneau étaient venus au même ruisseau). — *Proficiscitur in Galliam* (il part pour la Gaule).

Noms de ville, etc., à la question Quo.

Les noms de villes, ceux de quelques petites îles, ainsi que *domus* et *rus*, se mettent à l'accusatif sans préposition : *Proficiscitur Athenas* (il part pour Athènes). — *Curius primus Romam elephantos duxit*, Eut. (Curius fut le premier qui conduisit des éléphants à Rome). — *Domum redire* (revenir chez soi, dans sa maison ou dans sa patrie). — *Ego rus ibo, atque ibi manebo*, Tér. (j'irai à la campagne et j'y resterai[1]).

Les mots ajoutés par apposition se mettent à l'accusatif avec ou sans *in* : *Demaratus Corinthius dicitur se contulisse Tarquinios, in urbem Etruriæ florentissimam*, Cic. (Démarate de Corinthe alla, dit-on, s'établir à Tarquinies, ville la plus florissante de l'Étrurie). — *Catinam quum venisset, oppidum locuples*, Cic. *de Sign.* 23 (étant venu à Catane, ville opulente).

Rem. *Pĕtĕre*, dans le sens d'*aller*, de *gagner un lieu*, régit l'accusatif comme tout autre verbe actif : *Grues, loca calidiora petentes, maria transmittunt*, Cic. (les grues passent les mers, pour aller chercher des climats plus chauds). — *Galliam, Italiam, Romam petere* (aller en Gaule, en Italie, à Rome).

§ 369.　　QUESTION Qua.

Le nom du lieu par où l'on passe se met à l'ablatif sans préposition ou à l'accusatif avec *per*, s'il s'agit d'un chemin, d'une rue, d'une porte : *Lupus, Esquilinā portā ingressus*,

---

1 Il n'y a aucune préposition à sous-entendre, la destination de l'accusatif étant d'exprimer le lieu vers lequel un mouvement se dirige. C'est ce qui autorise les poëtes à omettre la préposition même devant les noms de pays et les termes généraux : *Italiam Lavinaque venit littora. — Devenere locos lætos et amœna vireta.* Virg.

per portam Collinam evaserat, T. Liv. (un loup, entré par la porte Esquiline, s'était sauvé par la porte Colline). — *Catilina Aureliā viā profectus est,* Cic. (Catilina est parti par la voie Aurélienne).

Avec les noms de ville et de pays, on emploie *per* et l'accusatif : *Per Carthaginem transire; iter facere per Galliam* (passer par Carthage; traverser la Gaule).

§ 370. *Observations générales sur les questions de lieu.*

1. Les noms de ville, aux questions *ubi, unde, quo,* se construisent avec les prépositions, lorsque les noms communs *urbs* ou *oppidum* sont placés avant, et que c'est le nom propre qui forme apposition : *Cimon in oppido Citio est mortuus,* C. N. (Cimon mourut dans la ville de Citium[1]). — *Vercingetorix expellitur ex oppido Gergoviā,* Cés. (Vercingétorix est chassé de la ville de Gergovie[2]).

2. Il en est de même de *domus* lorsqu'il régit un génitif ou qu'il désigne l'édifice ou la famille : *Alcibiades educatus est* in domo *Periclis,* C. N. (Alcibiade fut élevé dans la maison de Périclès). —*Atticus non ex vita, sed* ex domo in domum *videbatur migrare,* C. N. (Atticus paraissait moins sortir de la vie, que passer d'une maison dans une autre).

3. La préposition française CHEZ se rend, à la question *Ubi,* par *apud* avec l'accusatif: *Cœnare apud amicum* (souper chez un ami). — *Scaurum ruri* apud se *esse audio,* Cic. (j'apprends que Scaurus est chez lui, à la campagne).

A la question *Unde,* par *a* ou *ab* avec l'ablatif: *A patre venio* (je viens de chez mon père). — *Quisnam* a nobis *egreditur foras?* Tér. (qui donc sort de chez nous)?

A la question *Quo,* par *ad* avec l'accusatif: *Eamus ad me,* Tér. (allons chez moi); — *ad Cœsarem* (chez César).

A la question *Qua,* pour rendre « Passer *par chez* quelqu'un, » l'on dira *per domum alicujus transire;* mais cette manière de parler est fort rare, aussi bien en français qu'en latin.

REM. On a vu dans les §§ précédents que *chez soi,* c.-à-d. *au logis,* s'exprimait aussi par *domi, domo, domum,* suivant la nature de la question et le sens de la phrase.

---

1 Ville maritime de l'île de Chypre. — 2 Place forte des Arvernes, à peu de distance de la ville moderne de Clermont-Ferrand.

§ 371. QUESTION D'ÉTENDUE.

Le nom qui exprime l'étendue en longueur, en largeur, en hauteur ou en profondeur se met à l'accusatif sans préposition après les verbes et les adjectifs : *Planities* tria millia *passuum in longitudinem patet* [1], Cés. (la plaine a trois mille pas d'étendue en longueur). — *Muri Babylonis* ducenos pedes *alti, quinquagenos lati erant* [2], Plin. (les murs de Babylone avaient deux cents pieds de haut, et cinquante de large).

REM. 1. Au lieu de l'accusatif, l'étendue est quelquefois exprimée par l'ablatif; mais l'emploi de ce cas est rare et on ne doit pas l'imiter.

2. Avec un substantif, elle peut l'être par le génitif de qualité (§ 309) : *Colossus centum viginti pedum*, Suét. — *Pedum quindecim fossa*, Cés.

§ 372. QUESTION DE DISTANCE.

La distance d'un lieu à un autre s'exprime, comme l'étendue, par l'accusatif sans préposition : *Civitas ea* [3] *sita fuit* passus mille *ferme a mari*, T. Liv. (cette ville était située à environ mille pas de la mer).

On peut aussi se servir de l'ablatif, et les historiens en offrent d'assez nombreux exemples : *Æsculapii templum* quinque millibus *passuum ab urbe* [4] *distat*, T. Liv. (le temple d'Esculape est éloigné de cinq mille pas de la ville).

On emploie élégamment l'ablatif *spatio*, suivi d'un génitif : *Æmilius a Chalcide Aulidem* [5] *trajicit, trium millium* spatio *distantem*, T. Liv. (de Chalcis, Paul Emile passe à Aulis, qui en est éloignée de trois milles).

Quand la distance est exprimée par le mot *lapis* (pierre milliaire), on le met à l'accusatif avec *ad* et le nombre ordinal : *Ad quartum a Cremonâ lapidem fulsere legionum signa*, Tac. (à quatre milles de Crémone, brillèrent les étendards des légions).

---

1. Cf. § 358 : *Ambulare septingenta millia passuum.* — 2 *Altus* signifie Ayant en hauteur; *Latus*, Ayant en largeur; cf. § 362, *nuda pedes*.

3. Sagunte, en Espagne. — 4 Epidaure, en Argolide. — 5 Chalcis, dans l'île d'Eubée; Aulis, dans la Béotie. — Le mot *Chalcide*, quoique étant un nom propre de ville, est précédé de la préposition *a*, pour plus de clarté, et à cause de l'opposition.

DES QUESTIONS DE TEMPS.

373.   QUESTION Quando (*quand*).

Les circonstances de temps sont assimilées à celles de lieu
et marquées par les mêmes cas. Ainsi, le terme qui exprime
en quel temps une chose a été faite ou sera faite, se met à
l'ablatif sans préposition : *Pyrrhi temporibus, jam Apollo
versus facere desierat,* Cic. (à l'époque de Pyrrhus, Apollon
avait déjà cessé de faire des vers). — *Quā nocte natus est
Alexander, eādem Dianæ Ephesiæ templum deflagravit,*
Cic. (la nuit même où naquit Alexandre, le temple de Diane
à Éphèse fut brûlé). — *Homerus annis multis fuit ante Ro-
mulum,* Cic. (Homère vécut bien des années avant Romulus).
— *Themistocles fecit idem quod viginti annis ante fecerat
Coriolanus,* Cic. (Thémistocle fit ce que Coriolan avait fait
vingt ans auparavant).

REM. 1. Au lieu de *viginti annis ante,* on aurait pu dire,
en employant le nombre ordinal au singulier, *vigesimo anno
ante,* ou *vigesimo ante anno* (la vingtième année auparavant);
viginti post annis, ou *vigesimo post anno* (vingt ans, ou, la
vingtième année après).

2. *Ante* et *post,* qui dans ces exemples sont adverbes,
peuvent redevenir prépositions, et l'on dira également bien
multis post annis, ou, *post multos annos eādem evenēre,*
comme on dit en français : « Beaucoup d'années après, ou,
après beaucoup d'années, les mêmes événements se renouve-
lèrent. »

3. Cet emploi de *post* avec l'accusatif fournit le moyen de
rendre les locutions françaises, *dans peu de jours, dans quelques années,* etc.; DANS pouvant se tourner par APRÈS, on dira :
post paucos dies, post aliquot annos.

Cependant, avec *biduum, triduum, quatriduum,* le même
rapport s'exprime par l'ablatif : *Triduo hæc audietis,* Cic.
(vous apprendrez cela dans trois jours).

4. Si l'on veut rendre en latin, *tous les sept jours,* et autres
expressions semblables, marquant retour périodique d'une
action, il faut dire avec *quisque* et l'ablatif : *septimo quōque die*
(mot à mot, chaque septième journée).

5. A la question *Quando* appartiennent encore les deux
adverbes *pridie* et *postridie.* On dit *pridie, postridie ejus diei*

(la veille, le lendemain de ce jour). Mais les autres noms se mettent à l'accusatif : *pridie kalendas ; postridie ludos.*

§ 374. QUESTION Quam dudum (*depuis quand*).

1. Pour exprimer depuis quand dure ou durait une action, le nom de temps se met à l'accusatif, et l'on emploie le nombre ordinal : « L'Italie était depuis douze ans ravagée par la guerre punique, » *Punico bello* duodecimum annum *Italia urebatur,* T. Liv. (était ravagée une douzième année)[1]. Et de même : « Il y a bien des années que je suis lié avec Trébonius, » *Trebonio multos annos utor familiariter,* Cic.

2. S'il s'agit d'un temps tout à fait écoulé, on se sert du nombre cardinal avec *ante* et le démonstratif *hic, hæc, hoc :* « Il y a six mois que tu as médit de moi, » *Ante hos sex menses male dixisti mihi,* Ph. (avant ces derniers six mois).

On peut aussi employer *abhinc* suivi de l'accusatif ou de l'ablatif : « Il y a vingt-deux ans qu'il est mort, » *Ille* abhinc *duos et viginti annos mortuus est,* Cic. — « Il y a quatre ans,» *Abhinc annis quatuor,* Cic.

REM. 1. *Abhinc* signifie, A partir de ce moment en reculant dans le passé ; il se joint toujours au nombre cardinal et se place le premier ; on ne doit donc pas dire *quatuor* abhinc *annis,* ni *quarto* abhinc *anno.*

2. DEPUIS CE TEMPS-LA s'exprime par *ab* ou *ex illo tempore ;* — DEPUIS LA FONDATION DE ROME, par *post urbem conditam,* ou *ab urbe conditā.*

§ 375. QUESTION Quandiu (*pendant combien de temps*).

Le terme qui exprime pendant combien de temps[2] une action dure habituellement, a duré ou durera, se met à l'accusatif sans préposition : *Ager, quam multos annos quievit, uberiores efferre fruges solet,* Cic. (un champ qui s'est reposé plusieurs années donne des moissons plus abondantes). — *Duodequadraginta* annos *tyrannus Syracusanorum fuit Dionysius,* Cic. (Denys fut tyran de Syracuse pendant trente-huit ans).

---

1. On trouve aussi, mais plus rarement, le nombre cardinal : *Viginti jam annos bellum gero cum impiis civibus,* Cic. *Phil.* VI, 7, (il y a vingt ans que je fais la guerre aux mauvais citoyens).

2 La question *quam dudum* et la question *quandiu* diffèrent entre elles comme *depuis* et *pendant.* Du reste, toutes deux se rapportent à la durée ; or, la durée n'étant que l'étendue dans le temps, il est naturel qu'elle soit exprimée par les mêmes cas que l'étendue dans le lieu.

L'on peut aussi employer l'ablatif : *Ægyptum Nilus* totâ æstate *obrutam oppletamque tenet,* Cic. (le Nil tient l'Egypte inondée et couverte pendant tout l'été). — *Imperium Assyrii* mille trecentis annis *tenuere,* Just. (les Assyriens possédèrent l'empire pendant treize cents ans).

Mais l'accusatif exprime mieux la durée non interrompue, et si l'on veut la marquer encore avec plus de précision, on ajoute la préposition *per* : *Annibal Italiam* per annos sexdecim *variis cladibus fatigavit,* Just. (pendant seize ans, Annibal accabla l'Italie de toute sorte de maux).

Rem. L'âge s'exprime, comme la durée, par l'accusatif avec le participe *natus* : « Agé de vingt et un ans, » *Annos natus unum et viginti,* Cic. — « Caton mourut à quatre-vingt-cinq ans, » *Cato annos quinque et octoginta natus excessit e vita*[1], Cic.

On emploie le verbe *agĕre* avec le nombre ordinal, quand l'année que l'on désigne n'est pas accomplie : *C. Julius Cæsar, annum agens sextum decimum, patrem amisit,* Suét. (Jules César était dans sa seizième année, lorsqu'il perdit son père.)

§ 376.   QUESTION *En combien de temps.*

Le terme qui exprime en combien de temps une action s'exécute, se met à l'ablatif sans préposition : *Saturni stella* triginta *fere* annis *cursum suum conficit,* Cic. (la planète de Saturne accomplit sa révolution à peu près en trente ans). — *Quatuor tragœdias* sexdecim diebus *absolvisti,* Cic. (vous avez achevé quatre tragédies en seize jours).

On le trouve aussi, mais rarement, à l'accusatif avec *intra* : *Gracchus centum tria oppida* intra paucos dies *in deditionem accepit,* T. Liv. (Gracchus reçut en peu de jours la soumission de cent trois places).

Rem. 1. Le vrai sens d'*intra* est de marquer la limite *en dedans* de laquelle un fait s'accomplit, et qu'il ne dépasse point : *Omnes Potitii* intra annum *exstincti sunt,* T. Liv. (tous les Potitius périrent *dans* l'année). — *Multi* intra vicesimum diem *dictaturâ* se abdicarunt, T. Liv. (beaucoup de dictateurs abdiquèrent *dans les* vingt jours = avant que le vingtième jour fût écoulé).

---

1 S'il y avait une préposition à sous-entendre, ce serait *ante* ; mais l'accusatif se joint à *natus* d'après la même analogie qu'à *latus, altus,* etc. § 371.

2. La question POUR QUEL TEMPS OU POUR COMBIEN DE TEMPS se résout par *in* avec l'accusatif : « Il l'invita à souper *pour le lendemain,* » *Eum ad cœnam invitavit* in posterum *diem,* Cic. — « Nous venons au monde pour peu de temps, » *In exiguum œvi gignimur,* Sén.

EMPLOI PARTICULIER DES CAS AVEC CERTAINS VERBES [1].

§ 377. *Verbes impersonnels* pluit, tonat, fulgurat.

1. Le verbe *pluit* se construit au besoin avec l'ablatif de la matière : *In Aventino* lapidibus *pluit,* T. Liv. (il plut des pierres sur le mont Aventin); — ou, mais plus rarement, avec l'accusatif d'après l'analogie marquée § 358 : *In areā Vulcani* sanguinem *pluit,* T. Liv. (il plut du sang dans le parvis du temple de Vulcain).

2. Les poëtes donnent quelquefois à ce verbe, ainsi qu'à *tonat* et à *fulgurat,* des sujets pris hors du radical [2] : *Nec de concussā* tantum *pluit ilice* glandis. — *Cœlum* tonat omne *fragore.* — Antra ætnæa *tonant,* Virg.

§ 378. *Verbes* pœnitet, pudet, piget, tædet, miseret.

Nous avons expliqué, § 80, III, la véritable nature de ces verbes. Il en résulte que, si l'on veut traduire en latin « Je me repens de ma faute, » il faudra dire *me pœnitet culpœ meœ.* Le sujet est représenté par le radical de *pœnitet,* et déterminé par le génitif *culpœ* (Le regret de quoi? — de la faute). L'accusatif *me* est le complément direct du verbe.

La règle est donc de mettre à l'accusatif le nom de la personne qui éprouve le repentir, la honte, la pitié, etc., et au génitif le nom de la personne ou de la chose qui est l'objet de ces sentiments : *Vidi eum miserum, et* me ejus *misertum est,* Plaut. (je l'ai vu malheureux, et j'ai eu pitié de lui). — *Malo* me fortunæ *pœniteat, quam* victoriæ *pudeat,* Q. C. (j'aime mieux être mécontent de ma fortune, que honteux de ma victoire).

---

1 Les §§ contenus sous ce titre, ne sont, comme les Questions de lieu et de temps, que des applications spéciales des règles qui concernent les cas. Nous avons réservé ces applications pour des articles séparés, parce qu'elles forment des latinismes sur lesquels il est nécessaire d'appeler l'attention.

2 Cf. § 80, 1, REM.

L'objet du repentir, de la honte, etc. peut être aussi exprimé par un infinitif : *Quem pœnitet peccasse, pœne est innocens*, Sén. le tr. (celui qui se repent d'avoir péché, est presque innocent). En ce cas, l'infinitif est sujet de *pœnitet*.

REM. 1. Pour exprimer « Je commence à me repentir, » on dira *incipit me pœnitere*, dont l'analyse est : « Le repentir commence à me prendre. » Cette règle s'applique aux verbes *soleo, debeo, possum, incipio, cœpi, desino*. Construits avec les infinitifs *pœnitere, pudere*, etc., ces verbes ont pour sujet l'idée contenue dans l'infinitif, et par conséquent ils se mettent toujours à la troisième personne du singulier : *Solet eum, quum aliquid furiose fecit, pœnitere*, Cic. (il a coutume de se repentir, lorsqu'il s'est livré à quelque emportement). — *Postquam animus conquievit, pigere eum facti cœpit*, Just. (lorsque son esprit fut calmé, il commença à être fâché de ce qu'il avait fait).

2. Outre l'impersonnel *me miseret*, J'AI PITIÉ s'exprime encore par *misereor* avec le génitif : « Ayez pitié des alliés, » *Miseremini sociorum*, Cic. — Il ne faut pas confondre *misereri* avec *miserari*, qui signifie *plaindre, déplorer*, et qui régit l'accusatif : *Miserari casum alicujus* (déplorer le sort de quelqu'un).

§ 379.   *Verbes* rĕfert, intĕrest (*il importe*).

Avec les verbes *rĕfert* et *interest*, le nom de LA PERSONNE à laquelle une chose importe se met au génitif : « Il importe au roi, il est de l'intérêt du roi, » *Regis interest*.

Au lieu de *mei, tui, sui*, etc., génitifs des pronoms personnels, on emploie les ablatifs pronominaux possessifs *meā, tuā, suā, nostrā, vestrā* : « Il m'importe, » *Meā rĕfert*. — « Il est de notre intérêt, » *Nostrā interest* [1].

Si ces possessifs sont suivis de *qui, quæ, quod*, ce relatif s'accorde en genre et en nombre avec le pronom personnel représenté par *meā, tuā*, etc. « Il vous importe, à vous qui êtes pères, » *Vestrā interest, qui patres estis*, Pl. le j. *Qui* se

---

[1] Ces mots sont réellement des ablatifs féminins et non des accusatifs pl. neutres. Priscien l'affirme en propres termes, et la chose est évidente pour *rĕfort*, composé de *fert* et de l'ablatif *re*. Elle se conclut par analogie pour *interest*, où *re* est sous-entendu. L'ablatif n'est pas plus étrange ici que dans *intereā* (cf. § 90, R. 4). Un ex. de Plaute, *Capt*. II, 2, 46 : *tuā re feceris* (tu auras agi dans ton intérêt), conduit directement à *tuā re-fert, tuā* [rē] *interest*. Enfin *a* est toujours long dans les poëtes, et ce fait est décisif. Ajoutons que *rē* explique très-naturellement le génitif qui se joint à ces verbes.

rapporte au génitif pluriel *vestrum*, dont l'idée est comprise dans *vestrā ;* cf. § 322.

Ces locutions, « Il nous importe, il vous importe *à tous deux,* » se rendent par *utriusque nostrum, utriusque vestrum interest.*

REM. L'emploi des ablatifs pronominaux est très-fréquent avec *refert* et *interest ;* celui du génitif est très-rare avec *refert.* Ainsi l'on dit beaucoup mieux *interest patris* que *refert patris.*

§ 380. 1. La mesure de l'importance ou de l'intérêt qui s'attache à une chose, s'exprime par les cinq génitifs neutres pris adverbialement, *magni, permagni, parvi, tanti, quanti,* ou par les accusatifs *tantum, quantum, multum, plus, plurimum, minus, quid, nihil,* et par les adverbes *valde, vehementer, magis, maxime, minime.*

2. *Rĕfert* et *interest* ont toujours pour sujet, ou un infinitif : *Interest omnium recte facĕre,* Cic. (il importe à tous de bien faire) ; ou une proposition subordonnée : *Plurimum refert qui sint audientium mores,* Quintil. (il importe beaucoup quelles sont les mœurs des auditeurs). — *Non rĕfert quam multos libros, sed quam bonos habeas,* Sén. (il n'importe pas combien vous avez de livres, mais jusqu'à quel point ils sont bons = d'avoir beaucoup de livres, mais d'en avoir de bons). — *Illud meā magni interest, te ut videam,* Cic. (il m'importe beaucoup de vous voir) ; le sujet est *ut videam te ;* le neutre *illud* ne fait que l'annoncer, comme IL en français.

3. Le nom qui exprime A QUOI une chose importe se met à l'accusatif avec *ad :* « Il importe beaucoup à l'honneur et à la gloire du pays, » *Magni interest ad decus et ad laudem civitatis,* Cic.

Cependant, s'il s'agit d'un objet qui puisse être personnifié, on emploiera le génitif : « Il importe au pays, à la république, » *Interest civitatis, reipublicæ.*

§ 381.   *Verbes* dĕcet, dēdĕcet, jŭvat.

1. Le verbe *decet* et son opposé *dedecet,* ayant la signification active, veulent à l'accusatif le nom de la personne à laquelle une chose sied ou ne sied pas. Le sujet peut être ou un substantif : *Candida pax homines, trux decet ira feras,* Ov. (l'aimable paix sied aux hommes, la colère farouche aux bêtes sauvages) ; — ou une proposition infinitive : *Decet verecundum*

esse adolescentem, Plaut. (il sied à un jeune homme d'être réservé).

Decet peut s'employer à la troisième personne du pluriel : *Miseros convicia non decent*, Just. (un langage amer ne sied pas aux malheureux).

2. Ces deux verbes n'ont pas de voix passive. *Juvare*, qui a les deux voix, n'en est pas moins susceptible des mêmes constructions : *Juvat nos beneficii conscientia*, Sén. (la conscience d'un bienfait nous rend heureux, mot à mot, nous réjouit). — *Multos castra juvant*, Hor. (beaucoup d'hommes se plaisent dans les camps). — *Juvat me, quod vigent studia*[1], Pl. le j. (j'aime à voir les études fleurir).

§ 382.   *Verbes* fallit, fugit, præterit.

On emploie souvent la troisième personne des verbes *fallo, fugio, prætereo*, dans le sens du français *ignorer*. La chose ignorée est le sujet; le nom de la personne est le complément direct : *Omnes fontes æstate quam hieme gelidiores esse[2] quem fallit?* Plin. (qui ne sait que toutes les sources sont plus froides en été qu'en hiver?) — *Quid sit optimum, neminem fugit*, Quintil. (personne ne se méprend sur ce qui est le meilleur). — *Non me præterit[3], usum esse optimum dicendi magistrum*, Pl. le j. (je n'ignore pas que l'exercice est le meilleur maître d'éloquence).

Rem. Les poëtes et les écrivains postérieurs à Cicéron emploient dans le même sens, et avec l'accusatif de la personne, le verbe *latēre* : *Nil illum, toto quod fit in orbe, latet*[4], Ov. (rien de tout ce qui se fait dans l'univers n'est ignoré de lui, ne lui est caché). — *Latet plerosque*, Plin. (la plupart ignorent).

§ 383.   *Verbes* attinet, pertinet, spectat.

1. Les deux verbes *attinere, pertinere*, dans le sens de *regarder quelqu'un, l'intéresser*, s'emploient souvent à la troisième personne avec *ad* et l'accusatif : *Quod ad me attinet*, Cic. (pour ce qui me regarde). — *Ad rempublicam pertinet me conservari*, Cic. (la république est intéressée à ma conservation).

Attinet et *pertinet* sont quelquefois sous-entendus; ainsi l'on

---

1 Sujet, *quod studia vigent.* — 2 Sujet, *omnes fontes gelidiores esse ;* complément *quem :* Quelle personne cela trompe-t-il? à qui cela échappe-t-il? — 3 Ne me passe pas, ne m'échappe pas. — 4 Cf. Méth. gr. § 388, 7.

dit également *Quid istud ad me attinet?* Plaut., et *Quid istud ad me ?* (en quoi cela me regarde-t-il ?) — *Nihil ad rem*[1], Cic. (cela ne fait rien à la chose).

2. Le verbe *spectāre*, dans le sens de *tendre à, viser à*, se construit comme les deux précédents; mais il ne peut pas avoir comme eux un infinitif pour sujet : *Totum ejus consilium ad bellum spectare videtur*, Cic. (toutes ses vues paraissent tendre à la guerre).

§ 384.   *Verbes* manet, deficit.

1. Le verbe *manēre*, quoique neutre, régit à l'accusatif le nom de la personne, lorsqu'il signifie *attendre*, et qu'il a pour sujet un nom de chose : *Aliud me fatum manet*, Cic. (une autre destinée m'attend, m'est réservée).

Il s'entend de soi-même que, dans le sens de *rester à quelqu'un*, ce verbe prend le datif : *Quod viro forti adimi non potest, id* mihi *manet et permanebit*, Cic. (ce qu'on ne peut enlever à un homme de cœur, me reste et me restera toujours).

D'un autre côté, lorsque *attendre* a pour sujet un nom de personne, on l'exprime par *exspectare* ou *opperiri*.

2. Le verbe *deficere* (manquer), ayant pour sujet un nom de chose et pour complément un nom de personne, veut ce dernier à l'accusatif : *Bonos nunquam honestus sermo deficiet*, Qtl. (un langage honnête ne manquera jamais à l'homme de bien). L'usage apprendra les autres constructions de ce verbe.

§ 385.   *Verbes* imminet, impendet, instat.

Pour traduire en latin « Un grand danger nous menace, » et autres locutions semblables, où le verbe *menacer* a pour sujet un nom de chose, on se sert élégamment des verbes neutres *imminēre, impendēre* (être suspendu sur), *instare* (se tenir sur, presser), en mettant le nom de la personne au datif : *Magnum periculum nobis imminet, impendet, instat.* — « Un danger vous menace de leur part, » *Tibi ab iis instat periculum*, Cic.

§ 386.   *Verbes* minari, gratulari.

1. Mais si c'est une personne qui en menace une autre, on se sert de *minari*, et le nom de la personne menacée se met au

---

1 *Hoc* nihil *pertinet* ad rem. Ici *nihil*, et plus haut *quid*, sont à l'accusatif, d'après le § 363.

datif : *Nisi* homini *minatus essem* , Cic. (si je n'avais menacé cet homme).

Le nom de la personne se trouvant ainsi complément indirect, celui de la chose dont on la menace devient complément direct et se met à l'accusatif : « Menacer quelqu'un de la mort, » *Minari mortem alicui ;* proprement : montrer avec menace la mort à quelqu'un.

2. La même construction s'applique au verbe *gratulari :* « Il le félicite de sa victoire, » *Ei victoriam gratulatur,* Cic. ; proprement : *gratam sibi testatur.*

§ 387.   *Verbes* interdicĕre, intercludĕre.

1. On dit en français, « Interdire quelque chose à quelqu'un. » En latin, le nom de la chose se met à l'ablatif, et celui de la personne au datif : « Je vous interdis ma maison, » *Interdico tibi domo meā.* « Interdire à un accusé le feu et l'eau, » *Interdicere reo aquā et igni.* — Le complément direct est compris dans le verbe : prononcer à l'accusé *son interdiction, son exclusion* du feu et de l'eau [1].

2. Le verbe *intercludere* (fermer le passage) se construit de deux manières ; ou avec l'accusatif de la personne et l'ablatif de la chose : *Cæsar re frumentariā adversarios intercluserat,* Cés (César avait coupé les vivres à ses adversaires) ; — ou avec l'accusatif de la chose et le datif de la personne : *Intercludito inimicis commeatum,* Plaut (coupe les vivres aux ennemis).

§ 388.   *Verbes* aspergĕre, circumdăre, donāre, *etc.*

Plusieurs autres verbes ont, dans des significations identiques ou du moins analogues, des régimes différents ; nous n'en citerons qu'un petit nombre :

1. *Aspergĕre labem vitæ alicujus* (répandre une tache sur la vie de quelqu'un, flétrir sa réputation), et *aspergĕre aram sanguine* (arroser un autel de sang).

2. *Circumdare urbem muro ,* et *murum urbi* (entourer une ville de murailles, et, construire des murailles autour d'une ville.

3. *Donare pecuniam alicui,* et *aliquem pecuniā* (donner de

---

[1] On trouve quelques exemples où la construction est la même en latin qu'en français : *Parthi feminis non* convivia *tantum virorum, verum etiam* conspectum *interdicunt,* Just. xli , 3. Ce tour n'est pas à imiter.

l'argent à quelqu'un, et, gratifier quelqu'un d'une somme d'argent). La dernière tournure est la plus usitée.

4. *Induĕre tunicam alicui,* et *aliquem tunicā* (mettre une tunique à quelqu'un, et, revêtir quelqu'un d'une tunique); *Induere sibi torquem* (se parer d'un collier), et sans complément indirect : *induere loricam* (revêtir sa cuirasse).

5. *Mittĕre nuncios alicui* et *ad aliquem* (envoyer des messagers à quelqu'un).

6. *Scribere epistolam amico* et *ad amicum* (écrire à un ami).

EMPLOI DES CAS AVEC LES INTERJECTIONS[1].

§ 389. Les interjections ne font point partie de la proposition ; elles ne régissent donc rien et ne sont régies par rien. Cependant on les joint par ellipse à différents cas des noms ;

1. Au génitif, en poésie seulement : *O mihi nuncii beati,* Catull. (ô l'heureuse nouvelle pour moi!) proprement : je me félicite *à cause* de cette heureuse nouvelle.

2° Au datif : *Hei mihi!* (malheureux que je suis)! *Væ victis* (malheur *aux* vaincus)!

3° A l'accusatif : *O fallacem hominum spem!* Cic. (ô trompeuses espérances des hommes)! *Heu me miserum!* et sans l'interjection, *me miserum* (que je suis malheureux)! Suppl. *dico, experior,* ou *sentio*[2].

Elles se joignent aussi au nominatif, avec ellipse du verbe ÊTRE : *Heu vatum ignaræ mentes!* Virg.; et au vocatif sans ellipse : *Heu miserande puer!* Virg.

REM. Les deux adverbes *en, ecce* (§ 96, 1°), qui ont quelque rapport avec les interjections, se joignent en général au nominatif : *En ego vester Ascanius,* Virg. (c'est moi, c'est votre Ascagne); s. *adsum.* — *Ecce autem nova turba atque rixa,* Cic. (mais voici un nouveau bruit, une autre querelle); s. *oritur.*

On les trouve rarement avec l'accusatif, si ce n'est en poésie : *En quattuor aras ; ecce duas tibi, Daphni,* Virg. s. *vides* ou *aspice;* cf. § 145, 4.

---

1 Cf. § 101. — 2 Cf. Méth. gr. § 292.

DES VERBES EN GÉNÉRAL.

§ 390.   VERBES AYANT DES RÉGIMES DIFFÉRENTS.

Souvent deux verbes qui ont pour complément un seul et même objet régissent des cas différents parce que l'un est actif et que l'autre est neutre : *Naturam ducem sequimur,* eique *paremus,* Cic. (nous suivons pour guide la nature, et nous *lui* obéissons). Le complément du premier verbe est représenté devant le second par LUI en français, par *ei* en latin, OBÉIR et *parēre* étant également neutres.

S'il arrive qu'en français les deux verbes soient actifs, et qu'en latin seulement l'un des deux soit neutre, on se réglera d'après le même principe : « Nous aimons et nous favorisons les jeunes gens, » *Amamus adolescentes,* illisque *favemus.* — « La douceur du langage flatte et séduit les oreilles, » *Suavitas orationis blanditur auribus,* easque *allicit.* — « Voilà les jeunes gens que nous aimons et que nous favorisons, » *Hi sunt adolescentes* quos *amamus et* quibus *favemus.*

§ 391.   CHANGEMENT DE L'ACTIF EN PASSIF.

Un verbe transitif peut toujours passer de la voix active à la voix passive, sans que la pensée cesse d'être la même. Le complément direct du verbe actif devient alors sujet du verbe passif: « Tout le monde loue la vertu ; La vertu est louée de tout le monde, » *Omnes laudant virtutem; Virtus ab omnibus laudatur.*

NOTA. Le latin aime à énoncer les propositions sous la forme passive, dans beaucoup de cas où le français préfère la forme active, qui, dans notre langue, est plus rapide et plus dégagée.

§ 392.   *Amphibologie et manière de l'éviter.*

Le changement de l'actif en passif est indispensable dans certaines propositions infinitives, pour éviter des amphibologies comme celle de l'oracle rendu à Pyrrhus : *Aio te, Æacida, Romanos vincere posse*[1]. Ce vers signifie-t-il « Je dis que tu peux vaincre les Romains, » ou « Je dis que les Romains peuvent te vaincre? » rien ne l'indique, parce qu'on ne peut savoir lequel de *te* ou de *Romanos* est sujet de la proposition infinitive,

---

1 Cic. *de Divin.* II, 56; Quintil. VII, 9, 7.

*R

et lequel en est complément. Si c'est Pyrrhus qui doit être vainqueur, il faut dire : *Aio Romanos* a te *vinci posse ;* si ce sont
les Romains, il faut dire : *Aio te* a Romanis *vinci posse.*

De même la phrase, « J'ai entendu dire que Lachès a frappé
Déméas, » se rendra par *Audivi* a Lachete *percussum Demeam*, et non par *Lachetem audivi percussisse Demeam*[1].

§ 393.   CHANGEMENT DU PASSIF EN ACTIF.

Lorsqu'un verbe français à la voix passive ne peut être rendu
en latin que par un verbe déponent ou par un verbe neutre, il
faut changer le passif en actif : « La faute est toujours suivie
du repentir, » tournez : « Le repentir suit toujours la faute, »
Pœnitentia semper culpam sequitur.— « Les mauvais exemples
sont plus souvent imités que les bons, » tournez : « Les hommes
imitent plus souvent, etc., *Mala, quam bona, exempla sœ-
pius imitantur homines. —* « Vous avez été souvent favorisé
de la fortune, » tournez : « La fortune a souvent favorisé vos
intérêts : » *Sœpe rebus tuis fãvit fortuna.*

Si la phrase française contient plusieurs verbes, il faut les
ramener tous à la voix active, quand même un de ces verbes
aurait un passif en latin : « La vertu est louée et admirée même
de ceux qui ne la pratiquent pas, » *Laudant miranturque
virtutem, etiam qui non colunt.*

VALEUR ET USAGE DES TEMPS.

Les temps du verbe latin répondent exactement à ceux du verbe
français, ainsi que nous l'avons montré § 42. Nous n'avons donc
à noter ici que quelques usages particuliers des formes temporelles.

§ 394.   *Présent employé pour le passé.*

On emploie souvent le présent au lieu du parfait pour donner
au récit plus de vivacité : *Roma interim crescit Albœ ruinis,
duplicatur civium numerus, Cœlius additur urbi mons.* T. L.
(cependant Rome s'accroît des ruines d'Albe, le nombre des
citoyens est doublé, on ajoute à la ville le mont Célius.

§ 395.   *Futur périphrastique* (lecturus sum).

Le participe futur actif, réuni à *sum, eram, ero,* etc.,
forme une suite de temps composés, où l'idée de l'avenir est

---

[1] Quintil. vii , 9 , 7 , et viii , 2 , 16.

combinée avec celle du temps marqué par le verbe auxiliaire ;
il en résulte la conjugaison suivante, qu'on nomme périphrastique :

TEMPS DE LA PREMIÈRE SÉRIE.		TEMPS DE LA DEUXIÈME SÉRIE.	
INDICATIF.	SUBJONCTIF.	INDICATIF.	SUBJONCTIF.
Lecturus sum	— sim	Lecturus fui	— fuerim
Lecturus eram	— essem	Lecturus fueram	— fuissem
Lecturus ero			

Lecturus sum diffère de *legam*, comme *je dois lire, je me
propose de lire*, diffère de *je lirai*. Il en est de même des autres
formes : *lecturus eram* (je devais lire, j'allais lire, j'étais sur le
point de lire) ; *quum lecturus ero* (lorsque je devrai lire, lorsque
je me disposerai à lire) ; *lecturus fui* (j'ai été sur le point de
lire) ; *si lecturus fuissem* (si j'avais dû lire), etc.

Cicéron réunit le futur simple et le futur périphrastique dans
une phrase où il conseille à l'orateur d'étudier les dispositions
« de ceux devant lesquels il plaidera ou devra plaider, » *eorum
apud quos aliquid aget aut erit acturus* [1]. Cet exemple suffit
pour en faire sentir la différence.

REM. 1. C'est à cette conjugaison que sont empruntés les
futurs de l'infinitif, *lecturum esse* et *fuisse*, ainsi que le futur
du subjonctif, *lecturus sim* ; cf. *futurus sim*, § 47, R. 5.

2. Les locutions *aller, être sur le point de, au moment de,
près de*, qui se traduisent bien par le participe futur avec l'auxiliaire, peuvent aussi se rendre par *in eo esse ut* avec le subjonctif : « Il était sur le point de périr, il allait périr, » *Jam in eo
erat ut periret*. On dirait de même, *jamjam erat periturus*.

§ 396. *Des deux auxiliaires du parfait passif*, sum *et* fui.

Sum et *fui*, *eram* et *fueram*, s'emploient indistinctement
comme auxiliaires du parfait et du plus-que-parfait passif (§ 67).
Cependant, si l'on a besoin de marquer plus fortement le passé,
on préférera *fui* et *fueram* : « Marius publia seul un édit qui
avait été rédigé en commun, » *Marius id, quod communiter
compositum fuerat, solus edixit*. L'auteur a employé *fuerat*

---

1. Cic. *de Orat.* I, 52.

pour mieux exprimer l'antériorité. Il aurait pu dire aussi, *quod compositum erat;* la phrase signifierait alors, « publia seul ce qui *était réglé* en commun, » et *compositum* prendrait le sens d'un simple adjectif [1].

Il est des cas où une forme ne pourrait pas être employée pour l'autre : *Respiravi, liberatus sum*, Cic. (je respire, je suis sauvé; *Actum est, periisti*, Tér. (c'en est fait, tu es perdu). *Liberatus fui, actum fuit*, formeraient un sens tout différent.

§ 397.   *Des temps dans le style épistolaire.*

Les Latins, en écrivant une lettre, aimaient à se transporter par la pensée à l'époque où leur correspondant devait la recevoir, et ils parlaient au passé. Ainsi, au lieu de dire comme nous : « Je n'ai rien à vous écrire, car je n'ai rien appris de nouveau, et j'ai répondu hier à toutes vos lettres, » Cicéron dit à Atticus [2] : *Nihil* habebam *quod scriberem, neque enim novi quidquam* audieram, *et ad tuas omnes* [3] rescripseram *pridie*. L'auteur s'exprime comme s'il voulait qu'en recevant sa lettre Atticus pût dire : « Au moment où Cicéron m'écrivait cette lettre, il *n'avait* rien à me mander; car il *n'avait* rien *appris* de nouveau, et *il avait répondu la veille* à toutes les miennes. »

Du reste, Pline le jeune n'observe déjà plus cette règle, dont Cicéron même s'écartait quelquefois, et l'usage a prévalu d'employer en latin les mêmes temps que nous employons en français.

VALEUR ET USAGE DES MODES.

§ 398.   INDICATIF.

Nous avons expliqué, § 43, la signification de ce mode, et tous les exemples cités jusqu'ici en ont assez fait connaître l'usage, qui en général est le même en latin qu'en français.

Cependant les Latins se servent de l'indicatif dans certains cas où nous employons le conditionnel. Ainsi, *Je pourrais, je devrais, il faudrait*, s'expriment bien par *possum, debeo, oportet*, au présent; *J'aurais pu, j'aurais dû, il aurait fallu*, par *poteram, debebam, oportebat*, à l'imparfait, ou *potui, debui, oportuit*, au parfait : *Possum excitare multos testes*, Cic. (je pourrais invoquer de nombreux témoins).— *Oh! regem me esse oportuit*, Tér. (oh, que j'aurais bien dû être roi)!

---

1 Cic. *Offic.* III, 20. — 2 Cic. *ad Attic.* IX, 10. — 3 Suppl. *epistolas*.

On dit de même *œquum est,* — *erat* (il serait, il eût été juste); *longum est omnia commemorare* (il serait trop long d'entrer dans tous les détails); *hic locus est de ea re disserendi* (ce serait ici le lieu de traiter cette question).

Rem. Cet usage doit d'autant moins étonner que, même en français, l'indicatif et le conditionnel ont quelquefois la même valeur : *Omnibus eum contumeliis onerasti, quem patris loco colere debebas,* Cic. (tu as abreuvé de tous les outrages, celui que tu devais, ou, que tu aurais dû révérer comme un père).

§ 399.   SUBJONCTIF.

D'après l'idée que nous avons donnée du subjonctif (§ 43), la place de ce mode est dans les propositions subordonnées [1]. Toutefois il s'emploie sans être précédé d'un autre verbe [2].

1° Pour tenir lieu de l'impératif; voyez le § suivant, n° 2.

2° Pour indiquer une simple possibilité : *Hic quœrat quispiam,* Cic. (ici quelqu'un *pourrait* demander).

3° Pour délibérer avec d'autres ou avec soi-même : *Quid hoc homine faciatis?* Cic. (que *feriez-vous* de cet homme? *Quid facerem?* Virg. (que pouvais-je, que devais-je faire?)

4° Pour exprimer un souhait, avec ou sans *utinam : Hoc omen avertat Jupiter* (puisse Jupiter détourner ce présage)! *Utinam minus cupidi vitœ fuissemus!* Cic. (plût aux dieux que nous eussions été moins attachés à la vie!)

5° Pour repousser ou pour nier quelque chose avec indignation : *Egone ut prolis meœ fundam cruorem!* Sén. le tr. (moi, je verserais le sang de mes fils!) [3] *Tu ut unquam te corrigas!* Cic. (toi, tu te corrigerais jamais!) *Huic cedamus!* Cic. (nous céderions à cet homme!) En ce sens, on emploie toujours le présent du subjonctif, et non l'imparfait.

6° On emploie encore le présent ou le parfait de ce mode pour énoncer une opinion avec réserve et sans prendre le ton affirmatif : *velim* (je voudrais); *optaverim* (je désirerais); *non hoc dixerim* (je ne dirais pas); *hoc magno mercentur Atridœ,* Virg. (les Atrides vous payeraient bien cher cet avantage).

Rem. Dans toutes ces phrases, le subjonctif exprime la même idée de doute que notre conditionnel; voilà pourquoi il est si

---

1 Voyez notamment les §§ 214, 215, 223, 224, 225, 235, 255.

2 Cf. Méth. gr. § 365, ii.

3. Ou « que je verse le sang de mes fils! » comme Polyeucte dit dans Corneille : « Que je sois tout ensemble idolâtre et chrétien! »

souvent traduit par ce mode. Voilà pourquoi aussi il convient surtout dans les interrogations, où le subjonctif présent peut remplacer avec élégance le futur de l'indicatif : *Ubi istum invenias, qui honorem amici anteponat suo?* Cic. (où *trouverez-vous* un homme qui préfère l'élévation de son ami à la sienne propre?) cf. § 469.

§ 400.   IMPÉRATIF.

1. Des deux formes de l'impératif (*lege*, legito; *legite*, legitote), la seconde sert à commander pour l'avenir [1]; la première commande pour le présent : *Cras* petito, *dabitur; nunc* abi, *l'aut.* (demande demain; on te donnera; maintenant, va-t-en).

La seconde forme s'emploie surtout dans les textes de loi : *Regio imperio duo* sunto, *iique consules* appellantor, Cic. (il y aura deux magistrats revêtus du pouvoir royal, et ils seront appelés consuls); — et dans les prescriptions dont l'effet doit toujours durer : *Cœlestia semper* spectato, *humana* contemnito, C. (attache tes regards sur le ciel, méprise les choses humaines).

2. Dans le discours ordinaire, on commande à la seconde personne par la première forme : Viens, *veni;* Cours, *curre;* Hâte-toi, *propera;* Venez, *venite;* Hâtez-vous, *properate* [2].

À la troisième personne, on emploie le présent du subjonctif : *Qui dedit beneficium,* taceat; narret, *qui accepit,* Sén. (que l'auteur d'un bienfait le taise; que celui qui l'a reçu, le raconte).

On l'emploie également pour commander à la première personne du pluriel : Meminerimus *etiam adversus infimos justitiam esse servandam,* Cic. (souvenons-nous qu'il faut observer la justice, même envers les plus petits).

On s'en sert encore, même à la seconde personne, pour exprimer un conseil, une invitation, plutôt qu'un ordre précis : *Sic cum inferiore* vivas, *quemadmodum tecum superiorem velles vivere,* Sén. (vivez avec votre inférieur, comme vous voudriez que votre supérieur vécût avec vous).

3. Au lieu de l'impératif pur et simple, on peut employer, surtout dans le style épistolaire, la périphrase *curā ut,* avec le subjonctif : « Venez le plus tôt possible, » *Curā ut quamprimum venias,* Cic. (cf. § 223).

On se sert également de *fac* avec ou sans *ut* : « Ayez bon cou-

---

1 De là le nom de futur de l'impératif donné par les Grammairiens latins à la forme en *to*, *tote*, *nto.*

2. Cependant Cicéron, en s'adressant aux juges, leur dit toujours *scitote* (sachez) et non *scite.*

rage et bonne espérance, » *Magnum* fac *animum* habeas, *et spem bonam*, Cic.

4. La défense de faire quelque chose s'exprime par *ne* avec le subjonctif : *In re rusticā, operæ ne parcas*, Plin. (dans l'agriculture, n'épargnez pas votre peine);—ou par *noli* et *nolite* suivis de l'infinitif : *Noli pati litigare fratres*, Cic. (ne laissez pas des frères plaider l'un contre l'autre); *Nolite id velle, quod fieri non potest*, Cic. (ne veuillez pas une chose qui ne peut s'accomplir).

INFINITIF.

§ 401. *Infinitif construit avec des substantifs ou des adjectifs.*

1. Nous avons établi [1] que l'infinitif pouvait servir ou de sujet ou de complément direct à un verbe; il a donc la valeur d'un nominatif et celle d'un accusatif. Les exemples où il paraît employé pour d'autres cas peuvent tous se ramener à l'un de ces deux-là : *Tempus est majora conari*, T. L. (il est temps de faire de plus grands efforts); *conari* est le sujet, *tempus* l'attribut; *tempus est* équivaut à *opportunum est* — *Consilium capit equitatum a se dimittere*, Cés. (il prend le parti de renvoyer sa cavalerie); *consilium capit* équivaut à *statuit*, et *dimittere* en est le complément [2] : il prend pour résolution—quoi? renvoyer...

Consilium capere se construit presque toujours ainsi, à moins que *consilium* ne soit qualifié par un adjectif; dans ce cas, comme il ne formerait plus avec *capere* une seule idée, il faudrait employer le gérondif en *di* : *Audax consilium capit equitatum dimittendi;* cf. § 409.

2. Quant aux constructions comme *ætas apta regi*, Ov. (âge facile à gouverner), *peritus cantare*, Virg. (habile à chanter), *dignus eligi*, Plin. le j. (digne d'être choisi), *contentus ostendere*, Qtl. (content de montrer), et autres semblables, l'infinitif peut y être considéré comme un accusatif complément de l'adjectif, § 362. Ces constructions, ne se trouvant d'ailleurs que dans les poëtes, et dans les écrivains postérieurs à Cicéron, ne doivent être imitées qu'en vers.

Paratus, seul parmi les adjectifs ou les participes pris adjectivement, est d'un grand usage, dans la prose classique, avec l'infinitif: *Paratus audire*, Cic. (disposé à entendre); *Quod parati sunt facere*, Cic. (ce qu'ils sont préparés à faire); *Omnia perpeti paratus*, Cés. (prêt à tout souffrir).

---

1 §§ 44, 221, 223. — 2 Voyez des exemples pareils, Cic. *pro Quint.* 16: Corn. Nep. vi, 3. Cic. *Topic.* 1, *Offic.* i, 11; T. Liv. iii, 4.

§ 402.   *Infinitif de narration.*

Souvent, dans une narration vive et rapide, on emploie le présent de l'infinitif au lieu de l'indicatif : *Verres unumquodque vas in manus sumere, laudare, mirari ; rex gaudere...* Cic. (Verrès prend chaque vase dans ses mains, il loue, il admire ; le roi est enchanté...). On dit de même en français, surtout dans le style familier : « Aussitôt les ennemis de s'enfuir et de jeter leurs armes. » Dans l'une et dans l'autre langue, l'infinitif est régi par un verbe facile à suppléer : *Il se mit* à prendre ; *Ils se hâtèrent* de s'enfuir.

§ 403.   *Infinitif d'étonnement ou d'indignation.*

Une proposition infinitive est quelquefois mise seule et avec ellipse de la proposition principale, pour exprimer l'étonnement, l'indignation ou quelque autre sentiment vif de l'âme : *Tēne hoc, Atti, dicere, tali prudentia præditum ?* Cic. (*se peut-il bien,* Attius, qu'avec les lumières dont vous êtes doué, vous teniez ce langage?) — *Mēne incepto desistere victam ?* Virg. (*faut-il* que je renonce à mon entreprise? que je sois vaincue?) On dirait de même en français : Vous, Attius, tenir ce langage ! Moi, renoncer à mon entreprise ! moi, vaincue !

ADDITIONS AUX RÈGLES DE LA PROPOSITION INFINITIVE.

§ 404.   **Futur passif, conditionnel et futur antérieur.**

Nous avons donné, § 248, des exemples de la proposition infinitive à tous les temps, excepté au futur passif, au conditionnel et au futur antérieur.

1. Le futur passif doit être rendu par le supin avec *iri*, et non par le participe en *dus* avec *esse* : « Tout le monde croit que l'accusé *sera* condamné, » *Arbitrantur omnes reum damnatum iri* [1]. — « Le méchant ne sait pas que sa proie lui *sera* enlevée, » *Nescit improbus prædam sibi ereptum iri.*

2. Le conditionnel, tant à l'actif qu'au passif, se rend par le futur de l'infinitif : « Le philosophe Pérégrinus disait que le sage *ne ferait pas* une mauvaise action, quand même les dieux et les hommes devraient ignorer qu'il l'a faite, » *Peregrinus*

---

[1] Si l'on disait *damnandum esse,* cela signifierait qu'il y a obligation de condamner ; *damnatum iri* indique seulement que le fait aura lieu. Cf. Quintil. IX, 2, 88.

philosophus virum sapientem non peccaturum esse *dicebat, etiamsi peccasse eum dii atque homines ignoraturi forent,* A. Gell. — « Pensons-nous que, si l'on avait fait un mérite à Fabius de ce qu'il savait péindre, *il n'y aurait pas eu* aussi chez nous beaucoup de Polyclètes et de Parrhasius ? » *An censemus, si Fabio laudi datum esset, quod pingeret, non multos etiam apud nos* futuros *Polycletos* [1] *et Parrhasios* [2] fuisse ? Cic. — « Verrès savait qu'*on lui ferait* un crime (qu'il lui *serait imputé* à crime) d'avoir reçu de l'argent, » *Verres sciebat sibi crimini* datum iri *pecuniam accepisse,* Cic.

§ 405.   Fore, futurum esse, futurum fuisse ut.

Au lieu de mettre le verbe de la proposition complétive à l'un des deux futurs de l'infinitif, on peut le mettre au subjonctif, précédé de *fore* ou *futurum esse ut* pour le premier futur, et de *futurum fuisse ut* pour le futur antérieur.

Cette périphrase s'emploie surtout avec le passif : « Je crois que la ville *sera* prise, » *Credo fore ut oppidum capiatur.* — « Je croyais que la ville *serait* prise, » *Credebam fore ut oppidum caperetur* [3].

Comme l'infinitif passif n'a pas de futur antérieur, elle fournit le moyen d'y suppléer : « Le roi ignorait que la ville *se serait rendue* à lui, s'il eût attendu un seul jour, » *Rex ignorabat* futurum fuisse ut *oppidum ipsi dederetur, si unum diem exspectasset* [4].

On s'en sert également pour rendre le futur antérieur de l'actif : « Je crois que *vous aurez lu* ces livres avant que je sois de retour (devoir arriver que vous ayez lu), » *Credo* fore ut *hos libros* legeris, *antequam redierim.*

Elle est indispensable, à l'une et à l'autre voix, lorsque le supin, et par conséquent l'infinitif futur, manquent ou ne sont pas usités : *Hujus me constantiæ spero fore ut nunquam pœniteat,* Cic. (j'espère que je ne me repentirai jamais de cette fermeté). — *Video te velle in cœlum migrare, et spero fore ut contingat id nobis,* Cic. (je vois que vous voulez aller au ciel, et j'espère que nous aurons ce bonheur [5]).

---

1 Célèbre statuaire grec. — 2 Célèbre peintre. — 3 Mot à mot : Je crois devoir arriver que la ville *soit* prise ; je croyais devoir arriver que la ville *fût* prise.— 4 Voyez des exemples pareils, Cés. *B. C.* iii, 101 ; Cic. *Tusc.* iii, 28. — 5 *Contingit* se dit ordinairement des événements heureux ; *accidit,* des événements contraires ; *evenit,* de ceux qui sont indifférents.

Les cinq verbes *pœnitet, piget, pudet, tœdet, miseret,*
les autres verbes impersonnels, un grand nombre d'intransitifs
et les déponents qui n'ont point de parfait, exigent la périphrase :
« Je crois que vous remédierez bientôt à ces inconvénients, »
Puto futurum esse ut brevi his incommodis medeare.

§ 406.   Unum te monitum volo.

Avec les verbes *volo, nolo, cupio,* la proposition infinitive est
élégamment représentée par l'accusatif du participe passé passif,
avec ellipse d'*esse : Unum te monitum volo* (je veux vous
avertir, je veux que vous soyez averti d'une chose). — *Hoc natura præscribit, ut homo homini* consultum velit, Cic. (la
nature veut que l'homme s'intéresse au bonheur de l'homme [1]).

Cette tournure équivaut à la locution française VOIR, dans
des phrases comme les suivantes : « Nous voulons *voir* le sort
de nos enfants assuré, à cause d'eux-mêmes, » *Liberis* consul-
tum volumus *propter ipsos,* Cic. — « Je voudrais ne pas *voir*
Démocrite blâmé par Épicure, qui l'a suivi en tout, » *Demo-
critum ab Epicuro, qui eum unum secutus est,* nollem vitu-
peratum, Cic.

§ 407.   Memini me legĕre.

Après le verbe *memini,* l'infinitif se met le plus souvent au
présent, même lorsqu'il s'agit d'une action passée, pourvu que
la personne qui se souvient en ait été l'auteur ou le témoin :
« Je me souviens d'avoir lu, » *Memini me legere* (proprement,
j'ai gardé dans ma mémoire que je lisais). — *Meministis tum,
judices, corporibus civium Tiberim compleri, cloacas re-
ferciri,* Cic. (vous vous rappelez, juges, que le Tibre fut rempli
des corps des citoyens, que les égouts en furent comblés).

Mais s'il est question d'un fait que n'ait pu voir celui qui s'en
souvient ou à qui on le rappelle, le parfait de l'infinitif est
nécessaire : *Memineram C. Marium, navigio perparvo, in
oras Africæ desertissimas* pervenisse, Cic. [2] (je me souve-
nais que C. Marius avait abordé, sur un misérable esquif, aux
rivages les plus déserts de l'Afrique).

---

1 Mot à mot : La nature commande que l'homme veuille *qu'il soit pourvu*
au bien de l'homme. — 2 Cic. *pro Sextio,* 22. La phrase entière contient trois
infinitifs du parfait. Cette forme se trouve même dans des phrases où l'on
aurait pu employer le présent : *Meministis me ita* distribuisse *initio causam,*
Cic. *pro Rosc. amer.* XLII.

§ 408.   Audivi te canentem.

L'infinitif français, après les verbes *voir* et *entendre*, se traduit en latin par le participe présent lorsqu'on veut représenter l'action comme se faisant : « Je vous ai entendu chanter, » *audivi te canentem* (je vous ai entendu chantant).—*Adolescentium greges Lacedæmone vidimus incredibili contentione certantes*, Cic. (nous avons vu à Lacédémone des troupes de jeunes gens se battre avec un acharnement incroyable). — *Quocunque te flexeris, tibi Deum videbis occurrentem*, Sén. (de quelque côté que vous vous tourniez, vous verrez Dieu s'offrir à vos regards).

Mais si l'on veut indiquer seulement que l'action a eu lieu, ou qu'elle se fait habituellement, on emploie l'infinitif : *Audisti Minucium Rufum dicere*, Cic. (vous avez entendu Minucius Rufus dire...) — *Hejum res divinas apud eos deos prope quotidie facere vidisti*, Cic. (vous avez vu Héjus offrir presque tous les jours un culte à ces dieux).—*Volucres videmus, utilitatis suæ causā, construere nidos*, Cic. (nous voyons les oiseaux construire des nids pour leur usage).

§ 409.   GÉRONDIF.

Nous avons exposé, § 44, la nature et la destination du gérondif et de ses différents cas.

1. Le GÉNITIF du gérondif détermine un nom comme notre préposition DE suivie de l'infinitif : *Legendi semper occasio est; audiendi, non semper*, Pl. le j. (on a toujours l'occasion *de lire*, on n'a pas toujours celle *d'entendre* un orateur).

Il se construit avec les mêmes adjectifs que tout autre génitif, cf. § 313 : *Cupidus videndi* (curieux de voir). — *Orator est vir bonus dicendi peritus* [1] (l'orateur est un honnête homme qui a le talent de la parole).

2. Le gérondif garde le régime de son verbe : « L'occasion de lire des livres, » *Occasio legendi libros*. — « Curieux de voir la ville, » *Cupidus urbem videndi*.

Mais si ce régime doit, comme ici, être un accusatif, il sera mieux d'employer le participe en *dus, da, dum*, en le faisant accorder avec le nom, qui lui-même se mettra au cas où eût été le gérondif : *Occasio legendorum librorum. Cupidus videndæ urbis*.

---

1 Caton l'ancien, *apud Senec. Contr.* I, *Præf. et apud Quint.* XII, 1, 1.

Rem. 1. On ne doit jamais employer l'adjectif neutre pris substantivement au génitif pluriel, le neutre ne s'y distinguant pas du masculin. Ainsi, pour traduire, « l'art de discerner le vrai et le faux, » dites : *Ars vera et falsa dijudicandi*, et non *verorum... dijudicandorum*.

2. La terminaison *di* reste invariable avec les génitifs des pronoms personnels, *nostri, vestri*, ainsi qu'avec *sui*, même quand il se rapporte à plusieurs personnes : *Ne quis hoc me, vestri adhortandi causā, loqui existimet* [1] (que l'on ne croie pas que je tiens ce langage pour vous encourager). *Germani in castra venerunt, sui purgandi causā* [2] (les Germains vinrent dans le camp pour se justifier). Ce serait une faute grave de dire *vestri adhortandorum, sui purgandorum* [3].

§ 410. Le DATIF du gérondif se joint aux adjectifs qui régissent ce cas : *Apta natando ranarum crura*, Ov. (les membres des grenouilles sont propres à la natation). Mais cette construction est fort rare, et le gérondif n'y reçoit jamais de complément dans les auteurs classiques.

Lorsqu'il doit en avoir un, l'on a recours au participe en *dus* : *Sunt nonnulli* acuendis *puerorum* ingeniis *non inutiles lusus*, Qtl. (il y a certains jeux qui peuvent servir à aiguiser l'esprit des enfants); on ne dirait pas bien *acuendo ingenia*.

§ 411. L'ACCUSATIF sert de complément à quelques prépositions, notamment à *ad* et *inter* : *Homo ad intelligendum et ad agendum natus est*, Cic. (l'homme est né pour comprendre et pour agir). — *Mores puerorum se inter ludendum detegunt*, Qtl. (le caractère des enfants se révèle dans leurs jeux).

Si le gérondif appartient à un verbe actif et qu'il ait un régime direct, on emploie le participe en *dus* : *Homo multa habet instrumenta ad adipiscendam sapientiam*, Cic. l'homme a beaucoup de ressources pour acquérir la sagesse).

§ 412. L'ABLATIF s'emploie comme nom d'instrument ou de manière : *Nihil agendo homines male agere discunt* [4] (en ne faisant rien, les hommes apprennent à mal faire). — *Injurias*

---

1 T. Liv. ii, 41. — 2 Cés. *B. G.* iv, 13; cf. vi, 37; vii, 43; Cic. *Catil.* i, 3; *de Divin.* ii, 17. — 3 *Nostri, vestri, sui*, étant réellement des singuliers neutres (§ 146,4), ne pourraient en aucun cas s'accorder avec un génitif pluriel. Il peut se faire d'ailleurs que *purgandi* et *adhortandi* soient des gérondifs et non des participes. Ces exemples s'expliqueraient alors comme *nobis fuit exemplorum eligendi potestas* (Cic. *de Inv.* ii, 2), où *eligendi potestas* doit être considéré comme une sorte de mot composé équivalant à *optio*, et formant une idée complexe d'où dépend *exemplorum*. Cf. Kritz, Sall. *Catil.* 31. — 4 Caton, *apud Columell*, xi, 1.

ferendo majorem laudem, quam ulciscendo, merebere, Cic.
(vous acquerrez plus de gloire à supporter les injures, qu'à les
venger = *par* l'action de supporter, que *par* celle de venger).

Il sert aussi de complément aux prépositions *in, a, de,
ex : Prohibenda est ira in puniendo,* Cic. (il faut se garder
de la colère en punissant).

Avec les prépositions, si le gérondif doit avoir un régime
direct, on emploie de préférence le participe en *dus : In
voluptate spernendā virtus vel maxime cernitur,* Cic. (la
vertu éclate surtout dans le mépris de la volupté).

On s'en sert même sans préposition ; *Superstitione tollendā,
religio non tollitur,* Cic. (détruire la superstition, ce n'est pas
détruire la religion).

PARTICIPE FUTUR PASSIF.

§ 413.   Diligentia adhibenda est.

1. Dans plusieurs exemples des quatre derniers paragraphes,
le participe en *dus* fait partie des compléments[1].

Lorsqu'il est au nominatif ou à l'accusatif avec *esse,* il change
de rôle. Il est toujours alors attribut d'une proposition qui
exprime obligation et devoir (§ 66, 9) : *Diligentia in omnibus
rebus adhibenda est,* Cic. (*il faut* apporter du soin à toutes
choses). —*Omnem memoriam discordiarum oblivione sem-
piternā delendam*[2] *censeo,* Cic. (je pense *qu'il faut* effacer,
par un éternel oubli, tout souvenir de nos discordes).

2. Les constructions précédentes exigent que le verbe soit
transitif (comme ici *adhibere* et *delere*), afin que le régime
direct de l'actif (ici, *soin* et *souvenir*) puisse devenir sujet de la
proposition passive.

Si le verbe, quoique transitif, n'a pas de régime, il devient
impersonnel, et le participe passif se met au neutre : « Il faut
semer, même après une mauvaise récolte,» *Etiam post malam
segetem serendum est,* Sén.

Les verbes intransitifs ont, aussi bien que les autres, ce participe neutre : «Il faut *aller* au-devant de l'audace et de la témérité,» *Obviam* eundum est[3] *audaciæ temeritatique,* T. Liv.—

---

1 On remarquera même qu'il tient qqfois lieu du participe présent, dont le
passif est privé ; en effet, *in voluptate spernendā, superstitione tollendā,*
équivalent évidemment à *dum spernitur voluptas, dum superstitio tollitur.*

2 *Esse* est sous-entendu, la proposition étant infinitive.

3 *Eundum est* est dans un parfait rapport avec *itur, ibitur, itum est,* § 80, II;

« Il faut *user* d'exercices modérés, » *Utendum exercitationibus modicis*, Cic.

3. Le nom de la personne qui doit accomplir l'action exprimée par le verbe se met au datif : « *Nous* devons faire ce que nos parents nous commandent, » *Faciendum id* nobis, *quod parentes imperant*, Plaut. — « Le vieillard même doit apprendre, » *Etiam* seni *discendum est* [1], Sén.

Rem. 1. Le participe en *dus* exprime quelquefois une simple convenance : *Non omnis error stultitia est dicenda* [2] (toute erreur ne doit pas être appelée sottise). — *Liber is est existimandus, qui nulli turpitudini servit*, Cic. (on doit regarder comme libre celui qui n'est esclave d'aucun vice honteux). — *Nihil innocenti tam optandum, quam æquum judicium*, Cic. (rien n'est si *désirable* pour l'innocent, qu'un jugement équitable).

2. Ce dernier exemple fait voir comment ces participes peuvent arriver à l'état de véritables adjectifs, comme *admirandus, memorandus, metuendus, miserandus, erubescendus*, et plusieurs autres : *Occultæ inimicitiæ magis* timendæ *sunt, quam apertæ*, Cic. (les inimitiés secrètes sont plus *à craindre* = sont plus *redoutables*, que les haines déclarées).

§ 414.   Dedit mihi libros legendos.

1. L'infinitif français, précédé de *à*, comme dans cette phrase : « Le maître m'a donné des livres *à lire*, » se rend très-bien par le participe en *dus* : *Magister dedit mihi libros legendos*. — « Nous donnons des maximes *à apprendre* aux enfants, » *Pueris sententias ediscendas damus*, Sén.

On dit de même : « Se charger d'instruire la jeunesse, » *Juventutem erudiendam suscipere;* et ainsi de tous les verbes qui se rapportent à l'idée de donner ou de prendre.

2. Le verbe *curare*, avec le même participe, équivaut à l'expression française *faire faire* quelque chose : *Cæsar pontem in Arari faciendum curat*, Cés. (César *fait construire* un pont sur la Saône.)

---

ce participe et tous les autres comme *favendum, pugnandum, utendum, moriendum*, renferment donc en un seul mot le sujet et l'attribut.

1 Cf. Méth. gr. § 299.

2 Cic. *de Divin.* ii, 43. *Dicenda est* n'est qu'une résolution de *dicatur. Dicenda* forme donc une partie de l'attribut, dont l'autre partie est *stultitia;* voilà pourquoi il est au féminin.

DES PARTICIPES EN GÉNÉRAL.

§ 415. Le participe se construit comme l'adjectif, quant à l'accord : *Venia est pœnæ meritæ remissio*, Sén. (le pardon est la remise d'une peine méritée). — *Male parta male dilabuntur*, Cic. (bien mal acquis se dissipe de même).

Il conserve le régime de son verbe : *Socratis morti illacrimari soleo*, Platonem *legens*, Cic. (je pleure toujours sur la mort de Socrate, en lisant Platon).

REM. Il ne faut pas confondre le participe présent *legens* avec le gérondif *legendo*, quoique souvent ils se traduisent l'un comme l'autre. Ainsi, dans le dernier exemple, *en lisant Platon* signifie, *pendant que je lis Platon ;* mais si l'on dit : « J'ai acquis, en lisant Platon, une foule de belles connaissances, » cette même locution signifiera, *par la lecture de Platon*, et il faudra employer l'ablatif du gérondif : *Multa et præclara didici, Platonem legendo.*

§ 416. *Diverses manières de rendre en français les participes latins.*

1. Le participe peut toujours être remplacé par une proposition entière : *Plato scribens est mortuus*, Cic. (Platon est mort en écrivant = pendant qu'il écrivait).

Souvent cette périphrase est indispensable en français : *Mendaci homini, ne verum quidem dicenti, credere solemus*, Cic. (nous ne croyons pas un menteur, même lorsqu'il dit la vérité).

Magna pars peccatorum tollitur, si peccaturis *testis adsistat*, Sén. (une grande partie des mauvaises actions n'a pas lieu, si vous donnez un témoin à ceux qui vont les commettre).

2. Le participe en *rus* se traduit quelquefois par l'infinitif avec POUR : *Dilabuntur in oppida, mœnibus se defensuri*, T. L. (ils se sauvent dans les villes, pour s'y défendre à l'abri des murailles) ; — ou par un verbe qui marque l'intention : *Qui visuri domos, parentes, liberos estis, ite mecum*, T. L. (vous tous qui *voulez revoir*, etc.) ; — ou par le conditionnel : *Librum misi exigenti tibi, missurus etsi non exegisses*, Pl. le j. (je vous ai envoyé ce livre sur votre demande ; je vous *l'aurais envoyé* de même, quand vous ne l'auriez pas exigé).

3. Le participe accompagné d'une négation représente fort bien notre préposition SANS, suivie de l'infinitif ou d'un mode

personnel : *Soli animalium* non sitientes *bibimus*, Plin. (seuls des animaux, nous buvons sans avoir soif). — *Vita non sentientibus effluit*, Sén. (la vie s'écoule sans qu'on y pense).

Il se traduit au besoin par une locution adverbiale : *Miserum est* nihil proficientem *angi*, Cic. (il est malheureux de se tourmenter *en pure perte*). — *Nos a tergo insequens* nec opinantes *assequitur senectus*, Cic. (la vieillesse s'attache à nos pas, et nous atteint *à notre insu*).

4. Le participe parfait passif se rend dans certains cas par un substantif : *Terra mutata non mutat mores*, T. L. (le changement de pays ne change pas les mœurs). — *Magnus ex amissis civibus dolor fuit*, T. L. (la perte des citoyens causa une grande douleur).

5. Joint au régime direct d'un verbe actif, le même participe réunit deux propositions en une seule, en faisant entrer la première dans le complément de la seconde : « Alexandre ôta son anneau de son doigt, et le remit à Perdiccas (remit à Perdiccas son anneau ôté...). » *Alexander detractum annulum digito Perdiccæ tradidit*, Q. C.

On pourrait dire aussi, « Alexandre, *après avoir ôté = ayant ôté* son anneau, le remit à Perdiccas. »

Diverses manières de rendre en latin les participes français.

§ 417.   Captam urbem hostis diripuit.

La tournure *detractum annulum tradidit* fournit un moyen de suppléer au participe passé actif, qui manque en latin. On pourra l'employer toutes les fois qu'en français le participe et le verbe principal auront le même objet pour complément : « L'ennemi ayant pris la ville, la pilla (pilla la ville prise), » *Captam urbem hostis diripuit.*

§ 418.   Quùm aquam bibisset.

Mais si le participe français ne peut se rattacher, comme dans l'exemple précédent, au régime du verbe principal, ni passer à la voix passive, il faudra tourner par *lorsque*, *comme*, *puisque*, et mettre le verbe latin au subjonctif : « Darius, dans sa fuite, *ayant bu* de l'eau trouble, dit qu'il n'avait jamais bu avec plus de plaisir, » *Darius in fugā, quùm aquam turbidam bibisset, negavit unquam se bibisse jucundius*, Cic. — « Eschine, ayant quitté Athènes et s'étant retiré à Rhodes, lut,

dit-on, le beau discours qu'il avait prononcé contre Démosthène, » *Æschines, quum cessisset Athenis, et se Rhodum
contulisset, legisse fertur orationem illam egregiam quam
contra Demosthenem dixerat,* Cic.

§ 419.   Quum prætor esset.

Le verbe *sum* n'ayant point de participes qui répondent à
étant, ayant été, on y suppléera par la tournure qui vient
d'être indiquée : « La chose *étant* ainsi, je partirai, » *Quæ
quum ita sint,* ou, *quum ita se res habeat, proficiscar.* —
« Marius Gratidianus, *étant préteur,* ne remplit pas le devoir
d'un honnête homme, » *Marius Gratidianus officio boni viri
non functus est, quum prætor esset,* Cic.

§ 420.   Aggressus Pompeianos.

Le participe passé des verbes déponents, ayant la signification active, rend directement le participe français correspondant : « César ayant attaqué les soldats de Pompée, les jeta
en bas des retranchements, » *Cæsar aggressus Pompeianos ex
vallo deturbavit,* Cés. — « Alexandre, s'étant emparé de l'Egypte
 = devenu maître de l'Egypte, fonda la ville d'Alexandrie, »
Alexander, Ægypto potitus, Alexandriam urbem condidit.

ABLATIF ABSOLU.

§ 421.   Deo juvante. — Carthagine deletā.

Une des fonctions du participe est de former des propositions
qui servent de complément circonstanciel à une proposition
principale : « Dieu aidant, l'affaire réussira. — Carthage détruite,
Rome tourna ses forces contre elle-même. » *Dieu aidant,*
équivaut à *si Dieu aide; Carthage détruite,* équivaut à *lorsque
Carthage fut détruite.* En latin, comme en français, le verbe
de ces propositions se met au participe; et, comme elles expriment ou le moyen (Dieu aidant), ou le temps (Carthage détruite),
ce participe ainsi que le substantif qui en est le sujet, se mettent
à l'ablatif [1] : *Deo juvante, res bene succedet. — Carthagine
deletā, suas in se vires Roma convertit.*

On a déjà vu que le participe *étant* ne pouvait se rendre en
latin; le simple rapprochement du sujet et de l'attribut, tous
deux à l'ablatif, suffit pour en tenir lieu : « Cicéron étant consul, »
Cicerone consule [2].

---

1 Voyez §§ 329 et 373, cf. Méth. gr., § 370.

2 On peut également dire, d'après le § 419, *Quum Cicero consul esset.*

                                            * S

Cette forme de proposition se nomme ablatif absolu. Elle se traduit en français de diverses manières, selon le sens de la phrase. Nous en donnerons plusieurs exemples avec le participe présent actif, avec le participe parfait passif, et sans participe.

Participe présent actif à l'ablatif absolu.

Solon et Pisistratus Servio Tullio regnante viguerunt, Cic. (Solon et Pisistrate fleurirent pendant le règne de Servius Tullius). — *Nihil præcepta atque artes valent, nisi adjuvante natura*, Quintil. (les préceptes et les théories ne peuvent rien sans le secours de la nature).

A l'ablatif absolu, le participe présent prend toujours la terminaison *e*.

Participe parfait passif à l'ablatif absolu.

Quæ potest esse jucunditas vitæ, sublatis amicitiis? Cic. (quel peut être l'agrément de la vie, si l'on en bannit l'amitié?) — *Natură dedit usuram vitæ, tanquam pecuniæ, nullā præstitutā die*, Cic. (la vie est comme un prêt que la nature nous a fait, sans nous fixer de terme [1]).

Absence de participe à l'ablatif absolu.

Natus est Augustus Cicerone et Antonio consulibus, Suét. (Auguste naquit sous le consulat de Cicéron et d'Antonius). — *Naturā duce, errari nullo pacto potest*, Cic. (en prenant la nature pour guide, on ne peut jamais s'égarer). — *Sereno quŏque cœlo, aliquando tonat*, Sén. (il tonne quelquefois, même par un ciel serein = quand le ciel est serein). — *Tu nihil invitā facies dicesve Minervā*, Hor. (tu ne feras rien, tu ne diras rien malgré Minerve [2]). — *Paupertate magistrā virtutes discuntur* (on apprend la vertu à l'école de la pauvreté). — *Me ignaro* (à mon insu). — *Annibale vivo* (du vivant d'Annibal). — *Nullā rhedā, nullis impedimentis*, Cic. (sans voiture, sans bagages).

§ 422.   *Cas où l'on ne peut employer l'ablatif absolu.*

Dans les propositions exprimées par l'ablatif absolu, le sujet du participe ne se rattache jamais ni au sujet ni au complément

---

1 M. à m. La nature a donné la jouissance de la vie, comme d'une somme d'argent, aucun terme n'étant fixé [pour la restitution].

2   Ne forçons point notre talent ;
    Nous ne ferions rien avec grâce. *La Fontaine*, IV, 5.

du verbe principal. On n'emploiera donc pas cet ablatif pour traduire le participe français dans des phrases comme la suivante : « Pyrrhus attaquant Argos fut tué d'un coup de pierre. » C'est Pyrrhus qui attaquait ; c'est Pyrrhus qui fut tué; les sujets sont identiques ; il faut dire : *Pyrrhus, quum Argos oppugnaret, lapide ictus interiit*, C. N. (cf. § 418).

Ou comme celle-ci : « Auguste se préparant à passer en Afrique, des tempêtes continuelles l'en empêchèrent. » Auguste se préparait; des tempêtes empêchèrent Auguste; le sujet du participe est le même que le complément du verbe principal; il faut tourner : empêchèrent Auguste se préparant : *Augustum in Africam transire apparantem continuæ tempestates inhibuerunt*, Suét. (cf. § 417).

<hr>

DU SUPIN.

§ 423.   Spectatum ludos veniunt.

Le supin, comme le gérondif, supplée aux cas de l'infinitif. Le supin en *um* est un accusatif (§ 44), et, comme tel, il se joint aux verbes *ire, venire, proficisci, mittĕre*, et autres semblables, pour marquer le but du mouvement, que nous exprimons d'ordinaire par l'infinitif avec ou sans préposition : « Ils viennent voir, ou, pour voir, » *Spectatum veniunt*.

Le supin conserve le régime de son verbe : « Ils viennent voir les jeux, » *Spectatum ludos veniunt*.

Il se rend quelquefois en français par un substantif : *Stultitia est* venatum *ducĕre invitas* [1] *canes* (c'est une folie de mener des chiens *à la chasse* malgré eux).

Rem. Le supin se remplace de diverses manières, toutes fort usitées : *Veniunt ad spectandum, — spectandi causā, — ad ludos spectandos, — ludos spectaturi, — ut ludos spectent*.

Les poëtes y substituent quelquefois l'infinitif : *Non nos aut ferro libycos* populare *penates vēnimus*, etc. Virg.

§ 424.   Incredibile dictu.

Le supin en *u* est un ablatif qui sert de complément à certains adjectifs, comme *facilis, difficilis, incredibilis, jucundus, honestus, turpis*, et quelques autres : *Incredibile dictu* (chose incroyable à dire); *Mirabile visu* (chose admirable, ou, étonnante à voir); *Quod optimum factu erit, facies*, Cic.

---

1 Plaut. *Stich*. I, 2. Sur le genre de *canes*, cf. § 186.

(ce qu'il y aura de mieux à faire, vous le ferez); *Quo brevior,
eo dilucidior et cognitu facilior narratio fiet,* Cic. (plus la
narration sera courte, plus elle sera claire et facile à saisir).

On voit par ces exemples que le supin en *u* se rend en français
par *à* suivi de l'infinitif. Il peut être remplacé par d'autres
tournures : « Une bonne cause est facile à défendre, » *Justæ
causæ facilis est defensio,* Cic.— « Le véritable attachement
n'est pas facile à distinguer du faux, » *Non facile dijudicatur
amor verus et fictus,* Cic.

Rem. Le supin en *u* se joint encore aux substantifs *fas,
nefas,* et au verbe *pudet : Si hoc fas est dictu,* Cic. (s'il est
permis de le dire). — *Pudet dictu !* Tac. (cela fait honte à
dire !)

DES PRÉPOSITIONS.

§ 425. Les prépositions sont destinées à exprimer ceux des rapports qui ne seraient pas suffisamment déterminés par les cas.
Des quarante-deux prépositions énumérées, § 85, les unes expriment un seul genre de rapport et régissent un seul cas ; les autres
expriment deux rapports différents et régissent deux cas.

Prépositions à un seul cas.

Accusatif ; Vingt-huit prépositions, savoir :

Ad, per, ob, post, cis, trans, ante ;
Apud, inter, præter, propter ;
Erga, circum, penes, versus ;
Adversus, secundum, pone, prope, juxtā ;
Enfin, contra, citra, *et six autres en* ā (cf. § 85, II).

Ces prépositions ayant déjà figuré dans beaucoup d'exemples,
nous n'en expliquerons ici qu'une partie, et nous nous bornerons aux remarques les plus importantes.

§ 426.   Ad portas. — Ad Bellonæ. — Ad unum.

Ad s'emploie quelquefois dans le sens d'*apud,* comme le
français A dans celui d'AUPRÈS : *Ad portas urbis pugnatum
est* (on combattit *aux* portes de la ville).

Avec *ædem* (temple) exprimé ou sous-entendu, *ad* tient lieu
de *in : Ad ædem Bellonæ,* ou simplement, *ad Bellonæ* (au
temple, dans le temple de Bellone).

Avec les adjectifs numéraux, il signifie ENVIRON, A PEU PRÈS :
Ad ducentos (à peu près deux cents). — Jusqu'a : *Ad unum*

omnes perierunt (ils périrent tous jusqu'au dernier); c'est-à-dire qu'il n'en resta pas un seul.

§ 427.   Per iram. — Per nuncios.

Per indique souvent la cause d'une action : *Per iram aliquid facere*, Cic. (faire quelque chose par colère) [1] ;— ou le moyen dont on se sert pour l'exécuter : *Galli per virtutem, non per dolum dimicare consuerunt* [2] (les Gaulois disputent la victoire par le courage et non par la ruse).

En ce sens , il peut régir un nom de personne : *Per nuncios cognoscĕre* (apprendre par des messagers).

Joint à un verbe passif, il désigne la personne qui, sans faire elle-même l'action, est cependant cause qu'elle a lieu : *Plura possim proferre detrimenta publicis rebus, quam adjumenta, per eloquentissimos homines importata*, Cic. (je pourrais citer plus d'exemples du mal que du bien fait aux États par des hommes très-éloquents).

Permettre une chose, c'est en quelque sorte être cause qu'elle arrive ; de là, *Id per me licet* (je permets cela, je ne l'empêche pas); *Si per ætatem vestram liceret* (si votre âge le permettait).

Remarquons encore *Jurare per deos* (jurer par les dieux); *Hoc vos per deos immortales oro* (je vous en conjure par les dieux , au nom des dieux immortels).

§ 428.   Ob oculos. — Ob rem judicandam.

Ob (devant). Cette signification primitive s'est conservée dans les composés, et dans la locution *ob oculos : Rabirio mors ob oculos sæpe obversata est*, Cic. (Rabirius a eu souvent la mort devant les yeux).

Ob (pour, à cause de) : *Flagitiosum est ob rem judicandam pecuniam accipere*, Cic. (c'est une indignité de vendre la justice; mot à mot : de recevoir de l'argent pour un procès à juger). *Ob* est extrêmement usité en ce sens, comme synonyme de *propter, causā, gratiā*.

§ 429.   Cis Padum. — Citra usum.

Cis, beaucoup moins usité que *citra*, ne s'emploie que devant les noms de lieu : *Cis Padum* (en deçà du Pô). Du reste, il entre seul en composition : *Cisalpina, Cispadana Gallia*.

Citra, synonyme de *cis*, se prend de plus pour *sine*, mais

---

1 On pourrait traduire aussi, *dans la colère;* alors *per*, indiquerait la durée. — 2 Hirtius, *de Bell. Afric.*, 73.

seulement chez les écrivains postérieurs au siècle d'Auguste : *Plus usus sine doctrina, quam* citra usum *doctrina valet,* Quintil. (la pratique sans la théorie fait plus que la théorie sans la pratique); proprement, qu'une théorie qui reste *en deçà* de la pratique.

§ 430.   Trans Tiberim. — Ultra fidem.

Trans est opposé à *cis*, comme *ultra* l'est à *citra*. Il signifie AU DELA, DE L'AUTRE CÔTÉ, et ne se dit que des lieux : *Trans Tiberim, trans Euphratem* (de l'autre côté du Tibre, de l'Euphrate).

Ultra veut dire AU DELA, PAR DELA : *Protulit magnitudo populi romani, ultra Rhenum ultraque veteres terminos, imperii reverentiam,* Tac. (la grandeur du peuple romain a étendu par delà le Rhin, et par delà les anciennes limites, le respect de ses lois).

Il se prend au figuré : *Julius Cæsar laboris ultra fidem patiens erat,* Suét. (Jules César supportait la fatigue au delà de toute croyance = plus qu'on ne saurait le croire).

§ 431.   Apud prætorem dicere. — Apud Ciceronem legitur.

Apud (chez, auprès) s'emploie au figuré aussi bien qu'au propre : *Plus apud me antiquorum auctoritas valet,* Cic. (l'autorité des anciens a plus de force auprès de moi = j'en crois plus volontiers le témoignage des anciens).

Il se prend pour DEVANT, EN PRÉSENCE DE : *Apud prætorem causam dicere* (plaider devant le préteur).

Outre l'idée de proximité, il peut encore désigner, comme *in,* l'intérieur d'un lieu : *Apud Germaniam, apud Britanniam,* Tac. (en Germanie, en Bretagne). — *Augustus apud urbem Nolam exstinctus est*[1] (Auguste mourut à Nole). — *Effigies Sejani apud theatrum Pompeii locatur,* Tac. (la statue de Séjan est placée dans le théâtre de Pompée).

On doit toujours s'en servir pour exprimer le français DANS avec un nom d'auteur : « On lit dans Cicéron, dans Térence, » *Apud Ciceronem, apud Terentium legitur.*

Nous remarquerons encore, mais comme appartenant au langage familier : *Vix apud me sum,* Tér. (je me possède à peine). Dans le style soutenu, la même idée s'exprime par, *vix compos animi sum.*

---

1 Cf. Tac. *Ann.* I, 5. Cet emploi d'*apud* est fréquent chez les historiens postérieurs au siècle d'Auguste.

§ 432.   Inter cœnam. — Amant inter se.

Inter (entre, parmi) se dit également du temps et du lieu :
Inter ludendum (en jouant, pendant que l'on joue); *inter
cœnam* (pendant le souper); *inter epulas* (au milieu du festin).

Avec le pronom *se*, il indique une action réciproque, l'action
de deux sujets l'un sur l'autre : *Cicerones pueri amant inter se,*
Cic. (les jeunes Cicérons [1] s'aiment entre eux, s'aiment mutuellement). — *Conjurati furtim inter se aspiciebant,* Cic. (les
conjurés se lançaient entre eux des regards furtifs).

Se est régi par la préposition et ne peut pas être répété avec
le verbe; car *se amant* signifierait qu'ils s'aiment eux-mêmes ,
et non qu'ils s'aiment l'un l'autre [2].

§ 433.   Præter mœnia. — Præter modum. — Præter voluntatem.

Præter indique mouvement pour passer devant ou à côté
d'un objet : *Amnis præter ipsa urbis mœnia fluebat,* T. L.
(un fleuve coulait devant les murs mêmes de la ville).

A l'idée de passer devant, se rattache celle d'aller au delà, de
dépasser, au propre ou au figuré : *Lacus Albanus præter
modum creverat,* Cic. (le lac d'Albe s'était gonflé outre mesure).
— *Ille terrarum mihi præter omnes angulus ridet,* Hor. (ce
coin de la terre me sourit au delà de tous les autres = plus que
tous les autres).

Ce qui est *à côté* ou *au delà* d'un objet est aussi *en dehors*
de cet objet; de là les significations suivantes de *præter* :

Contre : *Nihil adhuc ei præter voluntatem accidit,* Cic.
(rien ne lui est arrivé jusqu'ici contre sa volonté) = en dehors
de sa volonté.

Outre, indépendamment de; en ce sens, *præter* a pour
corrélatif *etiam* ou *quŏque* : *Præter auctoritatem, vires
quoque ad coercendum habet,* Cés. (outre l'autorité, il a
encore des forces pour se faire obéir).

Excepté, si ce n'est : *Infra lunam, nihil est nisi mortale
et caducum, præter animos hominum,* Cic. (dans la région
sublunaire, il n'y a rien que de mortel et de périssable, excepté
les âmes des hommes).

Rem. *Excepté, si ce n'est,* se rendent encore par l'adverbe

---

1 Le fils et le neveu de Cicéron. — 2 La locution française *ils s'entr'aiment*
où il n'y a qu'un pronom, se rapproche donc plus du latin que *ils s'aiment
entre eux,* où le pronom est exprimé deux fois.

præterquam, après lequel on met le même cas que devant : *Nullum ego a vobis præmium postulo,* præterquam *hujus diei memoriam sempiternam,* Cic. (je ne vous demande aucune récompense, *si ce n'est* un souvenir éternel de cette journée).

Excepté que, suivi d'un verbe, s'exprime par *præterquam quod* : *Omnes mihi labores fuere leves,* præterquam quod *tui carendum erat,* Tér. (toutes les peines m'ont été légères, *excepté qu'il* me fallait être séparé de vous). Nota. L'emploi du génitif *tui* est un archaïsme qu'il ne faut pas imiter.

§ 434.   Adversus. Contra. Erga.

Adversus, contra, erga, marquent direction vers un objet.

Adversus se prend en bonne et en mauvaise part : *Pietas est justitia adversus deos,* Cic. (la piété est la justice envers les dieux). — *Quintius dictator adversus Gallos missus est* (le dictateur Quintius fut envoyé contre les Gaulois). Cette dernière acception est de beaucoup la plus ordinaire.

Contra, vis-à-vis (en parlant des lieux), contre (en parlant des personnes et des choses). Il se prend en mauvaise part : *Contra aliquem arma ferre,* C. N. (porter les armes contre quelqu'un). — *Detrahere alteri aliquid magis est contra naturam, quam mors, quam paupertas, quam dolor,* Cic. (faire tort à autrui est plus contraire à la nature que la mort, que la pauvreté, que la douleur).

Erga (envers, à l'égard de, pour) se prend en bonne part : *Meus erga te amor* (mon affection pour vous).

Rem. *Contra,* pris adverbialement, se construit (comme *alius,* § 286) avec *quam* ou *atque,* suivis d'un verbe : *Faciam contra atque fieri solet,* Cic. (je ferai le contraire de ce qu'on fait ordinairement).

§ 435.   Orientem versus.

Versus (vers, avec ou sans mouvement) se place après son régime : *Orientem versus* (vers l'Orient); *Cassius Ambraciam versus iter facere cœpit,* Cés. (Cassius se mit en marche vers Ambracie).

On y joint quelquefois *in* ou *ad* : *Catilina ad urbem modo, modo in Galliam versus, castra movere,* Sall. (Catilina porte son camp tantôt vers Rome, tantôt vers la Gaule).

§ 436.   Post. Pone.

Post se dit du lieu, du temps, des choses, et des personnes.

L'usage en est si fréquent, qu'il est inutile d'en citer ici des exemples.

Pone ne se rapporte qu'au lieu, et il est beaucoup moins usité : *Pone œdem Castoris*, Plaut. (derrière le temple de Castor).

Post est une préposition qui s'emploie quelquefois comme adverbe; cf. § 373, R. — *Pone* est un adverbe qui ne devient préposition qu'accidentellement.

§ 437.   Secundum.

Secundum, dérivé de *sequi*, signifie proprement LE LONG DE : *Legiones secundum flumen duxit*, Cés. (il conduisit ses légions le long du fleuve); elles marchaient *en suivant* la rive du fleuve.

Appliqué au temps, il signifie A LA SUITE DE, AUSSITÔT APRÈS : *Secundum comitia* (aussitôt après les comices).

Il exprime le rang des personnes et des choses, comme le français APRÈS : *Secundum te, nihil est mihi amicius solitudine*, Cic. (après vous, je n'aime rien tant que la solitude). *Secundum deos, homines hominibus maxime utiles esse possunt*, Cic. (après les dieux, ce sont les hommes qui peuvent faire le plus de bien aux hommes). *Post* ne pourrait pas être employé en ce sens.

À l'idée de suivre, se rattache celle de conformité : *Secundum naturam vivere* (vivre selon la nature).

§ 438.   *Suite des prépositions à un seul cas.*

ABLATIF; Dix prépositions, savoir :

> Ab, ex, de, præ, pro, cum ;
> Absque, sine, tenus, coram.

Ab. En traitant de l'ablatif, nous avons fait connaître les emplois les plus ordinaires de *a* ou *ab*. Nous ajouterons ici quelques locutions où entre cette préposition ; elles s'expliquent toutes par l'idée de point de départ :

A primā œtate, ab ineunte œtate (DÈS le premier âge) ; et avec le nom concret *a puero*, au lieu de l'abstrait *a pueritia* : *Diodotum stoicum a* puero *audivi* (j'ai entendu DÈS mon enfance le stoïcien Diodote), proprement, *a me puero*, depuis moi enfant.

Alexander a tergo *et* a fronte *hostem habebat* (Alexandre avait l'ennemi EN tête et EN queue) = PAR derrière et PAR devant.

Stare ab senatu, a bonorum causā (être POUR le sénat, être DU PARTI, DU CÔTÉ des honnêtes gens).

Nihil est ab omni parte beatum, Hor. (rien n'est heureux DE TOUT POINT, sous tous les rapports; et mieux : il n'est point de bonheur parfait).

Ab hoste otium fuit, T. L. (on fut en repos DU CÔTÉ de l'ennemi) = on ne fut point inquiété par lui.

§ 439. A manu, ab epistolis.

Depuis le siècle d'Auguste, l'usage s'introduisit de désigner certains titres et emplois par *a* suivi d'un substantif; ainsi : *a manu, ab epistolis, a secretis* (un secrétaire), *a libellis* (un maître des requêtes), *a rationibus* (un maître des comptes, un trésorier) : *Claudius libertorum maxime suspexit Narcissum* ab epistolis, *et Pallantem* a rationibus, Suét. (parmi ses affranchis, Claude distingua surtout Narcisse, son secrétaire, et Pallas, son trésorier). Les anciens sous-entendaient *servus* ou *libertus;* ces mots sont même quelquefois exprimés : *a manu servus,* Suét.

§ 440. E *ou* ex. De.

Ex n'est pas d'un usage moins fréquent que *ab.* Nous citerons seulement quelques expressions françaises dans la traduction desquelles entre cette préposition :

DE PRÈS, DE LOIN, *ex propinquo, ex longinquo.*

EN FACE, VIS-A-VIS, *ex adverso, e regione.*

AU SORTIR du repas, du sommeil, *statim e cœna, e somno.*

A L'IMPROVISTE, *ex improviso, ex inopinato.*

SUR-LE-CHAMP : Parler sur-le-champ, parler d'abondance, improviser : *ex tempore dicere.*

A CHEVAL : Combattre à cheval, *ex equo pugnare.*

D'APRÈS les lois, le décret, *ex legibus, ex decreto.*

DE : Il est de mon intérêt, de l'intérêt public, *e re meā est, e re publicā est.*

DE pauvre, devenu riche, d'esclave, devenu libre, *e paupere dives, e servo liber.*

A MON GRÉ (comme je le désirais), *ex animi sententiā.*

DE : Un homme du peuple, du commun, *unus e plebe, e multis.* On dit aussi *de plebe, de multis.*

L'usage apprendra les autres acceptions de la prépos. *de.*

§ 441.   Præ.

Præ et *pro* ne s'emploient pas indistinctement ; « Conduire un troupeau DEVANT soi, » se rendra par *Præ se armentum agere*, T. L. On ne dirait pas *pro se*.

Au figuré, *præ se* se dit des sentiments que l'on fait paraître, que l'on met en avant : *Fiduciam orator præ se ferat*, Qtl. (que l'orateur montre de la confiance). Si le sentiment est faux, *præ se ferre* se rendra par AFFECTER; s'il est mauvais, par AFFICHER : *Contemptum religionum præ se ferre pusilli animi est* (afficher l'irréligion annonce un petit esprit).

Præ signifie EN COMPARAISON, AU PRIX DE, cf. § 252.

Præ indique la cause qui empêche une action de se faire : *Præ dolore, præ lacrimis loqui non possum* (la douleur, les larmes m'empêchent de parler). Quelquefois, mais plus rarement, il indique pourquoi elle se fait : *Manantibus præ gaudio lacrimis, consalutant eum*, Q. C. (ils le saluent en versant des larmes de joie).

§ 442.   Pro.

Pro, appliqué aux lieux, signifie DEVANT, sans mouvement : *Cæsar legiones pro castris constituit* (César place ses légions devant le camp). *Pro æde Castoris* (devant le temple de Castor).

Toutefois, en parlant d'un magistrat ou d'un orateur, *Pro tribunali sedēre* veut dire : Être assis sur le tribunal (et non devant); *Pro suggestu, pro rostris dicere*, Parler à la tribune, du haut de la tribune.

Au figuré, *Pro* a tous les sens du français POUR : *Dimicare pro patriā, pro legibus* (combattre pour la patrie, pour les lois). — *Aliquid pro certo habere* (tenir quelque chose pour certain); *pro nihilo ducere* (le compter pour rien).

Joint à *esse* ou *haberi*, il signifie TENIR LIEU DE : *Esse alicui pro patre* (tenir lieu de père à quelqu'un). — *In præliis, audacia pro muro habetur*, Sall. (dans les combats, le courage tient lieu de rempart).

Pro signifie encore SELON, EN PROPORTION DE : *Quidquid agas, agere decet pro viribus*, Cic. (il faut agir en tout selon ses forces).

De là l'expression *Pro se quisque*, laquelle rend bien le français A L'ENVI : *Pro se quisque, quod ceperat, afferebat*, Cic. (chacun apportait à l'envi ce qu'il avait pris).

De là aussi *Pro virili parte,* par exemple : *Quisque, pro virili parte, reipublicæ consulĕre debet* (chacun doit servir son pays autant qu'il est en lui, en ce qui dépend de lui, en ce qui le concerne).

C'est à l'idée de proportion que se rapporte *quam pro* après un comparatif ; cf. § 256.

Il en est de même des locutions suivantes : *Reliquă pro tuā prudentiā considerabis,* Cic. (vous pèserez le reste dans votre sagesse) ; proprement, selon votre prudence, selon vos lumières.

Pro tuā admirabili ac singulari sapientiā [1] (avec votre rare et admirable sagesse, ou : étant doué d'une aussi rare et aussi admirable sagesse que vous l'êtes, ou encore : tant votre sagesse est grande et admirable).

Rem. Dans ce dernier sens, au lieu de *pro tuā sapientiā,* l'on peut dire, *quæ est tua sapientia,* et la traduction sera la même. La construction pleine serait : *pro eā sapientiā, quæ tuă sapientiă est.* L'exemple suivant donnera une idée de ce latinisme : *Spero,* quæ tua prudentia et temperantia est, *te jam, ut volumus, valēre* [2] (je me flatte qu'avec votre prudence et votre sobriété, ou, qu'étant aussi sobre et aussi prudent que vous l'êtes, vous vous portez maintenant comme nous le désirons).

On pourrait dire également avec l'ablatif de qualité, *quā es prudentiā et temperantiā,* ce qui s'expliquerait de la même manière. Exemple : *Quā mollitiā sum animi et lenitate, nunquam Autronii lacrimis et precibus restitissem* [3] (avec la facilité et la douceur de mon caractère, je n'aurais jamais résisté aux larmes et aux prières d'Autronius) ; *pro eā mollitiā, quā mollitiā sum.*

§ 443.   Sine, Absque.

Sine est l'opposé de *cum,* et n'offre aucune difficulté.

Absque, avec le verbe *sum,* forme chez les comiques la locution *absque me, -te, -illo, esset* ou *foret* [4], qui signifie *sans moi, sans vous, sans lui,* dans des phrases comme « Sans moi, vous étiez perdu ; sans lui, je serais heureux. » Mais cette locution est tout à fait familière, et *absque* n'appartient pas à la langue classique.

Sans moi, sans vous, se rendront, dans le style soutenu, par *Si ego non essem, nisi tu esses.* Exemple : *Pons subli-*

---

1 Cicéron, *Attic.,* IX, 11, A. — 2 Cic., *Attic.,* VI, 9. — 3 Cic. *pro Syll.* 6. — 4 Construction pleine : *Si res absque me esset.*

cius iter pæne hostibus dedit, ni unus vir fuissel, *Horatius Cocles,* T. L. (sans un seul homme, Horatius Coclès, le pont de bois livrait passage à l'ennemi).

§ 444.　　　　Tauro tenus. — Nomine tenus.

Tenus se place après le substantif; il signifie JUSQU'A, avec l'idée accessoire d'une limite qu'on ne dépasse point : *Antiochus* Tauro tenus *regnare jussus est,* Cic. (le mont Taurus fut donné pour limite au royaume d'Antiochus); il reçut ordre de régner jusqu'au Taurus, *et non au delà.*

De même au figuré : *Nomine tenus* (de nom seulement). *Græcā doctrinā* ore tenus *exercitus* [1], Tac. (exercé à la philosophie grecque, *qu'il ne professait que de bouche*).

Tenus se trouve en poésie avec le génitif, surtout du pluriel : *Crurum tenus, laterum tenus* [2].

§ 445.　　　　*Prépositions à deux cas.*

ACCUSATIF et ABLATIF; Quatre prépositions, savoir :

In, sub, super, subter.

In, avec l'accusatif, indique, 1° Mouvement pour entrer DANS un lieu; cf. § 368, Question *Quo.*

2° Dimension EN longueur, en largeur, etc. : *Decem pedes in longitudinem* (dix pieds de longueur); cf. § 371.

3° Destination relative au temps : *In multos menses subsidia vitæ habēre* (avoir des moyens de subsistance POUR plusieurs mois). — *In diem vivĕre* (vivre au jour le jour) = n'avoir de quoi vivre que *pour* un jour à la fois; cf. § 376, R. 2.

4° Destination relative aux choses : *Pecunia data est in rem militarem* (de l'argent fut donné POUR les besoins de la guerre).

5° Tendance favorable ou contraire d'un sentiment ou d'une action : *Liberalis in amicos* (généreux ENVERS ses amis). *Odium in malos cives* (haine CONTRE les mauvais citoyens).

6° Mode de division : *Numa, ad cursum lunæ, in duodecim menses describit annum,* T. L. (Numa partage l'année EN douze mois lunaires).

Remarquons encore : *In dies crescĕre* (s'accroître de jour en jour); *Mirum in modum* (d'une manière surprenante); *In Bruti locum consulatum petĕre* (demander le consulat à la place de Brutus); et autres locutions que l'usage apprendra.

---

1 Cf. Méth. gr. § 385, 4. — 2 Cela prouve que ce mot était primitivement adverbe, puisqu'aucune préposition latine ne régit le génitif.

§ 446. *In* avec l'ablatif, indique le lieu où l'on est, et il régit ce cas toutes les fois qu'il n'y a pas mouvement, c'est-à-dire passage d'un lieu ou d'un état dans un autre ; cf. § 364, Question *Ubi*.

Il s'applique aux choses considérées sous un rapport local : *Verres coronam habebat unam in capite, alteram in collo*, Cic. (Verrès avait une guirlande SUR la tête, une autre AUTOUR du cou).

Il se prend quelquefois pour *inter : Dolor in maximis malis ducitur*, Cic. (la douleur est comptée PARMI les plus grands maux).

Appliqué au temps, il ne s'emploie qu'après les adverbes numéraux : *Ter in anno*, Cic. (trois fois dans l'année) ; ou avec les substantifs qui n'expriment le temps que par extension : *in senectute, in bello, in vita ;* ou enfin avec les termes généraux *tempus, tempestas, ætas, dies*, lorsqu'ils sont accompagnés de quelque déterminatif, par exemple, *in tali tempore*, Sall. et T. L. (dans un temps comme celui-là, dans de telles circonstances). Si l'on voulait seulement désigner l'époque, et non la qualifier, on dirait sans préposition, *eo tempore*.

§ 447. *Sub* régit l'accusatif quand la phrase indique mouvement, soit au propre, soit au figuré : *Is sub jugum misit juvenem*, T. L. (il fit passer le jeune homme sous le joug). — *Res quædam ita parvæ sunt, ut sub sensum cadere non possint*, Cic. (il est des choses si petites qu'elles ne peuvent tomber sous les sens).

Il régit l'ablatif lorsqu'il n'y a pas de mouvement : *Si essent qui* sub terrā *semper habitavissent*, Cic. (s'il y avait des hommes qui eussent toujours habité sous terre).

Sub marque souvent une simple proximité ; 1° Avec mouvement : *Milites Cæsaris* sub montem *succedunt*, Cés. (les soldats de César vont se ranger *au pied* de la montagne) ; 2° Sans mouvement : *Ascanius aliam urbem* sub Albano monte *condidit*, T. L. (Ascagne fonda une autre ville *au pied* du mont Albain).

En parlant du temps, l'accusatif désigne le moment avec moins de précision que l'ablatif : *Sub ortum lucis*, T. L. (à l'approche du jour) ; *Sub luce*, Id. (au point du jour). — *Sub vesperum*, Cés. (vers le soir) ; *Sub ipsā profectione*, Id. (au moment du départ).

§ 448. *Subter* est beaucoup moins employé que *sub*. Il se joint d'ordinaire à l'accusatif, même sans mouvement : *Grues dormiunt capite* subter alam *condito*, Plin. (les grues dorment la tête cachée sous l'aile). On ne le trouve guère avec l'ablatif que dans les poëtes.

§ 449. *Super* régit l'accusatif, qu'il y ait mouvement ou non : *Multi Carthaginiensium*, ruentes super alios alii, *in angustiis portarum obtriti sunt*, T. L. (beaucoup de Carthaginois, se précipitant les uns sur les autres, furent écrasés au passage étroit des portes). — *Æneas* super Numicium *flumen situs est*, T. L. (le tombeau d'Énée est sur le bord du Numicius); *super* indique qu'il est à une certaine distance du fleuve, et qu'il le domine.

Super prend aussi l'ablatif quand il n'y a pas de mouvement, mais c'est principalement en poésie : *Fronde super viridi requiescĕre*, Virg. (reposer sur un vert feuillage).

Pour qu'il le régisse en prose, il faut qu'il y ait contact immédiat des deux objets : *Navis*, super quā *turris effecta erat*[1] (un navire *sur* lequel on avait construit une tour).

Il le régit encore, soit en prose, soit en vers, dans le sens de *de* (touchant, au sujet de) : *Hac super re ad te scribam Rhegio*[2] (je vous écrirai là-dessus de Rhégium).

ADVERBES EMPLOYÉS COMME PRÉPOSITIONS.

§ 450. Clam, palam, procul, simul.

Ces quatre mots, très-usités comme adverbes, ne jouent le rôle de prépositions que dans les poëtes, et dans les écrivains postérieurs à Cicéron.

Clam se trouve chez les comiques avec l'ablatif et avec l'accusatif : *Clam filio* et *clam filium* (à l'insu de mon fils). On lit une seule fois dans César, *clam vobis*.

Palam est synonyme de *coram*, et se construit quelquefois de même : *Palam populo*, T. L. (devant le peuple, en présence du peuple).

Procul et *Simul* se joignent aussi à l'ablatif : *Procul urbe*, — *mari*, — *voluptatibus* (loin de la ville, — de la mer, — des plaisirs); *Procul dubio* (sans doute) : *Simul his*, Hor. (avec eux); *Septemviris simul*, Tac. (avec les septemvirs).

---

1 César, *B. Civ.* III, 39. En ce sens on emploie généralement *in*.
2 Cic. *Attic.* XVI, 6. Cf. Méth. gr., § 375, III.

Mais tous ces exemples doivent être considérés comme des exceptions ou des licences poétiques ; et la règle veut qu'on dise en prose : *filio inscio; coram populo ; procul ab urbe , a mari, a voluptatibus; sine dubio ; simul cum his , cum septemviris*.

REM. *Simul ac, simul atque, simul ut*, et même *simul* tout seul, forment des locutions conjonctives, qui signifient DÈS QUE, AUSSITÔT QUE : *Simul atque natum animal est, voluptatem appetit*, Cic. (dès que l'animal est né, il recherche le plaisir).—*Simul aliquid audiero, scribam ad te*, Cic. (dès que j'aurai appris quelque chose, je vous écrirai).

§ 451.   Usque , Circiter.

1. *Usque*, à la question *Quo*, prend l'accusatif avec *ad* ou *in* : *Usque ad Capitolium* (jusqu'au Capitole); *Usque in Pamphyliam* (jusqu'en Pamphylie).

La préposition ne s'exprime pas devant les noms propres de ville : *Usque Romam*. Elle est quelquefois sous-entendue devant les autres noms : *Ab astris descendit vos usque fragor*, Stace, *Théb.* XI, 89; mais cette ellipse n'est pas à imiter en prose.

Usque prend l'ablatif avec *ab* ou *ex* à la question *Unde*. S'il s'agit du temps, c'est *ab* qu'on emploie : *Vetus opinio est, jam* usque ab *heroicis ducta temporibus, versari quamdam inter homines divinationem*, Cic. (c'est une vieille opinion, qui remonte jusqu'aux temps héroïques [1], qu'il existe parmi les hommes un art de la divination).

2. *Circiter* (environ) se joint souvent à l'accusatif avec les noms de temps : *Nos circiter kalendas in Formiano erimus*, Cic. (je serai *vers* les calendes à ma terre de Formies). Du reste, ce mot est généralement employé comme adverbe.

DES NÉGATIONS.

§ 452.   Non. Haud. Nĕ.

Les principaux adverbes négatifs sont *non, haud* et *nĕ. Haud* nie plus fortement que *non*. On l'emploie surtout lorsque la négation ne doit affecter qu'un des termes de la proposition :

---

[1] Mot à mot : tirée *jusque des* temps héroïques.

Rem haud sane difficilem admirari videmini, Cic. (vous paraissez admirer une chose qui n'est nullement difficile).

En conséquence, il se joint bien aux adverbes et aux adjectifs : *Haud equidem, haud multum, haud raro, haud diu, haud quisquam, haud mediocris*, etc.

Il tombe plus rarement sur le verbe même ; cependant il est fort usité dans la locution *haud scio an*, cf. § 475.

§ 453.   Nĕ patrem quidem.

Ne s'emploie pour défendre, comme il a été dit, § 400, 4 ; et dans les propositions subordonnées, où il équivaut à *ut non*, comme il sera dit, § 458. Dans l'un et dans l'autre cas, il se construit avec le subjonctif [1].

Il ne se met avec l'indicatif ou l'infinitif, que lorsqu'il est suivi de *quidem*, dont il doit toujours être séparé par un mot : *Iste ne patrem quidem venerabatur* (cet homme ne respectait pas même son père).

§ 454.   DOUBLE NÉGATION.

Deux négations se détruisent l'une l'autre et valent une affirmation ; ou plutôt c'est la première négation qui détruit la seconde, et de là une grande différence de sens, selon que *non* est placé avant ou après le mot qu'il accompagne :

Non nemo, *quelqu'un ;*	Nemo non, *tout homme.*
Non nulli [2], *quelques-uns ;*	Nullus non, *tous.*
Non nihil, *quelque chose ;*	Nihil non, *toute chose.*
Non nunquam, *quelquefois ;*	Nunquam non, *toujours.*

Annibal, tantis bellis districtus, non nihil *temporis tribuit litteris*, C. N. (Annibal, tout occupé qu'il était de si grandes guerres, donna quelque temps aux lettres). *Non nihil* diffère d'*aliquid* en ce qu'il nie une proposition qui serait ainsi conçue : *Annibal, tantis bellis districtus*, nihil *temporis tribuit litteris ;* on pouvait croire qu'il ne donnerait pas de temps aux lettres ; il en donna cependant.

Nihil non *aggressuri sunt homines, si magna conatis magna præmia proponantur*, T. L. (Il n'est rien que les hommes ne soient capables d'entreprendre, si aux grands efforts sont promises de grandes récompenses). *Nihil non* est beaucoup

---

1 *Ne* avec l'impératif ne se trouve guère que dans les poëtes (*Tu ne cedĕ mălis. Nimium ne credĕ colori*), et dans les textes de lois.

2 On dit aussi, en un seul mot, *nonnulli, nonnihil* et *nonnunquam.*

plus fort que ne serait *omnia*. En effet, *nihil non aggressuri sunt* équivaut à *Nihil est quod non aggressuri sint*, et c'est d'après cette analyse qu'il faut traduire, pour conserver le mouvement de la pensée. Ces deux tournures ont exactement le même sens ; et pour rendre la phrase suivante : « Il n'est personne qui ne souhaite à ses enfants la santé et le bonheur, » on peut dire avec Cicéron [1] : *Nemo est, qui non liberos suos incolumes et beatos esse cupiat ;* ou : *Nemo non liberos suos incolumes et beatos esse cupit.*

§ 455.   Non possum non.—Non possum quin.

1. La locution *non possum non*, suivie d'un infinitif, répond au français *ne pouvoir s'empêcher de*, *ne pouvoir manquer de :* « Je ne puis m'empêcher de parler (je ne peux pas ne point parler) » *Non possum non loqui.* — « Celui qui compte la mort au nombre des maux, ne peut manquer de la craindre (ne peut pas ne point la craindre)» *Qui mortem in malis ponit, non potest eam non timere,* Cic.

2. Le même gallicisme peut se rendre aussi par *Facere non possum quin*, avec le subjonctif : *Facere non potui, quin tibi sententiam declararem meam,* Cic. (je n'ai pu m'empêcher de vous faire connaître ma pensée).

Facere est quelquefois sous-entendu : *Non possum quin exclamem* [2] (je ne puis m'empêcher de m'écrier).

§ 456.   Neque... non. — Nec... non.

A l'usage de la double négation se rattachent *neque... non, nec... non,* par exemple : *Nemo Attico minus fuit ædificator ; neque tamen non imprimis bene habitavit,* C. N. (personne n'aima moins à bâtir qu'Atticus ; et cependant il fut parfaitement bien logé, ou, ce qui ne l'empêcha pas d'être fort bien logé).

Tel est le sens de *nec non* en bonne prose ; *nec* est toujours séparé de *non* par quelque mot, et il donne à la proposition un tour négatif, qu'il faut essayer de conserver en français. *Necnon* n'est employé en un seul mot que dans les poëtes, et dans les écrivains postérieurs au siècle d'Auguste ; encore n'y est-il pas complétement synonyme de *et*.

---

1 *De Invent.* I, 30. — 2 Plaut. *Trinum.* III, 2, 79 ; cité par Cic., *de Or.* II, 10.

§ 457.   Nemo, neque poeta, neque orator.

Si une négation est suivie de *neque* ou de *neve* répétés, la phrase reste négative : Nemo *unquam*, neque *poeta*, neque *orator fuit*, *qui quemquam meliorem quam se arbitraretur*, Cic. (il *n'a* jamais existé *ni* un poëte, *ni* un orateur, qui ait cru qu'il y en avait un meilleur que lui).

On dirait également bien, avec une seule négation : *Nemo unquam*, aut *poeta*, aut *orator fuit.*

§ 458. Négation dans les propositions subordonnées.

Lorsque la négation tombe sur une proposition subordonnée, elle s'exprime par *nē*, *quin* ou *quominus*, et le verbe se met toujours au subjonctif.

Nē.

Nē équivaut à *ut non*, et s'emploie partout où l'on mettrait *ut* s'il n'y avait pas de négation, cf. §§ 223, 225.

Ainsi comme on dit, *Rogo te* ut *bonum animum habeas*, on dira aussi : *Hoc te primum rogo*, ne *demittas animum*, Cic. (ce que je vous demande avant tout, c'est de ne pas vous décourager).

D'après le même principe, *ne* se rendra au besoin par DE PEUR QUE, AFIN QUE... NE, POUR NE PAS : *Gallinæ pennis fovent pullos*, ne *frigore lædantur*, Cic. (les poules réchauffent leurs petits sous leurs ailes, *de peur qu'ils ne* soient = *afin qu'ils ne* soient *pas* incommodés par le froid). — *Angustias Themistocles quærebat*, ne *multitudine circumiretur*, C. N. (Thémistocle cherchait un espace étroit, *pour n'être pas* enveloppé).

§ 459.   Cavere nē.

Après les verbes *cavēre*, *vidēre*, *providēre*, et autres qui signifient PRENDRE GARDE, pourvoir à ce qu'une chose n'ait pas lieu, la proposition subordonnée prend également *ne* avec le subjonctif : *Cave* ne *quid temere dicas aut facias*, Cic. (prenez garde de rien dire ou de rien faire légèrement) — *Provide* ne *sermo tuus vitium aliquod indicet inesse in moribus*, Cic. (prenez garde que votre langage n'annonce qu'il y a quelque vice dans vos mœurs).

RÈM. Après les secondes personnes de l'impératif, *cave* et *cavete*, on met souvent le subjonctif seul : *Cave existimes*, Cic. *Ep.* IX, 24 (gardez-vous de penser). De même : *Cave ignoscas*, Cic. *pro Lig.* 5 ; *Armis concurrant arma cavete*, Virg.

§ 460.   **Timere nē. — Timere ut.**

Les verbes *timēre, metuěre, verēri, pavēre* (craindre, appréhender, avoir peur), offrent une particularité remarquable. Si vous dites : « Je crains qu'il ne pleuve, » vous exprimez le désir qu'il n'y ait pas de pluie, et il est naturel que la proposition subordonnée soit négative ; vous traduisez donc : *Metuo* ne *pluat*.

Mais si vous dites, « Je crains qu'il ne pleuve pas, » vous désirez évidemment qu'il pleuve ; et le latin, qui ne s'arrête qu'à cette idée de désir, donne à la proposition subordonnée le tour affirmatif : *Metuo ut pluat*, ou, comme deux négations valent une affirmation : *Metuo ne non pluat*.

De ces observations résultent les deux règles suivantes :

1° Si la proposition subordonnée exprime une chose qu'on désire *ne pas* voir arriver, on la rendra par *ne* avec le subjonctif : « Je crains d'augmenter le travail, en voulant le diminuer (je désire ne pas l'augmenter), » *Vereor* ne, *dum minuěre velim laborem, augeam*, Cic. — « Je crains que vous ne soyez trompé par les ruses des méchants (je désire que vous ne soyez pas trompé), » *Metuo* ne *dolis malorum capiaris.* — « Je ne crains pas que vous fassiez quelque acte de faiblesse (je désire que vous n'en fassiez pas), » *Non vereor* ne *quid timide facias*, Cic.

2° Si la proposition subordonnée exprime une chose dont on désirerait l'accomplissement, on la rend par *ut* ou par *ne non* avec le subjonctif : « Je vois que vous prenez sur vous toutes les fatigues ; je crains que vous n'y résistiez pas (je désire que vous y résistiez) », *Omnes labores te excipere video ; timeo ut sustineas*, Cic. — « Je crains que la lettre n'ait pas été remise (je désire qu'elle l'ait été), » *Vereor* ne *litteræ redditæ* non *fuerint*, Cic.

Rem. Lorsque le verbe *craindre* signifie *balancer, hésiter à, faire difficulté de*, il s'exprime ordinairement par *dubitare*, et le second verbe se met à l'infinitif : « Il ne craignit pas d'entrer dans le sénat, » *In senatum introire non dubitavit*, Cic.

Timere, metuere, vereri sont quelquefois employés dans le même sens et avec la même construction, principalement chez les poëtes : *Nil metuunt jurare*, Catull. (il n'est rien qu'ils craignent de jurer = aucun serment ne leur coûte).

461.   Prohibere nē *ou* quominus.

Après les verbes qui marquent obstacle ou empêchement,
comme *prohibēre, recusare, impedire, obstare, deterrēre,*
et autres semblables, le verbe de la proposition subordonnée se
met au subjonctif avec *ne* ou *quominus* : *Id prohibere debuisti
ne fieret,* Cic. (vous avez dû empêcher que cette chose ne se
fît).— *Impedior verecundiā* ne *te pluribus verbis rogem,*
Cic. (la discrétion m'empêche d'insister davantage). — *Parmenio regem deterrere voluit,* quominus *medicamentum
biberet* [1] Q. C. (Parménion voulut détourner le roi de prendre
le breuvage).

Rem. Il ne faut pas confondre *vetare* (défendre) avec les
verbes précédents. On a vu, § 225, qu'il prenait pour complément une proposition infinitive. Le peu d'exemples où il est suivi
du subjonctif, avec *ne* (exprimé ou sous-entendu), appartiennent
surtout à la poésie.

§ 462.   Nihil obstat quin , *ou* quominus.

Si la proposition principale est négative, c'est *quin* ou *quominus* que l'on met avant le second verbe : « L'âge ne nous
empêche pas de conserver le goût de l'agriculture jusqu'à une extrême vieillesse, » *Ætas non impedit* quominus *agri colendi
studia teneamus ad ultimum tempus senectutis,* Cic. — « Il
n'a pas tenu à moi qu'il n'y eût entre nous une amitié solide, »
Non per me stetit, quominus *firma inter nos amicitia esset.*

Rem. Le tour interrogatif produit le même effet que la négation : « Rien n'empêche, quelle chose empêche que vous ne
soyez heureux? » *Nihil obstat, quid obstat,* quin *sis beatus ?*

§ 463.   Non multum abest quin.

Peu s'en faut, il ne s'en faut pas beaucoup, etc., s'expriment
par *non multum, haud multum abest,* et QUE... NE par *quin :*
« Il s'en fallut peu que Tibère ne fût tué par un Bructère, »
Non multum abfuit, quin *a Bructero quodam occideretur
Tiberius,* Suét [2].

On dit aussi, quoique plus rarement, *paulum abest, nihil
abest ;* mais *parum abest* ne se trouve dans aucun auteur latin :
Paulum abfuit quin Varum interficeret, Cés. (peu s'en fallut

---

1 *Quominus biberet* représente *ut eo minus biberet,* afin qu'il bût d'autant
moins , c.-à-d. qu'il ne bût pas. — 2. Cf. Tit. Liv. XXXI, 37, et XXXIX, 49.

qu'il ne tuât Varus). — *Virgilii et Titi Livii scripta* paulum *abfuit* quin *ex omnibus bibliothecis amoveret Caligula*, Suét. (peu s'en fallut que Caligula ne fît retirer de toutes les bibliothèques les œuvres de Virgile et de Tite-Live). — *Nihil abest* quin *sim miserrimus* [1] (il ne manque rien à mon malheur).

REM. Si le sens négatif disparaît du premier membre, et qu'au lieu de *peu s'en faut*, on dise *tant s'en faut*, les deux QUE suivants seront exprimés par *ut* avec le subjonctif : « Tant s'en faut *que* ces choses aient été faites pour les bêtes, *que* les bêtes mêmes ont été créées pour l'homme, » *Tantum abest* ut *hæc bestiarum causā parata sint*, ut *ipsas bestias hominum gratiā generatas esse videamus*, Cic. Des deux *ut*, le premier se rapporte à *abest*, le second à *tantum* [2].

§ 464.   Non dubitare quin.

Lorsque le verbe DOUTER est accompagné d'une négation ou d'une interrogation, la proposition subordonnée prend *quin* avec le subjonctif : « On ne doit pas douter qu'il n'y ait eu des poëtes avant Homère, » *Non debet dubitari* quin *fuerint ante Homerum poetæ*, Cic. — « Qui peut douter que notre vie ne soit un présent des dieux immortels ? » *Quis dubitare potest* quin *deorum immortalium munus sit, quod vivimus* [3] ? Sén.

§ 465.   *Autres emplois de* Quin.

Il faut encore remarquer les constructions suivantes, où *quin* annonce toujours une proposition négative subordonnée :

1° *Nunquam tam male est Siculis*, quin *aliquid facete et commode dicant*, Cic. (jamais les Siciliens ne sont si malheureux, qu'ils ne trouvent quelque bon mot à dire); *quin* = *ut non*.

2° *Nemo tam ferus fuit*, quin *Alcibiadis casum lacrimaret*, C. N. (il n'y eut personne de si dur, qu'il ne pleurât, = *d'assez* dur *pour ne pas* pleurer le malheur d'Alcibiade); *quin* = *qui non*.

---

1 Cicéron, *Attic.* XI, 15. — La raison pour laquelle on ne dit point *parum abest*, c'est qu'en bonne latinité *parum* signifie presque toujours *trop peu*; il est opposé à *satis*, très-rarement à *multum*.

2 Au second membre, on trouve souvent dans Cicéron, *ut etiam*; deux fois dans Tite-Live, *ut contra*. On ne trouve nulle part *ut potius*.

3 *Non dubito*, *haud dubium est* peuvent aussi se construire avec une proposition infinitive : *Pompeius non dubitat eā, quæ de republicā nunc sentiat, valde mihi probari*, Cic. *Attic.* VII, 1; cf. *Ep. fam.* X, 31; XVI, 21; *pro Flac.*, 33. Cette construction se rencontre surtout après Cicéron; elle est très-fréquente chez Tite-Live.

3° *Non temere fama nasci solet*, quin *subsit aliquid*, Cic. (un bruit ne se répand guère qu'il n'ait = *sans qu'il* ait quelque fondement) ; *quin* = *cui non* ou *ita ut non*.

REM. Les deux derniers exemples offrent le moyen de rendre, l'un ASSEZ POUR avec négation, l'autre SANS QUE, précédé d'une proposition négative.

DE L'INTERROGATION.

INTERROGATION DIRECTE.

§ 466. Les mots qui servent à interroger ont été indiqués dans la première partie, § 33, 34, 95, et 100, R. 4.

À une question faite par l'un des cas de *quis, ecquis, quisnam*, on répond par un nom au même cas : « Qui a créé le monde? Dieu, » *Quis mundum creavit? Deus.* — « Quel homme appelons-nous riche? celui qui ne désire rien, » *Quem vocamus divitem? eum, qui nihil cupit.*

La raison en est que la réponse forme toujours une proposition elliptique : *Deus creavit mundum. — Vocamus divitem, eum qui nihil cupit.*

Quand la réponse doit être négative, on interroge par *ecquis : Ecquæ seditio unquam fuit, in qua non ille princeps?* Cic. *pro Sext.* 52 (est-il une sédition dont il n'ait été le chef?) La réponse serait, *nulla fuit.*

REM. Il est des verbes après lesquels le mot de la réponse ne peut pas toujours être au même cas que celui de la demande ; ce sont :

1° *Est, interest, rēfert :* « A qui appartient-il de parler ? à moi, » *Cujus est loqui? meum;* cf. § 307, R. 2.

« A qui cela importe-t-il? à vous, » *Cujusnam illud interest? tuā;* cf. § 379.

2° Les verbes d'achat et de vente : « Combien ce livre a-t-il coûté? vingt as, » *Quanti constitit hic liber? viginti assibus,* cf. §§ 311 et 312, R. 1.

§ 467.   Nĕ (*enclitique*), num, nonne.

1. *Nĕ* interroge simplement, sans préjuger la réponse, qui peut être ou affirmative ou négative : *Vidistine regem?* (avez-vous vu le roi?) On répond en répétant le verbe de la demande : OUI, *vidi;* NON, *non vidi.*

Quelquefois le verbe est sous-entendu dans la réponse, et remplacé par quelque adverbe d'affirmation : *Visne sermoni reliquo demus operam sedentes? sane quidem,* Cic. (voulez-

vous que nous achevions l'entretien assis? très-volontiers); —
ou de négation : *Præstatne utilitas honestati? minime vero*
(l'utile l'emporte-t-il sur l'honnête? non assurément).

2. *Num* suppose une réponse négative, comme le français
EST-CE QUE : *Num cadit in virum bonum mentiri?* Cic. Est-ce
que l'honnête homme est capable de mentir?)

3. *Nonne* attend, au contraire, une réponse affirmative :
Poetæ nonne post mortem nobilitari volunt? Cic. (les poëtes
ne veulent-ils pas être célèbres après leur mort?) — *Hæc nonne
est turpe dubitare philosophos, quæ ne rustici quidem dubi-
tent?* Cic. (n'est-il pas honteux que des philosophes doutent de
choses dont les paysans mêmes ne doutent pas?)

REM. 1. Quelquefois le mouvement seul de la phrase suffit pour
marquer l'interrogation, et alors *ne* est sous-entendu, et *non*
tient lieu de *nonne : Infelix est Fabricius, quod rus suum
fodit?* Sén. (Fabricius est-il malheureux, parce qu'il laboure
son champ?) — *Non in casis, ritu pastorum agrestiumque,
habitare est satius, quam exsulatum ire?* T. L. (ne vaut-il pas
mieux habiter dans des chaumières, à la manière des pâtres et
des villageois, que d'aller en exil?)

2. On interroge aussi par *ecquid* pris adverbialement : *Ecquid sentitis in quanto contemptu vivatis?* T. L. (sentez-vous
bien dans quel mépris vous vivez?)

Double interrogation.

§ 468.   Utrum..... ăn.

Quand deux interrogations sont opposées l'une à l'autre dans
la même phrase, la première est annoncée par *utrum*, la seconde
par *an : Utrum defenditis,* an *impugnatis plebem, tribuni?*
T. L. (défendez-vous le peuple, tribuns, *ou* lui faites-vous la
guerre?) cf. § 285, 1.

Au lieu d'*utrum*, on peut mettre *nĕ* au premier membre :
Isne est quem quæro, an non? Tér. (est-ce l'homme que je
cherche, ou non?)

Utrum ou *nĕ* peuvent même être sous-entendus : *Dicam
huic, an non dicam?* Tér. (lui dirai-je, ou ne lui dirai-je pas?)
Eloquar, an sileam? Virg. (dois-je parler ou me taire?)

§ 469. On voit, par ces exemples, que le mot *ou* qui précède
en français la seconde partie de la question, doit toujours être
rendu par *an*. Ce serait une faute grave de le traduire par *aut*.
Cicéron (*Parad.* 1) dit sans doute : *Voluptas melioremne*

efficit aut *laudabiliorem virum?* mais il n'y a là qu'une seule proposition; *aut* pourrait être remplacé par *et*, et *laudabiliorem* n'est pas opposé à *meliorem*. Si l'auteur eût voulu dire : « La volupté rend-elle l'homme meilleur *ou* moins bon ? » il aurait écrit : *Voluptas melioremne efficit virum*, an *deteriorem?*

§ 470.   *Différence de* nĕ *et de* ăn; *de* nonne *et de* annon.

Le véritable signe de l'interrogation simple et directe est *nĕ* (cf. § 467). On ne peut jamais entrer en matière par *an*, et l'on ne dira pas en latin: *An vidisti regem?* pour exprimer : Avez-vous vu le roi?

An est une particule disjonctive qui répond à ou, ou bien, et dont la destination propre est d'annoncer la seconde partie d'une interrogation à deux membres. Toutes les fois qu'on le trouve au commencement d'une phrase, c'est qu'il a rapport à une idée qui précède, ou qu'il est facile de suppléer. Ainsi, lorsque Cicéron [1] dit : *An ille mihi liber, cui mulier imperat?* (regarderai-je comme libre celui qu'une femme gouverne?) c'est qu'il vient de poser en principe que l'obéissance d'une âme sans force et sans volonté est un esclavage. En continuant cette idée, on pourrait traduire : Ou bien tiendrai-je pour libre celui que, etc.?

An non ou *annon* s'emploie pour *nonne* dans les mêmes circonstances que *an* pour *ne* : *An non est omnis metus, servitus* [2]*?* (toute crainte n'est-elle pas un esclavage?) Cicéron vient de dire que tout coupable est esclave, parce qu'il craint la justice, et il ajoute : Ou bien toute crainte n'est-elle pas, etc.?

Mais si je fais à un voyageur la question simple et absolue, « N'avez-vous pas vu Rome? » il faudra dire : *Nonne Romam vidisti?* et non pas *annon*, parce qu'il n'y a pas continuation d'une idée antécédente.

§ 471. *Mode des verbes dans l'interrogation directe.*

1. Il est de règle que l'interrogation directe se fasse par l'indicatif; cependant on peut employer le subjonctif si l'on veut exprimer l'idée du conditionnel français ou celle du futur (cf. § 399): *Utrum tandem pluris æstimemus pecuniam Pyrrhi, an continentiam Fabricii?* Cic. (qu'estimerons-nous le plus des trésors de Pyrrhus, ou du désintéressement de Fabricius?)

---

1 Parad. V, 2. — *Mihi* est employé ici comme *moi* dans Prends-moi le bon parti. Cf. Méth. gr., § 337, IV. — 2 Cic., Parad. V, 3.

Æstimemus est au subjonctif non pas à cause d'*utrum*, mais à cause de la pensée, qui exprime un doute, une délibération [1].

2. Après les mots interrogatifs QUE, POURQUOI, COMMENT, le français admet une ellipse qui n'a jamais lieu en latin. Nous disons, par exemple : « Comment *concevoir* un Dieu qui ne soit pas éternel ? c.-à-d. comment pouvons-nous concevoir ? » Le latin doit nécessairement exprimer le verbe qui régit l'infinitif : *Deum, nisi sempiternum, intelligere qui* possumus ? Cic.

D'après ce principe, QUE FAIRE ? s'exprimera par le présent du subjonctif s'il se rapporte à l'avenir (que dois-je faire ?) *Quid faciam ?* — par l'imparfait, s'il se rapporte au passé (que pouvais-je faire ? qu'aurais-je fait ?) *Quid facerem ?*

INTERROGATION INDIRECTE.

§ 472.   I. *Avec* quis, qualis, cur, quam, quomodo, ubi, *etc.*

On appelle interrogation indirecte celle qui tombe sur une proposition subordonnée, comme lorsqu'au lieu de dire : Qui êtes-vous ? on dit : Apprenez-moi qui vous êtes.

Le verbe de l'interrogation indirecte se met toujours au subjonctif : *Mori cupis ; disce prius* quid sit *vivĕre*, Tér. (tu voudrais mourir ; apprends d'abord ce que c'est que de vivre). — *Quæritur* cur *doctissimi homines de maximis rebus* dissentiant, Cic. (on demande pourquoi les hommes les plus savants sont divisés sur les plus grandes questions).

Tous les mots qui servent à l'interrogation directe, servent aussi à l'interrogation indirecte, notamment *quis* avec ses dérivés, comme *qualis, quantus, quot, quarē, quam, quomodo, quando ;* l'adjectif *uter ;* les adverbes de lieu *ubi, unde, quo, quā ;* enfin *nĕ, num, nonne, utrum, an.*

REM. 1. Il ne faut pas confondre le relatif *qui, quæ, quod* avec l'interrogatif *quis*. Le relatif étant séparé du premier verbe par son antécédent, exprimé ou sous-entendu, veut le second à l'indicatif ; l'interrogatif dépendant immédiatement du premier verbe, veut le second au subjonctif. Il y a donc une grande différence entre ces deux phrases : *Amicus tuus scit, quæ tu nescis,* et *Amicus tuus scit, quæ tu nescias.* La première signifie : « Votre ami sait *des choses que* vous ne savez pas ; » *quæ* est relatif, et il a pour antécédent *ea* sous-entendu. La seconde signifie : « Votre ami sait *quelles choses* vous ne savez pas, quelles sont les choses que vous ignorez ; » *quæ* est interrogatif, et n'a pas d'antécédent.

---

1 *Utrum*, accusatif neutre d'*uter*, est complément direct d'*æstimemus*, et ce verbe est sous-entendu devant chacun des deux autres accusatifs.

2. Certaines constructions françaises sont susceptibles de l'un et de l'autre sens ; par exemple : « Je dirai néanmoins ce que je pense, » peut signifier, « Je dirai *la chose que* je pense, » et alors on traduira : *Dicam tamen quod sentio*, Cic.; ou, « Je dirai *quelle chose* je pense, *quelle* est ma pensée, » et l'on traduira : *Dicam tamen quid sentiam.*

Toutes les fois que les mots CE QUE seront l'équivalent de QUELLE CHOSE, il y aura interrogation indirecte, et le second verbe se mettra au subjonctif : « En matière de bonne foi, il faut toujours considérer ce qu'on a pensé, et non ce qu'on a dit (*quelle chose* on a pensée, — on a dite), » *Semper in fide*, quid senseris, *non* quid dixeris, *cogitandum*, Cic.

3. La locution *Nescio quis* est à remarquer ; elle est considérée comme synonyme d'*aliquis*, et n'influe en rien sur le mode du second verbe : *Nescio quis teneros oculus mihi fascinat agnos*, Virg. (je ne sais quel mauvais œil fascine mes jeunes agneaux). *Nescio quid* produit quelquefois l'effet d'un adverbe : *Nescio quid conturbatus esse mihi videris*, Cic. (vous me paraissez quelque peu troublé).

§ 473.   II. *Avec* ne, num, nonne (cf. § 467).

L'interrogation indirecte est très-souvent marquée en français par la conjonction dubitative SI, placée entre deux verbes. Si l'interrogation n'a qu'un membre, on traduira SI par *nĕ* ou par *num*, quelle que doive être la réponse : « On demande *si* l'opiniâtreté et la persévérance sont la même chose, » *Quæritur idemne sit pertinacia et perseverantia*, Cic. — « Tu me demandes *si* je t'ordonne d'aller en exil, » *Interrogas me* num *in exsilium* [*ire te jubeam*], Cic.

SI accompagné de NE...PAS se rendra par *nonne :* « Vous m'aviez demandé *si* je *ne* pensais *pas* qu'en tant de siècles la vérité avait pu être découverte, » *Quæsieras ex me* nonne *putarem tot sæculis inveniri verum potuisse*, Cic.[1].

REM. *An*, dans l'interrogation indirecte à un seul membre, comme : *Quæritur an siccari palus Pomptina possit*[2] (on demande si les marais Pontins peuvent être desséchés), appartient en général à une époque postérieure à Cicéron[3]. Il sera donc mieux de s'en tenir à *ne* ou *num : Quæro feceritne*, ou, *num fecerit hanc rem.*

---

1 Cic. *Acad. pr.* II, 24. — 2 Quintil. III, 8 , 16 ; cf. V, 14, 13. — 3 Le peu d'exemples que l'on en trouve dans Cicéron sont contestés. Les deux suivants ne peuvent pas l'être : *Quis scit an adjiciant hodiernæ crastina summæ tempora di superi?* Hor. *Deinde, an omnino mittendus esset, mota est consultatio*, Tit. Liv. XXXV, 42. Quant au vers de Phèdre, *interrogavit* an *bove esset latior*, il signifie : « La grenouille demanda *si elle n'était pas* plus grosse que le bœuf, » et il doit s'expliquer comme *nescio an*, § 475.

§ 474.   III. *Avec* utrum, ... an (cf. § 468).

Quand l'interrogation indirecte est formée de deux membres opposés l'un à l'autre, le premier est précédé de *utrum,* que nous rendons par si, le second de *an,* qui signifie ou : *Nunc quæro* utrum *vestras injurias ,* an *reipublicæ, persequamini ,* Cic. (je vous demande maintenant *si* vous vengez vos injures, *ou* celles de la république).

Utrum peut être sous-entendu : *Stellarum numerus par,* an *impar sit, incertum est,* Cic. (on ignore si le nombre des étoiles est pair ou impair).

On peut, au second membre, remplacer *an* par *nĕ* : *Hominibus prodesse natura jubet; servi liberine sint, quid refert?* Sén. (la nature commande de faire du bien aux hommes; qu'importe qu'ils soient ¹ esclaves, ou qu'ils soient libres ?) = *utrum servi* [*sint*]*, an liberi sint.*

Ou NON s'exprime par *necne,* et le verbe du premier membre est répété ou sous-entendu : *Dii utrum sint,* necne sint, *quæritur,* Cic. (on demande s'il existe des dieux, ou non). On dirait également bien, *utrum sint dii, necne, quæritur.*

REM. *Utrum* peut être remplacé, dans la première partie de l'interrogation, par *nĕ,* quelquefois même par *num ;* il ne peut l'être par *an : Quis scire potest, unusne mundus sit,* an *plures?* Cic. (qui peut savoir s'il n'y a qu'un monde, ou s'il y en a plusieurs?)

§ 475.   Haud scio an, nescio an.

A l'interrogation indirecte se rattache la formule *Nescio an* ou *haud scio* (*haud sciam*) *an,* dont on se sert pour exprimer son opinion avec réserve et sous la forme du doute. Il faut remarquer ici une opposition complète entre le français et le latin. Ainsi Tite-Live, voulant exprimer que les Romains avaient peut-être poussé trop loin les précautions en faveur de la liberté, dit sans négation : *Nescio an modum excesserint* ², ce que nous rendons avec une négation, « Je ne sais *s'ils n'ont pas* dépassé la mesure, » c'est-à-dire je suis porté à croire qu'ils l'ont dépassée.

Mais la conformité reparaît entre les deux langues si l'on traduit *nescio an* par PEUT-ÊTRE :

Haud sciam an acerrimus longe sit omnium motus invidiæ ³ (peut-

---

1 Après *qu'importe ,* il *n'importe pas ,* nous disons QUE au lieu de sɪ.
2 Tit. Liv. II, 2. — 3 Cic. *de Orat.* II , 52.

être la passion de l'envie est-elle la plus ardente de toutes) = je ne sais si elle n'est pas la plus ardente, je suis porté à croire qu'elle l'est.

C. Gracchus, si diutius vixisset, eloquentiū nescio an habuisset parem neminem [1] (si C. Gracchus eût vécu plus longtemps, peut-être n'aurait-il pas eu de rival en éloquence) = je ne sais s'il aurait eu son pareil, je crois qu'il ne l'aurait pas eu.

REM. *Nescio* suivi de *nĕ* est le contraire de *nescio an* : *Hœc nescio rectenĕ sint litteris commissa* [2] (je ne sais si j'ai bien fait de confier ces réflexions à une lettre).

Pour en sentir la raison, il suffit d'ajouter la seconde partie de l'alternative : *an imprudenter* (ou si j'ai commis une imprudence). A présent, de cette même alternative, ainsi présentée : *Hæc nescio* [rectene] *an imprudenter sint litteris commissa*, retranchez le premier terme, *rectene*; et vous comprendrez comment le reste signifiera : « Peut-être ai-je commis, je ne sais *si je n'ai pas* commis une imprudence, en confiant ces réflexions à une lettre. » *An* marque toujours le second membre d'une interrogation indirecte, dont le premier est dans la pensée de la personne qui parle *.

§ 476.   Dubitare an.

An, après le verbe *dubitare*, a généralement le même sens que dans la formule *haud scio an* : *Darius dubitasse dici-tur, an fugœ dedecus honestā morte vitaret* ** (on dit que Darius douta, balança *s'il n'éviterait pas* la honte de la fuite par une mort honorable) = il songea à l'éviter.

§ 477.   Dubitare nĕ, num. — *Douter si, douter que.*

On dit en français « Je doute *si* mon ami viendra, » lorsqu'on est à cet égard dans une incertitude absolue; et « Je doute *que* mon ami vienne, » si l'on présume qu'il ne viendra pas. Le latin dira, dans l'un et dans l'autre cas : *Dubito venturusnĕ sit,* ou *num venturus sit amicus.*

SI ou QUE après DOUTER s'expriment donc par *nĕ* ou par *num* [3]: *Dubitabam tu has litteras essesnĕ accepturus; erat enim in-*

---

1 Cic. *Brut.* 30?. — 2 Cic. *Ep, fam.* II, 5.

* *Nescio an* n'a jamais d'autre sens dans Cicéron, au moins d'après les éditions critiques. L'usage varie chez les auteurs plus récents; ainsi l'exemple suivant de Pline le jeune, Ep. III, 1, offre une construction exactement conforme à la manière française : *Nescio an ullum jucundius tempus exegerim,* (je ne sais si jamais j'ai passé des moments plus agréables). Cicéron aurait dit, *Nescio an nullum,* etc.

** Q. C. IV, 15. Au reste, le même Quinte-Curce, IX, 2, emploie *dubitare an* dans le sens français : *Dubitabat an Macedones secuturi essent* (il doutait si les Macédoniens le suivraient); il craignait qu'ils ne le suivissent pas. Mais de tels exemples sont rares, même dans les écrivains postérieurs au siècle d'Auguste.

3 Et non par *an*, au moins dans le style vraiment classique.

certum visurusnĕ *te esset tabellarius* [1] (je doute *que* vous rece-viez cette lettre; car je ne suis pas sûr *que* le messager puisse vous voir).

Rem. 1. Dans les interrogations indirectes à deux termes, *dubitare* se construit, d'après le § 474, avec *utrum* ou *nĕ* au premier membre, et *an* au second. — Quant à *non dubitare quin*, cf. § 464.

2. *Douter* ne doit pas être confondu avec *se douter*, c'est-à-dire *prévoir, soupçonner* : « Je me doutais bien que la chose irait mal, » *Enimvero suspicabar rem male cessuram.*

DES CONJONCTIONS.

§ 478. Les conjonctions ne gouvernent par elles-mêmes aucun mode; seulement elles sont suivies de l'indicatif ou du subjonctif, selon la nature des propositions qu'elles unissent. Celles qui unissent des propositions coordonnées, et qui répondent aux conjonctions françaises *et, ou, ni, mais, or, donc, car, cependant, c'est pour-quoi*, prennent en latin le même mode qu'en français. Nous en avons parlé §§ 206 — 213. Nous ajouterons ici quelques autres manières de lier entre elles ces mêmes propositions.

CONJONCTIONS DE COORDINATION.

§ 479.   Non modo... sed etiam.

Les adverbes *non modo, non solum* (qqfois *non tantum*) au premier membre, *sed etiam, verum etiam* au second, tien-nent lieu de conjonctions et répondent au français NON-SEULE-MENT, MAIS ENCORE : *Tullus Hostilius* non solum *proximo regi dissimilis*, sed *ferocior* etiam *Romulo fuit*, T. L. (Tullus Hostilius fut non-seulement différent du dernier roi, mais il fut encore plus belliqueux que Romulus; ou mieux : LOIN DE ressembler au dernier roi, fut encore, etc.)

Si les deux propositions sont négatives, on dit au premier membre *non modo non*, au second *sed ne... quidem* : *Ego* non modo *tibi* non *irascor*, sed ne *reprehendo* quidem *factum tuum*, Cic. (non-seulement je ne m'emporte pas contre vous, mais je ne blâme pas même votre action = BIEN LOIN DE m'em-porter, je ne blâme pas même).

Lorsque les deux propositions négatives n'ont qu'un seul verbe, on peut, dans la première, supprimer le second *non* :

---

[1] Cic. *Attic.* XV, 9. Sur les temps dans le style épistolaire, cf. § 397.

Assentatio non modo *amico*, sed ne *libero* quidem *digna est,* Cic. (non-seulement la flatterie n'est pas digne d'un ami, elle ne l'est pas même d'un homme libre)[1].

Non modo se trouve quelquefois au second membre, et *ne... quidem* au premier : *Apollinis oracula nunquam* ne *mediocri* quidem *cuiquam,* non modo *prudenti, probata sunt,* Cic. (jamais les esprits les plus ordinaires n'ont cru aux oracles d'Apollon, ENCORE MOINS les gens éclairés). Et de même de l'exemple précédent : *Assentatio* ne *libero* quidem, non modo *amico digna est;* c.-à-d. *non* dicam *modo amico* (je ne dirai pas seulement d'un ami).

REM. *Non modo* peut être remplacé par *nedum,* et c'est une des manières de rendre le français BIEN LOIN QUE : *Assentatio ne libero quidem,* nedum *amico, digna est* (... bien loin qu'elle le soit d'un ami).

Nedum est toujours au second membre, et lorsque le verbe est exprimé, il se met au subjonctif : *Vix in ipsis tectis frigus vitatur,* nedum *in mari* sit *facile abesse ab injuriâ temporis,* Cic. [2] (on peut à peine se défendre du froid dans les maisons, *bien loin* qu'en mer on puisse échapper aux injures du temps; OU, A PLUS FORTE RAISON ne peut-on échapper, etc.)

§ 480. Quum... tum.

Quum au premier membre, *tum* au second, s'emploient dans le même sens que *non modo, sed etiam,* et les deux verbes se mettent à l'indicatif : *Quum te semper amavi dilexique, tum mei amantissimum cognovi,* Cic. (non-seulement je vous ai toujours aimé avec tendresse, mais j'ai reconnu que vous m'aimiez beaucoup vous-même).

Comme la seconde proposition enchérit ordinairement sur la première, cette tournure rendra fort bien l'expression française MAIS SURTOUT : « L'influence de la fortune est grande en toutes choses, *mais surtout* à la guerre, » *Multum* quum *in*

---

1 On trouve quelquefois *non modo* pour *non modo non,* sans que la seconde proposition soit négative; voyez Cic. *de Divin.* I, 55; *Philipp.* III, 13; et Tit. Liv. XXIV, 40. Mais ce tour un peu obscur n'est pas à imiter.

2 Cic. *Ep. fam.* XVI, 8. — *Nedum* équivaut à peu près à *ne tum,* puisque Tit. Live, III, 52, le remplace par *ne nunc,* et que Sall. *Catil.,* 11, emploie *ne* tout seul dans le même sens. L'explication littérale est : « On se défend à peine du froid dans les maisons; *ce n'est pas pour qu'en* mer on puisse échapper aux injures du temps. » Voilà pourquoi *nedum* prend le subjonctif et ne peut être qu'au dernier membre.

omnibus rebus, tum *in re militari potest fortuna*, Cés.; — et la forme comparative AUSSI... QUE : « La paix est aussi salutaire qu'elle est agréable, » *Pax* quum *jucunda*, tum *salutaris est*, Cic. On remarquera que l'ordre des propositions n'est pas le même dans les deux langues; cela vient de ce que c'est sur *salutaris est* que l'attention doit être appelée, ce qui se fait en latin par *tum*, en français par AUSSI.

Cet emploi de *quum... tum* est fondé sur la simultanéité de temps exprimée par ces deux mots : « En même temps que la paix est agréable, elle est salutaire. » Souvent, au lieu de *tum* seul, on dit *tum vero, tum etiam, — præsertim, — maxime, — imprimis*.

REM. Si le *quum* du premier membre est suivi du subjonctif, il s'expliquera littéralement par *quoique* (§ 488) : Quum *plurimas et maximas commoditates amicitia contineat*, tum *illa nimirum præstat omnibus, quod bona spe prælucet in posterum*, Cic. (parmi les nombreux et inappréciables avantages dont l'amitié est la source, le plus grand de tous, sans contredit, c'est qu'elle fait luire à nos yeux d'heureuses espérances) = quoique l'amitié contienne, etc.

§ 481. Tum.. tum. — Modo... modo. — Nunc... nunc.

Il ne faut pas confondre *quum... tum*, qui marquent simultanéité, avec *tum... tum*, qui marquent succession et signifient TANTÔT... TANTÔT : *Dissero in utramque partem*, tum *græce*, tum *latine*, Cic. (je discute le pour et le contre, *tantôt* en grec, *tantôt* en latin).

Modo répété a le même sens : *Dic mihi quare luna* modo *rubeat*, modo *palleat*, Sén. (dites-moi pourquoi la lune est *tantôt* rouge, *tantôt* pâle);

Ainsi que *nunc* : Nunc *huc*, nunc *illuc curro*, Ovid.

§ 482.   Ut... ita.

Ut et *ita* comparent deux propositions entre elles. *Ut* est le relatif et se met au premier membre; *ita* est l'antécédent et se met au second : *Ut magistratibus leges, ita populo præsunt magistratus*, Cic. (comme, ou, de même que les lois commandent aux magistrats, les magistrats commandent au peuple).

Cette comparaison est souvent exprimée en français par la conjonction SI, qui perd alors sa valeur conditionnelle : *Hæc omnia, ut invitis, ita non adversantibus patriciis transacta sunt*, T. L. (si les patriciens virent ces actes avec déplaisir, du moins ils n'opposèrent pas de résistance).

Ainsi, pour rendre cette phrase : « S'il est beau de rechercher

la gloire, il est honteux d'y tendre par de mauvais moyens, »
on dira : *Ut pulchrum est gloriam quærere, ita malis artibus
ad eam niti, indecorum.*

Au lieu de *ut... ita,* on peut employer *quemadmodum... sic.*

§ 483.   Tam... quam. — Æque... et.

Tam au premier membre, *quam* au second, expriment un
rapport d'égalité entre deux propositions, et répondent au français AUSSI... QUE : « Rien n'est aussi populaire que la bonté, »
Nihil est tam populare, quam bonitas (s. *est popularis*), Cic.

Quand on compare deux qualités différentes du même sujet,
on se sert plus élégamment de *æque... et* ou *ac* : « Il n'était pas
aussi prudent *que* brave, » *Non æque prudens,* ac *fortis erat.*

REM. AUSSI, suivi de QUE, n'indique pas toujours une comparaison. Quand on dit, par exemple : « Etant *aussi* prudent
que vous l'êtes, vous verrez facilement..., ou : un homme *aussi*
prudent *que* vous l'êtes verra facilement ce qu'il y a de mieux
à faire, » on n'établit pas de comparaison, puisqu'il ne s'agit
que d'un sujet (vous) et d'une qualité (la prudence). Il faut
traduire, d'après le § 442, R. : *Tu, pro tuā prudentiā,* ou,
*quæ tuā est prudentiā, quid optimum factu sit, facile
videbis.*

La même observation s'applique à l'expression, « Un homme
TEL QUE VOUS. » Comme il n'y a pas deux personnes comparées
l'une à l'autre, il faut dire : *Tu, talis vir :* « Ces choses ne
conviennent pas à un homme tel que vous, » *Hæc te, talem
virum, non decent.* — Sur les autres emplois de *tel que,*
voyez les §§ 236 et 280.

§ 484.   Sive... sive. — Seu... seu.

Les propositions liées par *sive* répété (ou par *seu,* contraction de *sive*) ont leurs verbes à l'indicatif, tandis qu'en français
SOIT QUE régit le subjonctif, *Illo loco libentissime soleo uti,*
sive *quid mecum ipse* cogito, sive *quid aut* scribo, *aut* lego,
Cic. *Leg.* II, 1 (je me plais beaucoup dans ce lieu, soit que je
veuille méditer, soit que je *lise* ou que j'*écrive* quelque chose).

Cependant, si les propositions précédées de *sive* dépendent
d'une proposition infinitive, ou en général d'une proposition
subordonnée, elles auront leurs verbes au subjonctif, et l'on
dira nécessairement : *Cicero narrabat illo loco se libentissime uti solere, sive quid secum ipse* cogitaret, *sive quid
aut* scriberet, *aut* legeret.

* U

CONJONCTIONS DE SUBORDINATION.

§ 485.   *Quasi*, perinde ac si, tanquam, velut, ceu.

Les locutions conjonctives, *quasi, perinde ac si, tanquam si, velut si,* ou simplement *tanquam* et *velut,* équivalent pour le sens au français COMME SI, mais elles en diffèrent pour la syntaxe. Après *comme si,* le français n'admet que l'imparfait et le plus-que-parfait de l'indicatif; après *quasi* et les autres, le latin veut le subjonctif, et c'est le verbe de la proposition principale qui détermine le temps où l'on doit mettre ce mode.

Si le verbe principal est au présent ou au futur de l'indicatif, le verbe subordonné se mettra au présent du subjonctif : *Sic cogitandum* est, tanquam *aliquis in pectus intimum inspicere possit,* Sén. (*il faut* régler nos pensées, *comme si* quelqu'un *pouvait* lire au fond de notre cœur), *possit* et non *posset;* — et au parfait, si la supposition se rapporte au passé : *Angimur, tanquam Hortensio acerbitatis aliquid acciderit,* Cic. (nous nous affligeons, comme si Hortensius avait éprouvé un sort rigoureux), *acciderit,* et non *accidisset.*

Après l'imparfait et le parfait de l'indicatif, on met l'imparfait du subjonctif, et au besoin le plus-que-parfait : *Tanquam de regno dimicaretur, ita concurrerunt,* T. L. (ils combattirent comme s'ils *se disputaient* la royauté = aussi vivement que s'ils *s'étaient disputé* le trône).

REM. 1. *Ceu* (comme) est un mot poétique dont les prosateurs n'ont fait usage qu'après le siècle d'Auguste. Il peut, comme les précédents, signifier COMME SI, et, dans ce sens, il est toujours suivi du subjonctif. Il ne faut pas le confondre avec *seu* (soit que). *Ceu* (comme) est formé de la particule démonstrative *ce* et de *ve,* comme *seu* de *sive,* et *neu* de *neve.*

§ 486.   Etiamsi, etsi, tametsi (*arch.* tamenetsi).

1. *Etiamsi, etsi, tametsi* (QUOIQUE), prennent l'indicatif, lorsque la proposition exprime un fait réel ou considéré comme tel par celui qui parle :

Quod quis crebro videt, non miratur; etiamsi, *cur fiat,* nescit [1] (ce que l'on voit souvent n'étonne pas, quoique on n'en connaisse point la cause).

Etsi *naturâ duce* congregabantur *homines,* tamen, *spe cus-*

―――――――――――

1 Cic. *de Divin.* II, 22. L'ignorance de la cause est un fait réel.

todi.x rerum suarum, urbium præsidia quærebant [1] (quoique
la nature même portât les hommes à se réunir, cependant ils
cherchaient, en bâtissant des villes, des lieux de défense où ils
garderaient mieux leurs propriétés).

Tametsi *vicisse* debeo, *tamen de meo jure decedam* [2]
(quoique ma cause doive être gagnée, cependant je n'userai pas
de tout mon droit).

2. Les mêmes conjonctions veulent le subjonctif, lorsqu'elles
annoncent une simple supposition : *Utilitas efflorescit ex
amicitiā,* etiamsi *tu eam minus secutus* sis, Cic. (l'utilité naît
spontanément de l'amitié, *quoique = en supposant même que
vous ne l'ayez pas recherchée*).

3. *Etiamsi, etsi,* répondent très-souvent au français QUAND
BIEN MÊME. En ce sens, ils veulent généralement le subjonctif :
*Etiamsi consul obtemperasset auspiciis, idem eventurum
fuisset,* Cic. (quand même le consul aurait obéi aux auspices,
la même chose serait arrivée).

Ils prennent cependant le futur de l'indicatif, dans les cas où
si le prendrait (cf. § 214, 4): *Bonos viros sequar, etiamsi
ruent* [3] (je suivrai les honnêtes gens, dussent-ils se précipiter
= quand même ils courraient au précipice).

Rem. *Etiamsi* est plus souvent construit avec le subjonctif
qu'avec l'indicatif. La raison en est qu'il marque le doute et la
supposition avec plus de force qu'*etsi* et *tametsi.*

§ 487.   Quamvis, licet, quanquam.

QUOIQUE (et la locution analogue QUELQUE... QUE) s'expriment encore par *quamvis, licet* ou *quanquam.*

1. *Quamvis* et *licet* prennent toujours le subjonctif [4] :
Licet strenuum metum putes esse, velocior tamen spes est,
Q. C. (quelque active que vous supposiez la crainte, l'espérance
va encore plus vite).

2. *Quamvis,* comme le français QUOIQUE, ne fait quelquefois
que modifier un adjectif : *Divitias quum quivis,* quamvis

---

1 Cic. *de Offic.* II, 21. C'est encore un fait réel, que la nature portait les
hommes à se réunir. — 2 Cic. *Pro S. Rosc.* 27. L'orateur considère comme un
fait que sa cause est gagnée.

3 Cic. *ad Attic.* VII, 7 : m. à m., même s'ils se précipitent.

4 Ces deux mots, en devenant des conjonctions, ne perdent pas leur nature
verbale (cf. § 100. R. 2). Le verbe suivant est donc subordonné, et par
cela même au subjonctif. Le peu d'exemples où *quamvis* se trouve avec l'indicatif ne doivent pas être imités.

indignus, *habere possit, in bonis non numero*, Cic. (comme
tout homme, *quoique indigne*, peut posséder les richesses, je
ne les mets pas au nombre des biens).

3. *Quanquam* se construit ordinairement avec l'indicatif :
Quanquam excellebat *Aristides abstinentiā, tamen exsilio multatus est*, C. N. (quoique Aristide se distinguât par
son désintéressement, il n'en fut pas moins condamné à l'exil).

Cependant on le trouve quelquefois avec le subjonctif :
Hæc, quanquam sint *gravia atque acerba, fortuna vestra
vobis suadet*, T. L. (quoique ces conditions soient dures et
affligeantes, votre fortune vous conseille de les subir).

Ce mode est nécessaire lorsque *quanquam* dépend d'une
proposition subordonnée : *Ita nobis accidit, ut,* quanquam
essent *multo magis alia lugenda, tamen hoc doleremus,
quod,* etc. [1] (ainsi nous-mêmes, parmi tant d'autres maux
beaucoup plus déplorables, il nous est arrivé de gémir encore
de ce que, etc.).

Rem. 1. *Quanquam* n'est souvent qu'une simple transition
que l'on traduit par TOUTEFOIS, MAIS, DU RESTE, et qui n'influe
en rien sur le verbe suivant : *Quanquam, quid loquor?* Cic.
(mais que dis-je?)

2. QUELQUE... QUE avec un adjectif peut s'exprimer par
quantumvis, mais cette locution est rare : *Animi mala,* quantumvis exigua sint, *in majus excedunt*, Sén. (les maladies de
l'âme, *quelque légères qu'elles soient*, vont toujours en
s'aggravant).

QUELQUE GRAND QUE s'exprime par *quantuscunque;* QUEL-
QUE PETIT QUE, par *quantuluscunque.* Ces adjectifs s'accordent
avec le nom, et le verbe se met à l'indicatif s'il s'agit d'un fait
que l'on donne comme réel, au subjonctif, s'il exprime une
simple supposition, ou s'il dépend d'une proposition déjà subordonnée : *Totum hoc,* quantumcunque est, *totum est, inquam,
tuum,* Cic. *pro Marc.* 2 (cette gloire, quelque grande qu'elle
soit = toute grande qu'elle est, cette gloire, dis-je, est à vous
tout entière).

§ 488.   Quum, *quoique.* — Ut, *supposé que.*

Quum et *ut* sont quelquefois synonymes d'*etiamsi*, et alors
ils ne se construisent qu'avec le subjonctif.

Druentia, quum *aquæ vim vehat ingentem, non tamen*

---

1 Cic. *Brut.* 2. *Quanquam essent* dépend de la proposition *ut doleremus,*
qui elle-même dépend déjà de *nobis accidit.*

navium patiens est, T. L. (la Durance, *quoique* elle roule une immense quantité d'eau, n'est cependant pas navigable).

Ut *desint vires, tamen est laudanda voluntas*, Ov. (en supposant que les forces = si les forces manquent, l'intention mérite toujours d'être louée); proprement : *fac ut desint.*

Quum ne doit jamais être employé dans le sens de *quand même.*

§ 489.   Dum, dum modo, modo.

POURVU QUE se rend par *dum, dum modo* ou *modo* seul, avec le subjonctif : *Oderint, dum metuant* [1] (qu'ils haïssent, pourvu qu'ils craignent).

Modo ajoute quelque force à *dum* : Pourvu *seulement* que. Enfin *modo* s'emploie seul : *Manent ingenia senibus*, modo *permaneat studium et industria*, Cic. (les vieillards conservent leur talent, pourvu qu'ils conservent le goût de l'étude et du travail); m. à m. *qu'il leur reste seulement*, etc. (en donnant à *permaneat* le sens de l'impératif), ou si l'on veut : *fac* modo *ut permaneat* (faites *seulement*, supposez *seulement* qu'il leur reste).

§ 490.   Quod, quià, quŏniam, *avec l'indicatif.*

Ces trois conjonctions rendent également raison de ce qui est énoncé dans la proposition principale, et en expliquent le motif. Elles sont suivies de l'indicatif, lorsqu'il s'agit d'un fait réel.

1. *Quod*, qui est proprement le neutre du relatif, signifie QUE, DE CE QUE, PARCE QUE : *In eo hominis dignitas posita est*, quod *ratione utitur* (la dignité de l'homme consiste en ce *qu'il* est doué de raison).

Cette conjonction diffère de *ut*, en ce qu'elle annonce un fait, tandis que *ut* annonce un but ou une nécessité : *In eo hominis dignitas posita est*, ut *ratione utatur* (la dignité de l'homme consiste à se servir de sa raison, en ceci, savoir, qu'il se serve...).

Quod se rend souvent par DE suivi de l'infinitif: *Bene facis*, quod *me adjuvas*, Cic. (vous faites bien DE m'aider) = parce que vous m'aidez.

Il s'emploie après les verbes *dolēre, gaudēre, mirari, laudare, quĕri*, pour exprimer le motif de la douleur, de la joie,

---

1 Mot d'un tyran; Cic. *de Offic.*, I, 28; Suét. *Cal.*, 30.

de l'admiration, de l'éloge, de la plainte : *Dolebam*, quod *consortem laboris amiseram*, Cic. (je m'affligeais d'avoir perdu le compagnon de mes travaux).

Toutefois, ces mêmes verbes régissent souvent une proposition infinitive, qui exprime l'objet du sentiment, au lieu d'en exprimer le motif : *Gaudeo te valere* (je me réjouis que vous vous portiez bien); — *quod vales* (— de ce que vous vous portez bien).

De plus, *miror* se construit élégamment avec *si* : *Miror, illā superbiā et importunitate, si quemquam amicŭm habere potuit*, Cic. (j'ai peine à croire qu'avec son orgueil insupportable il ait pu avoir un ami); ou, en employant SI en français comme en latin : Je m'étonnerais *si*, avec son orgueil insupportable, il avait eu un seul ami.

2. *Quiă* signifie PARCE QUE : *Res est mirabilis propterea*, quia *non sæpe fit*, Cic. (la chose est étonnante, parce qu'elle n'arrive pas souvent = si elle étonne, c'est qu'elle n'arrive pas souvent).

3. *Quŏniam* (composé de *quum jam* [1]) se traduit le plus souvent par PUISQUE : *Nunc*, quoniam *ita accidit, ut,* etc. (maintenant, puisqu'il est arrivé que, etc.).

On emploie dans le même sens *quando, quandoquidem* et *siquidem* [2], également avec l'indicatif, sauf le cas indiqué dans le paragraphe suivant.

§ 491.   Quod, quia, quoniam, *avec le subjonctif.*

Ces mêmes conjonctions prennent le subjonctif si la proposition exprime les paroles ou la pensée d'un autre que celui qui parle, ou si elle dépend d'une proposition qui soit elle-même déjà subordonnée : *Aristides nonne ob eam causam expulsus est patriā*, quod *præter modum justus esset?* Cic. (Aristide ne fut-il pas banni de sa patrie sous prétexte qu'il était juste avec excès?) L'auteur exprime ici la pensée de ceux qui bannirent Aristide; s'il disait : *quod præter modum justus erat*, il avouerait qu'Aristide était trop honnête homme.

En conséquence de ce principe, après les verbes qui signifient *accuser* et *condamner*, le motif ou le prétexte de l'accusation s'expriment par *quod* avec le subjonctif : *Socrates accusatus*

---

est quod corrumperet juventutem, Qu. (Socrate fut accusé de corrompre la jeunesse). *Quod corrumperet* exprime le prétexte dont se servaient les accusateurs ; *quod* ou *quia corrumpebat* eût signifié que Socrate corrompait réellement les jeunes gens.

Rem. Parmi ces verbes, *arguere* et *insimulare* se construisent avec l'infinitif : *Occidisse patrem Sext. Roscius arguitur*, Cic. (Sextus Roscius est accusé d'avoir tué son père).

§ 492.   Est quod. Causa est cur.

On met encore le subjonctif après les locutions *est quod*, *non est quod*, qui répondent au français AVOIR LIEU, N'AVOIR PAS LIEU DE [1] : *Non est quod te pudeat sapienti assentiri*, Cic. (vous n'avez pas lieu de rougir = vous ne devez pas rougir d'être de l'avis d'un sage).

On le met enfin après toutes les conjonctions et tous les adverbes conjonctifs qui, étant placés entre deux verbes, peuvent se ramener à l'interrogation indirecte, cf. § 472.

Non fuit causa cur *tantum laborem caperes*, Cic. (vous n'aviez pas de raison *pour* prendre tant de peine).

Miror cur *me accuses*, Cic. (je m'étonne *que* vous m'accusiez = je me demande *pourquoi* vous m'accusez).

Incredibile est quam *ego ista non curem*, Cic. (il est incroyable *combien* peu je m'occupe de ces choses).

Videmus ut *luna solis lumen accipiat*, Cic. (nous voyons *comme* la lune reçoit la lumière du soleil).

Antonius, quo *se verteret, non habebat*, Cic. (Antoine ne savait *de quel côté* se tourner).

§ 493.   Dum, donec, quoad.

1. *Dum* répond au français PENDANT QUE, TANDIS QUE, et, en ce sens, il prend l'indicatif, à moins qu'il ne dépende d'une proposition subordonnée : *Dum hæc in Apuliā gerebantur* [2] (pendant que ces choses se passaient en Apulie). — *Dum Sylla in aliis rebus erat occupatus* [3] (pendant que Sylla était distrait par d'autres occupations).

Cependant on trouve souvent *dum* avec l'imparfait du subjonctif dans les poëtes et dans les écrivains postérieurs au siècle

---

1 Ce gallicisme se rend aussi par *locus est* : « Vous n'aurez pas lieu de vous réjouir, » *Non erit tibi gaudendi locus*.

2 T. Liv. X, 36. — 3. Cic. *pro S. Roscio*, 32.

d'Auguste, même lorsque celui de l'indicatif aurait suffi : *Canis per flumen, carnem* dum *ferret, natans*, Phèdre.

2. *Dum* se traduit souvent par EN suivi du participe présent : *Homines, dum docent, discunt*, Sén. (en enseignant, on s'instruit).

3. *Dum, donec* et *quoad,* dans le sens de TANT QUE (*quandiu*), prennent également l'indicatif :

Catilina erat timendus, sed tandiu dum *mœnibus urbis continebatur*, Cic. (Catilina était redoutable, mais seulement tant qu'il se trouvait dans les murs de Rome).

Donec *eris felix, multos numerabis amicos*, Ov. (tant que vous serez heureux, vous compterez beaucoup d'amis).

Cato, quoad *vixit, virtutum laude crevit*, C. N. (tant que Caton vécut, la gloire de ses vertus ne fit que s'accroître).

§ 494. *Dum, donec, quoad*, signifient aussi JUSQU'A CE QUE, et alors, comme ils marquent un but ou une intention, ils veulent le subjonctif : *Irati differant ultionem*, donec *defervescat ira*, Cic. (que l'homme irrité diffère sa vengeance, jusqu'à ce que sa colère soit calmée=en attendant qu'elle se calme).

Après *exspectare* et les autres verbes qui signifient *attendre,* dum se traduit par QUE : *Exspecta* dum *Atticum conveniam,* Cic. (attendez que j'aille trouver Atticus).

REM. 1. Souvent, après *donec*, le verbe se met au parfait de l'indicatif; *donec* signifie alors JUSQU'AU MOMENT OU : *De comitiis,* donec rediit *Marcellus, silentium fuit*, T. L. (jusqu'au retour de Marcellus = jusqu'au moment où Marcellus fut de retour, on ne parla pas de comices).

2. Quand le premier verbe est accompagné d'une négation, *donec* se traduit bien par QUE... NE : *Non desinam*, donec *hoc perfecero*, Tér. (je ne cesserai pas que je n'aie accompli ce dessein = jusqu'au moment où je l'aurai accompli).

495.   Antequam, priusquam.

AVANT DE, AVANT QUE, s'expriment par *antequam, priusquam* (ou *ante —, prius, quam*), avec le subjonctif. Ce mode se met au présent, si le premier verbe est au présent ou au futur : « La tempête menace avant d'éclater, » *Tempestas minatur, antequam surgat*, Sén. — à l'imparfait ou au plus-que-parfait, s'il est à l'un des temps du passé : « La tempête menaça longtemps avant d'éclater, » *diu minata est antequam surgeret.* « Le germe des plus grandes vertus fut souvent étouffé, avant qu'elles *eussent pu* être utiles à la république, » *Sæpe magna indoles virtutis, antequam reipublicæ prodesse* potuisset, *exstincta fuit,* Cic.

REM. Lorsque la conjonction tombe sur un fait considéré par celui qui parle comme ayant eu lieu ou devant certainement avoir lieu, on peut employer l'indicatif, soit au parfait : *Membris utimur prius, quam didicimus cujus eā utilitatis causā habeamus*, Cic. (nous nous servons de nos membres avant d'avoir appris pour quel usage ils nous ont été donnés); — soit au futur antérieur : *Antequam aliquo loco consedero, non longas a me litteras exspectabis,* Cic. (n'attendez pas de moi de longues lettres, avant que je me sois fixé quelque part = avant le moment où je me serai fixé).

On trouve même le présent de l'indicatif après ces conjonctions, mais jamais l'imparfait ni le plus-que-parfait. Quant au parfait du subjonctif, Cicéron l'emploie bien plus rarement que les écrivains du siècle suivant [1].

§ 496.   Postquam, posteāquam, ubi, ut, ut primum.

Les conjonctions *postquam, posteaquam* (après que, depuis que), *quando* (quand), *ubi, ut, ut primum* (dès que, aussitôt que) prennent l'indicatif, et se joignent surtout aux temps de l'action accomplie :

PARFAIT : *Eo postquam Cæsar pervēnit, obsides, arma poposcit,* Cés. (après que = lorsque César y fut arrivé, il demanda des otages et des armes).

PLUS-Q.-PARFAIT : *Aristides, sexto fere anno postquam erat expulsus, in patriam restitutus est,* Corn. N. (Aristide fut rappelé dans sa patrie, environ six ans après qu'il avait été banni = après son bannissement).

On peut employer l'imparfait de l'indicatif, s'il s'agit d'une action prolongée ou répétée : *Eros comœdus, posteaquam e scena sibilis explodebatur [2], confūgit in domum Roscii,* Cic. (le comédien Eros, se voyant chassé de la scène par les sifflets, se réfugia dans la maison de Roscius).

REM. Toutes ces conjonctions prennent le subjonctif, lorsqu'elles dépendent d'une proposition déjà subordonnée; ainsi l'on dirait : *Narrat Cicero Erotem comœdum, postquam e scena sibilis exploderetur, in domum Roscii confugisse.*

----

1 Le parfait du subjonctif et le futur antérieur sont identiques à toutes les personnes, excepté à la première du singulier; mais les exemples de celle-ci suffisent pour constater l'usage.

2 L'imparf. *explodebatur* annonce qu'on le *sifflait* chaque fois qu'il paraissait sur la scène.

§ 497.　　　　　　　　*Quum, puisque.*

Quum marque la cause ou le temps. Quand il marque la cause, il est représenté en français par PUISQUE, COMME, ou par l'emploi du participe, et alors il veut toujours le subjonctif : *Quum solitudo et vita sine amicis insidiarum et metus plena sit, ratio ipsa monet amicitias comparare*, Cic. (une vie isolée et sans amis *étant* pleine = *puisque* ou *comme* une vie isolée et sans amis est pleine d'embûches et d'alarmes, la raison même nous avertit de former des liaisons d'amitié.)

REM. Nous avons vu, § 235, R. 2, que la conjonction *quum* pouvait être suppléée par le relatif *qui, quæ, quod.* Souvent, au lieu du relatif seul, on trouve *quippe qui, ut pote qui, ut qui,* toutes locutions qui signifient PUISQUE, ATTENDU QUE, COMME ÉTANT : *Mihi quidem tribunorum potestas pestifera videtur, quippe quæ in seditione et ad seditionem nata sit,* Cic. (pour moi, la puissance des tribuns du peuple me semble pernicieuse, *comme étant née* = *puisqu'elle* est née dans la sédition et pour la sédition).

Ces trois locutions veulent le subjonctif ; le peu d'exemples où elles sont jointes à l'indicatif doivent être considérés comme des exceptions.

§ 498.　　　　　　　　Quum, *lorsque.*

Lorsque *quum* exprime un simple rapport de temps, et qu'il signifie QUAND ou LORSQUE, il prend l'indicatif :

PRÉSENT : *Qui non propulsat injuriam a suis,* quum potest, *injuste facit*, Cic. (celui qui ne défend pas les siens de l'injustice, *quand il le peut*, est injuste lui-même).

FUTUR : *Dabo operam ut te videam,* quum *id satis commode facere* potero, Cic. (je tâcherai de vous voir, *lorsque je pourrai* le faire sans trop de difficulté).

FUTUR ANTÉRIEUR : *Morati melius erimus,* quum didicerimus *quæ natura desideret,* Cic. (nos mœurs seront meilleures, *lorsque nous aurons appris* ce que demande la nature).

PARFAIT : Quum *Cæsar in Galliam* vēnit, *alterius factionis principes erant Ædui, alterius Sequani,* Cés. (lorsque César *pénétra* dans la Gaule, les Eduens étaient chefs d'un parti, les Séquanes de l'autre).

L'imparfait même et le plus-que-parfait peuvent se mettre à l'indicatif, lorsqu'on ne veut marquer que la simultanéité de deux faits, sans présenter l'un comme la cause de l'autre : *Fulgentes gladios hostium videbant Decii, quum in aciem corum irruebant* [1] (les Décius voyaient briller les glaives de l'ennemi, lorsqu'ils se précipitaient au milieu de ses bataillons).

Ils s'y mettent surtout, lorsque le mot relatif *quum* est précédé de ses antécédents naturels *tum, eo tempore*, etc., ce qui en français peut être rendu par DANS LE TEMPS OU, A L'ÉPOQUE OU : *Dionysius tyrannus ea ipsa quæ concupierat, ne* tum *quidem,* quum *omnia se posse* censebat [2], *consequebatur* (Denys le tyran, lors même qu'il croyait pouvoir tout, n'obtenait pas les choses qu'il avait le plus vivement désirées).

§ 499.   Quum *avec l'imparfait et le plus-que-parfait du subjonctif.*

Mais il est rare que deux faits simultanés ou qui se suivent n'exercent pas l'un sur l'autre une influence quelconque, et l'on confond aisément l'idée de cause avec celle de temps. Aussi, dans le récit historique, où les événements s'enchaînent de manière que l'un amène l'autre, l'imparfait et le plus-que-parfait précédés de *quum* se mettent généralement au subjonctif : *Zenonem* , quum *Athenis* essem, *audiebam frequenter,* Cic. (lorsque j'étais à Athènes, j'assistais souvent aux leçons de Zénon).

Ce mode s'emploie surtout pour rendre le participe français : « Clodius, *sachant* que Milon devait nécessairement se mettre en route pour Lanuvium, partit lui-même subitement de Rome, » Quum sciret [3] *Clodius iter necessarium Miloni esse Lanuvium, Romā subito ipse profectus est,* Cic.

Voyez des exemples du plus-que-parfait, § 418.

REM. 1. On emploie le subjonctif à tous les temps, lorsque la proposition annoncée par *quum* exprime non un fait, mais une simple hypothèse : *Difficile est tacere,* quum *doleas* , Cic. (il est difficile de se taire quand on souffre = si l'on souffre) ; — ou lorsqu'elle dépend d'une autre proposition déjà subordonnée : *Num tu*

---

1 Cic. *Tusc.* II, 24. — 2 Id. *Tusc.* V, 20. *Tum , quum censebat :* à l'époque où il croyait. *Tum , quum censeret* , eût affirmé d'une manière moins positive et moins forte : à une époque où il pouvait croire. On trouve dans une même phrase, *de Leg. Agr.* II, 24 , le subjonctif d'abord, puis l'indicatif, sans doute avec la même différence de point de vue. Dans tous les cas , le subjonctif est nécessaire si *quum* est au premier membre, et *tum* au second : Quum *in hanc sententiam pedibus omnes issent,* tum *demum litteræ a Terentio consule allatæ sunt,* T. L. (tous s'étaient rangés à cet avis, lorsqu'enfin on apporta une lettre du consul Térentius).

3 Le départ de Clodius est la conséquence du voyage projeté par Milon, et ici l'idée de cause est liée intimement à celle de temps.

ingemuisse Epaminondam putas, quum *una cum sanguine vitam effluere* sentiret? Cic. (croyez-vous qu'Epaminondas poussât des gémissements, lorsqu'il sentait sa vie s'échapper avec son sang?)

2. Le plus-que-parfait du subjonctif exprimant seulement qu'un fait en a précédé un autre, celui de l'indicatif est indispensable, quand il s'agit d'une action habituelle et plusieurs fois répétée : *Verres*, quum *rosam* viderat, *tum incipere ver arbitrabatur*, Cic. (Verrès croyait le printemps arrivé, lorsqu'il avait vu une rose). *Quum rosam vidisset* annoncerait un fait particulier, et serait suivi d'*arbitratus est :* Verrès, ayant vu une rose, crut le printemps arrivé.

§ 500.   Fuit tempus quum. — Vix... quum.

1. IL FUT UN TEMPS ou s'exprime par *fuit tempus quum*, suivi du subjonctif : *Fuit tempus quum Germanos Galli virtute superarent*, Cés. (il fut un temps où les Gaulois l'emportaient en courage sur les Germains) [1].

2. A PEINE... QUE se rend par *vix* ou *vixdum* au premier membre, *quum* au second : « A peine avais-je lu votre lettre, que Postumus Curtius est arrivé chez moi,» *Vixdum epistolam tuam legeram*, quum *ad me Postumus Curtius vēnit*, Cic.

§ 501.   Multi anni sunt quum.

Après une expression qui marque la durée dans le passé, QUE se rend par *quum* avec l'indicatif : « Il y avait déjà beaucoup d'années *qu'*il ne s'était élevé de querelles entre les magistrats patriciens et les tribuns, » *Permulti anni jam erant*, quum *inter patricios magistratus tribunosque nulla certamina* fuerant, T. L. *Quum* n'est ici qu'un simple relatif : Beaucoup d'années s'étaient écoulées *pendant lesquelles*, etc.; voilà pourquoi il est suivi de l'indicatif.

D'après cette analogie, la phrase citée § 374 : *Ille abhinc duos et viginti annos mortuus est*, pourrait être remplacée par celle-ci : *Duo et viginti anni sunt*, quum *mortuus est*, ou encore *ex quo* [2] *mortuus est* = depuis qu'il est mort.

Diu est quum appartient au langage familier : *Illi haud sane*

<hr>

1 On trouve aussi l'indicatif : *Fuit quoddam tempus*, quum *in agris homines passim, bestiarum more, vagabantur*, Cic. *de Inv.* I, 2. Cf. *pro Planc.* 25. Varron exprime la même idée avec le subjonctif : *Fuit tempus*, quum *rura colerent homines, neque urbem* haberent. Cette manière est la plus ordinaire. On dit aussi *fuit quum*, en sous-entendant *tempus*. — Sur la manière d'expliquer soit le subjonctif, soit l'indicatif, cf. § 506, R. 1 et 2.

2 *Ex quo* sc. *tempore*, et non *ex quibus*.

din est quum *dentes exciderunt*, Plaut. (il n'y a pas longtemps
que ses dents sont tombées).

Ut, *que, afin que, de sorte que.*

La conjonction *ut* ayant déjà paru dans beaucoup d'exemples,
nous nous bornerons ici à quelques observations particulières.

§ 502. *Ut* (que) est fréquemment sous-entendu avec les
verbes qui expriment un désir, une volonté, un conseil ; le
subjonctif suffit alors pour indiquer le rapport des deux propositions : *Malo te sapiens hostis metuat, quam stulti cives
laudent*, T. L. (j'aime mieux que vous soyez craint par un sage
ennemi, que loué par des citoyens insensés).

Ut avec le subjonctif équivaut souvent au français POUR,
suivi de l'infinitif : *Esse oportet ut vivas, non vivere ut edas*,
Cic. (il faut manger pour vivre, et non vivre pour manger).

§ 503. Les antécédents naturels de *ut* sont *ita, tam, sic,
adeo, tantum, tantopere* (tant, tellement, si), et les déterminatifs *is, talis, tantus*, etc. Ces mots sont toujours placés au
premier membre, et *ut* avec le subjonctif au second : *Aristides
in tanta paupertate decessit*, ut, *qui efferretur, vix relique-
rit*, C. N. (Aristide mourut dans une telle pauvreté, qu'il
laissa à peine de quoi suffire à ses obsèques). L'auteur eût pu
dire également : *ita, tam* ou *adeo pauper decessit, ut* = mourut
si pauvre que...

Cette construction fournit le moyen de rendre le français
ASSEZ POUR, surtout lorsqu'il est précédé d'une négation ou
d'une interrogation : « Personne n'est assez méchant pour vouloir le paraître = n'est si méchant qu'il veuille... » *Nemo* tam
malus est, ut *videri* [1] *velit*, Qtl.—On évitera de dire *satis ut* [2].

REM. 1. *Ita... ut* a quelquefois un sens restrictif : *Equites*

---

1 Ne confondez pas cette pensée avec : « Cet homme n'est pas si méchant,
aussi méchant qu'il veut le paraître,» *Ille non* tam *malus est*, quam *vult videri*.

2 Au moins les exemples en sont infiniment rares. En voici un de Cic. *pro
Syll.*16 :*Nondum statuo te virium satis habere, ut ego tecum luctari debeam;*
et un de Tit. Liv. VIII, 35 : *Hic tibi dies satis documenti dederit, ut pati
legitima imperia possis.* Mais ces exemples, où *satis* est déterminé par un
génitif, n'autorisent pas à dire *satis dives, satis magnus, satis potens, ut...*
D'un autre côté, on ne doit employer *tam... ut*, que lorsqu'on peut tourner
assez pour par *tellement que*, sans altérer le sens. *Is, ea, id*, étant moins
fort que *tam*, y suppléera quelquefois heureusement : « Vous avez, je pense,
assez de lumières pour discerner facilement le vrai du faux, » *Eam opinor
tibi esse prudentiam, ut verum a falso facile discernas.* Cf. § 516, n° 11.

romani vobis ita *summam ordinis consiliique concedunt,* ut *vobis-cum de amore reipublicæ certent,* Cic. (les chevaliers romains, *tout en vous reconnaissant* pour le premier ordre et le conseil suprême de l'Etat, vous le disputent néanmoins en dévouement à la patrie). On irait directement contre la pensée de l'auteur, si l'on traduisait *ita ut* par *tellement que;* le sens propre est ici : *avec cette restriction que.* Ce tour, qui a beaucoup de finesse, ne doit être imité que lorsque toute équivoque est impossible.

2. *Ut* exprime souvent non un but, mais un résultat; il répond alors au français EN SORTE QUE, DE SORTE QUE : *Arboribus consita Italia est;* ut *tota pomarium videatur,* Varr. (l'Italie est toute plantée d'arbres, *de sorte qu'*elle ressemble à un grand verger).

§ 504.   Ut *remplacé par* Quo.

On emploie *quo* au lieu de *ut,* devant un comparatif : *Ager novatur et iteratur,* quo meliores *fœtus possit edere,* Cic. (un champ reçoit un premier et un second labour, afin qu'il puisse porter de meilleurs fruits). *Quo* représente *ut eo* : afin qu'il porte des fruits *d'autant* meilleurs; cf. § 258.

§ 505.   Ut *remplacé par* Qui, quæ, quod.

On a déjà remarqué, §§ 235 et 255, que le relatif *qui, quæ quod,* suivi du subjonctif, représentait souvent *ut ego, ut tu ut is* ou *ille.* Il peut s'employer de cette manière après les déter-minatifs *is, talis, tantus,* et *tam* avec un adjectif : *Innocentia est affectio* talis *animi,* quæ *noceat nemini,* Cic. (l'innocence est une disposition d'âme qui fait qu'on ne nuit à personne) = *talis, ut ea;* cf. § 279.

Il s'emploie surtout après les adjectifs *dignus, indignus, idōneus : Voluptas non digna est, ad* quam *sapiens respiciat,* Sén. (la volupté n'est pas digne d'attirer les regards du sage) = *digna, ut ad eam...*

§ 506.   Sunt qui.

Qui prend également le subjonctif après les verbes *est, sunt, reperiuntur,* et autres semblables, que nous traduisons par : IL Y A, IL EST, ON TROUVE, IL SE RENCONTRE [des personnes ou des choses qui...]: *Nonnulli sunt, qui ea, quæ imminent, non videant,* Cic. (il est des hommes qui ne voient pas les dangers qui nous menacent). — *Est aliquid, quod non oporteat, etiamsi licet,* Cic. (il y a telle chose qu'il ne faut pas faire, quoiqu'elle soit permise). — *Qui se ultro morti offerant, faci-lius reperiuntur, quam qui dolorem patienter ferant,* Cés.

(on trouve plus facilement des gens qui bravent la mort, qu'on n'en trouve qui supportent patiemment la douleur).

REM. 1. Dans les propositions de cette espèce, *qui* et le subjonctif qui en dépend complètent l'attribut, qui n'est pas suffisamment exprimé par *sunt, reperiuntur* (cf. § 241) : Sujet, *homines;* Verbe, *reperiuntur;* Attribut, *qui* (= tales, ut ii) *se morti offerant.*

2. On trouve quelques exemples de *sunt qui* avec l'indicatif : *Sunt qui, quod sentiunt, invidiæ metu, non* audent [1] *dicere* (il est des hommes qui, dans la crainte de se faire des ennemis, n'osent pas dire ce qu'ils pensent). Ici le verbe *sunt* est employé comme attributif (§ 240), et *qui non audent* en est le sujet : Des hommes qui n'osent pas dire ce qu'ils pensent existent, se rencontrent.

Dans l'exemple suivant (déjà cité § 342), c'est *multi* qui est l'attribut : *Sunt multi* qui eripiunt *aliis, quod aliis largiantur* [2] (il y a beaucoup de gens qui ôtent aux uns, pour donner aux autres) = les gens qui ôtent.... sont nombreux [3].

Du reste, le subjonctif est le plus régulier, et l'emploi de l'indicatif, assez fréquent chez les poëtes, n'est en prose qu'une exception.

§ 507.   Videre est qui. — Quotusquisque est qui.

Le subjonctif est indispensable,

1° Après *reperies, reperias, reperire est, videre est homines qui...* (vous trouverez, on trouve, on voit des hommes qui...) = *homines tales, ut ii;*

2° Après *qui, quæ, quod,* quand la proposition principale est négative : *Nullum est animal, præter hominem,* quod habeat *notitiam aliquam Dei,* Cic. (il n'est aucun animal, excepté l'homme, qui ait quelque connaissance de Dieu) = *animal tale, ut illud...;*

Ou quand elle est interrogative : *Quis est* qui *non* oderit *protervam adolescentiam ?* Cic. (quel est l'homme qui ne hait pas une jeunesse effrontée ?) — *Quotusquisque est, qui, impunitate et ignoratione omnium propositā, abstinēre* possit *injuriā?* Cic. (combien y en a-t-il qui, sûrs de l'impunité et du secret, puissent s'abstenir de l'injustice) ?

REM. Aux locutions *sunt qui, videre est homines qui,* se rattache l'expression négative *non desunt qui,* toujours suivie du subjonctif : *Nunquam deerunt qui diserti esse, quam boni, malint,* Qtl. (il ne manquera jamais d'hommes qui aimeront mieux être des parleurs habiles que d'honnêtes gens).

---

1 Cic. *de Off.* I, 24. Un seul manuscrit porte *audeant.*

2 Cic. *de Offic.* I, 14. — 3 La première remarque explique l'emploi du subjonctif, et la sec. l'emploi de l'indic. après *fait tempus quum,* § 500, Not.

DU STYLE INDIRECT.

§ 508. Comparons les deux phrases suivantes : *Apud Hypanim fluvium, inquit Aristoteles, bestiolæ quædam* nascuntur, *quæ unum diem* vivunt (il naît, dit Aristote, sur les bords de l'Hypanis , certains insectes qui ne vivent qu'un jour), et : *Apud Hypanim fluvium, Aristoteles ait bestiolas quasdam* nasci, *quæ unum diem* vivant, Cic. (Aristote dit qu'il naît, etc.).

Dans la première, c'est Aristote qui parle lui-même ; le style est direct, et les deux verbes , *nascuntur* et *vivunt*, sont à l'indicatif. Dans la seconde , c'est moi [1] qui rapporte la pensée d'Aristote , et la proposition qui exprime cette pensée est le complément d'*Aristoteles ait*; le style est indirect.

Dans le style indirect , le verbe qui exprime ce qu'un autre a dit (ou ce que j'ai dit moi-même à une autre époque), se met à l'infinitif avec l'accusatif (*bestiolas nasci*), et tous les verbes subordonnés à celui-là se mettent au subjonctif (*quæ......* *vivant*).

§ 509. Il en résulte que le relatif *qui, quæ, quod* et ses dérivés, comme *qualis, quantus , quicunque*, etc., seront suivis du subjonctif toutes les fois qu'ils dépendront d'une proposition infinitive [2] : *Plinius perire omne tempus arbitrabatur, quod studiis non impertiretur,* Pl. le j. (Pline croyait perdu tout le temps qu'il ne donnait pas à l'étude). — *Recte Socratès exsecrari eum solebat, qui primus utilitatem a naturā sejunxisset,* Cic. (Socrate maudissait avec raison celui qui le premier avait distingué l'intérêt de l'équité naturelle [3]). — *Hoc est apud Platonem scriptum divinitus, quales in republicā principes essent, tales reliquos solere esse cives,* Cic. (Platon a remarqué divinement que, tels étaient les chefs d'une république, tels étaient d'ordinaire les autres citoyens).

La raison du subjonctif dans toutes ces phrases, c'est que celui qui parle exprime la pensée d'autrui et non la sienne.

La même raison existe lorsque la proposition relative est précédée, dans l'ordre de la construction, d'un autre subjonctif : *Hoc non concedo, ut, quibus rebus* gloriemini *in vobis, easdem in aliis* reprehendatis, Cic. (je ne puis accorder que vous blâmiez dans les autres ce que vous vous glorifiez d'avoir fait vous-mêmes). L'idée de blâmer et celle de se glorifier appartiennent également aux ad-

---

1 Par *moi*, j'entends la personne qui parle actuellement.

2 Cette règle s'applique à toutes les conjonctions de subordination , cf. §§ 487, 3 ; 491 ; 496, R. ; 499 , R. 1.

3 Les mots *exsecrari eum solebat* ne contiennent pas, à proprement parler, une proposition infinitive, cf. § 221 ; mais ils en ont la valeur, puisqu'ils équivalent à : *exsecrandum esse eum dicebat.*

versaires de Cicéron , et *quibus gloriemini* est subordonné à *ut reprehendatis*, au même degré que *quod non impertiretur* l'est à *perire omne tempus.*

§ 510. Cependant une proposition relative avec l'indicatif peut être insérée dans le discours indirect pour exprimer un fait que l'auteur affirme de son chef et en son propre nom : *Themistocles certiorem Xerxem fecit, id agi ut pons , quem ille in Hellesponto* fecerat, *dissolveretur*, C. N. (Thémistocle avertit Xerxès qu'on se disposait à rompre le pont que ce prince avait construit sur l'Hellespont). *Quem ille fecerat* est une assertion de l'historien, c'est un fait qu'il mentionne comme en parenthèse. Il aurait pu dire également bien , *quem ille fecisset;* mais ces mots auraient été, comme *id agi ut dissolveretur*, dans la bouche de Thémistocle. Cette différence n'existe pas en français, où nous n'employons que l'indicatif, cf. §§ 296, R. et 300.

§ 511. On peut transformer le discours direct en discours indirect, en changeant les modes des verbes. Antonius dit, dans Cicéron, *de Orat.* II, 7 : *Ars earum rerum* est *quæ* sciuntur; *oratoris autem omnis actio opinionibus, non scientiā,* continetur; *nam et apud eos* dicimus, *qui* nesciunt, *et ea* dicimus, *quæ* nescimus *ipsi* (un art se compose de choses que l'on sait; or toute l'argumentation d'un orateur est fondée sur des opinions et non sur la certitude; car nous parlons devant des auditeurs qui ne savent pas, et nous disons des choses que nous ne savons pas nous-mêmes); ce que Quintilien, II, 17, 36, reproduit en style indirect : *Artem earum rerum* esse , *quæ* sciantur; *oratoris omnem actionem opinione,* non *scientiā,* contineri; *quia et apud eos* dicat, *qui* nesciant, *et ipse* dicat *aliquando quod* nesciat.

A partir de *contineri*, il aurait pu dire avec plus d'exactitude encore : *nam et apud eos nos* dicere, *qui* nesciant, *et ea* dicere *quæ* nesciamus *ipsi.*

§ 512. Dans le style indirect, on peut mettre une proposition infinitive même après un relatif, une conjonction de subordination ou un mot interrogatif : *Unumquemque nostrum censent stoici mundi* esse *partem; ex* quo *illud naturā* consequi , *ut communem utilitatem nostræ anteponamus*, Cic. (les stoïciens pensent que chacun de nous est une partie de l'univers, et qu'il s'ensuit naturellement que nous devons préférer l'intérêt général au nôtre). *Ex quo* équivaut à *et ex eo*, et la proposition *illud consequi* se coordonne avec *esse partem.* On dirait également bien : *ex quo illud consequatur*, et cette proposition serait subordonnée.

De même la phrase citée, § 234 : *Magna vis est conscientiæ, quam qui negligunt, se ipsi indicant,* pourrait être transformée ainsi : *Cicero ait magnam* esse *vim conscientiæ, quam qui negligant* (= et qui eam negligant) *se ipsos indicare.*

* V

GALLICISMES.

Lorsqu'on traduit du français en latin, c'est la pensée qu'il faut rendre, encore plus que les mots ; or il arrive souvent que des tournures françaises ne peuvent être représentées en latin que par des équivalents. Nous en avons signalé un grand nombre chacune en son lieu ; nous en ajouterons ici quelques-unes , qui mettront sur la voie pour les autres.

§ 513.   ADJECTIFS ET ADVERBES DÉTERMINATIFS ET CONJONCTIFS.

1. TEL, répété, se rend par *qualis* au premier membre, *talis* au second : « Tel père, tel fils, » *Qualis est pater, talis filius*, ou, *qualis pater, talis filius*. Cf. § 509, 3° exemple.

2. TEL QUI rit aujourd'hui, pleurera demain, *Quidam hodie rident, qui cras flebunt*. Cf. § 506, 2° exemple.

3 TEL OU TEL, *unus aliquis* : « L'honnête homme s'intéresse au bien de tous, plus qu'à celui de *tel ou tel* ou au sien propre, » *Vir bonus utilitati omnium plus, quam* unius alicujus *aut suæ, consulit*, Cic. *de Fin.* III , 19.

4. TELLES sont les choses, VOILA les choses dont j'ai voulu vous avertir, *Ea sunt, quæ te monitum volui.*

5. TELLES sont les circonstances (= elles sont DE TELLE NATURE), QUE chacun trouve sa condition la plus malheureuse de toutes, *Tempus est hujusmodi, ut suam quisque conditionem miserrimam putet*, Cic. *Ep. fam.* VI, 4. Cf. § 279.

6. TOUT AUTRE (= tout différent), *longe alius ;* cf. § 286.

7. TOUT AUTRE (= un autre quel qu'il soit), *quivis alius.*

8. L'UN APRÈS L'AUTRE, *singuli :* « Il se mit à les saisir l'une après l'autre, » *Corripere cœpit singulas*, Ph.

9. LE PREMIER VENU (= un homme quelconque), *quivis* ou *quilibet unus :* « Le premier venu de ceux que j'ai nommés, » *Quilibet unus ex iis quos nominavi*, T. L. IX, 17.

10. TOUT HOMME = TOUS, *quivis :* « Le malheur qui peut arriver à un homme, tout homme y est exposé, » ou « Ce qui peut arriver à un, peut arriver à tous, » *Cuivis potest accidere, quod cuiquam potest*, P. Syr.

11. PLUS D'UN, *non nemo :* « Plus d'un trompeur se prend au piége qu'il dressait à autrui, » *Non nemo iisdem se dolis irretit, quos paravit alteri.*

12. TOUT... QUE (= quelque... que, cf. § 487) se tourne par *quoique* et s'exprime par *quamvis* avec le subjonctif : « Les brigands, tout impies et tout criminels qu'ils sont, etc., » *Latrones, quamvis impii nefariique sint*, etc. Cic. *Phil.* IV, 4.

13. Tout ce qui, tout ce que, *quidquid* ou *quodcunque :* « Tout ce que j'aurai fait, vous le saurez aussitôt, » *Quidquid egero, continuo scies,* Cic.

14. Tous tant que nous sommes, qui vivons des fruits de la terre, *Omnes, quicunque terræ munere vescimur,* Hor.

15. De quelque côté que je me tourne, je vois des preuves de ma vieillesse, *Quocunque me verto* [1], *argumenta senectutis meæ video,* Sén. *Ep.* 12.

16. Quoi qu'il en soit, *Utcunque se res habet,* ou *habeat.*

Nota. *Quicunque, quisquis, qualiscunque, quantuscunque, quotquot, quoquo modo, utcunque, ubicunque, quocunque,* etc., prennent l'indicatif, surtout au présent et au futur, dans beaucoup de cas où le français emploie le subjonctif. Cependant on trouve aussi fort souvent le subjonctif latin, et il sera bon de le préférer toutes les fois que le verbe exprimera quelque chose d'éventuel ou d'incertain. On s'en servira exclusivement, lorsqu'il dépendra d'une proposition subordonnée. Cf. § 487, R. 2.

17. De même. « Il n'en est pas de même de la guerre qui nous menace, » *Non eadem est ratio imminentis belli.* — Cette locution peut se rendre de plusieurs autres manières ; mais on ne doit jamais la traduire par *non item,* si ce n'est à la fin d'une phrase : *Corporum offensiones sine culpa accidere possunt, animorum non item,* Cic. *Tusc.* IV, 14 (si les maladies du corps peuvent nous atteindre sans qu'il y ait de notre faute, il n'en est pas de même de celles de l'âme). La seconde proposition est elliptique ; la construction pleine serait : *animorum offensiones non item accidere possunt sine culpa.*

18. A la locution Il n'en est pas de même de, correspond Il en est de… comme de. L'exemple suivant donnera une idée de la manière dont cette formule peut être représentée en latin : *Omnium magnarum artium, sicut arborum, altitudo nos delectat, radices stirpesque non item,* Cic. *Orat.* 43 (il en est de toute science transcendante comme des grands arbres, dont on aime à contempler la hauteur, mais non le pied et les racines). Avec *non item,* il faut sous-entendre *delectant.* Ici encore cette locution est à la fin de la phrase, et elle a le même sens que dans l'exemple précédent, quoique le mouvement de la pensée ne permette pas de la traduire de même.

§ 514.   LOCUTIONS FORMÉES DE *ce* ET DE *que.*

Ce, au commencement d'une phrase, ne se traduit pas en latin, lorsqu'il n'a pour objet que d'appeler l'attention sur l'idée qu'il détermine ; on atteint le même but en exprimant cette idée la première :

---

1. Plusieurs manusc. ont *verti,* mais toujours à l'indicatif ; cf. Cic. *Parad.* 2, *Quocunque aspexisti, ut furiæ, sic tuæ tibi occurrunt injuriæ.*

1. C'est vous-même que je cherche, *Te ipsum quæro.*

2. C'est ainsi qu'il parla, *Sic locutus est.* Et avec interrogation : Est-ce ainsi que vous défendez vos amis ? *Siccine tuos amicos defendis?*

3. Ce qui me console, c'est que…, *Illud me solatur, quod…,* avec l'indicatif. — Ce que j'espère, c'est que je vivrai éternellement, *Illud spero, me fore immortalem,* Cic.

4. C'est se tromper que de croire (= celui-là se trompe, qui croit), *Errat, qui putat.*

5. Ce n'est pas a dire pour cela que, il ne s'ensuit pas que, *non continuo, non ideo, non idcirco :* « Si le plaideur a eu une idée déraisonnable, ce n'est pas à dire pour cela que nous devions parler déraisonnablement, » *Non continuo, si litigator stulte cogitavit, nobis quoque stulte dicendum est,* Qtl. IX, 2, 84. — « Celui qui ne souffre pas, s'il est exempt de mal, jouit-il *pour cela* du souverain bien ?» *Qui non dolet, si malo careat, continuone fruitur summo bono ?* Cic. *Tusc.* III, 18; jouit-il, *continuo,* dès ce moment-là, par une conséquence immédiate…?

6. Ce n'est pas que, non pas que, *non quod,* avec le subjonctif, comme exprimant un motif qui n'est que dans la pensée ; mais c'est que, *sed, sed quod* ou *sed quia,* avec l'indicatif, comme exprimant un motif qui existe réellement : « Si j'avais quitté mes anciens amis, c'est-à-dire mes livres, ce n'est pas que je leur en *voulusse;* c'est que je les *voyais* avec une sorte de confusion, « *Non idcirco veterum amicorum, id est librorum, usum amiseram, quod*[1] *iis* succenserem, *sed quod eorum me suppudebat*[2], Cic. *Ep. fam.* IX, 1. (Remarquez ici une des manières de rendre si, et cf. § 482.)

7. Que (= pourquoi) : Que tardez-vous? *Quid* ou *cur moraris ?*

8. Que (= combien) exprimant une quantité indéterminée, *quam multi :* « Que d'hommes courageux sont tombés sur les champs de bataille! *Quam multi fortissimique viri in præliis ceciderunt!*

9. Ne… que, *non nisi :* « Le soleil n'a de spectateurs que lorsqu'il s'éclipse, » *Sol spectatorem,* nisi *quum deficit,* non *habet,* Sén. — Ou, en tournant par seulement, *solum, tantum, duntaxat,* ou *unus, solus,* que l'on fait accorder avec le nom : « Les sons ne peuvent être appréciés que par l'oreille de l'homme, » *Soni hominum* solum *auribus judicantur,* Cic. « La louange n'est due qu'à la vertu, » *Laus virtuti* soli *debetur.*

---

1 On trouve aussi *non quo* et *non quia* au premier membre ; mais le plus usité est *non quod,* ou *non eo, non ideo quod.* Toutefois, *non quo* est indispensable, si un comparatif doit suivre ; *Non quo mihi sit alter altero carior;* cf. § 504.

2 Au second membre, le subjonctif ne se rencontre après *sed quod* ou *sed quia* que par exception.

10. Et que, précédé de si, ne s'exprime pas en latin : « Si vous vous portez bien *et que* vous veniez me voir, j'en serai charmé, » *Si valebis et ad me venies, lætabor.*

11. Plutôt que de, suivi de l'infinitif, se rend par *potius quam* avec le subjonctif : « Combattez, plutôt que d'être esclave, » *Depugna potius quam servias*, Cic.

Si le premier verbe est au participe neutre en *dum*, on y mettra également le second : *pugnandum est potius quam serviendum.*

§ 515.　　　LOCUTIONS FORMÉES AVEC DES PRÉPOSITIONS.

1. A dire vrai, *Ut verum dicam.* — A ne pas mentir, *Ne mentiar.*

2. A l'entendre parler, *Eum si loquentem audias.*

3. A ce que je crois, *Ut opinor.* — A ce que l'on dit, *Ut fertur.*

4. A tout prendre (= pour celui qui juge d'une manière générale), *In universum æstimanti*, Tac.

5. A considérer les faits en détail et dans leur ensemble, *Et singula intuenti et universa*, T. L. IX, 17.

6. A y bien regarder, le mensonge est transparent, *Mendacium pellucet, si diligenter inspexeris*, Sén.

7. Pour peu que (= si... quelque peu, si... même un peu) : « Pour peu que vous fassiez attention, vous comprendrez facilement, » *Si paulo diligentius attenderis, facile intelliges.* — « Pour peu qu'il y ait de retard, » *Si vel paululum moræ intercesserit.*

8. Pour (= eu égard à) : « On croit que Solon eut, pour son temps, une grande puissance de parole, » *Opinio est Solonem multum, ut temporibus illis, valuisse dicendo*, Cic. Brut. 7. — « Fabius avait beaucoup de littérature, pour un Romain, » *Multæ erant in Fabio, ut in homine romano, litteræ*, Cic. (eu égard à sa qualité de Romain; comme pouvait en avoir un Romain).

9. Pour ne pas dire, *Ne dicam.* Cette proposition incidente n'influe en rien sur les mots suivants : « Il est injuste, pour ne pas dire cruel, » *Iniquus est, ne dicam, crudelis.*

10. Pour moi, je pense..., *Ego quidem existimo.* — Pour moi, il me semble..., *Mihi quidem videtur;* cf. § 497, R. — Le pronom se met toujours, comme en français, à la tête de la phrase.

11. Sans avec l'infinitif : « Horatius Coclès passe le Tibre à la nage *sans* quitter ses armes (= et il ne quitte pas) », *Tiberim transnatat, nec arma dimittit*, Flor. — « On ne danse guère à jeun, *sans* être fou (= à moins qu'on ne soit fou), » *Nemo fere saltat sobrius, nisi forte insanit*, Cic. pro Mur. 6.

§ 516.　　　LOCUTIONS ADVERBIALES ET CONJONCTIVES.

1. AUTANT QUE (= à condition de) se rend élégamment par *ita* au premier membre, *si* au second : « Une bonne action n'a le caractère de la justice, qu'autant qu'elle est volontaire, » *Hoc ipsum* ita *justum est, quod recte fit,* si *est voluntarium,* Cic. *de Off.* I, 9.

2. AUTANT QUE (= selon que) : « Autant que le temps le permettait, » *Prout tempus patiebatur.*

3. AUTANT QUE (= au même degré que) : « L'avare manque autant de ce qu'il a que de ce qu'il n'a pas, » *Tam deest avaro quod habet, quam quod non habet,* Pub. Syr.

4. TANT, avec exclamation, *tantum* (*tanto* § 335, *tanti* §§ 310, 311) ou *adeo* : « Tant le serment avait alors de puissance ! » *Tantum, temporibus illis, jusjurandum valebat !* Cic. — « Tant la vertu l'emporte sur les richesses ! » *Tanto præstat virtus divitiis ! —* « Tant de nos premiers ans l'habitude a de force ! » *Adeo in teneris consuescere multum est !* Virg.

TANT IL EST VRAI QUE est une périphrase de TANT, et se rend de la même manière : « Tant il est vrai que les plus grands événements dépendent souvent des plus petites causes, » *Adeo ex parvis sæpe magnarum momenta rerum pendent,* T. L. XXXVII, 9.

5. A FORCE DE (= par beaucoup de) : « Des biens acquis à force de travail, » *Bona multo labore quæsita.*

6. EN DÉPIT DE la nature, *Adversante* ou *repugnante naturā.*

7. MALGRÉ, avec un nom de personne, *invitus* : «Titus renvoya Bérénice malgré lui et malgré elle,» *Berenicen Titus dimisit invitus invitam,* Suét.

MALGRÉ, avec un nom de chose, se tourne par *quoique* : « Cicéron fut exilé, malgré les grands services qu'il avait rendus à sa patrie, » *Cicero, quamvis optime de patria meritus esset, tamen in exsilium actus est.*

8. AU LIEU DE : « Il reste oisif au lieu de lire (lorsqu'il *devrait* lire),» *Otiatur, quum legere deberet. —* « Il lit, au lieu de rester oisif (lorsqu'il *pourrait* rester oisif), » *Legit quum otiari posset.*

9. TANDIS QUE, marquant une simple opposition, se rend par *autem* : « Crésus s'imagina qu'il renverserait la puissance des ennemis, tandis qu'il (= mais il) renversa la sienne, » *Crœsus hostium vim sese perversurum putavit, pervertit autem suam,* Cic. *de Divin.* II, 56.

10. LOIN DE, BIEN LOIN QUE, TANT S'EN FAUT QUE. Nous avons indiqué, § 463, R. et § 479, plusieurs manières de rendre ces locutions. On peut encore tourner par *adeo non* au premier membre, *ut* au second : *Rapuisti Marco Ciceroni lucem sollicitam et ætatem senilem ; famam vero gloriamque factorum atque dictorum* adeo non *abstulisti, ut auxeris* (tu

as enlevé à Cicéron des jours pleins d'alarmes et un reste de vieillesse; mais la renommée et la gloire de ses actions et de ses discours, *bien loin de* les lui avoir ravies, tu les as augmentées); m. à m., tu les lui as *tellement non* ravies [1], tu les lui as *si peu* ravies, que...

11. Assez pour, suivi d'un infinitif, peut quelquefois se rendre par *ad* avec le gérondif : « Avoir assez de temps pour parler, » *Ad dicendum temporis satis habere*, Cic. *in Verr.* II, 2, 1 ; — ou par *is, ea, id* avec *ut* et le subjonctif : « Beaucoup d'animaux sont d'une taille assez basse pour atteindre facilement leur nourriture à terre, » *Multorum animalium ea est humilitas, ut cibum terrestrem rostris facile contingant*, Cic. *de Nat. deor.* II, 47. — Voyez de plus, le § 503 et la Note 2.

§ 517.   LOCUTIONS FORMÉES AVEC DES VERBES.

1. Aller (sans idée de mouvement) : « N'allez pas sur des vers sans fruit vous consumer, » Boil. *Cave te in versibus frustra conteras* [2].

Il y va (il s'agit) de vos intérêts, *Tua res agitur*, Hor.

2. Devenir (avec interrogation) : « Que deviendra mon frère ? » *De fratre quid fiet* [3] ? « Que deviendra celui que j'aurai laissé ? » *Quid illo fiet, quem reliquero* [4] ? — Et à l'actif, dans le même sens : « Que feriez-vous de cet homme? » *Quid hoc homine faciatis* [5] ? On peut donc employer l'ablatif seul, comme nom d'instrument, ou l'ablatif avec *de*.

3. Faire (= ordonner) : « Il le fit tuer, » *Eum occidi jussit*. — (déterminer) : « C'est la pauvreté qui me l'a fait faire=qui m'a déterminé à le faire, » *Id ut facerem me paupertas impulit*, Tér. — (forcer de) : « Vous me ferez mourir, » *Mori me coges*, Virg.

4. Faire espérer : « C'est vous qui m'avez fait espérer que... » *Tu me hanc in spem adduxisti, fore ut...*

5. Se faire écouter (= attirer l'attention) : « La parole d'un vieillard se fait écouter, » *Facit sibi audientiam senis oratio*, Cic.

6. Ne faire que (faire une chose continuellement) : « Il ne fait que lire, » *Assidue legit;* — que jouer, *Assidue ludit*.

7. Ne faire que de (avoir fait une chose depuis très-peu de temps), « Il ne fait, il ne faisait que d'arriver, » *Modo advēnit, modo advenerat*.

8. Venir de s'emploie dans le même sens : « Ils viennent de renvoyer leurs licteurs; qu'ils les rappellent, » *Modo lictores abire jusserunt; revocent*, Plin. *Pan.* 61.

----

1 Vell. II, 62. — Cette tournure, dont on ne trouve pas d'exemples dans Cicéron, est autorisée par Tite-Live, Velléius, Q. Curce et d'autres bons écrivains. — 2 Cf. Cic. *de Fin.* I, 21. — 3 Tér. *Ad.* V, 9. — 4 Cic. *Attic.* VI, 1. — 5 Cic. *in Verr.* I, 16.

9. Venir a (en parlant de quelque chose de fortuit) : « S'il vient à le savoir, » *Id si rescierit.* — « Nous vînmes à parler de cette affaire, » *Incidit mentio hujus rei.*

10. Tarder, pris impersonnellement (être dans l'impatience de) : « Il me tarde de vous voir, » *Nihil mihi longius est, quam ut te videam.* — Et dans un autre sens : « Si j'ai un peu *tardé* à vous écrire, c'est que je vous attendais tous les jours, » *Eo ad te tardius scripsi, quod quotidie te ipsum exspectabam,* Cic.

11. Savoir est quelquefois explétif, ou du moins il ajoute peu à l'idée principale ; en ce cas, on ne le rend pas en latin : « Il sut profiter de l'occasion, » *Occasione usus est.* — Quand il signifie Avoir le talent de, il se rend par *scire* : « Tu sais vaincre, » *Vincere scis.*

12. Servir : « Cela ne sert qu'à montrer sa sottise, » *Id ipsum stultitiam ejus declarat* (= cela même montre sa sottise).

13. Avoir a coeur : « Je n'ai rien plus à cœur que de vous obliger, » *Nihil mihi antiquius est, quam ut tibi inserviam* (= rien, pour moi, n'est *avant* ce plaisir).

14. Avoir la présomption, la prétention de.., *Tantum sibi sumere ut..*

15. Avoir de la peine à (réussir difficilement) : « Vous aurez de la peine à venir à bout de ce dessein, » *Ægre,* ou *haud facile id perficies.*

16. Avoir la force, le courage de (en parlant d'une action blâmable) : « Vous aurez le courage de frapper votre hôte ! » *Hospitem ferire tu sustinebis!*

17. Avoir beau se tourne par *quoique :* « On a beau cacher une action honteuse, elle ne pourra jamais devenir honnête, » *Quod turpe est, id quamvis occultetur, tamen honestum fieri nullo modo potest,* Cic. de *Off.* III, 19.

18. Manquer de, penser (dans le sens de presque) s'exprime par *pæne, propemodum,* ou *tantum non, modo non :* « Il manqua de tomber, » *Tantum non cecidit* [1]. « Datame, étant venu sans escorte, manqua de périr = pensa être tué, » *Datames, quum venisset sine præsidio, pæne interiit,* C. N. XIV, 2.

19. Prétendre. Le participe passif de ce verbe forme un idiotisme remarquable : « Votre *prétendue* vie est une mort, » *Vestra, quæ dicitur, vita mors est,* Cic.

On pourrait ajouter un grand nombre d'expressions françaises qui doivent être rendues par des équivalents ; mais la plupart se trouvent dans les dictionnaires ; et d'ailleurs l'usage et le bon sens guideront plus sûrement que toutes les règles.

---

1 Seulement il n'est pas tombé [mais il en a été fort près], cf. Alléger., § 385, 12 et 13.

TABLE ALPHABÉTIQUE

DES FORMES ET DES EXPRESSIONS LATINES.

NOTA. Cette table ne comprend pas les mots donnés comme exercices de déclinaison et de conjugaison, ni les listes de noms, d'adjectifs et de verbes contenues dans le supplément. L'on n'y trouvera pas non plus, du moins en totalité, les prépositions, les adverbes, ni les conjonctions. On peut chercher tous ces mots chacun en son lieu.

Fractus membra, 258.
Frugi, 118, 125, § 137.
Fuam *pour* sim, 134.
Fuit tempus quum, 334.

G.

Gaudere, *avec l'ablat.*, 241,
— *avec* quod *ou l'infini-*
tif, 328 , *au haut.*
Genius, *voc.* geni, 7.
Gladius, *voc.* gladie, 106.
Gravari, 158, § 180.
Grūs (*sa déclinaison*), 16.

H.

Haud scio an, 318.
Hercule, mehercule, 94.
Hic, ille, iste, 211.
Hoc mali, 236, § 318.
Hoc te rogo, 255, § 357.
Hoc tibi est honori, 250.
Homines (*sous-entendu*),
165, *au haut;* 166, *au bas.*
Horreo, abhorreo, 257.
Humi, humo, 260, 261.

I.

i, ie (*voc.* 2e *décl.*), 106.
Ibam *p.* iebam (*imparf.*),
134.
Ibo, *p.* iam (*futur*), 134.
Id ætatis, id genus, 259.
Idem qui *ou* ac, 213.
idoneus qui, 336, § 505.
ier (*à l'infin. passif.*), 135.
illic, illæc, illuc, 131.
illimus (*superlat. en*), 24.
im (*accus. en*), 16, 107.
Imber, imbris, 16, *au haut.*
Imminet, instat, 272.
Impatiens frigoris, 232.
In diem, in dies, 303.
In eo esse ut, 277, R. 2.
Infit, 137, *au bas.*
Infitias ire, 119.
Inquam (*conjugué*), 78.
Instar, 117, § 124.
Inter cœnam, 297.
Inter ludendum, 286.
Interdicere, 273.
Interior, etc.,126, *au haut.*
iorum *p.* ium (anciliorum),
109, n° 8 , *au haut.*
Ipse, 212, 222, 225, 238.
Is, ea, id, 212, 224, 345.
Ita... ut, 335, cf. 304, l. 24.
Ita... si, 344 , n° 1.
Is sum qui, 212, 213.
Iter, itineris, 109.
itus (*adverbes en*), 89.

J.

Jecur, jecinoris, 109.
Jesus, 18.
Jocus, joca *et* joci, 120.
Jove, ex Jove natus, 240.
Jubeo, veto, 185, 311.
Jupiter, Jovis, 109.
Jus, juris, 11, 117.
Jusjurandum, 115.
Juvo, juvat, 139, 271.

L.

Lapidem (ad quartum) 264.
Latere aliquem, 271.
Latius opinione, 201.
Liber magistri, 168.
Licet (*quoique*), 325.
Licet esse otioso, 251.
Licet (per me), 295.
Loco movere, 170.
Locus, loca *et* loci, 120.

M.

Ma (*noms grecs en*), 112.
Major, melior, minor, 125.
Malo, præstat quam, 199,
335, § 502.
Maneo, manet, 145, 272.
Mea unius opera, 238.
Medimnus, 205, Note.
Medius fidius, 94.
Meminisse, 79, 233.
met (egomet, semet), 133.
Mi *p.* mihi, 133.
Mi, *voc. de* meus, 34.
Mihi probantur, 251.
Mihi (*explétif*), 315, Note.
Mille, millia, 210.
Minari, gratulari, 272.
Miror si, 328 ; — cur, 329.
Modius, 231 , Note.
Modo... modo , 322.
Moneo, admoneo, 233, 255.
Multi anni sunt quum, 334.
Multi oratores, 236.
Multi oratorum, 236.
Multo, paulo, tanto, *avec*
le compar., 203 ; *avec les*
verb. d'excellence, 244 ;
avec ante, post, secus ;
244.

N.

Nam, enim, namque, 177.
Natus ad arma, 253.
Nĕ (*enclitique*), 93, 313,
317 ; (*négatif*), 103.
Nē=ut non, 96, 309.
Ne (*avec l'impér.*) 307, N.
Nē... quidem, 307, 321.
Nec, neque, 175, 309.
Nec non, 308.
Nedum, 321, *au milieu.*

O.

Ob oculos, 295.
Obviam eundum, 287, *aub.*
Odi (*conjugué*), 79.
Odio tuo, — tui, 238.
Olli *p.* illi, *rac. d'*olim, 131.
Optimatum, *et*—tium, 108.
Opus est, 246.
Oriundus (nobili genere),
170, § 202, I.
Ortus equestri loco, 240.
Os, oris, — ossis, 11, 12.

P.

Par, impar, 252 , § 350.
Paratus audire, 281.
Pars mei, — mea, 220.
Partem (maximam), 259.
Paterfamilias, 115.
Pejerare, 126, R. 4.
Pejor, pessimus, 126.
Pelagus, 111, *au bas.*
Penus, us, — oris, 115.
Per me licet, 295.
Per, præ, *donnant à un adj.*
la valeur du superl.,124.
Perinde ac si, 324.
Persuadeo (*syntaxe de ce*
verbe), 185, *au haut.*
Pessum ire, — dare, 119.
Petere ab aliquo, 239, 249.
Petere alicui, 249.
Plures, plurimi, 125.
Plus æquo, 201, § 253.
Plus, minus, 205, 235.
Pluverat (*arch.*), 136, l. 9.
Pœnitet, piget, 81, 268.
Pondo (*indéc.*), 118, 119.
Possum, prosum, 45.
Postquam, 331, § 496.

Nequam, nequior, 125.
Nescio quis, 317.
Neuter, 29, 217.
Nihil, 117; nihil boni, 236.
Nihil habebam quod scri-
berem, 278.
Nihil longius, antiquius
est, 346, nᵒˢ 10, 13.
Nihil non, non nihil, 307.
Nisi, 179, 216, 342, nᵒ 9.
Non continuo, 342 , nᵒ 5.
Non desunt qui, 337, *au b.*
Non item, 341, nᵒˢ 17, 18.
Non modo, 320.
Non nemo, 307, 340, nᵒ 11.
Non possum non, 308.
Non possum quin, 308.
Nostras, nostratis, 34, 108.
Nostrum, nostri (*gén. pl. du*
pron.), 33, 133, 220, 286.
Nuda pedes, 258.
Nunc... nunc, 322.

FIN DE LA TABLE DES MOTS LATINS.

TABLE ALPHABÉTIQUE DES LOCUTIONS FRANÇAISES

EXPLIQUÉES ET TRADUITES DANS CET OUVRAGE.

FIN.